21世纪新概念教材

高等学校金融学教材新系

NEW CONCEPT TEXTBOOK TOWARDS THE 21ST CENTURY
NEW TEXTBOOK SERIES IN FINANCE

何孝星 ▬

　　1955年12月生，经济学博士，教授，博士生导师，国家级金融重点学科、厦门大学投资学学术带头人，厦门大学中国民营企业投资与资本运作研究中心主任。

　　长期从事货币银行理论与政策、证券市场理论与投资方法、投资基金理论与实务、投资银行理论与实务的研究，并先后主持完成8项省部级及以上基金课题，20多项企业应用课题，获得省部级科研奖励10多项。迄今为止共出版《银行经营管理通论》《投资基金理论与实践》《证券投资基金运行论》《中国证券投资基金发展论》《证券投资理论与实务》等个人专著、教材9部，在《经济学动态》《金融研究》《投资研究》等权威学术刊物上发表140多篇论文。

　　在投资基金理论与实践、企业股份制改组与上市、并购重组理论与操作、企业内部股权激励设计、企业内部管理与流程设计等方面有较为深入的研究和实践，多项研究成果被政府部门、金融机构和企业采纳。

邱杨茜 ▬

　　厦门大学经济学博士，助理教授。在《经济学动态》上发表了多篇学术论文；曾参与教育部"证券投资基金运行与资本市场稳定"的课题研究；主编并参编专业教材两部。长期从事投资与资本运作实践，负责并参与了许多来自企业、政府的各类重大横向课题的研究。主要教学研究领域包括资本市场、投资理论与实务、基金理论与实践等。

朱小斌 ▬

　　厦门大学经济学博士，领教工坊联合创始人。曾任上海财经大学国际工商管理学院院长助理，企业管理系副教授，硕士研究生导师。美国亚利桑那州立大学（ASU）凯瑞商学院和法国欧洲工商学院（INSEAD）访问学者。曾主持国家自然科学基金课题、上海市社科课题以及企业委托课题，参与国家自然科学基金和国家社会科学基金项目的研究工作；在《管理世界》《中国管理科学》《经济管理》《统计研究》《证券市场导报》等国内学术期刊上发表学术论文30余篇，并出版多部专著、译著及教材。

FINANCE

DUFEP 21世纪 新概念教材

高等学校金融学教材新系

省级优秀图书

证券投资基金管理学

MANAGEMENT OF SECURITIES INVESTMENT FUNDS

（第四版）

何孝星　主　编

邱杨茜　朱小斌　副主编

东北财经大学出版社 · 大连

Dongbei University of Finance & Economics Press

图书在版编目（CIP）数据

证券投资基金管理学/何孝星主编. —4版. —大连：东北财经大学出版社，2018.8（2022.12重印）

（21世纪新概念教材·高等学校金融学教材新系）

ISBN 978-7-5654-3191-3

Ⅰ．证… Ⅱ．何… Ⅲ．证券投资–投资基金–高等学校–教材 Ⅳ．F830.91

中国版本图书馆CIP数据核字（2018）第123571号

东北财经大学出版社出版

（大连市黑石礁尖山街217号 邮政编码 116025）

网 址：http://www.dufep.cn

读者信箱：dufep@dufe.edu.cn

大连日升彩色印刷有限公司印刷 东北财经大学出版社发行

幅面尺寸：185mm×260mm 字数：554千字 印张：26.25 插页：1

2018年8月第4版 2022年12月第24次印刷

责任编辑：郭 洁 责任校对：喜多多

封面设计：张智波 版式设计：钟福建

定价：52.00元

第四版前言

转眼之间，本教材自首次出版到现在已历经14年，并且经过了3次修订。教材的不断推陈出新，得益于广大读者、高校师生的鼓励，也是东北财经大学出版社这么多年来不断支持的结果。在教材出版的这些年中，尽管历经了金融危机的洗礼和各种内外部因素的影响，我国的经济还是在持续稳步的发展中，而金融市场的发展更是一个不断探索、不断改革的过程。证券投资基金作为资本市场上最具代表性的机构投资者之一，也经历了从无到有、从乱到治的过程，作为国内最早一批研究证券投资基金的学者，我有很深的感慨，也看到了证券投资基金还有很大的发展空间。

正是因为证券投资基金在快速持续发展，本教材的修订工作也必须随着行业的变化一直持续下去，给在校和走上社会的、希望深入了解证券投资基金以及有志于投身这个行业的人一个窗口。基于读者和出版社的积极反馈，今年我们对本书进行了一次比较大的改版，一方面根据实际发展情况扩充了证券投资基金投资管理方面的内容，另一方面对书的篇章进行了合理化调整，其他修订如错漏修订、案例更新、数据更新就不一一细数了。

经过调整，本书从第三版的4篇变为现在的5篇，主要是将第三版的第2篇"证券投资基金投资管理"进行了理论介绍和实务分析的分离，形成了第四版中的"投资理论篇"和"投资实务篇"两篇，并且形成了先理论铺垫后实务介绍的篇章结构。本次修订中新增的内容主要集中在"投资实务篇"中，为了让读者更好地了解实务中不同投资目标的证券投资基金的运作，该篇特别选取了市场上最具代表性的指数基金（ETF）和对冲基金进行详细介绍。

本次修订由我主持，由副主编、厦门大学经济学院邱杨茜助理教授具体负责。其他的主要参与人员和具体分工如下：何孝星、杨雅真（第1～3章），邱杨茜、黄泽宇（第4～7章），邱杨茜、朱玉清、李荃雷（第8～11章），邱杨茜、刘鹏飞（第12～15章），何孝星、杨雅真、刘鹏飞（第16～18章）。另外还要感谢辅助教材修订的几位同学：曾志鹏、杨颖、王若帆、陈晋恒、徐晨露。本书最终由邱杨茜助理教授做全面整理，由我最终定稿。

在第四版问世之际，再次感谢广大读者的支持，同时特别感谢东北财经大学出版社的郭洁老师，她一直鼓励本书的修订工作，在我们因为各种原因推迟修订的时候给予理解和支持，可以说这本教材所取得的各种成绩都离不开郭老师背后默默的工作。

未来我国经济和金融市场还将持续地改革和发展，证券投资基金作为整个系统中的子单元还有很长的路要走，希望本书能够伴随着行业的发展而不断完善，也希望广大读者能够不吝赐教，积极向我们反馈改进意见。

何孝星

2018 年 7 月于厦门

时隔四年，本教材第三版终于在广大读者、高校师生以及东北财经大学出版社的鼓励与支持下面世了。作为编者，一方面我深感肩上责任重大，另一方面又为能够得到各界的充分肯定而欣慰。与第二版出版时的背景不同，过去的四年全球经济深受金融危机的影响，虽然我国仍然保持着较高的经济增长速度，但也日益暴露出旧有经济增长模式的不可持续问题。伴随着宏观经济的变化以及近些年来资本市场改革的加速，证券投资基金业在规模增长、品种创新的同时，市场化的监管思路也在不断成熟中。特别是于2013年6月正式实施的修订了的《中华人民共和国证券投资基金法》（全书一般简称《基金法》），不仅是对自2004年以来整个证券投资基金业发展变化的总结，更是蕴含了对行业未来发展的前瞻。

基于上述情况，结合全新的经济背景与行业发展情况，我们对本教材进行了全面修订，在保持基本理论体系不变的基础上，调整了部分篇章结构，删除了一些过时的资料，同时增加了更多实际案例，以便为一般读者与教学工作提供更为及时和有效的信息。

本书第三版修订后各章节的主要变动如下：

第1篇"证券投资基金概述"中，将原第二版中的第1章与第3章合并，同时依据最新的法律法规对第3章证券投资基金运行规则（原书第4章）进行了全面修订。

第2篇"证券投资基金投资管理"是本次修订章节调整幅度最大的一篇，本次修订的章节调整是在征求了大量高校师生使用本书的反馈意见基础上形成的。在具体章节修改中，删除了一些原本在基金投资组合管理中重复的内容，更多地结合实际案例对组合管理实践进行说明，同时将原书第3篇第14章基金业绩评价的内容提前，使得新修订的投资管理篇更符合实际基金的投资管理过程。

第3篇"证券投资基金运营管理"基本保持了原书的体例，由于本部分涉及的法律规章较多，而大部分相关规定在近些年来已经变化，因此本篇的重点就是对涉及法律规章变化的部分进行细致的修订。

第4篇"证券投资基金的监管与展望"，通过本次修订，将国内监管与国际监管合并形成了新的章节，同时根据国内外最新的情况对国际与国内的发展趋势进行了补充。

此外，我们还在本书大部分章节中增设了"知识链接"栏目，为的是更加方便读者延伸性地开展理论联系实际的学习。

本书第三版的写作修订仍由我主持，由副主编、厦门大学邱杨茜助理教授具体负责。其他主要的编者还包括：厦门大学段洁新博士、孙涛博士、陈颖博士、肖莹硕士等。具体分工如下：何孝星、段洁新（第1、2章），邱杨茜、陈颖（第3章），邱杨茜、肖莹（第4章），朱小斌、邱杨茜、陈颖（第5章），朱小斌、邱杨茜、肖莹、陈颖（第6、7、8、9章），孙涛、陈颖（第10、11章），朱小斌、陈颖、肖莹（第12、13、14章），朱小斌、邱杨茜、孙涛（第15、16章）。本书最后由邱杨茜助理教授做全面整理，由我最终定稿。

在本书付梓之际，感谢广大读者和师生对本书的支持与反馈，感谢东北财经大学出版社授予本书"2010—2012年度畅销教材奖"这一荣誉，同时感谢东北财经大学出版社的郭洁老师，她始终关心与支持本书的出版与再版事宜，并付出了许多艰辛的劳动，在此表示最诚挚的谢意！

由于我国正步入后危机时代的经济改革时期，资本市场的建设也仍有漫长的道路要走，证券投资基金业的发展在本书出版后还将有许多变化，希望各位读者能够以本书为基础把握时代发展的脉搏，并且对书中存在的疏漏或不足不吝赐教，同时欢迎对本书提出各种改进意见。

何孝星

2013年7月于厦门

其他版次前言

目 录

第1篇
入门概述篇

第1章 绪 论

◇学习目标

- 掌握证券投资基金的概念和特点
- 了解证券投资基金的局限性
- 了解证券投资基金的发展历程
- 了解证券投资基金的三大基本关系体系
- 掌握证券投资基金的三大功能
- 了解证券投资基金的三大作用

20世纪80年代末90年代初，我国即开始了国内证券投资基金试点工作，但较规范的证券投资基金直到1998年以后才出现。此后，证券投资基金无论在品种上还是在规模上，都呈现出快速增长的势头。特别是股权分置改革之后，伴随着2006年至2008年初证券市场的走强，各类基金的发行规模和数量不断创出新高。随着证券投资基金实践和创新的不断深入，人们对证券投资基金的认识也不断清晰，因此，尽管证券投资基金的原理变化不大，但不同时期出的书对证券投资基金基础知识的理解和表述还是会有所不同。这种理解和表述上的差异，必然会影响人们对证券投资基金其他问题的认识。由于正确理解证券投资基金基础知识是了解证券投资基金的基础，因此，本书在第一篇对证券投资基金的概念、特点、功能、作用、类别及其运行方式等基础知识进行比较系统的阐述。

1.1 证券投资基金的概念与特点

1.1.1 证券投资基金的概念

目前理论界和实务界对证券投资基金的概念主要有两种理解，一种认为证券投资基金是一种投资工具，另一种认为它是一种投资组织。

从投资者角度来说，证券投资基金就像股票、债券一样，是一种投资工具，实际上，这是把证券投资基金理解成证券投资基金单位了，是口语化的结果，因为人们在买卖证券投资基金单位时往往简称为买卖"××基金"。

从法理上说，证券投资基金应该是一种实行独立核算的投资组织，只有把它理解为一种投资组织，我们对证券投资基金的管理和运作的研究才具有实际意义，才能真正促使证券投资基金进行规范化运作，促进证券市场的规范化发展。如果只偏重于将证券投资基金作为一种投资工具来研究，那么就有可能出现类似于在我国证券市场发展过程中长期偏重于研究股票的融资功能，而忽视研究上市公司的运作与治理的现象一样，扭曲了证券市场的资源配置作用，并且给整体经济带来负面影响。

因此，本书给证券投资基金下的定义是：证券投资基金是指按照共同投资、共担风险、共享收益的基本原则，运用现代信托关系的机制，通过发行证券投资基金单位，将投资者的分散资金集中起来投资于有价证券以实现预期投资目的的一种投资组织。这一定义有以下五层含义：

（1）它是一种专门投资于股票、债券等有价证券的投资基金，即它的投资领域主要限于证券市场，或是我们一般所称的"二级市场"。

（2）证券投资基金设立的基本原则是共同投资、共担风险、共享收益。根据投资原理，只要是投资就必须承担相应的风险和享有相应的收益，证券投资基金是一种集合众多投资偏好相同的投资者进行共同投资的组织。因此，投资者必须为此承担同样的风险，享受同样的收益。需要注意的是，证券投资基金的收益是不固定的。

（3）现代信托关系是证券投资基金运行的基础。证券投资基金是在现代信托关系基础上建立的一种组织，它的运行本质就是"受人之托，代人理财"，即众多投资者将资金集合起来成立一家证券投资基金，然后以信托关系将这些资金委托给基金管理人进行运作，并委托基金托管人（一般为商业银行）管理基金资产和监督基金管理人对基金资金的使用。这种信托关系是投资基金运行和发展的重要保障机制。

（4）它是通过发行证券投资基金单位募集资金的。证券投资基金单位是一种代表基金持有人所有权证的有价证券，在性质上类似于股票，因而它具有可交易性。证券投资基金通过发行基金单位募集资金，投资者通过认购证券投资基金单位享有相应的参与权、收益权、剩余资产分配权等基金持有人的权益。

（5）证券投资基金是一种独立核算的投资组织。投资基金的资金虽然委托给基金管理人运作，但基金管理人应单列账户，进行独立核算，不能将这些资金与自身资产相混，也不能以这些资金作为抵押（或担保）来获得自身资产运作所需的借款。因此，证券投资基金既不同于一般的工商企业，又不同于商业银行和一般的非银行金融机构，它是一种专门将社会上的分散资金集中起来进行投资的独立核算的机构，是一种特殊的投资组织形式。

上述五个方面是证券投资基金的基本要素，贯穿于证券投资基金发起设立、运作和发展过程的始终。

1.1.2 证券投资基金的运作特点

与一般机构投资者或个人相比，证券投资基金在运作上有着鲜明的特点：

（1）资金规模大。尽管由于证券市场的波动，证券投资基金的发行规模会呈现出不同行情周期的差别[1]，但相对而言其募集资金的规模仍然较大。在美国，一只证券投资基金的规模可高达几百亿美元，大大高于一般机构投资者或个人的证券投资规模。

（2）证券投资基金可通过证券组合投资降低投资风险。风险分为系统风险和非系统

1　例如，2008年上半年基金发行的平均规模为23.08亿元，而截至2018年5月10日，此规模为11.3亿元。

风险。非系统风险可以通过投资组合来降低，而系统风险则不行。对个人投资者来说，由于资金少，只能购买少数几种股票，很难做到分散投资，承担的风险就相对较大。由于投资基金汇集了许多投资者的资金，资金总额非常巨大，因而它可以做到分散投资，通过投资组合规避非系统风险，并可以根据经济形势的变化不断地变动投资组合，以做到风险最小化、收益最大化。

（3）证券投资基金实行专业化管理。证券投资基金通常由专业化的投资机构负责管理，如基金管理公司、商业银行、投资顾问公司等。在基金管理公司中，专职的证券分析人士、证券投资组合专业人员和专业操作人员协同工作，通过专业化的管理和科学的投资决策机制，能较好地弥补个人投资者和一般机构投资者信息分析不足、操作技能不足等缺陷，为投资者带来更好的回报。

（4）通过证券投资基金进行证券市场投资可降低交易成本。第一，按照我国的有关规定，证券投资基金从证券市场中取得的收入，包括买卖股票、债券的差价收入，股权的股息、红利收入，债券的利息收入及其他收入，暂不征收企业所得税[1]；第二，我国个人或企业投资者来自证券投资基金红利收入目前可以不交个人所得税，但对于来自股票的股息、红利收入以及企业债券的利息收入要征收个人所得税[2]；第三，证券投资基金的资产规模庞大，是券商经纪业务重点争取的机构投资者，可获得比一般投资者高得多的佣金折扣；第四，证券投资基金比个体投资者的信息更灵通，可降低交易中的信息不对称成本；第五，个体投资者委托专业机构理财后，可以腾出精力做好本职工作，有利于降低机会成本。

（5）证券投资基金可介入更多的投资领域。有一些市场和投资领域是一般投资者不便或不能进入的，如国内的银行间债券市场、同业间拆借市场、国外证券市场等，但证券投资基金作为一种金融机构，则被允许进入上述市场进行操作，从而使其投资领域远大于一般投资者，有利于其增加投资品种、降低风险、增加收益。

1.1.3　证券投资基金的局限性

尽管证券投资基金投资与个人投资相比具有各种优势，但也不可避免地存在下面的局限性：

1.系统风险不可避免

如前所述，证券投资基金可以消除非系统风险，但对系统风险则无能为力。系统风险是指因市场环境变化导致所有证券价格的波动。市场环境包括宏观经济形势、特定产业的发展状况、政府采取的财政政策和产业政策、利率、汇率等，一旦市场环境变化，所有企业的经营都会受到影响，从而导致该企业的股票或债券价格出现波动。当证券市场的系统风险开始释放时，包括基金在内的所有投资者都无法幸免，正所谓"覆巢之下安有完卵"。如NASDAQ指数在20世纪90年代中期至90年代末期涨幅惊人，对该市场进行投资的基金的盈利水平也是一飞冲天，管理人经常被媒体吹捧为"明星经理人"。但随着全球经济下滑

1　财政部、国家税务总局关于企业所得税若干优惠政策的通知，财税〔2008〕1号。
2　2005年6月24日，在两部委关于股息红利的补充通知中提到：对证券投资基金从上市公司分配取得的股息红利所得，按照财税〔2005〕102号文规定，扣缴义务人在代扣代缴个人所得税时，减按50%计算应纳税所得额。

和企业对电子产品的采购需求减少，在NASDAQ上市的企业的盈利水平也大幅下降，对该市场进行投资的所有基金的资产急剧缩水，无一幸免。2015年6月，在引导市场盘活存量、金融去杠杆之时，中国股市经历了断崖式的下跌，开启了一轮空前的大熊市，而股灾爆发期间，历来以专业投资者自居的公募基金也未能免于暴跌的洗礼。据Wind资讯（万得资讯）统计，从2015年6月15日到2016年6月14日，81家基金管理人旗下913只偏股型基金（不含打新基金、绝对收益策略基金和保本基金）平均亏损达到34%，115只基金单位净值跌幅超过50%，其中甚至有5只跌幅最大的基金亏损超过60%。

2. 业绩可持续性的不稳定

基金业绩的不稳定性和业绩持续的有限性，使得基金投资获得稳定的复利收益存在较大的困难。这种不稳定性与基金投资策略的不稳定性、基金管理人的道德风险问题、选股能力以及基金经理的不稳定性相关。在美国，能保持长期高水平业绩的基金并不多见，只有极少数管理人被称为"明星经理人"，多数情况下，在某年业绩排名靠前的基金在次年往往出现业绩滑坡。在中国，公募基金诞生20年来，昙花一现的"黑马"基金常有，长期胜出的"白马"基金却难寻。据银河证券统计，截至2017年底，过去5年间每年都能在同类基金中位列前50%的基金仅有19只。

3. 不能充分保障投资者利益

证券投资基金是基于现代信托关系基础运作的，其主要的委托代理关系是：由证券投资基金委托基金管理人运作基金资产，由基金托管人负责监管基金管理人的行为。这种委托代理关系，应该说是一种非常好的制度安排，能很好地解决基金治理问题。然而，事实不然。在基金制度的设计中，基金管理人与投资者的利益是不完全一致的。基金管理人是按照证券投资基金资产净值的一定比例收取管理费，基金资产的盈亏与基金管理人的管理费收入相关度不高，基金管理人追求的是所管理基金资产净值的最大化，而不是收益最大化。对于封闭式证券投资基金的投资者来说，追求的是当期收益最大化，这就与基金管理人的目标存在一定的冲突。基金管理人可以采取某些方式使得基金净值经常处于最大状态，使得自身的收益最大化，却往往增加了基金资产的风险，损害了投资者的利益。

在中国，基金管理人往往是证券投资基金的发起人，因此设立的证券投资基金往往就由他们管理，基金托管人也由他们选择，而基金托管人的利益是收取托管费，这样，基金托管人为了自身的利益，对基金管理人的监管就形同虚设，他们所做的仅仅是核对净值、负责清算而已。同时，基金管理人的发起人又往往是证券公司、信托投资公司等，这就难免基金管理人的大股东为了自身利益，要求证券投资基金在二级市场上暗中输送利益，从而损害基金持有人的利益。因此，虽然证券投资基金是基于严格的"委托-代理"信托关系建立的，但由于产权或制度安排上的问题，使得其在治理方面仍然存在许多难题。

1.2　证券投资基金的发展历程

任何事物的产生、发展、消亡都有其特殊的历史背景。为了更好地理解证券投资基金，我们有必要先回顾一下证券投资基金的发展历程。证券投资基金起源于19世纪60年代的英国，迄今为止已经历了150多年的历史，经历了创立、发展、成熟三个发展阶段。

1.2.1　证券投资基金创立阶段（19世纪60年代至20世纪20年代）

19世纪60年代，随着第一次产业革命的成功，英国生产力水平大大提高，资本积累增加，成为世界上最富有的国家，它的工业总产值占世界工业总产值的1/3以上，国际贸易额占世界贸易额的25%。因此，国内资金充裕，公债利率较低（19世纪70年代，英国政府发行的"统一公债"利率低到只有2%），对投资者缺乏吸引力，这为资本输出提供了客观条件。与英国的情况相反，在欧洲大陆，由于产业革命刚刚开始，又正值拿破仑莫斯科战败不久，重建欧洲需要巨额资金，一些国家为此发行了大量高利率债券。同时，由于美国大规模发展铁路、通信、纺织等行业，开始了新的产业革命，资金需求更为旺盛，其公债利率高于英国1倍以上。在这种情况下，英国资本开始大量流往欧洲大陆和美国。但投资者没有预料到的是，美国的铁路建设热潮以及南美的矿业热潮很快冷却，直接或间接投资于这些事业的投资者，尤其是中小投资者，遭受了重大损失。惨痛的教训使投资者认识到，对外投资必须进行认真调查，要尽可能地汇集众多的小额资金并共同运用、分散投资，以减少投资风险。正是在这一背景下，1868年，英国政府出面组织了专门投资于美国、欧洲大陆和殖民地国家证券的世界上第一个证券投资基金，即"国外及殖民地政府信托基金"。设立者明确宣布，该基金的宗旨在于："运用共同资金分散投资于国外及殖民地政府发行的债券，借以分散投资风险，使中小投资者能和大额投资者一样享受投资利益。"该基金由熟悉海外经济和市场的专家负责操作管理，持有18只证券。发行时每个受益凭证的面值是100英镑，销售费用是3%，管理费用是0.25%，保底年收益率是7%。该基金成立时，各国政府发行的债券收益率水平都比较可观。

【知识链接1-1】　　　19世纪末至20世纪初证券投资基金初创

我们通过下面的表格展现出19世纪末至20世纪初主要国家和地区的公债利率，借以说明基金初创时期的债券收益率水平。

19世纪末至20世纪初主要国家和地区的公债利率

国家或地区	公债利率	国家或地区	公债利率
阿根廷	6%	埃及	7%
澳大利亚	5%	意大利	5%
巴西	5%	新斯科舍（加拿大省名）	6%
智利	6%~7%	秘鲁	5%
多瑙河流域	8%	土耳其	5%~6%
俄国	5%	美国	5%
葡萄牙	3%		

资料来源　国际货币基金组织（IMF）。

1873年，苏格兰人弗莱明（Robert Fleming）在Dundee（丹地）设立了第二家证券投资基金——"苏格兰美国投资信托"（Scotish American Investment Trust）。"苏格兰美国投资信托"向投资者发行受益凭证3 000单位，每单位100英镑，筹集的资金用于投资美国铁路。弗莱明将受益凭证的保底利率定为6%，吸引了许多投资者踊跃投资。

"国外及殖民地政府信托基金"与"苏格兰美国投资信托"有着如下几个特征：一是资金来源于国内机构投资者和个人投资者；二是主要投资于外国和殖民地国家的证券；三是实行保底收益率；四是由专业人士管理和运作基金资产；五是属于契约型的投资基金，投资者与代理管理者之间通过信托契约确定双方的权利义务关系。

当时的投资信托基金都以公债作为投资对象的主要缘由在于：一是当时的股份有限公司还很不完善，其信用也很薄弱，缺乏可以作为投资对象的股票；二是伦敦证券交易所上市的证券几乎全部是国内外的债券，只有少量的股票；三是伦敦证券市场是当时国际证券市场的中心；四是对外进行债券投资的利息比对内投资要高出许多。

1873年美国爆发经济危机，许多企业陷入了债务危机甚至破产，一些公司债券到期无法兑付，使得英国证券投资基金管理机构难以再以固定利率制向投资者提供回报。因此，一些基金管理机构开始将证券投资基金的固定利率制改为收益共享、风险共担的浮动收益制。1879年以后，随着股份有限公司法的实施，一些证券投资基金开始以公司制的形式出现，并逐渐在美国成为主流形式。

从19世纪80年代到20世纪20年代的40年间，证券投资基金得到了较快发展，1890年，英国的证券投资基金就已经达到了101家。但就投资基金发展的一般状况看，当时的投资基金数量很少，并且规模也很小，资产总值还不及当今一只基金资产规模大；基金的设立仅限于英国等很少的几个国家；其投资领域是海外一些国家有发展前景的产业如铁路等；投资地域涉及南北美洲、非洲、亚洲等一些殖民地国家。总之，证券投资基金在创立阶段的主要表现是：数量极少、规模小，投资对象及领域单一，基金运行结构简单、封闭，在很多方面还不完善，不能满足投资者多方面的需求，这些也正反映了基金创立之初在制度上既有创新又不完善的特征。与其他金融产品相比，证券投资基金无论在规模上还是在影响力上，对一国经济和金融市场来说都还只是一种无足轻重的金融产品。

1.2.2 证券投资基金发展阶段（20世纪20年代到20世纪70年代）

19世纪70年代后，主要发达国家掀起了第二次工业革命——重工业革命，在这次革命中，美国经济跳跃式地超越了英国。第一次世界大战后，美国取代英国成为世界上经济最强大的国家。同英国一样，随着经济的发展，美国国内的资金也充裕起来，要求寻找更有效、风险更小的投资方式，证券投资基金在这样的背景下也就应运而生了。1921年4月，美国第一家证券投资基金——"美国国际证券信托投资基金"成立，但它还是英国式的证券投资基金。一般认为，真正具有现代意义的美国式证券投资基金是于1924年3月21日在美国波士顿成立的"马萨诸塞投资信托基金"（Massachusetts Investors Trust）。该基金由200名哈佛大学教授共同投资，由"马萨诸塞金融服务公司"担任基金管理人，它与英国证券投资基金相比，突出了三方面的特点：一是组织体系上采取公司型模式；二是运作上采取开放式，即基金公司必须按基金的资产净值持续地出售股份给投资者或随时准备赎回发行在外的股份，并为投资者提供专业化投资管理服务；三是回报上采取风险共担、收益共享模式，而非固定回报方式。此种方式一推出，即得到了投资者的欢迎，"马萨诸塞投资信托基金"资产一年内就由5万美元上升到39.4万美元。

美国的基金业在随后的几年间发展迅速，涌现了大批证券投资基金，并逐渐超过英国成为世界上证券投资基金最发达的国家。据统计，美国证券投资基金在20世纪20年代出现后，每年增长20%以上，1927年的增长率甚至超过了100%。截至1928年10月，即美国股市大崩盘前夕，美国675家投资公司共拥有基金资产达71.57亿美元，为1926年的7倍，其中193家封闭式公司共持有27.82亿美元资产，19家开放式公司共持有1.4亿美元资产。

【知识链接1-2】   20世纪初美国比较有名的证券投资基金

20世纪30年代之前，即大危机爆发之前，美国已经出现多家比较有名的证券投资基金。我们以下表加以列示：

20世纪初美国比较有名的证券投资基金公司名称	成立年份
Railway Light and Securities Co.	1904
American International Corporation	1915
United States and Foreign Securities Corporation	1924
Massachusetts Investors Trust	1924
State Street Investment Company	1924
Industrial and Power Securities Co.	1928

资料来源 美国证券交易监督委员会（U.S.Securities and Exchange Commission）。

然而，由于证券市场的过度投机，股市的泡沫终于在1929年破灭了。随着1929年纽约股市大崩盘，美国大部分证券投资基金破产倒闭，剩余的也难以为继。据统计，美国证券投资基金业的总资产在1929年至1931年间下降了50%以上。面对惨重损失和工业生产大幅度下滑的局面，人们对证券投资基金丧失了信心，加之随后又爆发了第二次世界大战，更使得证券投资基金业萎靡不振。由此，证券投资基金的发展遭受了沉重打击。

罗斯福总统就职后，为了振兴经济，开始推行"新政"，其中为了克服证券市场中存在的种种问题，稳定金融市场和促进证券投资基金的发展，美国自1933年始相继颁发了《证券法》（1933）、《证券交易法》（1934）、《投资公司法》（1940）、《投资顾问法》（1941）等法律法规。由于受战争的影响，这些法律法规虽然并未马上对证券投资基金的恢复与发展产生明显的影响，但却为今后证券投资基金的发展做好了铺垫。尤其是《投资公司法》和《投资顾问法》对证券投资基金的设立、管理运作、财务公开、信息披露、董事会任命、经理选择、销售费用标准等一系列问题都作出了明确规定，有效维护了投资者的权益，为证券投资基金的健康发展奠定了完备的法律基础。

第二次世界大战后，美国经济一枝独秀，加上完备的法律作保障，美国证券投资基金再度活跃起来，尤其是进入20世纪70年代后，随着金融自由化和金融创新浪潮的兴起，证券投资基金发展得更加迅速。1940年，美国仅有证券投资基金68家，资产总额4.48亿美元；到了1977年，美国证券投资基金已增至447家，资产总额约481亿美元；1979年，证券投资基金数量已发展到524家，资产总额达945.11亿美元。

综上所述，证券投资基金在美国的发展主要是通过美国经济快速发展和相应的法律制度完善而获得的。证券投资基金在这一阶段的主要表现是：从证券投资基金投资对象看，更多地转向以国内市场有价证券为主，但也包括股票在内；从证券投资基金的资金来源看，由于证券投资基金已为更多投资者所认可，越来越多的投资者投资于证券投资基金，但基金资本来源仍以中小投资者为主，兼有少量机构投资者参与；从证券投资基金的组织结构看，各国有所不同，美国以公司型为主，日本则以契约型为主，这两类投资基金的选择视各国情况而定；从证券投资基金的运行模式看，大多数已从封闭型向开放型转变，这是因为开放型投资基金更有利于和更适合于投资者投资，加上投资基金管理公司的投资能力日趋提高，基金转型也就是情理之中的事了；从证券投资基金追求的投资目标看，已从收入型向成长型转变，从求稳定的收入增长向长期的资本利得转变，这与投资者心理素质与基金经营者经营能力都走向成熟有很大关系；从证券投资基金的运作看，已向规范化方向发展。由于有关投资基金的法律颁布、实施，从根本上保障了投资基金规范化运作，包括基金的设立、组织，基金管理人与托管人之间法律关系，各方责任、义务以及基金公开性方面的有关规定，既有效地维护了金融市场的秩序，也促进了基金健康发展；从投资基金发展的情况看，在数量和资产规模上增长都很快，证券投资基金已从英国扩展到世界上金融市场发达的国家，投资领域多以各国的主要产业为主，基金的投资地域遍布世界许多地区。

由此可见，证券投资基金在此发展阶段上数量及资产规模都有较快增长，其投资领域和地域也在扩大，投资对象日趋多样化，基金运行形式呈现多样性，基金运作更趋规范化，并向开放型发展。尽管证券投资基金有了一定程度的发展，但由于这一时期世界经济处于发展阶段，金融市场也处于稳步发展过程中，故而证券投资基金的发展仍以稳定为其明显特征。

1.2.3 证券投资基金成熟阶段（20世纪70年代以后）

20世纪70年代后，随着经济一体化、金融自由化、资本流动国际化，证券投资基金不论是在规模上，还是种类上都呈现出前所未有的发展速度，证券投资基金日趋成熟。证券投资基金在成熟阶段表现出以下几个方面的特点：

（1）规模化。在美国，各类开放式证券投资基金的总资产从1970年的476亿美元上升到2016年的16.3万亿美元，增长了341.44倍；证券投资基金只数则从1970年的361只上升到2016年的8 066只，增长了超过21倍；据ICI.2017 Fact Book统计，证券投资基金持有人数量从1978年的870万人上升到2016年的9 580万人，增长了超过10倍。2016

年全球开放式证券投资基金的总资产达到 403 641 亿美元，比 1995 年的 53 826 亿美元增长了 649.90%；证券投资基金只数则从 1995 年的 34 992 只上升到 2016 年的 110 271 只，增长了 215.13%。可见，证券投资基金已发展成为发达国家金融市场和国际金融市场中一支举足轻重的力量，证券投资基金在一国金融市场和国民经济中不再只是一种可有可无的金融产品了。

【知识链接1-3】　　欧美主要国家证券开放式基金的资产增长

从 2011 年至 2016 年的 6 年间，一些欧美国家及日本、中国的主要开放式基金的资产增长一直呈现曲线上升的态势，具体由下表即可显见。

美国、欧洲主要国家及日本、中国开放式证券投资基金资产增长情况　单位：百万美元

年份 国家	2011	2012	2013	2014	2015	2016
美国	12 680 724	14 391 614	16 723 693	17 847 949	17 751 107	18 868 105
英国	944 276	1 156 492	1 361 170	1 501 308	1 583 580	1 510 976
法国	1 786 815	1 986 661	2 103 274	1 940 490	1 832 073	1 880 335
德国	1 465 049	1 689 889	1 934 560	1 847 268	1 799 754	1 893 722
卢森堡	2 712 677	3 145 220	3 606 847	3 757 624	3 817 201	3 901 304
瑞典	179 707	211 236	255 822	283 683	279 977	286 412
奥地利	162 758	186 905	194 932	165 084	151 199	150 939
意大利	180 754	193 448	223 023	217 363	207 867	203 384
西班牙	195 220	202 742	268 380	274 072	274 715	280 826
瑞士	273 061	327 360	425 662	436 431	457 162	475 838
日本	745 383	738 488	1 157 972	1 171 974	1 328 634	1 459 705
中国	339 038	437 449	460 332	708 884	1 263 130	1 227 540

资料来源　U.S.A.ICI.2017. Fact Book。

（2）大型化。就单只基金来说，其资产规模向大型化方向发展。例如，到 2016 年底，美国单只基金资产的平均规模达到了 20.26 亿美元，有的高达上百亿美元，如 2013 年 6 月，富达基金美元高收益 A 的资产净值达到了 85.32 亿美元。我国的华安创新基金成立时就募集了 50 亿元人民币。

（3）多样化。随着投资者投资偏好的不断细分和竞争的加剧，为了满足各种投资偏好，各种金融创新品种不断涌现出来，如股指期货、股票期权、远期交易、互换交易等，从而为证券投资基金的资产组合提供了更广阔的空间，激发了证券投资基金创新品种的不断涌现。现在的基金品种可以按不同的标准分成很多类别，如从组织形式上分为

开放式基金和封闭式基金；从投资对象上分为股票基金、债券基金、货币市场基金、混合基金，另外还出现了对冲基金、伞形基金、交易所交易基金（ETF）、基金股份、组合投资计划等，具体分类详见第2章。证券投资基金的创新和其他金融产品的创新相互促进、相互推动，促进了金融运行机制的创新和发展。

（4）国际化。证券投资基金的投融资领域不再局限于某一国，而是进入国际资本市场寻找资金来源和投资目标，将国际资本在全球内进行配置，因而证券投资基金不仅会影响一国的金融市场，而且会影响全球的金融市场。特别是对冲基金，如量子基金、美洲豹基金A、长期资本管理基金等，通过杠杆原理，利用各种套利技术在国际金融市场上从事套利投机活动，酝酿了"英镑阻击战""泰铢阻击战""港币阻击战"等著名的经典战役，并直接导致了1996年的"亚洲金融危机"，对各国金融市场造成了很大的影响。

（5）机构化。投资者结构从过去以中小投资者为主向以机构投资者和中小投资者并重方向发展。以美国为例，过去投资基金的主要投资者是中小投资者，而现在，基金的部分资产来源是机构投资者资金。这些机构投资者包括银行机构及其他信托机构、养老金基金、保险公司和基金会等。这些机构投资者投资于基金的总资产从1960年的12亿美元猛增到1985年的1 681亿美元，占全部基金总资产的33.9%。截至2015年底，机构投资者持有的各类开放式证券投资基金的总资产为21 123亿美元，占比达13.50%。机构投资者之所以选择投资基金，是因为他们与中小投资者具有同样的目的，希望通过基金投资降低风险，取得稳定收益或长期资本成长。投资者结构变化，一方面说明投资基金的确具有许多独特优点吸引着各类投资者；另一方面，由于机构投资者拥有雄厚的资本，一旦他们进入投资基金，也会带来巨额资本，促进投资基金的发展。

20世纪70年代后，证券投资基金的快速发展主要得益于以下几个方面的因素：

（1）证券交易电子化。20世纪70年代以后，计算机、现代通信技术的快速发展，促进了证券交易的技术革命，证券交易从手工委托向自助委托、电话委托再向网上交易演变，证券清算过户手续得以大大简化。互联网和卫星通信技术的应用，大大提高了信息传播的速度，将世界各大金融市场联为一体，为证券投资基金管理人在全球的投资运作提供了便利和可能。

（2）国际融资证券化。20世纪70年代后，随着信息技术的应用和信息传递成本的降低，直接融资市场的投资效率得以大大提高，交易成本得以大大降低，各种融资主体纷纷进入直接融资市场，通过发行国际债券或股票获取资金，改变了过去银行信贷占主导的融资结构，从而促进了国际融资证券化的发展。以证券为主的国际融资格局，一方面需要足够的证券投资资金，而个人投资者和中小机构投资者是很难直接进入国际资本市场的，必须借助于证券投资基金这样的专业投资机构才能进行国际性投资；另一方面也为证券投资基金的资金运作提供了一个有足够规模和选择空间的投资市场。

（3）金融自由化。为了解决经济"滞胀"问题，美、英、日等国家在20世纪70年代后期相继采用了以稳定币值为最终目标，以货币供应量为中间目标的货币政策，其最主要的特点是政府对经济金融的调控方式从直接调控为主转换为间接调控为主。而要实现间接调控金融，就必须要实现货币政策传导机制的顺畅，这就必须搞活微观金融，增加金融产品，使金融市场能够灵敏地对货币政策作出反应，从而使金融当局能通过短期利率的变化或者其他手段的运用，通过资产组合调整效应、财富效应、预期效应等引导人们投资、收入和消费的变化，并进而引起货币供应量变化，而要以货币供应量为中间目标，就必须牺牲利率指标，即必须让利率实现更大范围的自由波动。正是在这样一种政策取向下，从70年代中后期开始，各国都放松了金融管制，实施利率自由化，从而形成了一场席卷全世界的金融自由化的创新浪潮。美国在70年代实现了证券交易佣金自由化，在80年代初实现了利率自由化，这为美国的金融创新创造了宽松的环境，并最终为其在1998年通过《金融服务业法案》，实行混业经营奠定了基础；日本在70年代后期实现了利率自由化，并在80年代全面推行了金融自由化，最终于90年代建立起金融混业经营模式。

金融自由化的结果就是促使金融分业经营模式向金融混业经营模式转换，进一步促进了金融产品创新，推动了资本国际化、金融全球化的进程，为证券投资基金进行全球性投资奠定了基础，并催生了如QFII/QDII、对冲基金等新型的证券投资基金投资模式。

（4）证券交易国际化。伴随着国际融资证券化，国际性证券交易规模不断扩大。进入20世纪80年代以来，全球股票市场规模持续扩大，美日英等国的国际性金融市场上股票交易额突飞猛进，其他国家的股票国际交易额也有较快增长。不仅是股票市场，债券市场亦如此。

金融市场的上述变化为证券投资基金的国际化发展奠定了良好的基础，加上证券投资基金所具有的较强渗透力，促使各国或各地区的证券投资基金行业组织加强联系，克服证券投资基金国际交流的障碍，推动证券投资基金国际化。

尽管证券投资基金在这一阶段尚未显示其明显特色，其国际化发展趋势却已初露端倪。需要指出的是，证券投资基金国际化的条件尚未完备，如各国基金运作规则和对基金市场管理不完全一致，需要有关投资基金的国际性法规出台，形成各国都共同遵守的国际惯例。再者，基金经营者素质还有待于提高，不仅需要对一国基金市场有洞察力，而且需要对国际基金市场乃至证券市场也有明辨能力，否则，基金就难以在纷繁复杂的国际金融市场立足。

总之，从各国的证券投资基金业起源来看，发达国家的证券投资基金都是在英国证券投资基金模式基础上演变而来的，但现代证券投资基金模式则繁荣于美国，进入20世纪70年代后，证券投资基金开始向大型化、多样化、国际化方向发展，并促进了发展中国家的证券投资基金的发展。

1.2.4　证券投资基金产生与发展的原因

从证券投资基金的发展历程中可以发现，推动投资基金发展的动力主要有以下几个方面：

1.经济发展的基础作用力

可以说，没有经济的发展，证券投资基金是不可能产生和发展的。经济发展以社会生产力水平迅速提高为标志，机器大工业的发展，直接推动社会生产力发展，由此人类社会以前所未有的速度使经济发展有了质的飞跃，带来的直接结果就是国民生产总值迅速增长，人均国民收入水平上升。也只有在这些基础上，个人投资能力才能得到提高，才会出现众多中小投资者。这些中小投资者也想获取与大投资者一样的投资收益，而现存的各种投资方式都不适合中小投资者，客观上就要求实现投资方式社会化，以此实现中小投资者的利益。这样，由经济发展引致的众多中小投资者参与社会投资的要求与现存的投资方式不相适应的矛盾，为证券投资基金的发展提供了基础作用力。但是，仅有经济发展还是远远不够的。

2. 证券市场的直接推动力

证券市场是市场经济高度发展的产物，也是证券投资基金产生和发展的温床。没有市场经济的发展，不可能出现各种货币市场、资本市场，也不可能产生股票、债券等有价证券，更不可能有从事有价证券买卖的交易市场，而证券投资基金的投资对象却是各种有价证券，其经营方式是进行这些证券的组合，以此分散投资者投资经营的风险，获取与大投资者同样的理想收益。如果证券市场发展规模过小，必须限制投资基金的投资范围和内容，便会出现"巧妇难为无米之炊"的状况。当各种有价证券价格发生波动时，投资基金不仅不能通过各类证券的组合变动达到降低风险的目的，而且会限制证券投资基金的经营优势即组合经营的发挥，也就是，无法根据市场的发展状况灵活地改变证券组合比例，以趋利避害。总之，没有活跃、高效的证券市场，证券投资基金的发展必然受阻。我们可从当今证券市场发达国家与不发达国家的证券投资基金发展状况的对比中得出这一结论。

3. 法律的外在作用力

证券投资基金的发展离不开法律的有效保护。例如，在证券投资基金发达的美国，最初由于缺乏严格、完备的有关证券市场及投资基金的法律、法规，股市投机活动异常猖獗，各种欺诈、操纵股市及封锁信息等行为随处可见，股价暴涨暴跌，最终导致1929年的股市大崩溃，以证券市场上各种有价证券为投资对象的投资基金随之纷纷倒闭，剩下为数不多的投资基金也被美国证管委视为有不良行为而备受冷遇。从这次股市崩溃中人们得到的教训是：必须有严格、完备的法律规范，才能保证市场交易的公开、公正、公平，才能有效制止各种不正当交易行为，促进证券市场健康发展；同时，也只有对证券投资基金的设立、运营、监督等制定具体的法律规范，才能保障投资者的利益，促进证券投资基金的健康发展。此后，美国制定、颁布了一系列法律、法规，对维护证券市场正常交易、促进证券投资基金健康发展的确起到了良好的作用。

法律之所以能促进证券市场及证券投资基金的健康发展，就在于法律的权威性、强制性、公正性。所谓权威性，是指法律一经制定、实施，便具有效力，任何人都不得违背，否则将受到法律制裁。通过对证券市场正常交易活动的具体规范，人们必须遵守证券交易准则，基金管理机构在从事证券组合活动中同样不得违背有关规定。强制性，是指从事证券交易者及证券投资基金一旦出现违法行为，将受到国家机关的强制性制裁。

公正性，是指法律不仅是有效制止各种不法行为的手段，也是保护正当交易的工具，使参与证券市场及投资基金的人们都能得到平等的竞争机遇，获得对等的投资收益。由于法律具有威慑力量，使得各国在欲发展证券投资基金时，都先行制定有效的法律规范，以此保证证券投资基金一开始就走上法制轨道。实践证明，这种选择的效果非常好。

4.证券投资基金的自我创新能力

一种金融商品或投资方式能否为公众所接受，并获得迅速发展，最根本的原因还在于这种金融商品或投资方式自身是否具有自我创新能力，能否满足投资者对投资于该金融商品或选择该投资方式的各种要求。由于证券投资基金是以各种有价证券为投资对象进行组合经营，这样每种新的证券产生就意味着新的证券投资基金组合的产生。有的证券投资基金还以利用证券投资技巧作为投资对象，如套期保值基金等；还有的证券投资基金凭借自身优势，确立新的投资方向，如专门以扶助公司上市为目的的创业基金。现在，为方便、吸引投资者投资于证券投资基金，还开设了许多"雨伞基金"。这样，新型的证券投资基金通过上述方式被不断地创造出来，适应了不同投资者，不同产业、部门、公司，不同市场的需求，所以在今天的金融市场中，证券投资基金以其种类之繁多、范围之广泛，吸引着各类投资者。以上是就证券投资基金的产品创新能力而言的。另一方面，证券投资基金也在不断地进行技术创新。围绕着基金的流动性、安全性和盈利性，证券投资基金逐步朝流动性强、安全性好、盈利性高的方向发展。如早期的证券投资基金多以封闭型为主，现在则多以开放型为主，基金以净资产价值买卖，分散投资者风险，提高投资基金流动性。加上现代立法和各种技术分析方法的出现与应用，更推动着投资基金的安全性与盈利水平的提高。

国际经济一体化发展，也推动着金融市场一体化进程，投资基金的国际化进程也已开始，表现在国际基金、海外基金、国家基金等的迅速发展，促进了国家间的相互融资。这种国际化进程甚至把未开设投资基金的国家也卷入进来。如1990年11月，法国汇理银行与上海合作，在中国香港和欧洲投资"上海基金"，即以我国大陆证券市场上各种有价证券为投资对象，而当时我国尚未出现一家国内基金。投资基金将伴随国际经济一体化进程，以其独特的融资特点，朝着更广泛的国际化方向发展。

1.3   证券投资基金的基本关系体系

证券投资基金有着其特殊的关系体系。本节将分别介绍证券投资基金的组织关系体系、资产关系体系和市场关系体系，并且对其中涉及的相关重点概念进行界定和说明。

1.3.1   证券投资基金的组织关系体系

证券投资基金在组织关系体系上，是由基金持有人、基金组织、基金管理人、基金托管人等通过信托关系构成的系统。

基金持有人是指投资购买并持有基金债券的个人或机构。在权益关系上，基金持有人是基金资产的所有者，对基金享有资产所有权、收益分配权和剩余资产分配权等法定权利。

　　基金组织是指在公司型基金中的一个有形机构，通常设有基金持有人大会、基金公司董事会以及其他办事机构。其中，基金持有人大会是基金组织的最高权力机构，董事会负责对基金的日常重大事项作出决策。在契约型基金中，基金组织是一个无形机构，虽然有关法律规定，基金持有人大会是证券投资基金的最高权力机构，但在契约型基金中，基金持有人难以集中开会，也就难以落实各项法定权利。所以，在实践中，基金组织在相当多场合只是一种名义上的存在。

　　基金管理人是管理和运作基金资产的机构，其主要职责是：进行基金资产的投资运作，负责基金资产的财务管理，促进基金资产的保值增值以及其他与基金资产有关的经营活动。基金管理人可以是一个专门从事基金资产管理运作的独立法人机构，也可以是一个独立法人机构中专门从事基金资产管理运作的部门。

　　基金托管人通常由商业银行等金融机构担任，其主要职责是：保管基金资产，监督基金管理人在基金投资运作中的各项资产活动，办理基金资产变动的有关事宜。

　　信托关系是由信托行为、信托目的、信托主体（信托当事人）、信托客体、信托报酬、信托结束六要素构成。其中，信托行为是指委托人基于对受托人的信任将其财产权转移给受托人，受托人以自己的名义为委托人的利益或特定目的管理或处分财产的行为。在证券投资基金组织体系中，基金组织是信托关系中的委托人（在公司型基金中，基金公司是委托人；在契约型基金中，投资者一旦购买了基金证券，也就具有了委托人的身份），基金管理人是信托关系中的受托人，基金托管人是信托关系中的基金资产监护人。

　　在信托关系中，委托人一旦与受托人达成协议，将财产权转移给受托人管理，在法律上就视这些财产为受托人所有，委托人不能超越信托协议的规定干预受托人对财产的运作、管理和处分。基金持有人为了保障自身的利益，促使基金管理人信守职责，防止资产损失和收益损失，又委托基金托管机构从维护基金持有人权益的角度出发，负责保管基金资产并监督基金管理人对基金资产的投资运作。这种运用资产托管机制来制约信托资产运作的关系，在一般的信托关系中是不存在的，因此，它构成了证券投资基金信托关系中的一个基本特点。

　　在组织体系中，《基金章程》或《基金契约》、《基金信托契约》和《基金托管契约》等文件，具有法律效力，对维护基金组织关系和基金持有人权益至关重要。其中《基金章程》或《基金契约》是规范基金设立、发行、运作及其他各种相关行为的法律性文件，公司型基金采用《基金章程》的形式，而契约型基金则采用《基金契约》的形式。《基金信托契约》是规范公司型基金和基金管理人之间的资产信托关系、各自职责和权益以及其他有关事宜的法律性文件。《基金托管契约》是规范基金组织和基金托管人之间的资产托管关系、各自职责和权益以及其他有关事宜的法律性文件。

1.3.2 证券投资基金的资产关系体系

　　证券投资基金的资产关系，主要由基金资本、基金资产、基金管理人的管理费、基金托管人的托管费、基金收益及分配等内容构成。

　　基金资本，是指基金组织通过发行投资基金证券所募集的资本金，其金额一般与基金证券面值总额相等。基金资本的所有权归基金持有人，基金资本数量等于基金的全部持有人所持有的基金证券总额及权益总量。在公司型基金中，基金资本是指基金公司注册登记的资本数量。在基金证券按面值发行的条件下，基金资产的数量等于基金证券的面值总额，因而等于基金资本；在基金证券按高于面值发行的条件下，基金资产的数量大于基金证券的面值总额，因而大于基金资本。在信托关系中，基金组织委托给基金管理人管理运作的资金数量，可以高于基金资本，但不能低于基金资本。

　　基金资产，是指基金管理人在运作基金资本过程中所形成的基金资产总量。从资金来源方面看，它包括基金资本、借款及其他负债、公积金等净资产、未分配利润等；从资金运用方面看，它包括现金、存款、短期投资和库存证券等。一般而言，基金资产大于基金资本。由于基金资产通过信托关系委托给基金管理人管理运作，基金资产的形成和变化均处于基金管理人的管理运作中。在资产运作过程中，基金管理人一方面应将基金资产单立账户，与基金管理人自己的资产账户分开；另一方面，若一个基金管理人同时管理运作两只或两只以上的基金，则应将各只基金的资产分立账户。此外，基金管理人应根据有关规定进行资产估值，并将估值结果、基金账户等各项财务数据与基金托管人进行核对，由基金托管人负责监督基金管理人的行为，保证基金资产的安全。

　　基金管理人的管理费，是指基金管理人根据基金合同所获得的管理运作基金的报酬。基金管理人管理运作基金应该取得相应的报酬，这些报酬一般采取固定比例费用的方式，在基金合同中予以规定，并列入基金成本。这些报酬之所以不从基金盈利中提取，除税收等因素外，一个重要的原因是：担心基金管理人为了获得较高的报酬，将基金资产投入高风险证券，从而影响甚至损害基金持有人的利益。但仅付给固定比例的报酬，基金管理人可能缺乏提高基金投资收益的积极性，而形成旱涝保收的局面。为此，在欧美国家中，相当多的基金管理人的报酬由固定比例报酬和浮动比例报酬两部分构成。

　　基金托管人的托管费，是指基金托管机构根据基金托管协议所获得的保管基金资产的报酬。它的情形与管理费相似，一般也是采取固定比例报酬的方式，为了调动托管人的积极性，如今在欧美国家中也大多采取固定比例报酬与浮动比例报酬相结合的方式。

　　基金投资收益，是指基金资产运作中的各种收入减去各项成本后的剩余部分，即净收益。基金运作中的各种收入，不仅包括基金资金的投资收入，而且包括基金资产的增值收入；基金运作中的成本包括投资成本、财务成本（包括固定的管理费和托管费）以及税收等等。从理论上说，基金投资收益应该全部归基金持有人所有。但如上所述，为了调动基金管理人和托管人的积极性，需提取一定比例的收益支付给这些运作机构，同时，根据法律的规定，还可能需要提取一定数量的公积金，所以，实际上可用于分配给基金持有人的数量一般少于税后利润总额。但在基金资产增值较快的时候，基金持有人得到的收益数量可能多于税后利润总额。

1.3.3 证券投资基金的市场关系体系

对于任何一只证券投资基金来说，它的市场关系主要由基金证券的发行、基金证券的交易和变现（申购和赎回）、基金的投资等构成。

基金证券的发行，是指基金组织以发行人的身份采取公募或私募的方式，通过发行基金证券来募集基金资金的过程。在公募条件下，基金证券的发行通常选择证券商承销，所以，在有些场合，人们将证券商列为投资基金组织体系中的一个机构。基金证券一般采取面值发行，但在发行中，考虑到发行的各种费用，有时收取一定比例的手续费。由于证券投资基金是采取先发行基金证券后形成基金组织的方式，所以基金证券的发行人通常由基金组织的发起人承担。在基金证券发行前，应公布《基金合同草案》《基金托管协议草案》《基金招募说明书草案》及其他文件，以便投资者选择。当基金证券的发行数量达到或超过预计发行量的法定比例时，基金组织的形成就具备了法定资格，否则，基金组织不能形成。

基金证券的交易，是指基金证券在证券交易所或场外交易市场挂牌买卖。基金证券能否进入交易市场，直接影响着基金持有人的投资变现能力和收益能力，从而影响着基金证券的发行。但进入交易市场并不是所有证券投资基金设立和发展的必要条件，它只对封闭式基金有重要意义。对开放式基金来说，基金持有人可以根据需要，按照定期公布的权益类资产的价值变动，在柜台上办理基金证券的申购与赎回，以满足流动性需要。

基金资金的投资，是指基金管理人在运作基金资产的过程中所进行的各种投资活动。证券投资基金的投资方向主要是证券市场中的各种投资品种，为此，基金资金的投资运作受证券市场走势的影响较大。由于证券投资基金的资金主要投资于证券市场，所以基金管理人应拥有足够数量的证券市场专业人员，能够及时地跟踪、分析和预测证券市场走势，进行证券组合投资，降低风险、提高收益。可以说，基金管理人存在的意义，投资者对其的信任以及它自身的发展都取决于专业人员队伍的素质和能力。甚至可以说，在基金资产的投资中，最重要的问题就是专业人员队伍的素质和能力。

1.4 证券投资基金的功能

证券投资基金是证券市场融资的工具之一，是社会资源和资本市场资源有效配置的重要渠道。证券投资基金通过专业理财服务，为社会各界的理财需求提供了功能完善、品种齐全的理财产品。证券投资基金通过组合投资服务，为广大中小投资者较为安全地长期投资于证券市场提供了较为有利的选择。总的来说，证券投资基金具有以下几个基本功能。

1.4.1 直接融资功能

证券投资基金是一种集中资金、专业理财、组合投资、分散风险的投资方式。证券投资基金的直接融资功能是指将欲投资于证券市场的社会闲散资金集中起来投资于各种有价证券，从而实现储蓄资金直接向产业资金的转换。

在经济运行中，证券投资基金的融资功能在客观上是由以下两方面因素决定的：

（1）经济运行中资金有效配置的要求。在一国经济中，居民（家庭）是资金的供给者，企业（厂商）是资金的需求者。由于居民彼此分散，要将居民手中的资金集中起来转化为企业运行中所需的资金，就必须通过金融中介（包括金融机构和金融市场），因此，金融中介的活动就成为维系经济运行的重要条件。随着工业化的发展，企业不断扩张，规模不断扩大，产业集中度越来越高，单个企业对资金的需求越来越大。但由于受资本负债率的限制，企业又不可能无限制地举债，而通过自我积累资本的速度又很慢，原股东资本也有限，因此一些扩张中的企业需要大量新股东资本的投入，即需要以股票方式从资本市场直接融入大量新的资本，产生了巨额的直接融资需求。与此相对应的是，在工业化发展过程中，居民货币化收入程度不断提高，储蓄资金不断增加，这些资金也希望寻求一种收益率较高、风险相对较小的投资方式来实现保值增值，产生了巨额的投资需求。证券投资基金就是顺应这样一种投融资需求产生并发展壮大的。它一方面将风险承受力相对较小的投资者的资金挖掘出来，增加证券市场的资金供给；另一方面通过购买证券，将这些资金转化为产业资金，促进实体经济的发展，从而实现其直接融资的功能。

（2）证券市场发展的要求。证券市场的发展需要有足够的资金支持。在缺乏足够资金的条件下，一方面，国债、公司债券和股票等的发行在发售数量、发行价格、发行成本等方面都受到严重制约；另一方面，这些证券的交易活跃程度、交易价格及其他市场功能的发挥也会受到明显制约。发达国家的实践证明，仅靠投资者直接投资买卖各种证券，证券市场所获得的资金支持是极为有限的，因此，证券市场的发展速度也将受到明显制约。证券投资基金将社会各方面欲投资于证券市场的资金有效集中起来，这不仅具有"挖掘"证券投资资金的潜能，而且能够使确定时间内支持证券市场发展的资金数量大大增加，从而有力推进证券市场的发展。

在社会经济活动中，融资就是集资及资源配置活动，将分散在社会上的资金集中起来的同时，也就完成了从社会各界融入资金并集为一体的过程。具有融资功能的金融工具多种多样，其中包括商业银行的各类存款和贷款、政府财政部门发行的国债（或地方政府债券）、企业发行的公司债券和股票等等。与这些金融工具相似，证券投资基金也具有融资（或集资）的功能，即将社会上暂时闲置的分散资金集中起来交给专门机构运作，但它也有着与其他金融工具明显不同的集资特点：

（1）融资的导向主体不同。在存款方式中，发行何种类型的存款单（包括期限、利率及其他条件）基本上是由银行等存款机构导向的，存款人的权利仅在于是否存款以及存款多少；在债券方式中，发行何种债券（包括债券品种、利率、期限、还本付息方式等）是由企业或政府财政部门决定的，投资者的权利只限于是否投资以及投资量的大小；在股票方式中，发行哪种股票是由股份公司抉择的，购买者的权利只限于是否投资以及投资多少。与这些方式不同，在证券投资基金（尤其是公司型基金）中，虽然基金发起人可以起草各种文件并提议发起设立基金，但基金的最终设立需要由基金持有人大会决定，如若投资者认购的基金证券数量低于法定最低额，则证券投资基金不能设立，从这个意义上说，证券投资基金的集资能否成功是由投资者导向的。

（2）融资的目的不同。在银行以吸收存款方式融资的过程中，融入的资金主要通过贷放途径交由企业等机构投入产业经济的运行，银行只是经营存贷款业务，并不直接使用融入的资金；与此不同，证券投资基金是直接融资的工具。在证券投资基金中，基金管理人直接运作融入的资金，并努力发挥这些资金的最佳效能。在以股票、债券等方式融资的过程中，证券发行人发行证券募集资金的直接目的在于解决生产经营发展中的资金短缺或解决本机构运行发展中的资金紧缺问题，因此，融资是为了满足机构内业务运作发展的需要。与这些方式不同，在证券投资基金中，发行基金证券、募集资金的直接目的不在于满足基金管理人的投资运作需要，而在于满足基金持有人投资于证券市场的需要。

（3）融资的权益组合不同。在存款方式中，存款人提供资金后只拥有债权人的权益，要求银行按期付息还本，而存款利息通常低于债券利息和股票收益。在债券方式中，投资者虽可获得高于银行存款的利率，但债券期限较长，同时，债券利率从长期看低于同期的股票收益。在股票方式中，股东虽然可能得到高于存款、债券的收益，但股票风险较大，公司运作可能受内部人控制而导致股东权益弱化。与这些方式不同，证券投资基金既带有股票的某些特征，又带有债务凭证的某些特征，基金持有人在拥有股东的某些权益的同时又拥有了债权人的某些权益，因此，证券投资基金给投资者提供了更多的权益选择机会，也就在一定程度上更有效地维护了投资者的权益。

（4）融资的组织体系不同。在存款、股票和债券等融资方式中，通常都是发行人直接向资金供给者募集资金并自己使用资金，如银行发行存款单然后直接经营募集的资金，企业发行股票或债券然后直接使用所募资金。在证券投资基金中，基金公司发行基金证券募集资金，但基金公司本身并不经营（或使用）这些资金，而是通过信托机制将这些交给基金管理人运作。因此，证券投资基金的组织体系相对复杂。

利用证券投资基金的直接融资功能，改革和完善中国金融体系的融资机制，是一项重要工作。20世纪90年代以来，随着国民经济的快速发展和收入分配格局的变化，中国经济运行中的资金供给格局发生了根本转变，即由原先的财政为主转变为居民为主。在经济进一步发展的过程中，如若仅靠原有的融资机制，资金紧缺格局将进一步加重，这不仅会严重制约企业的运行和发展，而且直接影响经济的可持续发展。要缓解经济运行和企业运作中的资金紧缺格局，一个极为重要的选择就是发展资本市场，将城乡居民和各类机构手中闲置的资金有效地转化为经济活动中所需的资本性资金及其他性质的资金。

2005年股权分置改革的实施，解决了中国资本市场的一大历史遗留问题，极大激发了市场的融资功能和提振了投资者的信心，上市融资已经成为许多企业的首要选择。但是，对绝大多数居民和企业及机构来说，要直接从事证券投资存在种种困难，在这种条件下，通过投资于证券投资基金介入证券市场运作，就成为一个可供选择的途径。

1.4.2　专业理财功能

将募集的资金以信托方式交给专业机构进行投资运作，既是证券投资基金的一个重要特点，也是它的一个重要功能。专业理财有着如下一些含义：

1. 理财是由专业机构运作

在证券投资基金中，基金管理人是专门从事基金资金管理运作的组织。在基金管理人中，设有层次不同的专业证券分析师进行宏观、微观信息的收集、跟踪和分析，捕捉各种稍纵即逝的投资机会，各种证券组合方案由专业人员进行研究、模拟和调整，投资风险及分散风险的措施由专业人员进行计算、测试、模拟和追踪，投资运作中需要的各种技术（包括操作软件）由专业人员管理、配置、开发和协调，基金资金调度和运用由专业人员管理和监控，市场操作由专业人员盯盘、下达指令和操盘，整个运作过程都有一套完整的程序和理论依据。在这种专业管理运作条件下，证券投资的费用明显小于由各个投资者分别投资所形成的总费用，因此，在同等条件下，投资成本较低而投资收益较高。

2. 理财的主要原则由投资者决定

在证券投资基金中，基金管理人的职能集中在理财的专业技术方面，而理财的各项主要原则是由投资者根据有关法律法规的规定，通过基金章程、信托契约等文件决定的。例如，在投资者选择股票基金的情况下，基金管理人不能将主要资金投入各种非股票的证券组合；在投资者选择开放式基金的情况下，基金管理人不能限制投资者购买基金单位或退回基金单位的自由。因此，基金管理人的专业理财业务不能违反基金持有人共同决定的基金理财原则。

3. 理财是一个资金再配置过程

如果说基金证券的发售过程是一个将分散在各个投资者手中的资金加以集中的过程，那么，把这些资金交给基金管理人进行投资运作，则是一个将集中的资金在所投资的各种证券中重新配置的过程。在发行市场上，基金管理人运用基金资金购买了哪家公司的股票或债券，就意味着将资金提供给了这家公司。在交易市场上，运用基金资金购买上市证券的同时，就是该证券卖出者收回投资资金的过程。在现代经济中，资金的配置引导着资源的配置，因此，基金管理人的专业理财，从市场角度上说，既是一个资金再配置的过程，也是一个引导资源再配置的过程。

4. 理财应当是一个完全竞争市场

基金管理人作为专门从事代客理财的机构，只有在接受基金持有人委托的条件下，才能从事基金资金的管理运作。由于可担任基金管理人职能的机构众多，包括各种金融机构、投资公司、咨询机构（如投资顾问公司）等，因此，一只基金究竟委托哪家机构担任管理人，在完全竞争的市场中，取决于各机构的管理运作能力和信用能力。在基金管理人的管理运作难以令基金持有人满意的情况下，基金持有人有权更换基金管理人。

专业理财应当是一个完全竞争的市场，这意味着：一方面，基金管理人管理运作基金资金的水平必须达到市场认可的专业水准，同时，随着专业理财技术发展、证券市场发展及其他条件的变化，基金管理人应能适应基金持有人的新要求，否则，就将被淘汰；另一方面，对基金管理人的从业资格不应采取垄断式的行政管制，而应重视完全竞争市场的客观要求。

专业理财功能发挥得如何直接制约着证券投资基金的发展。在一些发达国家，证券投资基金的资产总值不仅超过了个人和工商企业的机构存款总额，而且超过了商业银行的贷款总额。一个重要原因就在于，专业理财不仅为投资者提供了较好的收益，而且给投资者提供了较宽广的选择空间和投资便利。2008年，中国证监会颁布并执行《基金管理公司特定客户资产管理业务试点办法》（现已失效，于2012年11月1日起实施2012修订版），该办法以法律的形式规范了基金公司的理财业务，并且推动基金公司的该类业务朝着专业化方向发展。与此同时，随着证券市场的发展，对金融专业人员的需求大量增加的同时，对专业人员的素质要求也在逐步提高。目前，各类国际级别的专业人员也层出不穷，如特许金融分析师（Chartered Financial Analyst，CFA）、金融理财师（Associate Financial Planner，AFP）、国际金融理财师（Certified Financial Planner，CFP）等。

1.4.3 风险分散功能

风险分散是证券投资基金理财的重要特征之一。单个的投资者资金量有限，不可能持有很多的股票来进行充分的分散化投资，通过持有证券投资基金份额就可以间接地持有一个分散化程度较高的组合，从而达到分散风险的目的。利用组合投资分散风险，是基金管理人专业理财的主要内容和主要过程。在基金资金的运作中，基金管理人既有组合投资的条件也有组合投资的必要。

1.从组合投资的条件来看

基金的资金规模较大，在投资运作中，简单地集中投入一只或少数几只股票（或债券），可能受到这些上市证券的总额限制，发生可投资的资金数量大于可购买的证券市值的情况，因此，较大的资金规模本身决定了可投资的证券只数不可能是一只或少数几只，其中自然存在着证券的某种组合。另一方面，基金持有人提供的各项文件限制了基金管理人在运作资金中可选择的证券品种和这些证券品种的特色，如股票指数基金就意味着这一基金的资金投资不仅应主要选择股票作为投资对象，而且在这些股票中应选择进入指数计算范畴的股票或者进入模拟指数计算范畴的股票。再者，基金管理人拥有专门从事证券组合研究分析、模拟试验并通过各种组合的比较来寻求最佳组合的专业人员，这些人员的日常工作是专业理财的重要组成部分。

2.从组合投资的必要性来看

一方面，各种证券的市价、规模、流动、收益、风险、潜力等特性不尽相同，基金管理人的投资运作在目标结构、证券-现金结构、期限结构等方面的要求也不尽相同，这样，如果不重视投资组合，就可能发生所投资的证券在收益与风险、短期与长期、数量与质量等方面的配合失当，从而不仅给基金持有人带来本来可以避免的收益损失，而且给基金管理人自身的持续运作带来种种困难。另一方面，代客理财是一个竞争性市场。缺乏基本的投资组合，就可能在给基金持有人带来利益损失的同时，使基金管理人丧失市场信誉，从而面临被淘汰的命运。相反，如果基金管理人在组合投资方面有着良好的业绩，不仅能给基金持有人带来满意的收益，而且可为理财业务发展提供较好的市场支持。

在基金管理中，组合投资与分散风险是同一投资运作的两个方面。其基本要求是：在收益目标已定的条件下努力使投资风险最小，以确保收益目标的实现；在风险目标已定的条件下努力使投资收益最大，以体现专业理财水平，通过各类的投资组合及其风险组合，寻求投资与风险的最优组合，以保障运作目标的实现。

通过分散风险，基金管理人投资运作的长期总收益比大多数单个投资者（个人或机构）的投资收益更为稳定，尤其是带来高于银行存款利率的长期回报。这是证券投资基金吸引个人和机构的主要原因，也是证券投资基金得以快速发展的主要原因。但值得指出的是，这种较高的投资收益，一方面指的是长期总收益，而不是指每一次投资运作，也不是指"基金投资收益总能跑赢股市"；另一方面指的是与银行存款（在某些情况下，还可包括公司债券）收益率相比，投资股票的运作收益可能较高。根据CTF的统计，在1920—1990年的70年间，英国股票和债券的平均年度实际回报率，在通货紧缩时期为：股票10.0%，债券7.0%；在价格稳定时期为：股票14.5%，债券4.5%；在适度通胀时期为：股票8.7%，债券-1.6%；在急速通胀时期为：股票4.5%，债券0。与单个投资者（个人或机构）相比，基金运作的优势不在于其投资收益率是否总是最高，而在于通过分散风险和组合投资来保证失误较少，从而可以在较长的一段时间里为基金持有人带来比较稳定的高于银行存款（或公司债券）的投资回报。

1.5　证券投资基金的主要作用

1.5.1　促进证券市场规范化

证券投资基金的规范化发展，有利于促进我国机构投资者队伍的健康成长，可以促进上市公司的规范化建设，可以促进我国证券市场的规则体系进一步规范化。

1.促进机构投资者的健康成长

中国证券市场是一个发展中的市场，发展时间不长又受到传统计划经济的严重影响。在这样一个市场中，国家管理部门和监管部门希望证券投资基金除了具有上述功能之外，同时具有由中国特殊条件所决定的特殊功能——促进证券市场的规范化建设，这一功能首先表现为促进机构投资者的成长。

中国股市从起步伊始就表现出以中小个人投资者为主的格局，从沪、深两市的开户数看（见表1.1），截至2017年12月，个人A股账户占投资者的比例超过99%。中小投资者为主的格局长期存在，不利于股市的健康发展。这是因为：一方面，中小投资者中的每一个体拥有的资金数量较少，难以有效地收集、分析和追踪股市信息，也难以选择分散风险的组合投资；另一方面，由于中小投资者资金实力和运作能力有限且彼此分散，很难在股市中形成投资者之间的约束制衡机制。由此，在一个不规范的股市中，就可能给个别机构投资者以不规范行为操纵股市提供可乘之机。

表1.1　　　　　　　　　　　　我国证券账户类别表　　　　　　　　　　单位：户

项　目	合　计
期末A股账户总数	117 987 963
其中：自然人	117 506 827
一般机构	378 079
证券公司	101 971
证券投资基金	854
全国社保基金	116
QFII	116
期末基金账户总数	27 936 790
其中：个人投资者	27 913 389
机构投资者	23 401

资料来源　中国证券监督管理委员会网站。

以规范化运作的证券投资基金方式来大力发展机构投资者，其内在含义就是，充分发挥证券投资基金的直接融资（集资）功能，将社会各个方面欲投资于证券市场的资金有效地集中起来，交给专业人员运作。美国投资公司协会的数据显示，自2004年以后，美国家庭共同基金在整体金融投资中的比例已经超过50%（参见表1.2）。与此相比，中国家庭共同基金的投资比例虽然在近些年有较快提高，但仍不足5%。

表1.2　　　　　　　　　美国家庭共同基金投资占金融投资的比例

年份	2000	2004	2006	2010	2012	2013	2014	2015	2016
比重（%）	46	51	55	56	57	57	53	54	55

资料来源　美国投资公司协会（ICI），www.ICI.org，Mutual Funds Fact Book 2017。

2.促进上市公司的规范化建设

规范化运作的证券投资基金作为机构投资者，通过以下三个机制对上市公司的规范化建设可以起到积极的促进作用：

首先，投资对象的选择。基金投资购股的过程同时也是基金资金在上市公司之间配置或为上市公司募集资金提供市场条件的过程。在以股票为主要投资对象的条件下，基金的投资一般倾向于选择那些运作较规范、资产质量较高、盈利能力较强、发展潜力较好的公司股票。在发行市场上，基金投资于这些公司股票，意味着将资金分配给这些公司。在二级市场上，基金投资于这些公司股票，为这些公司股票的交投活跃、股票流通、市价上扬提供了必要的支持，从而，为这些公司通过配股、增发新股等方式再次募集资金提供了良好的市场环境。由此，基金通过选择投资对象和配置资金来促使上市公司各方面的运作符合市场经济的规范。

其次，监督上市公司的运作。在长期投资的条件下，基金投资购买了公司股票后，能够以股东身份参加股东大会，以投资者身份向上市公司提出问题，就有关事项进行调查了解，对上市公司的某些运作发表评论，向上市公司股东大会、董事会等提出建议报告等。基金公司和基金管理人通常从基金持有人要求的角度监督上市公司的运作，以促使上市公司运作符合市场经济的基本规范、适应市场竞争的新变化并努力提高运作效率及发展能力为主要目的，因此，有利于提高上市公司运作的规范化程度。

最后，促进有关制度的调整。在中国，上市公司的运行受到双重体制的严重制约。一些从计划经济角度看来是合理的规范的运作，从市场经济角度来看则是不合理、不规范的。由此，要促使公司运作规范化，仅靠上市公司的自身努力常常是不够的。在这种条件下，规范化运作的基金从证券市场发展的要求出发又代表着广大基金持有人的诉求，对一些不符合市场经济基本规范的现行制度或政策提出调整建议，较易引起有关政府部门的重视或为政府部门接受。

中国的证券投资基金虽然发展时间不长（比较规范的基金从1998年才起步），但在20年间已呈现出基金的规范化过程与上市公司的规范化过程可以相互促进的迹象。突出的表现是，相当一部分上市公司已越来越重视基金的投资动向，参考基金投资选择来考虑自己的运作发展，因此，基金投资的导向功能已开始发挥作用。而且，基金对上市公司的内部运作状况也越来越重视，通过各种途径，既努力弄清有关上市公司运作中的风险与收益、当期业绩与未来发展等诸多关系，也积极为这些上市公司的运作质量的提高作出了自己的努力。随着证券投资基金业的进一步发展，它在促进上市公司规范化方面的功能也将进一步凸显。

3.促进证券市场的规范发展

证券市场（尤其是股票市场）是一个"在发展中规范、在规范中发展"的过程。即便在发达国家，股票市场也是一个不断发展规范的过程。与以往的股票市场相比，20世纪80年代以来的股票市场就其发展程度和规范化程度来说都已大大提高了，而证券投资基金在此期间的进一步规范化发展是引致这种变化的一个极为重要的因素。在促进股票市场发展方面，证券投资基金的功能主要通过资金供给、市场竞争机制发挥作用：

一方面，股票市场作为一个重要的投融资市场，不论是发行市场还是交易市场都需要有足够的资金供给。在实行封闭式基金的条件下，虽然基金证券上市交易也可能造成市场扩容大于资金供给从而导致资金来源不足的现象，但其程度明显小于股票；在实行开放式基金的条件下，由于基金证券不上市而基金资金主要投资于股市，所以，基金成为二级市场资金的单纯供给者。投资基金通过提供源源不断的资金支持，为股票市场的交投活跃、规模扩展创造了必要的基础性条件。

另一方面，在证券市场投资中，每只基金都与其他各只基金及其他投资者（包括个人投资者和机构投资者）处于竞争之中。虽然就总体而言，投资基金的资金总量较大，但就单只基金而言，它在证券市场中的能量依然十分有限，因此，在竞争中强调"公开、公平、公正"成为各只基金的共同要求，在此背景下，基金与其他投资者通过竞争机制促进着证券市场的规范化建设。其主要表现有三个方面：

（1）促进证券市场的制度建设。要实现"公开"，首先要求制度规范要公开，为此，促进各项制度的设立和完善，以便于各个投资者在竞争中"有法可依"，就成为各只证券投资基金的基本要求。

（2）促进监管体系和监管方式的完善。要维护公平竞争的市场环境，就必须纠正各种不公平的现象，对诸如内幕交易、操纵股价等各种违反公平竞争的现象予以惩治，由此，必须强化市场监管。基金管理人运作基金资金属"代客理财"业务，在基金运作中，若发生违反公平竞争的行为，其后果由基金管理人自己承担（例如，不能将基金资金用于缴纳罚款）。因此，在基金投资运作中，基金管理人重视遵循公平竞争原则，要求监管部门对不公平竞争行为予以严惩，并积极提出进一步完善公平竞争、强化市场监管的政策建议。

（3）促进投资者行为的规范化。证券投资基金是证券市场的重要投资者，但不是唯一投资者。在竞争中，每只基金的合法合规性运作，既是制约其他投资者投资行为的市场力量，也受到其他投资者的同类行为的制约。由此，各个投资者在制度框架内通过市场竞争所形成的行为制约关系，迫使每个投资者的行为都必须自觉地符合规范化要求。否则，就将面临被惩处、被淘汰的命运，其结果是，各个投资者行为的规范化程度大大提高。

1.5.2 促进金融市场发展

金融市场主要由货币市场和资本市场组成，在传统的划分中，资本市场又分为股票市场和债券市场，但现在证券投资基金已经成为金融市场中的一股中坚力量，证券投资基金的发行、交易、赎回自然也形成了一个大的市场，因此，在资本市场中就又增加了一个新兴的市场——证券投资基金市场。证券投资基金市场的形成，对金融市场体系的结构和商业银行的业务产生了很大冲击，促进了金融市场体系的发展。

20世纪80年代以后，在国际金融市场中，以证券为载体的资金融通步伐大大加快。一方面，融资证券化进一步加快。到90年代中期，在国际融资总额中，银行借贷方式所占份额由80年代前半期的60%降到1996年以后的20%左右，而证券融资方式实现的国际融资比重上升到了80%左右。另一方面，资产证券化进程明显加快，传统的银行产品如住房抵押贷款、信用卡贷款、汽车贷款等纷纷选择了证券化方式。国际金融市场的这种变化，在很大程度上得益于证券投资基金的快速发展。证券投资基金的快速发展，为国家间以证券为载体的资金融通准备了充足的资金供给，又为资产证券化提供了足够的证券投资需求；证券投资基金的快速发展，大大促进了国际证券市场的扩展，为国际证券的流通交易创造了必要的市场条件，同时，也为资产证券化创造了必要的市场环境。

20世纪的90年代以后，资本的全球流动成为促进国际金融市场一体化的重要力量。

在资本的全球流动中，证券投资基金在国家间的投资和资金流动中起到了重要作用。目前，在亚洲金融市场的资金中，有相当大的部分资金来源于美国、欧洲及其他国家和地区的证券投资基金。对我国而言，多年来经济的持续快速发展，以及证券市场的不断完善和成熟，得到了不少国外投资基金的青睐，QFII 的出现和壮大正说明了这一点。

近些年来，各类证券投资基金以超过过去任何时期的速度发展，它在金融体系的地位也将随之逐步且快速地提高，证券投资基金在促进金融市场发展的过程中有如下几个方面的作用：

1.促进金融结构的调整

金融机构的"功能观点"（Functional Perspective）认为，金融业的行业划分是相对的、动态的，金融机构的形式、金融业务范围和产品门类是可变的，但金融基本功能是稳定的，即"充当资金流通的水库和渠道，使资金盈余单位的资金顺利地流向最需要资金的短缺单位，让资金发挥最大的效益"。从功能观点看，金融机构、金融市场和金融产品都是实现金融基本功能的载体，因而在金融机构与金融机构之间、金融机构与金融市场之间、金融市场的各个子市场之间、各种金融产品之间就存在着替代性和竞争性，而决定此消彼长的因素就是它们之间的比较成本。最优的配置状态就是由成本最低的主体提供金融功能，这个过程就是金融功能的竞争性配置，它将导致金融体系结构的变化。

随着电子网络技术的发展和金融管制的放松，具有比较成本优势的金融创新管理模式和金融创新工具不断涌现出来，这些新的金融功能载体一部分是直接取代旧的金融功能载体，一部分则是对旧的金融功能载体的再细分，从而使得旧的金融功能载体的业务规模越来越小。同时，随着科技的进步和金融自由化的发展，直接融资市场的运行成本也开始大大降低（如佣金自由化导致了交易成本的降低，电子技术的发展提高了信息传递方式和速率，降低了信息不对称的成本等等），并逐渐低于间接融资市场的运行成本。证券投资基金就是为了降低交易成本而出现的一种金融创新品种。证券投资基金的快速发展，引起了金融资源（主要是资金和客户）在不同金融工具和金融机构之间的重新配置，由此引起了金融结构的重新调整。主要表现在：

首先，分流了原先金融中介的资金。对一国经济来说，任何一个确定的时期，国内资金总量都是一个确定的数量。证券投资资金将那些欲投资于证券而又缺乏投资能力的资金集中起来，这一过程同时就是将原先存入商业银行的资金转而投入证券投资基金，或将原先拟投入保险的资金转而投入证券投资基金。因此，证券投资基金的大规模发展不可避免地分流了原先各种金融机构的资金，从而引起资金在各类金融机构之间的重新配置。一个突出的现象是，20 世纪 80 年代以后，货币市场基金的大规模发展对商业银行活期存款资金构成巨大冲击，由此，在美国发生了一种被称为"资金脱媒"的现象，即资金脱离金融中介机构的现象。

其次，强化了金融中介间的市场竞争。证券投资基金所以能够从其他金融机构中分流资金，其基本原因在于：证券投资基金既能够给予投资者更多的选择权利，又能够通过组合投资来保障投资者预期目标的实现。面对证券投资基金提出的挑战，商业银行等金融机构积极调整传统业务，努力提高服务质量，通过开展各类中间业务，既主动增加客户的选择权利，又妥善地为客户理财，从而在提高业务活动的灵活性和变通性的同时，改善了金融业务结构。

最后，促进了金融的全面创新。证券投资基金作为股票、债券及其他金融工具的产物，本身是一种金融创新。在证券投资基金的快速发展中，为了适应急速变化的金融市场，商业银行等金融机构选择各种方式从金融制度、管理体制、业务运作、金融产品等各方面入手展开了一系列金融创新，不仅大大促进了商业票据、银行承兑汇票等短期票据市场的迅猛发展，而且促进了诸如远期、互换、期货、期权等各类金融衍生产品的快速发展，由此引致了金融组织结构、金融市场结构、金融产品结构的大幅调整。

在这个调整中，金融组织的业务相互交叉，如商业银行代理保险业务、养老金投资于证券投资基金、保险公司推出投资连结保险等，以致在一些场合已经很难再用"分业"概念来判断一个具体金融机构的性质；而金融市场相互融合，原先意义上的货币市场与资本市场的界限也已相当模糊（例如，很难说清金融期货、金融期权属于货币市场范畴还是资本市场范畴），由此也很难再用这一划分标准来界定各类金融机构的业务边界。不过，各种金融产品虽相互区别但也深深关联，尤其是它们在金融市场中存在着明显的相互依赖、相互制约关系。美国的每一期国债的利率，不仅受到银行利率、前后各期国债利率的制约，而且将引起国债利率期货、国债利率期权、国际利率互换等的一系列反应，由此，传统金融产品之间非此即彼的边界在很大程度上已被各种新产品彼此关联的关系所取代。正是在这种金融全面创新引致金融结构大变化的背景下，美国原先的"金融分业"模式才难以继续实施，因此，在1999年底推出了实行"金融混业经营"的法案。

尽管中国证券投资基金在当下有较快的发展，但是考虑到我国证券市场还不成熟，证券投资基金促进金融结构调整的功能也尚未展示，特别是在证券市场强烈波动之下，基金没有很好地发挥稳定市场和调节资源配置的功能。因此，在深化金融改革、推进金融发展的过程中如何有效发挥证券投资基金的正面作用，仍是一项重要的金融政策课题。

2.促进商业银行与证券公司的发展

存贷款是银行的基本业务，其中，存款属银行的负债业务，贷款属银行的资产业务。两者之间存在错配风险。如何解决这种不匹配造成的风险？在现代金融体系中，可以利用证券市场中的共同基金、股票、债券等金融工具将银行的两项基本业务进行一定程度的分离。从过去30多年的历史来看，在美国，商业银行表内业务的地位在金融体系中无疑已经下降许多，与此同时，资产证券化的趋势日益明显。

在金融创新过程中，商业银行的业务大幅突破了存贷的限制，到20世纪90年代，表外业务在商业银行的业务收入和经营利润中都已占据主要地位，展示出了新的发展前景。从事证券投资基金业务，是商业银行表外业务的一项重要内容。商业银行主要从四个方面介入证券投资基金业务：一是担任基金托管人，获得托管收入；二是担任基金管理人，获得管理收入；三是销售基金证券，获得代理收入；四是投资于基金证券，获得投资收益。

由商业银行担任基金托管人，这是各国证券投资基金中普遍的现象。从事这项业务，商业银行可以得到基金托管协议所规定的收入。但在美、德等国，商业银行不仅可以担任基金的托管人，还可担任基金的管理人。在美国，商业银行担任基金管理人的方式主要有两种情形：一是直接担任基金管理人，即在开放式基金条件下，由基金公司直接将基金资金交给商业银行管理。这种方式在货币市场基金中较常见。二是间接担任基金管理人，即由商业银行和其他机构共同发起设立投资顾问公司（或其他类似机构），然后承接基金公司的委托，担任基金管理人。这种方式在股票基金、混合基金等中较常见。

在我国，由于采取分业经营的管理思路，在证券投资基金业务中，商业银行主要涉及的是资产托管和代销业务，特别是开放式基金在客观上要随时满足投资者的要求进行基金证券的发售或赎回，而这些工作在业务技术上可以选择依靠商业银行系统，所以，开放式基金的证券销售和赎回方面的部分业务由商业银行（或与商业银行直接联系的机构）来承担。2013年《非银行金融机构开展证券投资基金托管业务暂行规定》出台，之前由商业银行一统基金托管业务的局面被打破，券商重获基金托管业务资格。2014年初，海通证券、国信证券、招商证券成首批获证监会批准开展证券投资基金托管业务的券商，券商的托管业务开始从私募基金、券商集合资管向公募基金、基金专户扩张。托管业务可带动佣金和两融收入，且完全依赖于服务收费，资本占用少，对资产收益率贡献明显，不少券商都在积极优化以资产托管外包业务为基础的主券商业务综合服务体系，在激烈的角逐中不断提升客户服务创新能力、信息技术系统升级能力和风险管控能力。根据证监会《证券投资基金托管人名录》（2017年12月），我国具有托管资格的机构共43家，其中除了27家银行、证金公司和中登公司外，还有14家证券公司，分别为海通证券、国信证券、招商证券、广发证券、国泰君安证券、中国银河、华泰证券、中信证券、兴业证券、中信建投证券、中金公司、恒泰证券、中泰证券、国金证券，托管基金资产净值超过11万亿元人民币。截至2017年12月，在证监会公布的基金销售名录中，我国共有基金代销机构451家，其中商业银行156家，证券公司123家，后起的独立基金销售机构达到126家。

3. 降低金融运行风险

在金融体系中，商业银行的存贷款业务长期占据着重要地位。中国家庭财富调查报告（2017）显示，"房产净值是家庭财富最重要的组成部分。在全国家庭的人均财富中，房产净值的占比为65.99%，在城镇和农村家庭的人均财富中，房产净值的比重分别为68.68%和55.08%"，而事实上，大部分的房产购置活动均形成了住房贷款，这样的金融资产结构，意味着中国金融运行中存在着房贷集中化风险。通过基金行业的发展和住房信贷的控制，引导居民资产通过基金向资本市场进行配置，可以部分地缓解房贷风险。

同时，随着证券投资基金的发展壮大，许多储蓄资金将通过证券投资基金直接转变为资本性资金，商业银行资产占金融市场的总资产比例也会相应降低，其对资本市场的影响力已经没有证券投资基金大。而证券投资基金委托专业机构进行理财，理性投资较强，比较善于控制风险。这样，一方面，在理性投资者占主导地位的情况下，证券市场的投机泡沫相对来说不容易过大，由证券市场风险累积过高而导致股市泡沫破灭的概率就会降低；另一方面，即使股市泡沫破灭，投资者损失惨重，这种损失也不容易传导至银行体系，诱发金融危机，降低了金融危机发生的概率。因此说，证券投资基金的发展壮大促进了金融运行的稳定，有利于一国的金融安全。

1.5.3　促进经济发展

中国证券投资基金业的规范化发展可以进一步推动中国经济的持续发展，它对促进经济结构调整，推动经济体制的进一步完善以及经济的可持续发展，都将产生积极影响。

1.促进经济结构的合理化调整

对一国经济来说，经济结构是否优化直接影响着经济运行效率、国际竞争力和经济的可持续发展。从国民经济角度来说，经济结构大致由产业部门结构、产业地区结构、产业技术结构和产业组织结构等四个方面内容构成。经济结构的调整是一个较为复杂、极为重要的系统工程。调整经济结构，一个重要的条件是必须有足够的资金投入。尽管调整经济结构的方式多种多样，如资产重组、企业购并、企业的技术改造、投资创办新产业或新企业、老企业的"关、停、并、转、迁"等等，但都离不开资金的支持。在经济活动中，资金在性质上可分为资本性资金和债务性资金两大类。在调整经济结构中，如若过多地运用债务性资金，势必造成企业的资产负债率过高、商业银行的贷款资金风险过大等一系列问题。因此，积极将社会闲散资金有效地转化为资本性资金是一个极为重要的选择。

将社会闲散资金转化为资本性资金有着多种途径，其中，大力发展证券投资基金是一个不可忽视的政策选择。这是因为：在发行市场上，证券投资基金投资于国债、股票、公司债券及其他证券的同时，其资金直接转化为资本性资金（或准资本性资金），这与由各个投资者（尤其是个人投资者）分别投资购买证券相比，发行证券的成本较低、市场需求较清晰，因此，社会长期性消费资金较容易转化为资本性资金；在交易市场上，证券投资基金投资于各类证券，促进了这些证券的交投活跃，为以这些证券为载体进行的资金募集提供了必要的二级市场条件。毋庸讳言，在促进经济结构调整方面，证券投资基金发挥的作用具有间接性，但这种间接作用就效能而言却是极为重要的。

2.促进金融对经济转型的支持

"十三五"规划纲要明确提出，要完善金融机构和市场体系，促进资本市场健康发展，健全货币政策机制，深化金融监管体制改革，健全现代金融体系，提高金融服务实体的经济效率和支持经济转型的能力，有效防范和化解金融风险。从证券投资基金促进资本市场健康发展的作用上讲，以下几个方面是积极且重要的：

（1）促进市场经济规则的建立。市场经济规则的建立，涉及国民经济的各个部门和各个方面。与商品市场、技术市场、劳动力市场等市场相比，证券市场具有利益直接且牵涉面广、信息透明度高且敏感、社会影响力大等特点。在证券市场运行中，能否实现"公开、公平、公正"的市场经济基本原则和优胜劣汰的竞争原则、打破所有制界限和身份界限等等，不仅关系着证券市场能否规范地发展，而且影响着其他各类市场的规范化发展。证券投资基金以机构投资者的身份进入证券市场，一方面，通过大量投资促进了证券市场的交投活跃和规模扩展；另一方面，客观上要求实现各个投资者按照"三公"原则展开投资竞争，并通过投资选择和资金配置来推进上市公司的优胜劣汰，因此，对促进市场经济规则的形成和贯彻有着积极重要的作用。

（2）促进投融资体制改革。将资金集中在国有金融机构手中，以便按照政府部门的要求进行资金调配或投资，是传统投融资体制的一个主要特征。受此制约，长期以来，在我国的投融资体系中，国有独资或国有控股的金融机构占据绝对优势地位，掌握了经济运行中的绝大多数资金。证券投资基金的出现打破了这种几乎由国家垄断金融从而垄断资金的格局。一方面，基金组织本身是由各个基金持有人投资形成的非国有机构，其资金来源于各个基金持有人的投资，因此，没有（也无法进行）所有制的界定；另一方面，基金管理人可以是一个专门的机构，也可以是某一机构承担的一种运作身份，由此，不仅所有制界限难以确定，而且基金资金的投资运作也不受政府部门的行政干预。在发展中，随着证券投资基金种类和数量的增加，证券投资基金的资金总规模快速扩大，不仅将降低国有金融机构控制的资金比重，而且随着城乡居民将储蓄存款资金转为投资于证券投资基金的数量的增加，还将对国有金融机构原先的运作模式提出严峻挑战。显然，证券投资基金是促进传统投融资体制改革的一支重要市场力量。

（3）促进国有企业改革的深化。改革国有企业是经济体制改革的重要内容。实现产权的多元化和完善管理机制，是大中型国有企业改革的两大难题。从产权多元化来讲，由于个人投资者的资金数量较小，他们虽然可以购买大中型国企上市公司的股票，却难以真正发挥股东的作用，如参加股东大会、选举自己的代表进入董事会等，因此，产权多元化对国企上市公司运作的实际约束作用难以真正发挥。与此不同，证券投资基金的投资量较大，对那些确有良好发展前景的国企上市公司的投资量更大，这样，在拥有充分股权的条件下，基金有条件参加股东大会，促使国企上市公司运行机制的转变。

（4）促进信息管理体制的改革。大量经济信息在政府系统内部传递，是传统经济的一个重要特征。市场经济要求实现"公开"原则，首先要求实现经济信息的公开。因此，各有关经济信息能否及时、准确、完整地公开，成为市场经济体制能否有效建立，企业能否按照市场规则运作的重要条件。证券投资基金的运作依赖于公开的信息，在信息不公开的条件下，基金管理人无法作出正确的投资抉择。信息越公开，证券市场的投资竞争越公开、越充分，基金投资的选择越清晰可靠。由于证券市场的投资需要有关经济活动的众多方面的信息，因此，证券投资基金在客观上要求深化传统信息管理体制，将一切可公开的信息尽数公开披露，以避免个别投资者利用内幕信息操作股市，扰乱证券市场的正常竞争秩序，给基金投资者和其他投资者带来不应有的投资损失。

● **本章小结**

证券投资基金是指按照共同投资、共担风险、共享收益的基本原则，运用现代信托关系的机制，通过发行证券投资基金单位，将投资者的分散资金集中起来投资于有价证券以实现预期投资目的的一种投资组织。

与一般机构投资者或个人相比，证券投资基金在运作上有着鲜明的特点，包括资金规模大、专业化管理、通过组合降低风险、交易成本低、可介入更多的投资领域等等。但其在风险规避、投资领域和基金治理等方面也具有一定的局限性。

证券投资基金起源于19世纪60年代的英国，迄今为止已有150多年的历史，经历了创立、发展、成熟三个发展阶段。

推动投资基金发展的动力主要有：经济发展的基础作用力、证券市场的直接推动力、法律的外在作用力和证券投资基金的自我创新能力。

证券投资基金，在组织关系体系上，是由基金持有人、基金组织、基金管理人、基金托管人等通过信托关系构成的系统。

证券投资基金的资产关系，主要由基金资本、基金资产、基金管理人的管理费、基金托管人的托管费、基金收益及分配等内容构成。

对于任何一只证券投资基金来说，它的市场关系主要由基金证券的发行、基金证券的交易和变现（申购和赎回）、基金的投资等构成。

证券投资基金是机构投资者的重要组成部分，它有着不同于其他机构投资者的独特功能；而且，随着这股机构投资者力量的快速发展，它还将对推动证券市场的规范发展，促进金融市场体系的完善和经济结构及经济体制的调整方面都产生积极的作用。

证券投资基金主要有三大基本功能，分别是直接融资的功能、专业理财的功能和风险分散的功能。

证券投资基金主要有三大作用，分别是促进证券市场规范化的作用、促进金融市场发展的作用和促进经济发展的作用。

● **重要概念**

证券投资基金 有价证券 信托关系 基金单位 投资工具 投资组织 组织关系体系 资产关系体系 市场关系体系 直接融资 间接融资 专业理财 风险分散 金融创新 资源有效配置 混业经营 金融泡沫 资金脱媒

● **思考题**

1.什么是证券投资基金？它的几大基本要素是什么？

2.相对于股票、债券等有价证券，证券投资基金单位有什么特点？

3.证券投资基金在运作上有哪些特点和局限性？

4.证券投资基金与证券市场互动发展关系是什么？

5.证券投资基金的三大基本关系体系是什么？

6.证券投资基金的三大主要功能是什么？

7.证券投资基金的三大主要作用是什么？

第2章 证券投资基金的类型

◇学习目标

- 掌握证券投资基金的各种类型
- 了解各种类型证券投资基金之间的联系和区别
- 了解目前我国证券投资基金的主要类型
- 了解我国证券投资基金类型的发展趋势

证券投资基金有众多类型，理解和把握它们各自的特点，掌握它们之间的联系和区别，有助于我们进一步理解和学习证券投资基金，对深入认识和准确把握各种证券投资基金的特点及内在规律具有十分重要的意义。另外，基金的分类对投资者、基金管理公司、基金评估机构、监管部门等多方都具有重要的意义。

基金按什么标准分类呢？目前各国基金分类的做法各异，但大体上采用两种方法：一是以美国为代表的分类，先将基金按其投资对象分为股票、债券、货币市场和混合基金（Hybrid Fund）几类，然后进一步根据投资目标、投资策略分类，比如股票基金分为积极成长股票基金、成长股票基金等。这是目前的主流分类方法，绝大多数国家（地区）是以这种方法进行分类的，不论其是契约型基金还是公司型基金，只是具体的基金种类略有区别。另一种基金分类方法是很特别的英国式分类法，先将基金按投资目标分为收益型、成长型、专门基金（Specialist Fund），然后再进一步按投资于债券、股票等分类。

本章从组织类型、运作方式、投资对象、投资风格、组合管理方式等多个角度对证券投资基金的类型进行分类比较。

2.1 按组织形式分类的证券投资基金

按照组织形式和法律地位的不同，我们把证券投资基金划分为契约型基金、公司型基金以及合伙型基金三种。

契约型基金发源于英国，一般认为，最早的契约型基金就是由英国政府组织成立的"国外及殖民地政府信托基金"。而公司型基金则发源于美国，它是美国出台公司法后股份公司发展到一定程度才诞生的，一般认为，第一家较规范的公司型证券投资基金就是"马萨诸塞投资信托基金"。

公司型基金一般容易在私人资本较发达、公司法贯彻较好、股份公司治理较有效、法律环境较好的国家产生和发展。另外，在基金业发展的初期，契约型基金较为常见，如美国于1921年4月成立的第一家证券投资基金——"美国国际证券信托投资基金"也是契约型基金，而其公司型基金到1924年才崭露头角。

合伙型基金在私募基金领域是主要的组织形式，在我国指的是投资者依据《合伙企业法》成立投资基金有限合伙企业，由普通合伙人对合伙债务承担无限连带责任，由基金管理人具体负责投资运作，这里的普通合伙人通常由基金管理人担任。

2.1.1　契约型基金

契约型基金，也称信托型基金，是按照信托契约原则，通过发行带有受益凭证的基金证券而形成的证券投资基金。它是由基金管理公司作为发起人发行的基金证券，基金管理公司与基金托管公司订立信托契约，双方形成委托代理关系，投资者通过购买基金单位成为基金的受益人。

契约型基金的委托代理性质是其最主要的特点，它在组织上不是一个独立的法人机构，信托契约是契约型基金设立与运作的首要条件和必备文件。

契约型基金一般包括三个当事人：委托人（受益人）、受托人、托管人。委托人（受益人）即基金的持有人，投资者通过购买基金发起人发起的基金单位，成为基金的受益人；受托人即基金管理公司，也是基金的发起人，负责基金资产的实际投资经营，基金管理公司按照契约订立的比例从基金资产中提取一定的基金管理费；托管人即基金托管公司，一般也由银行担任，负责保管基金财产，办理证券、现金管理以及有关的代理业务等，基金托管公司也是按照契约订立的比例从基金资产中提取一定的基金托管费。

契约型基金又可分为两种类型：

（1）单位型投资基金。它设立一个基金规模筹集目标和一定的基金设立期限，规模不再扩大，期满信托契约解除，退还本金和收益。

（2）基金型投资基金。它的规模和期限以及筹资和投资活动均没有固定限制和按单位独立区分。代理机构根据所投资有价证券的价值计算出每一份受益凭证的净值，再加上管理费、手续费等费用，及时公告受益凭证的买价和卖价，投资者可依其买卖价格买卖手中的受益凭证。

2.1.2　公司型基金

公司型基金是指按照公司法规定设立的，通过发行股份来筹集资金，以投资营利为目的，具有独立法人资格的股份有限公司。公司型基金本身是一个股份公司，投资者购买基金股份成为公司股东，参与共同投资，按所持股份承担经营风险、分享投资收益和参与公司决策管理。公司型基金资产为投资者股东所有，由股东选举董事会，由董事会选聘基金管理公司，基金管理公司负责管理基金业务。

公司型基金最主要的特点是它的公司性质，即基金公司本身是独立法人机构。公司型基金的设立要在工商管理部门和证券交易委员会注册，同时还要在股票发行和交易所所在地进行登记。

公司型基金一般包括四个当事人：基金公司、基金管理公司、基金托管公司、基金承销公司。基金公司是公司型基金的主体，按照股份公司形式建立，基金公司股东就是基金股份的持有者；基金管理公司是实际管理和经营基金资产的一个独立公司，由专业人士组成，负责基金资产的投资操作，由基金公司每年从基金资产中提取一定比例作为基金管理费用，支付给基金管理公司；基金托管公司一般由基金公司指定的银行或信托公司充当，它负责基金资产的保管，办理基金资产净值的核算以及分红、过户等手续，同样由基金公司从资产中提取一定比例作为基金托管费用，支付给基金托管公司；基金承销公司主要负责基金股份的销售、赎回和转让等事宜，同样由基金公司从基金资产中提取一定比例作为基金承销费用，支付给基金承销公司。

美国的《投资公司法》将投资公司分为三种类型：

（1）管理型投资公司。它又可以分成开放型投资公司和封闭型投资公司。

（2）单位投资信托公司。每个投资者持有一份证书，它代表一组或一个单位的证券。单位投资信托公司由受托人经营管理，他们代表投资者管理委托财产。

（3）面额证券公司。这种公司通过出售面额证券筹集投资基金。面额证券是一种无担保的证书，它约定如果持有人付清了所有款项，公司就按规定的日期向其支付规定的金额或者证券到期前退还原价款。

2.1.3　合伙型基金

合伙型基金主要是指有限合伙型基金，这类基金的特点是由普通合伙人（GP）和有限合伙人（LP）组成。根据我国的《合伙企业法》，有限合伙企业由2个以上50个以下合伙人设立，并且至少有一个普通合伙人。在有限合伙型基金中，投资人通常是有限合伙人，而基金管理人则由普通合伙人担任，合伙人大会类似于公司型基金中的股东大会，是最高权力机构。

整个合伙型基金的资产主要由投资人（LP）提供，但是通常为了实现基金利益的统一，基金管理人（GP）也要进行一定比例的出资。在日常基金的投资决策过程中，投资人不参与，主要由基金管理人负责，但是，如果出现了影响整个基金运作的重大事件，投资人可以召开合伙人大会进行决议。由于在有限合伙型基金中，基金管理人又出钱又出力，因此为了更好地激励基金管理人，通常会有超额收益分配约定，即基金投资回报率超过一定比例之后基金管理人可以获得较大比例的（通常为超额收益的20%）奖励。

由于合伙型基金良好的激励机制，令其在私募基金领域比较多地被采用。另外，相比于公司型基金，在税收层面上，合伙层面不纳税仅在合伙人层面纳税的特点，使得合伙型基金在税收上也具有天然的优势。

2.1.4　三种基金的比较

契约型基金、公司型基金和合伙型基金在以下几个方面存在不同：

（1）法律依据不同。公司型基金依据公司法设立，合伙型基金依据合伙企业法设立，均具有独立法人资格，而契约型基金则依据信托法组建，不具有法人资格。

（2）运作依据不同。公司型基金依据公司章程的规定运作基金资产，像一般股份公司一样，理论上其存续期限是无限期的。合伙型基金与公司型基金类似，按照合伙企业章程运作投资，不过合伙型基金通常会对基金存续期进行约定。而契约型基金依据基金契约来运作基金资产，其一般有一定的契约期限。

（3）发行凭证不同。公司型基金通过发行普通股票（即基金股份）或者债券筹集建立起来，是一种所有权凭证，合伙型基金通过取得合伙人地位确认收益分配，根据所承担最终责任的不同，可以是普通合伙人（承担无限责任），也可以是有限合伙人（承担有限责任），而契约型基金通过发行基金收益凭证（即基金单位）筹集建立起来，凭证反映的仅仅是一种信托关系。

（4）融资渠道不同。公司型基金发行股票、债券进行融资，合伙型基金通常采用债务融资或者新增合伙人的方式进行融资，因其具有法人资格，二者均可以向银行借款，而契约型基金通过发行基金单位筹资，由于其不具备法人资格，不能通过向银行借款来扩大规模。

（5）投资者地位不同。公司型基金的投资者是公司的股东，通过股东大会可以参与公司的重大决策，行使股东权利，通过分红形式获取投资收益，合伙型基金中的重要决策主要由普通合伙人执行，有限合伙人一般情况下不参与合伙基金的具体运作，而契约型基金的投资者购买基金单位后，成为基金契约的一个当事人（基金受益人），只能分享基金的收益。

总体而言，公司型基金的投资者可以参与公司重大决策，能更有效地保护投资者的利益，公司型基金的理论存在期限为无限期，因此公司不会面临被解散的压力，比较稳定，有利于长期发展。契约型基金可以根据不同投资偏好设立不同的基金，比较灵活，契约型基金因为其不需要以公司实体存在，可以减少各种开支，提高基金持有人的投资收益。合伙型基金与公司型基金类似，拥有独立的法人地位，但是在基金的投资运作中却更接近契约型基金，普通合伙人即基金管理人对于基金的运作有较大权限，并且合伙型基金通常会设置更好的对于基金管理人的激励体系。

2.2　按运作方式分类的证券投资基金

根据基金单位是否可以赎回、规模是否固定，可以将证券投资基金分为开放式基金和封闭式基金。当今国际上基金发展的主流为开放式基金。如日本、我国香港的基金均为开放式基金，美国开放式基金的比例也高达80%以上。就目前我国的证券投资基金而言，封闭式基金和开放式基金并存。截至2017年12月，我国基金总数4 841只，其中开放式基金4 361只（占比90.08%）、封闭式基金480只（占比9.92%）。

2.2.1　开放式基金

开放式基金是指基金规模并不固定而是随时增减变动的，投资者可以随时申购和赎回的证券投资基金。我国《基金法》（2015年修正[1]）中定义："采用开放式运作方式的基金（即开放式基金），是指基金份额总额不固定，基金份额可以在基金合同约定的时

1　本书中凡出现《基金法》而未做特别说明的，均指2015年修正后的本法。

间和场所申购或者赎回的基金。"投资者申购和赎回开放式基金的价格根据基金净值加上一定的手续费来确定，投资者可以根据市场状况和自己的投资决策决定是否申购或赎回，并在国家规定的场所办理手续。

2.2.2　封闭式基金

封闭式基金是相对于开放式基金而言的，是指基金规模在发行前已确定，在发行完毕后和规定的期限内基金规模固定不变的投资基金。我国《基金法》中定义："采用封闭式运作方式的基金（即封闭式基金），是指经核准的基金份额总额在基金合同期限内固定不变，基金份额可以在依法设立的证券交易场所交易，但基金份额持有人不得申请赎回的基金。"封闭式基金在基金成立后的一定时期内不再有新基金单位的追加，如果需要购买或者赎回基金单位需要到封闭式基金上市时的二级市场进行买卖，其价格随行就市，由基金的供求关系、基金业绩、市场行情等因素共同决定。

2.2.3　两种基金的比较

封闭式基金和开放式基金在以下几个方面存在不同：

（1）基金规模不同。封闭式基金的规模相对而言是固定的，在封闭期限内未经法定程序许可，不能再增加发行；而开放式基金的规模是处于变化之中的，没有规模限制，一般在基金设立一段时期后（多为3个月），投资者可以随时提出认购或赎回申请，基金规模将随之增加或减少。这是封闭式基金与开放式基金的根本差别。

（2）存续期限不同。封闭式基金一般有明确的存续期限（我国规定为不得少于5年，一般为10年或15年），期满后封闭式基金一般有三种选择，即清盘、延期以及"封转开"；而开放式基金一般没有固定期限，投资者可随时向基金管理人赎回基金单位，基金可以一直存续。

（3）交易方式不同。封闭式基金在证券交易所上市买卖，投资者通过证券经纪商在二级市场上进行竞价交易的方式买卖基金；而开放式基金并不在交易所上市，投资者通过指定的中介机构提出申购或赎回申请的方式买卖基金。

（4）交易价格不同。封闭式基金通过二级市场进行竞价交易买卖，价格随行就市，由基金的供求关系、基金业绩、市场行情等因素共同决定，常出现溢价或折价的现象；而开放式基金申购和赎回的价格是以每日计算的基金净值加上一定的费用决定的，这个价格不受市场供求影响。

（5）投资运作不同。封闭式基金由于在封闭期间内不能赎回，基金规模不变，这样，基金管理公司就可以制定一些长期的投资策略与规划；而开放式基金为应付投资者随时赎回基金单位变现的要求，就必须保持基金资产的流动性，要有一部分以现金资产的形式保存而不能全部用来投资或全部进行长线投资。

（6）信息披露不同。信息披露的监管包括基金净值的披露、关联交易的披露、基金管理费用、基金价格、投资组合比例、基金红利分配等多方面内容。在这些方面，封闭式基金和开放式基金都有所不同。如封闭式基金间隔较长时间（如一周、半年不等）公布一次资产净值，基金管理公司不直接受理基金的申购与赎回；而开放式基金应由基金管理公司连续性公布（如每一个交易日公布一次）资产净值，并按以资产净值为基础确定的交易价格每日受理基金的申购与赎回业务。

封闭式基金适合于发展水平比较低、金融制度不完善、开放程度不高且规模小的发展中国家的金融市场，这样既可以防止国际游资对发展中国家资本市场的冲击，又可以避免大量赎回带来的基金规模不稳定，降低投资成本；而开放式基金适合于开放程度较高、规模较大的发达国家的金融市场。

开放式基金允许投资者随时认购和赎回基金单位，基金经理行为的约束机制较强，有利于基金的规范化运作；开放式基金按单位资产净值交易，有效地保证了投资者的利益，避免了供求及投机的不利影响；由于开放式基金既可内部增值也可吸收新资金，因而有利于基金规模的壮大；开放式基金更加严格的信息披露制度，使其在投资者获取基金经理人行为信息和价格机制方面比封闭式基金做得更好，因此开放式基金风行国际金融市场。

2.3　按投资对象分类的证券投资基金

证券投资基金投资于金融市场，因此它可以选择的投资对象是各类金融工具，包括股票、债券、货币市场（大额银行可转让存单、商业票据等货币市场短期有价证券）、期货、期权、指数、认股权证等。

根据投资对象的不同，我们可以将证券投资基金划分为股票基金、债券基金、货币市场基金、期货基金、期权基金、指数基金和认股权证基金等，以及混合基金。

1.股票基金

股票基金是一种重要的基金品种，是指发行基金证券所筹集的资金主要投资于上市股票的证券投资基金。这类基金的证券组合主要以股票为对象，根据《公开募集证券投资基金运作管理办法》（2014年8月8日施行）的规定，80%以上的基金资产投资于股票的，为股票基金，但也不排除有一定数量（如20%以下）的非股票证券。股票基金按股票类型可划分为优先股基金和普通股基金。优先股基金是一种可获取稳定收益、风险较小的股票基金，其投资对象以各公司发行的优先股为主，收益分配主要是股利。普通股基金以追求资本利得和长期资本增值为投资目的，其投资对象大部分为各公司发行的普通股。股票基金的优点是资本成长潜力较大，投资者不仅可以获得资本利得，而且还可以通过该基金使得较少的资本能够分散投资于各类普通股票，这比投资者个人直接投资于普通股票的风险要小得多。股票基金在基金市场上占据十分重要的地位，主要原因有以下几个方面：

（1）股票作为一种理想的金融工具，具有市场规模大、运作规范、监管严格的优点，这些优点为股票基金的投资操作、分散风险创造了良好的客观条件。根据投资风格的不同，股票基金可以灵活地组合股票品种，向投资者提供更加多样化的投资理财服务。

（2）通过股票基金，投资者可以进行国际股票投资。在当今全球一体化的金融市场中，投资者可以通过国际化的金融市场获得更多的投资收益，而个人投资者由于受各种条件的限制无法直接投资海外股票市场，因此通过股票基金可以直接投资国际股票市场，获取更高的投资收益。

（3）个人投资者通过股票基金可以实现专家委托理财，使得投资决策更加科学，而且通过巨额投资交易能够获取规模效应，从而得到更多的获利机会。

【知识链接2-1】　　　　　　　**美国股票基金的主要类别**

（1）积极成长型基金（Aggressive Growth Funds），主要投资于具有资本增值潜力的小盘、成长型公司的股票。

（2）新兴市场股票基金（Emerging Market Equity Funds），主要投资于世界上新兴市场地区与国家公司的股票。

（3）全球股票基金（Global Equity Funds），主要投资于全球范围内（包括美国）公司的股票。

（4）成长和收入型基金（Growth and Income Funds），其目标是兼顾长期资本增值与稳定的股利收入。为了达到这一目标，基金一般投资于那些运转良好，同时具备良好股利收入和未来成长性的公司。

（5）成长型基金（Growth Funds），主要投资于具有资本增值潜力的已经运转良好的公司。这种基金追求的是资本增值而不是稳定的股利收入。

（6）收入型股票基金（Income Equity Funds），主要投资于能每年产生可观股利收入的股票。资本增值不是其投资目标。

（7）国际股票基金（International Equity Funds），将不少于2/3的资金投资于美国以外的国家和地区的股票。

（8）地区股票基金（Regional Equity Funds），投资于世界上特定地区公司的股票，如欧洲、拉美、太平洋地区。

（9）行业股票基金（Sector Equity Funds），通过投资于特定领域或行业，如金融行业、健康医疗、自然资源、高新技术或公用事业等的股票，达到资本增值的目的。

资料来源　中国证券监督管理委员会网站。

2.债券基金

债券基金是指发行基金证券所募集的资金主要投资于债券的证券投资基金。这种基金的证券组合主要以不同期限、不同利率（甚至不同国家）的债券（国债、地方政府债券、金融债、企业债等）为对象，但也不排除有一定数量（如20%以下）的非债券证券。债券基金的规模仅次于股票基金，这类基金专为稳健型的投资者设计，它具有流动性强、安全性高、投资风险小、回报稳定的特点，债券基金的风险主要来源于市场利率、国家间债券市场汇率风险以及债券信用等级。因为投资风险比股票基金小，因此通常债券基金的回报率比股票基金低。

【知识链接2-2】 美国债券基金的主要类别

（1）一般型企业债券基金（Corporate Bond-General Funds），通过将不少于2/3的资金投向企业债券来谋取每年高水平的现金收入。对所持有的企业债券，它没有严格的平均到期日要求。

（2）中期企业债券基金（Corporate Bond-Intermediate-Term Funds），通过将不少于2/3的资金投向企业债券来谋取每年高水平的现金收入。它持有的企业债券平均到期日是5~10年。

（3）短期企业债券基金（Corporate Bond-Short-Term Funds），通过将不少于2/3的资金投向企业债券来谋取每年较高水平的现金收入。它持有的企业债券平均到期日是1~5年。

（4）一般型全球债券基金（Global Bond-General Funds），投资于世界范围的债券，没有明确的平均到期日限制。该种基金大约有25%的资金投资在美国本土。

（5）短期全球债券基金（Global Bond-Short-Term Funds），投资于世界范围的债券，平均到期日为1~5年，该种基金大约有25%的资金投资在美国本土。

（6）一般型国债基金（Government Bond-General Funds），将不少于2/3的资金投向美国国债，没有对平均到期日的严格限制。

（7）中期国债基金（Government Bond-Intermediate-Term Funds），将不少于2/3的资金投向美国国债。所持有国债的平均到期日是5~10年。

（8）短期国债基金（Government Bond-Short-Term Funds），将不少于2/3的资金投向美国国债，其所持有国债的平均到期日是1~5年。

（9）高利息债券基金（High-Yield Funds），将不少于2/3的资金投向信用级别较低的企业债券，以期取得每年较高的现金利息。其所投资的企业债券一般是穆迪评级中等于或低于Baa级，标准普尔评级中等于或低于BBB级的债券。

（10）抵押债券基金（Mortgage-Backed Funds），将不少于2/3的资金投向混合抵押债券。

（11）一般国家市政债券基金（National Municipal Bond-General Funds），将绝大多数资金投向市政债券，所持有市政债券的平均到期日大于5年，该基金一般被豁免联邦所得税，但要缴纳地方性税收。

（12）短期国家市政债券基金（National Municipal Bond-Short-Term Funds），将绝大多数资金投向国家市政债券，所持有的市政债券的平均到期日是1~5年。该基金一般被豁免联邦所得税，但要缴纳地方性税收。

（13）全球债券基金（Other World Bond Funds），将不少于2/3的资金投资于国外政府和企业债券，在这种类型的基金中，有些专门投资于新兴市场的国家和企业债券。

（14）一般型州市政债券基金（State Municipal Bond-General Funds），将绝大部分资金投资于特定州的市政债券，所持有市政债券的平均到期日为5年以上，对于该州的居民来说，投资该种基金既豁免联邦所得税，也豁免州所得税。

（15）短期州市政债券基金（State Municipal Bond-Short-Term Funds），将绝大部分资金投资于特定州的市政债券，所持有市政债券的平均到期日为1~5年，对于该州的居民来说，投资该种基金既豁免联邦所得税，也豁免州所得税。

（16）战略收入型基金（Strategic Income Funds），投资于一个固定收入债券的组合，以提供较高的现金年收入。

资料来源　中国证券监督管理委员会网站。

3. 货币市场基金

货币市场基金是指发行的基金证券所筹集的资金主要投资于大额可转让定期存单、银行承兑汇票、商业本票等货币市场工具的证券投资基金。由于货币市场是一个低风险、流动性高的市场，因此货币市场基金具有流动性强、安全性高、投资成本低的特点，这类基金与银行等金融机构的各种现金投资工具相比，其收益率较高而风险较小。而且由于货币市场是一个无期限的市场，因此货币市场基金是无期限的，收益的计算以约定的时间进行，投资者可以随时进入或退出。在发达国家中，货币市场基金在基金资产规模中占很大的比重。

4. 混合基金

混合基金主要是指发行基金证券所筹集资金的主要投资对象超过一种投资工具的证券投资基金。混合基金的投资对象可以是股票、债券或者货币市场工具等多个工具的组合，这类基金可以集合各类基金的优点，分散风险，提高基金资产收益率。

【知识链接2-3】我国法律规定的股票基金、债券基金、货币市场基金与混合基金

《公开募集证券投资基金运作管理办法》第三十条，基金合同和基金招募说明书应当按照下列规定载明基金的类别：

（一）百分之八十以上的基金资产投资于股票的，为股票基金。

（二）百分之八十以上的基金资产投资于债券的，为债券基金。

（三）仅投资于货币市场工具的，为货币市场基金。

（四）百分之八十以上的基金资产投资于其他基金份额的，为基金中基金。

（五）投资于股票、债券、货币市场工具或其他基金份额，并且股票投资、债券投资、基金投资的比例不符合第（一）项、第（二）项、第（四）项规定的，为混合基金。

（六）中国证监会规定的其他基金类别。

资料来源　中国证券监督管理委员会网站。

2.4 按投资风格分类的证券投资基金

2.4.1 证券投资基金的投资风格

投资风格主要指基金的产品风格。所谓基金产品，就是指基金管理人设计一定的指标和规则来对基金的股票篮子进行选定。这种选股规则设计的理论目标是形成具有不同风险收益结构的投资组合，以适合不同类型投资者对于风险收益特性的不同要求。基金的产品风格设计通常依据股票的财务指标特性、流动性、价值创造模式、投资策略等一方面或几方面和风险收益密切相关的特性来进行。不同产品风格的基金强调股票的不同特性，这样，整个证券市场的不同层面的风险和价值特性将得到充分的体现，从而最大限度地实现理性和价值投资，优化整体资源配置。一般情况下，基金在招募说明书中均明确表明自己的投资风格。

基金投资风格定位应该满足如下原则：

（1）清晰的目标客户需求分析。强调不同类型的基金产品适应不同的客户群体特点，明确各基金的目标客户，由此来确定投资理念和管理核心。

（2）清晰的投资理念。强调投资理念的差异化，避免同一基金公司旗下不同基金在实际投资品种上的重叠。清楚表达各种投资理念中的概念，投资决策过程透明，如规定好具体的选股标准、股票仓位范围、重点投资股票类型的比重等，并严格按照投资理念操作。

（3）清晰的收益预期和风险特征评估。强调对投资策略的事前风险收益评估和历史检验，这也是基金风格定位的重要组成部分。对投资理念下的股票组合的历史收益、风险状况等指标进行实证测算，以便投资者能够根据自己的风险偏好选择合适的投资对象。

根据主要财务指标的成长性、现金流产生和运用模式的不同，通常可以形成三种典型的股票基金产品风格，即成长型基金、价值型基金和平衡型基金；依据股票的流动性设计的基金可以分为大盘蓝筹基金、中小盘基金；依据产业和公司价值创造模式设计的基金可以分为产业型基金、特定商业模式基金；依据投资策略设计的基金可以分为积极投资型基金、被动式指数化基金和指数增强型基金。

2.4.2 按投资风格划分的几种基金类别

1.成长型基金、价值型基金和平衡型基金

根据主要财务指标的成长性、现金流的产生和运用模式的不同，基金风格主要有两种体系：一种是ICI[1]的传统分法，将所有股票基金的风格分为成长（Growth）和收益（Income）两类，居中的叫成长收益型（Growth & Income），根据程度的不同又将成长型

---

[1] 美国投资公司协会（ICI，The Investment Company Institute），是美国投资公司的协会机构。1940年，美国投资公司协会成立于纽约，当时名为国家投资公司委员会（National Committee of Investment Companies），1941年更名为国家投资公司协会（NAIC，National Association of Investment Companies），于1959年召开第一届成员大会。

分为积极成长型（Aggressive Growth）和成长型（Growth）。另一种则是晨星（Morningstar）和理柏（Lipper）等基金评级公司的分法，将基金分为成长（Growth）和价值（Value）两类，对于中间风格的基金，Morningstar称之为Blend，Lipper称之为Core，即平衡型。

成长型基金是把追求资本长期成长作为其投资目标，而不追求经常收入的投资基金。成长型基金的股票篮子主要选择财务指标具有高增长潜力的上市公司。这些公司往往倾向于降低红利分配率，或者干脆不分红利，而把全部红利直接用于公司投资，以支持业务扩张。高业务增长、高再投资、高经营风险和低红利是成长型上市公司的典型财务特征。高科技行业如IT产业、生物技术产业等就是成长型行业的典型代表。投资于成长型公司的股票主要应关注公司的人力资本和商业模式的可靠性、新产品的市场需求基础以及财务成长性指标，而不是股票红利。风险偏好比较高的投资者经常选择购买这种类型的基金。

价值型基金，也称收入型基金，是指以能为投资者带来当期收入为目的的投资基金。价值型基金主要选择公司商业模式比较成熟稳定、现金流波动较小、红利发放率比较高的上市公司。价值型行业以公用事业（水、煤气和电力的供应）、发电、交通运输（港口、机场、高速公路、仓储、物流）等基础设施行业为代表。价值型行业的经营现金流稳定充裕，在不需要连续再投资的情况下，价值型行业上市公司应该把经营现金流以红利的形式返还给投资者。风险偏好比较小的投资者和退休人员通常选择购买这种类型的基金。

平衡型基金是指以支付当期收入和追求资本的长期成长为目的的投资基金。平衡型基金就是在基金股票篮子中既购入一定比例的成长型股票，又购买一部分价值型股票。它的最大优点就是具有双重目标，投资风险比较小。由于平衡型基金的风险和收益处于成长型基金和价值型基金之间，所以这一类型基金赢得了很多投资者的喜爱。

2.大盘蓝筹基金、中小盘基金

大盘蓝筹基金主要选取流通盘比较大、换手率比较高、公司商业模式比较成熟、市场地位比较稳定、产业市场容量比较稳定的上市公司作为投资对象。对于流通盘较大的股票来说，股价不容易被一家投资机构所操控。公司商业模式比较成熟，市场地位比较稳定，产业市场容量比较稳定，意味着外部投资者对于公司的价值评估比较趋于一致，这也有利于股票价格的稳定。大盘蓝筹基金的价格稳定特性还有利于基金管理人采用组合投资策略，分散随机非系统风险，以形成更加稳定的投资组合。

中小盘基金的投资对象是中小流通盘股票。中小盘股票比较容易受到机构投资者的价格操控，价格容易产生比较大的波动。另外，中小盘股票往往处于成长型行业中，产品市场风险和经营管理风险都比较高，外部投资者对于这类公司的经营战略和公司的成长价值也不容易形成统一的评价，所以中小盘股票往往具有较大的流动性风险。但是，对于具有市场风险识别能力的投资人来说，则可通过发现和把握中小盘股票的流动性风险来获得高投资回报。

3.产业型基金、特定商业模式基金

产业型基金是指投资标的以个别产业的股票为主，常见的分类包括高科技产业股票、房地产股票、公共事业股票、黄金矿脉公司股票等。因投资标的集中于单一产业，受到个别产业或产品的周期性、政府政策法令以及国内竞争力等因素影响甚巨，基金的波动性远高于股市大盘指数，且大多数此类股票所涉及的产业爆发性极强，获利潜力高，相对风险性也大，适合较有投资经验或积极冒险型的投资人。可以按照产业随宏观经济周期波动特性来设计特定产业基金，比如高科技产业基金（也可进一步细分成IT产业基金或者生物技术产业基金）、周期性产业基金（如房地产业投资基金、制造业投资基金）、公用事业产业基金等。

特定商业模式基金是指选取具有相似的商业模式的投资标的进行投资的基金。这类基金往往针对某个商业模式集中进行投资。当某种商业模式受到市场认可时，这类基金能够获得较高的收益，但当该商业模式不再适应市场时，基金也会遭受一定损失。特定商业模式基金比较适合对商业有一定程度的了解、偏好某种特定商业模式的投资者。特定商业模式基金属于根据企业的商业模式特性形成的企业基金，主要包括创新型企业基金、竞争优势型企业基金、环保型企业基金（Environmentally Responsible Mutual Funds）、社会责任型企业基金（Socially Responsible Mutual Funds）等。

4.积极投资型基金、被动式指数化基金、指数增强型基金

积极投资型基金其基本运作理念是，基金管理人相信股票的市场价格从长期来看是由股票的内在价值决定的。因而，积极投资型基金管理人的投资运作模式是对具有重大价值增长潜力的上市公司进行集中重仓持股，持股的时间也比较长，以充分获得由股票内在价值增长而形成的股票价格增长。

被动式指数化基金并不直接着眼于个别股票或者个别板块上市公司的内在价值，而是投资于整个股票市场的整体市场信心。其在操作上选择全市场股票指数或者能够很好地模拟指数的部分股票指数进行复制，以形成股票篮子。

指数增强型基金是把积极投资和完全被动式指数化基金的操作模式按比例结合起来，即把股票篮子分成两部分，通常一部分对能够很好地模拟指数的部分股票指数进行复制，另一部分运用积极的投资理念选择具有重大价值增长潜力的股票重仓持有。这类基金的优点是既兼顾了指数化基金的特点，又能保证基金资产的快速增值。

【知识链接2-4】　　　　按投资风格划分的我国证券投资基金

根据不同的投资风格，可以将我国的证券投资基金进行如下划分：

设计依据的典型股票特性	股票基金产品类型	开放式股票基金
公司的财务指标特性	成长型基金	华夏成长（000001） 华安宏利（040005）
	价值型基金	友邦华泰上证红利ETF（510880）
	平衡型基金	长城品牌优选（200008） 国泰沪深300（020011）
股票的流动性	大盘蓝筹基金	大成价值增长（090001） 博时价值增长（050001）
	中小盘基金	金鹰中小盘（162102） 德盛小盘精选（257010）
产业和公司价值创造模式	产业型基金	工银瑞信产业债A（000045） 汇添富实业债A（000122） 长城景气行业龙头（200011） 东吴行业轮动（580003）
	特定商业模式基金	兴业社会责任（340007） 华商领先企业基金（630001）
投资策略	积极投资型基金	广发稳健增长基金（270002） 华安创新（040001）
	被动式指数化基金	嘉实沪深300指数基金（160706） 大成沪深300（519300）
	指数增强型基金	华安MSCI中国A股（040002） 银华-道·琼斯88（180003）

资料来源　晨星网，www.morningstar.com。

2.5　按组合管理方式分类的证券投资基金

　　一般而言，证券投资基金的投资标的为股票、债券等有价证券，基金管理人通过对有价证券进行投资组合与管理从而分散风险并取得目标收益。与之不同，组合型基金却主要以其他精选基金产品或管理人为组合管理对象，是一种"优中选优"的创新证券投资基金形式，主要分为FOF与MOM两类基金。

　　2016年9月，中国证监会对外公布了《公开募集证券投资基金运作指引第2号——基金中基金指引》（下简称《指引》），在我国引发了新一轮的FOF热潮，在此之前国内FOF多为私募系。无论是FOF还是MOM，组合型基金都更加强调资产配置的作用，通过选择多元的分散化产品或相关性低的策略，达到稳定风险、获取长期收益的目标。

2.5.1　FOF基金

FOF（Fund of Funds），即基金中的基金，是一种专门投资于其他证券投资基金的基金。根据《指引》，FOF需将80%以上的基金资产投资于经中国证监会依法核准或注册的基金份额，但不得持有具有复杂、衍生品性质的基金份额，也不得持有其他基金中基金。同时规定FOF持有单只基金的市值不得高于FOF资产净值的20%，且被投资基金（子基金）的运作期限不得少于1年、最近定期报告披露的规模应当高于1亿元。

　　FOF起源于20世纪70年代的美国，其最初形式是投资于一系列私募股权基金的基金组合。因为私募股权基金投资门槛较高，大多数投资者无法企及，后来第一只证券类FOF由先锋基金（Vanguard）于1985年推出，降低了投资初始门槛，FOF进入普通投资者视野。

　　得益于美国股市的繁荣以及监管政策的支持，美国FOF基金市场发展迅速，产品种类日益繁多。1990年，美国FOF基金产品仅有20只，总规模仅为14.3亿美元。经过20多年的发展，截至2016年年底，美国基金市场上的FOF数量已达1 445只，总规模也已达到了18 703.64亿美元。

　　促使美国FOF基金迅速发展的另一推手是401（K）计划的推出。该计划主要使用雇员与雇主共同缴纳养老金的模式，为之后养老金规模扩大以及入市都打下了基础。养老金资金对风险敏感度极高，与FOF分散风险、追求稳健收益的属性不谋而合。

　　2018年3月，中国证监会正式发布《养老目标证券投资基金指引（试行）》，明确了养老目标基金应当采用基金中基金即FOF形式。该指引指出，养老目标基金以追求养老资产的长期稳健增值为目的，鼓励投资人长期持有，采用成熟的资产配置策略，合理控制投资组合波动风险，而这些特征恰与公募FOF的特征较为一致。随着社保基金、企业年金、养老基金等追求长期稳定收益的资金入市，将为我国公募FOF带来巨大资金流量，也对FOF管理人的配置管理能力提出了更高要求。

【知识链接2-5】　　　　　　　　　先锋目标退休基金

　　先锋集团（The Vanguard Group）成立于1975年，其创始人是被誉为美国指数基金教父的约翰·博格（John C. Bogle），总部位于美国宾夕法尼亚州。先锋集团是全球最大的基金公司之一，截至2018年1月底，先锋集团为全球2 000多万名投资者管理了超过5.1万亿美元的资产，基金产品数量（包括可变年金组合）多达388只。先锋集团在建立起共同基金产品线之后，可以根据投资者的不同需求进行产品选择，也可以将已有共同基金进行组合形成新的产品，为投资者提供个性化的设计和一站式解决方案。

　　先锋基金的产品线始终以指数产品著称，其FOF产品也主要是被动管理型的，约占先锋FOF总规模的90%以上。先锋被动管理型FOF以Vanguard Target Retirement目标日期基金系列和Vanguard Life Strategy生活方式基金（先锋也称"目标风险基金"）系列为主。这里简单介绍目标退休基金系列：

　　先锋目标退休基金属于典型的FOF基金，该类FOF的母基金运作方式是依据资产下滑曲线调整股票、债券等类别资产的风险敞口，以满足投资者在生命周期不同阶段的风险收益要求：距离目标退休日期越远，权益类资产配置比例越高，产品的费率也相应提高；距离目标退休日期较近，固收类资产配置比例较高，产品费率相应较低。先锋目标退休FOF基金旗下包含11只独立运作的子基金，目标日期由2015年到2065年，时间跨度为50年。产品设计细化到几乎可以满足任何年龄段的人群的养老储蓄需求。

Vanguard Target Retirement 系列基金（截至2018年第一季度）								
系列	费率 （%）	投资组合 约定比例（%）		实际持仓比例（%）				
		股票	债券	先锋全股 指基金	先锋全海外 股指基金	先锋全债 指基金	先锋全海外 债指基金	先锋通胀 保护基金
Target 2065	0.15	90	10	54.1	35.9	7	3	0
Target 2060	0.15	90	10	53.7	36.1	7.2	3	0
Target 2055	0.15	90	10	53.7	36.2	7.1	3	0
Target 2050	0.15	90	10	53.6	36.2	7.2	3	0
Target 2045	0.15	90	10	53.5	36.2	7.3	3	0
Target 2040	0.15	85	15	51.1	34.4	10.2	4.3	0
Target 2035	0.14	80	20	46.6	31.3	15.5	6.6	0
Target 2030	0.14	75	25	42	28.3	20.8	8.9	0
Target 2025	0.14	65	35	37.4	26.1	25.4	11.1	0
Target 2020	0.13	55	45	32.2	29.1	21.8	12.5	4.4
Target 2015	0.13	45	55	32.7	24.9	16.7	14.2	11.5

依据先锋基金FOF产品的设计经验，可以得到的启示是：（1）丰富的基金产品线是挑选优秀基金组合的前提。（2）根据不同阶段客户需求定位细节化的产品设计。（3）可通过被动管理的方式尽量减少投资者费用。

资料来源　先锋集团官网（www.vanguard.com）。

2.5.2　MOM基金

MOM（Manager of Mangers），即管理人的管理人基金，是一种先通过长期跟踪、调研基金经理投资过程，挑选出长期贯彻自身投资理念、投资风格稳定并取得超额回报的基金经理，继而以投资子账户形式委托其进行具体账户管理的投资管理模式。

MOM模式的投资理念体现为"多元资产+多元风格+多元经理"，即在不同的市场周期配置不同的资产类别，采取不同的投资策略，配置不同风格的基金管理人。MOM的灵活配置要求有一个非常专业的投资顾问团队，每个优选基金经理人只需专注于适合自己风格的投资产品，而母基金管理人的核心功能在于挑选适合当下市场风格的经理人并且进行动态调仓。

优秀的投资顾问是MOM成功的基础。区别于FOF以现有基金产品为主要研究对象，MOM的主要研究单位是子基金经理人。既然是对人的判断，则不仅要对其历史业绩展开定量研究，更要建立在访谈和历史持仓数据定量分析基础上的定性分析，比如个性、操作风格、市场应变能力和心理抗压能力等，以预测投资管理人的未来业绩分布。

对目标经理人进行长期的跟踪和绩效的评估会耗费大量成本，当市场行情有变，对子经理人的配置调整甚至更换也将相应地增加操作成本。因此，MOM模式通常被规模较大、资金雄厚的机构所采用，而规模较小的机构则难以运作。目前，国内MOM发行人主要集中于私募基金公司，以自主发行、公募专户和信托三种类型为主。

2.5.3 FOF基金和MOM基金的比较

FOF基金和MOM基金在以下几个方面存在不同：

（1）组合对象不同。FOF的组合对象是基金产品，MOM是集合优秀的基金经理人。通常来说，FOF与子基金是购买关系，即FOF是子基金的申购者。而MOM与经理人是雇佣关系，MOM聘请若干基金经理来构建投资组合。

（2）管理者角色不同。FOF管理人只在整体层面挑选基金产品进行资产配置，而具体基金的投资策略由子经理人制定。FOF对风险的把控也只能体现在对不同基金仓位的调整或者更换子基金上，子基金层面的风险不可控。MOM母基金的管理人对投资策略和风控的影响力更强，它负责制定产品的整体投资策略并把控风险，而优质子基金经理人则负责具体的操作和执行，起辅助作用。

（3）费率机制不同。FOF投资于现有市场上的基金产品，容易出现双重收费，即标的基金收费一次，FOF基金收费一次，增加投资人负担。MOM通过专户、虚拟子账户运作，两类基金经理共享管理费与业绩费提成，相对费率较低。

（4）效率与透明度不同。FOF无法实时观测非内部子基金，获取的信息有一定的滞后性，且由于子基金具有确定的申购赎回日，导致FOF调仓较慢，一般一周左右才可以对子基金设立临时开放日进行申购赎回的调仓操作。MOM可实时了解底层交易数据，也可灵活动态地调整资金和策略，提升投资的效率和准确率。

整体而言，FOF以合理配置和"优中选优"达到平滑极端净值波动，穿越周期获取稳健收益为目的，多采取被动管理的方式。MOM则更强调灵活配置与动态调整，是一种偏主动管理的投资方式。

● **本章小结**

基金的分类对投资者、基金管理公司、基金评估机构、监管部门多方都有重要意义。本章从构成基金的组织特征、基金营销、投资风格、投资对象等多个角度对证券投资基金进行分类比较。

按照组织形式和法律地位的不同，我们把证券投资基金划分为公司型基金、契约型基金以及合伙型基金三种，三种基金在法律依据、运作依据、发行凭证、融资渠道、投资者地位等方面存在区别。

根据基金单位是否可以赎回、规模是否固定可以分为开放式基金和封闭式基金。开放式基金和封闭式基金在基金规模、存续期限、交易方式、交易价格、投资运作、信息披露等方面存在区别。

根据投资对象的不同，我们可以将证券投资基金划分为股票基金、债券基金、货币市场基金、期货基金、期权基金、指数基金和认股权证基金等。

按投资风格划分的基金，根据主要财务指标的成长性、现金流产生和运用模式的不同，通常可以形成三种典型的股票基金产品风格，即成长型基金、价值型基金和平衡型基金；依据股票的流动性设计的基金可以分为大盘蓝筹基金、中小盘基金；依据产业和公司的价值创造模式设计的基金可以分为产业基金、特定商业模式基金；依据投资策略设计的基金可以分为积极投资型基金、被动式指数化基金、指数增强型基金。

按组合管理方式划分，传统证券投资基金以有价证券为组合管理对象，而FOF与MOM分别以基金产品和基金经理人为对象展开投资管理。两者都注重资产配置，通过"优中选优"达到稳定风险、获取长期收益的目标。但相对而言，FOF基金被动管理居多，MOM基金则强调灵活调整，偏向主动管理型。

● **重要概念**

公司型基金　契约型基金　开放式基金　封闭式基金　股票基金　债券基金　货币市场基金　指数基金　混合基金　成长型基金　价值型基金　平衡型基金　组合型基金　FOF基金　MOM基金

● **思考题**

1. 什么是公司型基金？什么是契约型基金？什么是合伙型基金？三者的主要区别是什么？

2. 什么是开放式基金？什么是封闭式基金？目前我国开放式基金发展的现状如何？

3. 什么是投资风格？如何划分和区别成长型基金、价值型基金和平衡型基金？

4. 分析比较股票基金、债券基金、货币市场基金的主要特点。

5. 什么是指数基金？我国目前有哪些品种？它们的特点是什么？

6. 什么是组合型基金？目前主要有哪些品种？它们的不同点是什么？

第3章 证券投资基金运行规则

◇学习目标

- 了解证券投资基金募集管理制度
- 了解证券投资基金上市交易规则
- 掌握开放式证券投资基金申购和赎回的流程和原则
- 了解证券投资基金终止与清算的程序

所谓证券投资基金运行规则，是指从证券投资基金的募集，到基金份额的申购、赎回和交易，再到基金财产的投资，最后到基金终止清盘的全部过程中，根据各国的法律和规范执行的指定程序。本章将主要依照我国证券基金行业的有关规定，说明除基金财产的投资以外的关键运行环节。

3.1 证券投资基金的募集

证券投资基金的募集是指基金管理公司根据有关规定向中国证监会提交募集申请文件，发售基金份额，募集基金的行为。我国基金的募集管理制度已经基本完成由审批制向注册制的转变，募集程序要经过申请、注册、发售以及基金合同生效四个步骤。募集方式按募集对象分类可分为公募与私募发行，按募集渠道分类可分为网上与网下发行。本节将对这些内容进行具体介绍。

3.1.1 证券投资基金的募集管理

根据各国证券市场发展程度和监管体制的不同，世界上对证券投资基金的设立与募集一般实行两种基本管理模式：注册制和审批制。注册制是指基金的发起人只需向证券监督管理机构报送法律法规规定的有关材料，进行登记注册，即可设立募集证券投资基金。目前发达国家和地区一般采用注册制，包括英国、美国、我国的香港和台湾地区。在注册制下，证券监管当局只对申报材料做形式上的审查，不做实质性审查，实质性内容如材料的真实性、完整性和准确性由独立的中介机构鉴证。若证券投资基金发起人和鉴证中介机构存在弄虚作假等舞弊、欺诈行为，证券监管当局具有事后调查和处罚权。审批制是指证券监管当局按照有关法律法规规定，既对证券投资基金的发起设立所提供的材料在内容的真实性、完整性和准确性等方面做实质性审查，又对程序和形式的合法性进行审查，并决定是否同意设立该基金的制度。

一直以来，我国证券投资基金实行的都是审批制，对证券投资基金的设立进行如下实质性审查：一是审查申报文件是否全面，有无虚假陈述；二是审查文件内容是否符合法律规定。在审批制下，我国证券投资基金的发行一般分为三个步骤：申请前准备工作，提交申请设立基金的主要文件，申请的审核与批准。自2013年6月1日开始施行的《中华人民共和国证券投资基金法》的出台，标志着我国基金发行由审批制向注册制迈进。2015年4月最新修订的《基金法》进一步推进了我国基金发行注册制的改革。《基金法》第五十条规定："公开募集基金，应当经国务院证券监督管理机构注册，未经注册，不得公开或者变相公开募集基金。"第五十四条规定："国务院证券监督管理机构应当自受理公开募集基金的募集注册申请之日起六个月内依照法律、行政法规及国务院证券监督管理机构的规定进行审查，作出注册或者不予注册的决定，并通知申请人；不予注册的，应当说明理由。"预计未来监管部门还将采取一系列措施，包括改进审核机制、简化审核程序、减少审核内容、增强审核透明度等，不断完善公募基金注册制度的发展，最大限度地发挥市场在资源配置中的作用。

我国《基金法》规定，公开募集基金是指向不特定对象募集资金、特定对象募集资金累计超过200人，以及法律、行政法规规定的其他情形。公募基金的募集一般要经过申请、注册、发售、基金合同生效四个步骤。下面对公募基金的募集程序加以说明：

（1）基金募集申请。我国基金管理人进行公募基金的募集，必须根据《基金法》的有关规定，向中国证监会提交以下申请文件：申请报告、基金合同草案、基金托管协议草案、招募说明书草案、律师事务所出具的法律意见书以及国务院证券监督管理机构规定提交的其他文件。

（2）基金募集申请的注册。《基金法》规定，中国证监会应当自受理公募基金的募集注册申请之日起6个月内依照有关法律法规对申请文件进行审查，作出注册或者不予注册的决定。基金募集申请经注册后，方可发售基金份额。

（3）基金份额的发售。基金管理人应当自收到准予注册文件之日起6个月内进行基金募集。基金募集期限自基金份额发售之日起计算，不得超过国务院证券监督管理机构准予注册的基金募集期限。基金管理人应当在基金份额发售3日前公布招募说明书、基金合同及其他有关文件。基金募集期间募集的资金应当存入专门账户，在基金募集行为结束前，任何人不得动用。

（4）基金合同生效。基金募集期限届满，封闭式基金募集的基金份额总额达到准予注册规模的80%以上，开放式基金募集的基金份额总额超过准予注册的最低募集份额总额，并且基金份额持有人人数符合国务院证券监督管理机构规定的，基金管理人应当自募集期限届满之日起10日内聘请法定验资机构验资，自收到验资报告之日起10日内，向国务院证券监督管理机构提交验资报告，办理基金备案手续，并予以公告。

投资人交纳认购的基金份额的款项时，基金合同成立；基金管理人依照《基金法》第五十八条的规定向国务院证券监督管理机构办理基金备案手续。

基金募集期限届满不满足有关募集要求的，基金募集失败，基金管理人应承担以下责任：

（1）以其固有财产承担因募集行为而产生的债务和费用。

（2）在基金募集期限届满后30日内返还投资人已交纳的款项，并加计银行同期存款利息。

【知识链接3-1】　　　　　公募基金发行材料简析

公募基金募集申请阶段，基金管理人需向证监会提交有关申请材料，包括申请报告、基金合同草案、基金托管协议草案、招募说明书草案、律师事务所出具的法律意见书以及国务院证券监督管理机构规定提交的其他文件。基金发售阶段，基金管理人需在基金发售3日前公布基金份额发售公告、招募说明书、基金合同及其他有关文件。下表是对公募基金主要发行材料进行的简要介绍。

发布时间	材料名称	材料用途	材料内容
募集申请时提交给证监会	基金申请报告	基金发起人为设立基金向中国证监会提交的请示报告	主要包括拟募集基金的基本情况，拟募集基金符合有关规定条件的说明，拟任基金管理人、基金托管人符合有关规定条件的说明，拟募集基金的可行性，基金管理人签章等内容
草案：募集申请时提交证监会　确定稿：基金份额发售3日前公布	基金招募说明书	有关基金设立情况详细、全面的说明文件，基金募集申请、注册必须提交的最主要文件，基金最重要、最基本的信息披露文件	主要包括基金募集申请的准予注册文件名称和注册日期，基金管理人、基金托管人的基本情况，基金合同和基金托管协议的内容摘要，基金份额的发售日期、价格、费用和期限，基金份额的发售方式、发售机构及登记机构名称，出具法律意见书的律师事务所和审计基金财产的会计师事务所的名称和住所，基金管理人、基金托管人报酬及其他有关费用的提取、支付方式与比例、风险警示内容和国务院证券监督管理机构规定的其他内容
草案：募集申请时提交证监会　确定稿：基金份额发售3日前公布	基金合同	明确基金合同各方当事人的权利、义务，起到规范基金运作、保护投资人合法权益的目的	主要包括募集基金的目的和基金名称；基金管理人、基金托管人的名称和住所；基金的运作方式；封闭式基金的基金份额总额和基金合同期限，或者开放式基金的最低募集份额总额；确定基金份额发售日期、价格和费用的原则；基金份额持有人、基金管理人和基金托管人的权利、义务；基金份额持有人大会召集、议事及表决的程序和规则；基金份额发售、交易、申购、赎回的程序、时间、地点、费用计算方式，以及给付赎回款项的时间和方式；基金收益分配原则、执行方式；基金管理人、基金托管人报酬的提取、支付方式和比例；与基金财产管理、运用有关的其他费用的提取、支付方式；基金财产的投资方向和投资限制；基金资产净值的计算方法和公告方式；基金募集未达到法定要求的处理方式；基金合同解除和终止的事由、程序以及基金财产清算方式；争议解决方式和当事人约定的其他事项
草案：募集申请时提交证监会　确定稿：基金份额发售3日前公布	基金托管协议	基金管理人与基金托管人就基金资产托管一事达成的协议书，以合同的形式明确他们之间的责任和权利、义务关系	主要包括基金托管协议当事人，基金托管协议的依据、目的和原则，基金托管人对基金管理人的业务监督和核查，基金管理人对基金托管人的业务核查，基金财产的保管，指令的发送、确认及执行，交易及清算交收安排，基金资产净值计算和会计核算，基金收益分配，基金信息披露，基金费用，基金份额持有人名册的保管，基金有关文件档案的保存等内容
基金份额发售3日前公布	基金份额发售公告	使投资者快速了解基金的基本情况以及认购基金的程序及渠道	主要包括基金募集的基本情况、认购方式与相关规定，机构投资者及个人投资者开户与认购程序，过户登记与退款，基金资产的验资与基金合同生效，与基金募集相关的基金管理人、基金托管人、销售机构的信息

3.1.2　证券投资基金的募集方式

按照募集对象和募集范围的不同，基金的募集方式可以分为公募和私募两种形式；按照募集渠道不同，可分为网上发行和网下发行两种形式。

1.公募发行与私募发行

（1）公募发行

公募发行是指以公开的形式向广大的社会公众发行基金的方式。

公募可采取包销、代销形式，包销、代销都需请证券经纪商或承销集团经销基金。包销是由承销商先用自己的资金将拟发行的基金全部购入，再根据定好的发行价格向投资者出售。若发行期过后证券机构未能将基金全部推销出去，余下的也只能自己持有。所以说，当采取包销方式时，基金管理人和承销商之间即确定了买卖关系，承销商必须承担发行的全部风险。相比较之下，若采取代销方式，基金管理人和承销商之间则表现为纯粹的委托代理关系。在代销方式下，承销商只需尽最大努力推销基金，并不对基金的销售状况承担任何责任。同包销相比，基金管理人将承担因销售未达预定规模而创立失败的风险，但承销商却不必承担任何风险。这两种销售方式都需向承销商支付销售费用，尤其是包销方式下，承销商因承担风险而要求更高的报酬。采用直销方式募集的基金无须请证券机构推销，由投资人直接到基金公司购买，因不经过中间环节，故无销售费用的支出。

我国开放式证券投资基金的发行主要通过代销途径。代销是指投资者通过代销机构购买基金单位，我国法律允许商业银行、证券公司、保险公司、证券投资咨询机构、独立基金销售机构以及期货公司担任代销机构。公募发行具有以下三大优点：

一是安全。由证券机构组成承销商来发行基金，能使基金在整个发行过程中计划周密、组织灵活、管理严格，防止重大事故和收付款差错，确保资金和各种凭证的安全，保证社会安定。

二是经济。证券机构组成的承销团能做到职责明确、分工合理、密切配合，防止无效劳动返工，及时准确调度资金，最大限度地降低发行成本。

三是具有"三公"性，即"公开、公平、公正"发行基金。证券机构通过报刊媒介广为宣传，使基金发行具有公开性；通过广设网点，给每一位投资者提供认购基金的公平机会；通过严肃工作纪律等各种措施杜绝营私舞弊等行为的发生。

（2）私募发行

所谓私募发行，即基金发起人面向少数特定的投资者发行基金的方式，基金发起人承担募集基金的全部工作。发行的对象一般是有资金实力的机构和个人。由于发行的对象特定，所以发行的费用较低，也节省时间。一般来讲，主管机关对私募的监管比较宽松，不必公开招募文件。在美国，为了保护普通投资者的利益，要求对冲基金这类投资风险较高的基金，只能采取私募发行方式。与公募发行不同的是，私募发行不得向合格投资者之外的单位和个人募集资金，不得通过报刊、电台、电视台、互联网等公众传播媒体或者讲座、报告会、分析会等方式向不特定对象宣传推介。

我国《基金法》对私募发行的定义是向合格投资者募集，并且合格投资者累计不得超过200人。2018年4月27日颁布的《关于规范金融机构资产管理业务的指导意见》规定，合格投资者是指具备相应风险识别能力和风险承担能力，投资于单只资产管理产品不低于一定金额且符合下列条件的自然人和法人或者其他组织：个人具有2年以上投资经历，且满足以下条件之一：家庭金融净资产不低于300万元，家庭金融资产不低于500万元，或者近3年本人年均收入不低于40万元，且具有2年以上投资经历；最近1年末净资产不低于1 000万元的法人单位。

2. 网上发行与网下发行

（1）网上发行

网上发行，是指将所要发行的基金单位与证券交易所的交易系统联网的全国各地的证券营业部向广大社会公众发售基金单位的发行方式。网上发行的优点是经济性和高效性。我国封闭式基金大多采取网上发行方式。

我国ETF的认购方式之一是网上现金认购，即通过证券交易所的网上系统以现金进行认购，这较网下认购更加简单和具有普遍性，只要拥有证券登记结算机构开立的证券账户的投资者，均可通过证券交易所的上网定价发行系统进行网上现金认购，认购流程与购买封闭式基金和新股相似。另外，我国的LOF也可进行网上认购，LOF是通过深交所交易系统上网定价发售的。

另外，网上发行也指通过各基金公司的"网上基金"业务或者"网上基金超市"认购基金。目前，我国各大基金公司均开通了网上销售系统，投资者在基金公司网站开户后，可通过开通网银的银行卡进行基金认购。"网上基金超市"将发行的多种开放式基金汇集到一起，投资者可根据自己的需要自由选择，投资者可通过关联银行卡以及第三方支付在基金超市进行基金认购（关于"基金超市"，详见本书15.2.2）。

（2）网下发行

网下发行，是指将所要发行的基金通过分布在一定地区的银行、证券公司及其他代销、直销机构的营业网点向社会公众发售的方式。通过网下方式认购基金，投资者需先到指定网点（基金管理公司、代销机构的营业网点等）办理对应的开放式基金账户卡，并将认购资金存入（或划入）指定销售网点，在规定的时间内办理认购手续并确认结果。

3.2 证券投资基金的上市交易

基金的上市，是指符合证券交易所上市条件的基金，经批准在证券交易所内挂牌交易。目前，我国基金的上市场所主要是上海证券交易所和深圳证券交易所。在交易所上市的基金种类包括封闭式基金、交易型开放式指数基金（ETF）、上市开放式基金（LOF）、交易型货币基金、分级基金以及其他创新基金。以下将重点介绍封闭式基金、ETF的上市交易规则与程序。

3.2.1　封闭式基金的上市交易

封闭式证券投资基金成功发行并完成资金募集后，经国务院证券监督管理机构核准，即可宣告成立并上市交易。封闭式基金可选择上海证券交易所或深圳证券交易所进行基金份额的上市交易。封闭式基金份额上市交易，根据2017年6月发布的《上海证券交易所证券投资基金上市规则（征求意见稿）》的规定应当符合下列条件：①基金募集经中国证监会注册且基金合同生效；②基金合同期限为5年以上；③基金募集金额不低于2亿元人民币；④基金份额持有人不少于1 000人；⑤上海证券交易所要求的其他条件。

1. 申请上市交易的程序

封闭式基金发行募集成功后，即可依法向有关证券交易所提出上市申请。基金管理公司申请基金上市需提交下列文件（上海证券交易所规定）：

（1）上市申请书。

（2）已发布的基金合同生效公告。

（3）其他文件。

证券交易所对基金管理人提交的基金上市申请文件进行审查，作出独立的专业判断并形成审核意见。获准上市的基金，基金管理人应在基金上市日前三个工作日，公开披露基金上市交易公告书。基金上市交易公告书的内容和格式应当遵守中国证监会和本所的相关规定。

2. 基金的证券账户、专用交易席位及资金账户

证券账户是指中国证券登记结算有限责任公司为申请人开出的记载其证券持有及变更的权利凭证。按证券账户的用途分为人民币普通股票账户（简称A股账户）、人民币特种股票账户（简称B股账户）、证券投资基金账户（简称基金账户）、其他账户等。投资者进行封闭式基金交易需开通A股账户或基金账户。

交易席位是证券经营机构在证券交易所进行交易的固定位置，其实质还包括了一种交易资格的意义，即只有取得交易席位后才能从事实际的证券交易业务。根据证监基金字〔2007〕48号《关于完善证券投资基金交易席位制度有关问题的通知》的规定：

（1）基金管理公司应选择财务状况良好、经营行为规范、研究实力较强的证券公司，向其租用专用交易席位。不同基金可以共同使用一个交易席位。

（2）一家基金管理公司通过一家证券公司的交易席位买卖证券的年交易佣金，不得超过其当年所有基金买卖证券交易佣金的30%。新成立的基金管理公司，自独自管理的首只基金成立后第二年起执行。

（3）基金管理公司应根据本公司情况，合理租用证券公司的交易席位，降低交易成本。基金管理公司不得将席位开设与证券公司的基金销售挂钩，不得以任何形式向证券公司承诺基金在席位上的交易量。

（4）基金管理公司应继续按法规的规定在基金信息披露文件中披露选择证券公

司的标准和程序、基金通过交易席位进行证券交易等信息。基金管理公司应保证不同基金份额持有人的利益能够得到公平对待。对租用证券公司交易席位进行基金的证券投资时违反前述第（2）条规定的，应在基金年度报告的管理人报告中进行披露和说明。

基金管理公司应于每个年度结束后30个工作日内向中国证监会报送上年度基金通过证券公司买卖证券的有关情况。

（5）基金托管银行应关注所托管基金的交易席位情况，发现不合理现象，可能影响基金份额持有人的利益时，基金托管银行应及时提醒基金管理公司并向中国证监会报告。

（6）基金管理公司和基金托管银行应主动配合证券交易所推进交易席位制度的调整，协助中国证券登记结算有限公司做好相关制度与技术调整。基金管理公司和基金托管银行应就证券交易所的交易席位制度调整之后双方的具体职责签订协议，确保基金清算的及时、高效和基金财产的完整、独立。

资金账户是证券营业部为投资者开设的用于存放客户交易结算资金及办理结算划款的专用账户。基金账户开设后也需要与资金账户建立对应关系方能使用。同一基金账户可以在不同代销机构使用，但需要办理登记手续，否则不能申购和认购。相较之下，资金账户只能在开户的营业部使用，其他营业部和代销机构并不通用。

3.基金交易的委托与交收

在我国，同买卖股票一样，投资者可通过证券营业部委托申报或通过无形报盘、电话委托申报买卖封闭式基金单位，委托、成交具有以下特点：

（1）基金单位的买卖委托采用"公开、公平、公正"的原则和"价格优先，时间优先"的原则。

（2）基金交易委托以标准手数为单位进行，价格变化单位为0.001元。

（3）在证券市场的营业日可以随时委托买卖基金单位。

封闭式基金的交收在我国同A股、国债、国债回购、债券等一样实行T+1交割、交收，即在达成交易后，相应的基金交割与资金交收在成交日的下一个营业日T+1完成。

4.市场价格的确定

封闭式基金上市后，其市场价格的确定主要受以下因素的影响：

（1）基金单位的资产净值。这是基金市场交易价格的价值基础，基金的市场交易价格以基金单位的资产净值为中心上下波动。

（2）基金的供求关系。因为封闭式基金的发行单位有限，投资者对基金单位的需求有可能超过或者低于市场的供应量，会因此导致基金交易价格的溢价或者折价。

此外，影响封闭式基金的市场价格的异常因素可能包括多方面的内容，如投资者对基金的不正确认识和人为的炒作，都有可能造成基金价格的上下波动。

5.上市交易费用

投资者在委托买卖封闭式基金时应支付各种费用，通常包括委托手续费[1]、佣金[2]、过户费[3]等。我国对上市封闭式基金的交易规定类似于股票的交易，但为了方便中小投资者投资基金，并体现对基金业发展的鼓励，还作出了以下具体规定：

（1）投资者可以开立专门的基金账户进行基金的买卖，收取5元人民币的开户手续费。

（2）对基金的交易行为免征印花税和过户费。

（3）基金的交易佣金上限为0.3%，起点为5元。

【知识链接3-2】　　　　　封闭式基金交易价格与净值偏差

封闭式基金的交易价格是指封闭式基金在证券市场挂牌交易时的价格。封闭式基金的交易价格是以基金单位净值为基础，但也由市场供求来决定，因此交易价格与净值之间容易存在偏差。长期以来，我国封闭式基金都存在着"折价之谜"，即通常在溢价发行之后，很快在市场上以大幅度折价进行交易。国内外学者对此现象进行了许多探讨，基本观点可归纳如下：

1.理性预期理论

基于理性预期的研究是对基金折价研究的开始，到目前为止仍然是占有较大分量的一个研究方向。理性预期理论立足于有效市场理论，认为市场是有效的，投资者是理性的，但由于存在市场摩擦或基金自身的一些独特的风险因素，使得基金价格暂时甚至较长时期地偏离基金净值。它最具代表性的三个观点为：净资产偏差假说、代理成本假说和市场分割假说。

净资产偏差假说认为，基金折价的存在是因为人们在计算净资产时高估了净资产；代理成本假说认为，基金的日常运作需要成本，如基金管理人的报酬、管理费用等，由于这些成本的存在，基金的市场价格应该低于其净资产值；市场分割假说认为，由于封闭式基金佣金较少，使得经纪人销售时缺乏动力而使封闭式基金市场活跃度较低，从而导致基金发生折价。

2.经典金融学的解释

该解释在现代金融框架下进行研究，代表性的理论包括代理成本理论、流动性折价理论和业绩理论。

代理成本理论认为，在基金存续期间有管理费用和交易费用，当管理费用和交易费用过高时，会造成基金价格低于净资产价值，便导致折价产生；流动性折价理论认为封基持有的资产流动性较差，比如停牌的、交易稀少的股票等，导致折价产生；业绩理论认为，折价或溢价反映了对基金未来业绩的预期，如果人们认为的未来业绩较好，则会出高价购买该基金份额，则该基金会以溢价交易，否则以折价交易。

---

[1]　委托手续费是证券公司经当地有关部门批准，在投资者办理委托买卖时向投资者收取的，主要用于通信、设备、单证制作等方面的费用。

[2]　佣金是投资者在委托买卖证券成交后按成交金额一定比例支付的费用，此项费用一般由证券公司经纪佣金、证券交易所交易经手费及管理机构的监管费等组成。

[3]　过户费是委托买卖的股票、基金成交后，买卖双方为变更股权登记所支付的费用，这笔收入属于证券登记结算机构的收入，由证券公司在同投资者清算交割时代为扣收。

3.行为金融学的解释

行为金融学对封闭式基金折价解释的出现是对传统金融学的一个挑战，其代表性观点是噪声交易理论。

在有效市场假说中，证券价格与价值之间存在着一个偏差，这个偏差就是噪声。持有封闭式基金有两部分风险：基金资产价值的波动风险和噪音交易者情绪的波动风险，投资者持有封闭式基金比持有基金投资组合的风险更大。如果噪音交易者风险具有系统性，那么理性投资者就会要求对此进行补偿。封闭式基金的市场价格应低于其投资组合的资产净值，由此产生了封闭式基金的长期折价交易现象。

3.2.2 ETF的上市交易

ETF基金是交易所交易基金，同时实行一级市场与二级市场的交易制度。在一级市场上，只有资金达到一定规模的投资者（基金份额通常要求在50万份以上），才可随时在交易时间内进行以股票换份额（申购）、以份额换股票（赎回）的交易，而中小投资者只在二级市场上进行ETF份额的交易。因此，在一级市场上，ETF的参与者是资金达到一定规模的投资者，而二级市场则没有限制。

1.ETF份额折算与变更登记

ETF的基金合同生效后，基金管理人应逐步调整实际组合直至达到跟踪指数要求，此过程为ETF建仓阶段，ETF建仓期不超过3个月。基金建仓期结束后，为方便投资者跟踪基金份额净值变化，基金管理人通常会以某一选定日期作为基金份额折算日，以标的指数的1‰或1%作为份额净值，对原来的基金份额进行折算。

ETF基金份额折算由基金管理人办理，并由登记结算机构进行基金份额的变更登记。基金份额折算后，基金份额总额与基金份额持有人持有的基金份额将发生调整，但调整后的基金份额持有人持有的基金份额占基金份额总额的比例不发生变化。基金份额折算对基金份额持有人的收益无实质性影响。基金份额折算后，基金份额持有人将按照折算后的基金份额享有权利并承担义务。

ETF基金份额折算方法如下：

假设基金管理人确定基金份额折算日（T日）。T日收市后，基金管理人计算当日的基金资产净值X和基金份额总额Y。T日标的指数收盘值为I，若以标的指数的1‰作为基金份额净值进行基金份额的折算，则T日的目标基金份额净值为I/1 000，基金份额折算比例的计算公式为：

$$折算比例 = \frac{X/Y}{I/1\,000}$$

以四舍五入的方法保留小数点后8位。

折算后的份额=原有份额×折算比例

【例3-1】假设某投资者在基金募集期内认购了5 000份ETF，基金份额折算日的基金资产净值为4 127 000 230.95元，折算前的基金份额总额为4 010 345 000份，当日标的指数收盘值为970.35点。

折算比例=（4 127 000 230.95÷4 010 345 000）÷（970.35÷1 000）=1.06053339

该投资者折算后的基金份额=5 000×1.06053339≈5 302（份）

　　2.ETF份额的上市交易

ETF的基金合同生效后，基金管理人可以向证券交易所申请上市，上市要遵循以下交易规则：

（1）上市首日的开盘参考价为前一工作日的基金份额净值。

（2）实行价格涨跌幅限制，涨跌幅设置为10%，从上市首日开始实行。

（3）买入申报数量为100份及整数倍，不足100份的部分可以卖出。

（4）基金申报价格最小变动单位为0.001元。

基金管理人在每一交易日开市前需向证券交易所提供当日的申购、赎回清单。证券交易所在开市后根据申购、赎回清单和组合证券内各只证券的实时成交数据，计算并每15秒发布一次基金份额参考净值（IOPV），供投资者交易、申购、赎回基金份额时参考。

【知识链接3-3】　　　　　LOF份额的上市条件及交易规则

LOF基金全称为上市型开放式基金，这类基金的特点是基金发行结束后，投资者既可以在指定网点申购与赎回基金份额，也可以在交易所买卖该基金。以深交所颁布的LOF基金管理办法来看LOF基金的上市及交易规则如下：

1.LOF份额的上市条件

LOF的上市须由基金管理人及基金托管人共同向深圳证券交易所提交上市申请。LOF基金申请在深交所上市应具备下列条件：

（1）基金的募集符合《中华人民共和国证券投资基金法》的规定。

（2）募集金额不少于2亿元人民币。

（3）持有人不少于1 000人。

（4）深交所规定的其他条件。

2.LOF份额的交易规则

基金上市首日的开盘参考价为上市首日前一交易日的基金份额净值。基金上市后，投资者可在交易时间内通过交易所各会员单位证券营业部买卖基金份额，以交易系统撮合价成交。LOF在交易所的交易规则与封闭式基金基本相同，具体内容如下：

（1）买入LOF的申报数量应为100份或其整数倍，申报价格最小变动单位为0.001元人民币。

（2）深圳证券交易所对LOF交易实行价格涨跌幅限制，涨跌幅比例为10%，自上市首日起执行。

在日常交易中，于T日闭市后，中国证券登记结算有限责任公司深圳分公司根据LOF的交易数据，计算每个投资者买卖LOF的数量，并于T日晚根据清算结果对投资者的证券账户余额进行相应的记增或记减处理，完成LOF份额的交收。T日买入基金份额自T+1日起即可在深圳证券交易所卖出或赎回。

3.3 证券投资基金的申购、赎回

投资者在进行证券投资基金交易中的行为可分为五种：认购、申购、赎回、转换和变更。认购主要是指基金募集发行时投资者的购买行为；申购主要是指基金上市后的认购行为；赎回是指基金上市后的卖出行为；转换是指不同基金之间基金单位的转变，如投资者在伞形结构下进行基金之间的转换或在不同系列基金之间的转换；变更是指投资者非交易过户行为，如继承、捐赠、司法执行等原因导致受益人的改变等。其中，申购与赎回是最基本的交易行为，而基金认购作为基金交易的基础，其适用的流程、原则、估值及认购价格的计算方法均与基金申购类似。因而本节只介绍证券投资基金申购、赎回的相关知识。

3.3.1 开放式证券投资基金的申购、赎回

开放式证券投资基金首次发行结束后，经过一个合约规定的短暂封闭期（1~3个月），就可进入基金的上市运行阶段。开放式基金的上市实际上就是基金的持续申购和赎回机制的启动。我国开放式基金的申购和赎回分为场外、场内两种形式。场外形式的交易途径又分为两种：一是通过商业银行、保险公司、证券公司等机构作为中介代理，进行基金单位的交易；另一种是投资者和基金管理公司的基金经理人直接进行基金单位的交易。场内形式主要是投资者可通过上海证券交易所或者深圳证券交易所的交易系统办理基金的申购及赎回业务。一般不在交易所上市的开放式基金只能进行场外形式的申购、赎回；而上市型开放式基金（LOF）既可进行场内申购、赎回，又可进行场外申购、赎回。

1.申购流程

投资者在开放式基金合同生效后申请购买基金份额的行为通常被称为基金的申购。

（1）开立账户。投资者凭身份证由本人或委托代理人开立基金账户和资金账户，用于基金单位清算和资金结算。值得注意的是，投资者通过场内申购、赎回应使用上海证券账户（或深圳证券账户），通过场外申购、赎回应使用中国结算公司上海开放式基金账户（或深圳开放式基金账户）。

（2）确认申购金额或份额。对于场外交易而言，由于开放式基金的单位净值只有在投资者申购次日才会公布，所以投资者在申购时不可能知道自己可以申购到多少基金单位，只能确认要在基金上投资多少资金。所以，在进行场外申购时必须遵循"金额申购"的原则。而场内申购与买入股票的原理一致，投资者可通过券商的交易系统在二级市场上以电子撮合方式买入基金份额。申购以金额申报，申报单位为1元人民币。

（3）支付款项。若投资者申请场外申购，则在T日必须通过指定账号划出足额的申购款项。基金管理人办理开放式基金份额的申购，可以收取申购费；若投资者申请场内申购，则需于T日通过有资格的证券交易所会员营业部提交开放式基金的申购申请。作为结算参与人的证券交易所于T+2日通过其在中国结算公司开立的开放式基金结算备付金账户完成相关资金交收，并收取申购适用的代理费。

（4）申购确认。基金管理公司一般在T+2日前（包括该日）对该交易的有效性进行确认。从T+2日起，场外申购的投资者可向基金销售网点进行成交查询；场内申购的投资者可在提交申报的上证所会员营业部查询到申购处理结果和申购所得基金份额。投资人在申购基金单位时，申购采用全额缴款方式。若申购资金在规定时间内未全额到账，则申购不成功。

2.赎回流程

开放式基金的赎回就是投资者售出基金、收回投资的行为。它是申购行为的反向操作。

（1）确认赎回份额。进行场外赎回时，投资者向基金销售机构发出赎回指令，由于基金净值要等到当日收市后才能计算出来，并于第二日公布，所以投资者能赎回多少，具体金额是不确定的，能确定的是投资者赎回多少份额。因此，基金销售机构在赎回环节确认的是基金份额而不是金额。

（2）计算赎回金额。基金管理公司根据计算的基金净值，扣除赎回手续费后，计算客户的赎回金额。基金管理公司一般会对客户的赎回要求和金额于T+2日进行确认。

（3）支付赎回款项。投资者赎回申请成交后，成功赎回的款项将在T+7日之内向基金持有人（赎回人）划出。从T+2日起，投资者可在基金销售网点或者提交申报的交易所会员营业部查询到赎回处理结果。赎回款一般于T+3日内从基金的银行存款账户划出。货币市场基金一般在T+1日即可从基金的银行存款账户划出。开放式基金的申购赎回流程如图3.1所示。

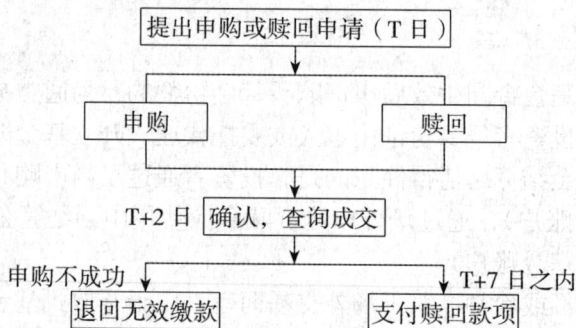

```
        提出申购或赎回申请（T日）

        ┌──────────┬──────────┐
        申购                   赎回
        └──────────┬──────────┘

    T+2日  确认，查询成交

  申购不成功 ↓              ↓ T+7日之内
   退回无效缴款          支付赎回款项
```

图3.1　开放式基金申购赎回流程

3.申购和赎回的原则

（1）"未知价"原则，即申购、赎回价格以申请当日的基金单位资产净值为基准进行计算。

（2）"金额申购、份额赎回"原则，即申购以金额申请，赎回以份额申请。场内申购申报单位为1元人民币，赎回申报单位为1份基金单位。因为投资者在当日申购、赎回基金单位时，所参考的基金单位资产净值是上一个基金开放日的数据，而基金单位资产净值在开放日当日所发生的变化，需要当天交易所收市后才能计算出来，这就使得投资者在申购时无法知道其申购的金额能够折合成多少基金份额，同样在赎回时也无法知道其持有的基金份额能够折算为多少金额，因此开放式基金实行"金额申购、份额赎回"原则。

（3）申购费率各不相同，根据不同的基金种类和不同的市场行情，基金公司可以调整其申购费率。

（4）当日的申购和赎回申请可以在基金管理人规定的时间以前撤销。

（5）基金存续期间单个基金账户最高持有基金单位的比例不超过基金总份额的10%。由于募集期间认购不足、存续期间其他投资者赎回或分红再投资等原因而使单个基金账户持有比例超过基金总份额的10%时，不强制赎回但限制追加投资。

（6）基金存续期内，单个投资者申购的基金份额加上上一开放日其持有的基金份额不得超过上一开放日基金总份额的10%，超过部分不予确认。

4.开放式基金的估值

开放式基金的定价主要由其基金单位份额的资产净值（Net Asset Value，NAV）决定，因此基金估值技术或原则就会对开放式基金的定价产生很大的影响。计算单位基金份额资产净值的方法一般有两种：已知价（Known Price）或事前价（Historic Price）、未知价（Unknown Price）或事后价（Forward Price）。

已知价=（上一开放日的基金资产估值总额+现金）÷基金单位总数

未知价=（当日基金资产总额-当日基金负债总额）÷基金份额总数

采用已知价交易，投资者当天就可以知道基金的买入价或赎回价；而采用未知价交易，投资者要到第二天才能知道基金的买入价和赎回价，才能确定自己能买到多少基金份额。目前，我国基本上采用未知价进行估值。

5.开放式基金的申购和赎回价格

开放式基金的报价一般分为申购价和赎回价。申购价又称卖出价，是投资者认购基金单位的价格。赎回价又称买入价，是投资者向基金公司卖出基金单位的价格。同外汇买卖一样，申购价均高于赎回价，因为申购价要在净资产的基础上加上一定的手续费，而赎回价则要在净资产的基础上减去一定的手续费。在基金申购时，申购费可以采用在基金份额申购时收取的前端收费方式，也可以采用在赎回时从赎回金额中扣除的后端收费方式。

（1）基金申购价格

我国大部分基金的申购金额包括申购费用和净申购金额，申购份额采用外扣法计算。

净申购金额=申购金额÷（1+申购费率）

申购费用=净申购金额×申购费率

申购份额=净申购金额÷申购日基金份额净值

即：

申购份额=申购金额÷［（1+申购费率）×申购日基金份额净值］

当申购费用为固定金额时，申购份额的计算方法如下：

净申购金额=申购金额-固定金额

申购份额=净申购金额÷申购日基金份额净值

【例3-2】某投资者投资1万元申购某基金，对应费率为1.5%，假设申购当日基金单位资产净值为1.0168元，则其可得到的申购份额为：

申购份额=10 000÷〔（1+1.5%）×1.0168〕=9 689（份）

即：若投资者投资1万元申购某基金，假设申购当日基金单位资产净值为1.0168元，则可得到9 689份基金单位。

（2）基金赎回价格

赎回金额的计算公式为：

赎回总金额=赎回份额×赎回日基金份额净值

赎回费用=赎回总金额×赎回费率

赎回金额=赎回总金额−赎回费用

【例3-3】某投资者赎回某基金1万份基金单位，赎回费率为0.5%，假设赎回当日基金单位资产净值是1.0168元，则其可得到的赎回金额为：

赎回总金额=1.0168×10 000=10 168（元）

赎回费用=10 168×0.5%=50.84（元）

赎回金额=10 168−50.84=10 117.16（元）

即：若投资者赎回1万份基金单位，假设赎回当日基金单位资产净值是1.0168元，则其可得到的赎回金额为10 117.16元。

【知识链接3-4】 开放式基金的巨额赎回

当基金经理公司遇到大规模赎回时，如赎回数额占基金总资产的比率超过管理当局规定的比率，经理公司可以暂停计算赎回价格，并延续给付赎价款。我国对巨额赎回的认定是：当本基金单个开放日基金净赎回申请（赎回申请总数扣除申购申请总数后的余额）超过上一日基金总份额的10%时，即认为发生了巨额赎回。我国对巨额赎回的处理方式是：

（1）全额赎回。当基金管理人认为有能力兑付投资者的赎回申请时，按正常赎回程序执行。

（2）部分延期赎回。当基金管理人认为兑付投资者的赎回申请有困难或为兑付投资者的赎回申请而进行的资产变现可能对基金的资产净值造成较大波动时，基金管理人在当日接受赎回比例不低于上一日基金总份额的10%的前提下，对其余赎回申请延期办理。对于当日的赎回申请，按单个账户赎回申请量占赎回申请总量的比例，确定当日受理的赎回份额；未受理部分可延迟至下一个开放日办理。转入第二个工作日的赎回申请不享有优先权并以该开放日的基金单位资产净值为依据计算赎回金额，以此类推，直到全部赎回为止。但投资者在申请赎回时可选择将当日未获受理部分予以撤销。

（3）巨额赎回的公告。当发生巨额赎回并延期支付时，基金管理人应当通过邮寄、传真或者招募说明书规定的其他方式，在3个交易日内通知基金份额持有人，说明有关处理方法，同时在指定媒介上予以公告。

开放式基金连续两个开放日以上发生巨额赎回，基金管理人可按基金合同的约定和招募说明书的规定，暂停接受赎回申请；已经接受的赎回申请可以延缓支付赎回款项，但延缓期限不得超过20个工作日，并应当在指定媒介上予以公告。

3.3.2 ETF与LOF基金的申购、赎回

1.ETF份额的申购、赎回

ETF采用实物申购、赎回机制。投资者向基金管理公司申购ETF，需凭该ETF指定的一篮子股票来认购；赎回时得到的不是现金，而是相应的一篮子股票；如果想变现，需要再卖出这些股票。ETF的申购、赎回只有场内形式，即只有资金在一定规模以上的投资者才能通过一级交易商在交易所办理申购、赎回业务，开放日为证券交易所的交易日。

投资者申购、赎回的基金份额须为最小申购、赎回单位的整数倍。一般最小申购、赎回单位为50万份或100万份。ETF份额的申购、赎回应遵循以下原则：

（1）基金份额的申购、赎回，按基金合同规定的最小申购、赎回单位或其整数倍进行申报。基金份额应当用组合证券、现金或以基金合同约定的对价进行申购、赎回。

（2）投资者申购基金份额时，应当拥有对应的足额组合证券、现金或其他约定对价。投资者赎回基金份额时，应当拥有对应的足额基金份额。

（3）申购、赎回基金份额的申报指令应当包括证券账号、交易单元代码、证券代码、买卖方向（申购为买方、赎回为卖方）、数量等内容，并按交易所规定的格式传送。申购、赎回申请提交后不得撤销。

ETF基金管理人每日开市前会根据基金资产净值、投资组合以及标的指数的成分股股票情况，公布证券申购与赎回清单。投资者可依据清单内容，将成分股股票交付ETF的基金管理人以取得"证券申购基数"或其整数倍的ETF。以上流程将创造出新的ETF份额，使得ETF份额总量增加，称为"证券申购"。证券赎回程序则与之相反，使得ETF份额总量减少。ETF的证券申购与赎回一般以证券交付，但为了在相关成分股股票停牌等情况下方便投资者的申购，提高基金的运作效率，也会采用现金替代的方式。

2.LOF份额的申购、赎回

LOF份额的场内、场外申购和赎回均采取"金额申购、份额赎回"原则，申购申报单位为1元人民币，赎回申报单位为1份基金单位。上海证券交易所已于2014年开放LOF业务，但由于深圳证券交易所开办LOF业务时间更长，本部分在此对LOF的介绍以深交所的LOF相关规则为准。

其申购、赎回流程如下：

（1）T日，场内投资者以深圳证券账户通过证券经营机构向交易所交易系统申报基金申购、赎回申请；场外投资者以深圳开放式基金账户通过代销机构提交基金申购、赎回申请。

（2）T+1日，中国证券登记结算有限责任公司根据基金管理人传送的申购、赎回确认数据进行场内和场外申购、赎回的基金份额登记过户处理。中国结算公司深圳证券登记系统根据场内申购、赎回的确认数据在投资者的深圳证券账户中进行基金份额过户登

记处理；中国结算公司TA系统[1]根据场外申购、赎回的确认数据在投资者的开放式基金账户中进行基金份额过户登记处理。

（3）自T+2日起，投资者申购份额可用。深圳证券账户中的基金份额可通过证券营业部向深交所交易系统申报卖出或赎回；开放式基金账户中的基金份额可通过基金管理人或代销机构申报赎回，但不可卖出。

（4）T+N日（N为基金管理人事先约定的赎回资金交收周期，2≤N≤6），赎回资金可用。

中国结算公司TA系统依据基金管理人给定的申购费率，以申购当日的基金份额净值为基准，按外扣法计算投资者申购所得基金份额。场内申购份额保留到整数位，零碎份额对应的资金返还至投资者的资金账户；场外申购份额按四舍五入的原则保留到小数点后两位。LOF申购份额与赎回金额的计算与一般开放式证券投资基金相同（具体见3.3.1）。

3.4　证券投资基金的终止与清算

3.4.1　证券投资基金的扩募与续期

证券投资基金的扩募与续期是针对封闭式基金而言的。按照基金合同的约定或基金份额持有人大会的决议，基金可以转换运作方式或者与其他基金合同合并。因此，封闭式基金只要具备国家证券监管部门规定或基金契约规定的条件，就可以进行扩募或续期。我国《基金法》第七十九条规定，封闭式基金扩募或者延长基金合同期限，应当符合下列条件，并报国务院证券监督管理机构备案：

（1）基金运营业绩良好。

（2）基金管理人最近二年内没有因违法违规行为受到行政处罚或者刑事处罚。

（3）基金份额持有人大会决议通过。

（4）基金法规定的其他条件。

3.4.2　证券投资基金的终止与清算

1.证券投资基金的终止

我国《基金法》第八十条规定，出现下列情形之一时，基金合同终止：

（1）基金合同期限届满而未延期。

（2）基金份额持有人大会决定终止。

（3）基金管理人、基金托管人职责终止，在6个月内没有新基金管理人、新基金托管人承接。

（4）基金合同约定的其他情形。

该规定适用于所有公开募集基金，包括公开募集的开放式基金及封闭式基金。

2.证券投资基金的清算

我国《基金法》第八十一条规定，基金合同终止时，基金管理人应当组织清算组对

---

[1]　中国结算公司TA系统是中国证券登记结算公司根据开放式基金市场需要推出的一套开放式基金登记结算系统。该系统依托中国结算深、沪分公司证券账户资源、资金交收系统和网络通信设施，为国内开放式基金交易、登记结算提供集中化、自动化和标准化服务。

基金财产进行清算。清算组由基金管理人、基金托管人以及相关的中介服务机构组成。清算组作出的清算报告经会计师事务所审计，律师事务所出具法律意见书后，报国务院证券监督管理机构备案并公告。不论是封闭式基金还是开放式基金，在基金终止时，都要组织清算小组，按一定的清算程序，将基金资产进行处置。我国对基金进行清算程序一般约定如下：

第一步：成立基金清算小组

（1）自基金终止之日起规定时间内（一般为30个工作日之内）成立清算小组，基金清算小组必须在中国证监会的监督下进行基金清算。

（2）基金清算小组成员由基金发起人、基金管理人、基金托管人、具有从事证券相关业务资格的注册会计师、具有从事证券法律业务资格的律师以及中国证监会指定的人员组成。基金清算小组可以聘用必要的工作人员。

（3）基金清算小组负责基金资产的保管、清理、估价、变现和分配，编制基金清算报告，并将清算结果报中国证监会。基金清算小组可以依法进行必要的民事活动。

第二步：执行清算程序

（1）基金终止后，由基金清算小组统一接管基金资产。

（2）基金清算小组对基金资产进行清理和确认。

（3）对基金资产进行估价和变现。

（4）将基金清算结果报告中国证监会。

（5）参加与基金财产有关的民事诉讼。

（6）公布基金清算公告。

（7）进行基金剩余资产的分配。

第三步：计算清算费用

清算费用是指基金清算小组在进行基金清算过程中发生的所有合理费用，清算费用由基金清算小组从基金资产中支付。

第四步：基金剩余资产的分配

基金资产按下列顺序清偿：

（1）支付清算费用。

（2）交纳所欠税款。

（3）清偿基金债务。

（4）按基金持有人持有的基金份额比例进行分配。

基金资产未按前款（1）至（3）项规定清偿前，不分配给基金持有人。

第五步：基金清算的公告

基金终止并报中国证监会备案后5个工作日内由基金清算小组公告；清算过程中的有关重大事项将及时公告；基金清算结果由基金清算小组经中国证监会批准后3个工作日内公告。

第六步：清算账册及文件的保存

基金清算账册及有关文件由基金托管人按照国家有关规定保存15年以上。

● 本章小结

所谓证券投资基金运行规则，是指从证券投资基金的募集，到基金份额的申购、赎回和交易，再到基金财产投资，最后到基金终止清盘的全部过程中，根据各国的法律和规范执行的指定程序。

证券投资基金的募集是指基金管理公司根据有关规定向中国证监会提交募集申请文件、发售基金份额、募集基金的行为。

我国证券投资基金的募集管理制度正处于由审批制向注册制转变的过渡阶段，募集程序要经过申请、注册、发售以及基金合同生效四个步骤。

按照募集对象和募集范围不同，证券投资基金的募集方式可以分为公募和私募两种形式；按照募集渠道不同，可分为网上发行和网下发行两种形式。

证券投资基金的上市，是符合证券交易所上市条件的基金经批准在证券交易所内挂牌交易。

投资者在进行开放式证券投资基金交易中的行为可分为五种：认购、申购、赎回、转换和变更。其中，申购与赎回是最基本的交易行为。

开放式基金的报价一般分为申购价和赎回价。同外汇买卖一样，申购价均高于赎回价，因为申购价要在净资产的基础上加上一定的手续费，而赎回价则要在净资产的基础上减去一定的手续费。

不论是封闭式基金还是开放式基金，在基金终止时，都要组织清算小组，按一定的清算程序，将基金资产进行处置。

● 重要概念

注册制　审批制　募集程序　公募发行　私募发行　网上发行　网下发行　上市交易　证券账户　资金账户　场内申购　场外申购　巨额赎回　未知价（事后价）　申购价（卖出价）　赎回价（买入价）基金扩募　基金续期　基金终止　基金清算

● 思考题

1.我国的证券投资基金的募集程序是什么？募集方式有哪些？

2.封闭式基金、ETF、LOF的上市交易包括哪些程序和内容？

3.什么是封闭式基金的折价现象？导致封闭式基金的交易价格与净值偏差的原因有哪些？

4.开放式基金申购和赎回的流程以及基本原则是什么？

5.LOF能同时进行场内和场外申购、赎回吗？ETF的申购、赎回机制是什么？什么是ETF的申购与赎回清单？

第 2 篇

投资理论篇

第4章 证券投资基金投资管理概述

◇**学习目标**

- 掌握证券投资基金投资管理的过程与步骤
- 了解证券投资基金投资管理的原则
- 了解证券投资基金的投资范围和投资限制
- 了解证券投资基金的投资目标

投资功能是证券投资基金的核心功能,因此,投资管理无疑是证券投资基金管理最重要的内容。一言以蔽之,证券投资基金投资管理的本质就是将证券投资基金中大部分资产按各类金融资产不同的风险程度和获利程度进行投资匹配,在最大化收益的同时,实现风险最小的目标。

4.1 基金投资管理的过程与原则

证券投资基金投资管理的过程一般分为确定投资理念和目标、资产配置、资产选择、组合管理以及绩效评估五个步骤。为了保证证券投资基金投资管理体系的良性构建与运行,基金在进行投资活动时应遵循合法合规原则、诚实信用原则、风险与收益相匹配原则、投资分散化原则以及尊重历史和规律原则。

4.1.1 证券投资基金的投资管理过程

证券投资基金普遍实行投资组合(Portfolio)策略,其目的就是降低投资风险。各国的基金市场管理当局为了保护投资者的利益,在有关的法律文件中对基金的投资组合都有明文规定。所谓投资组合,就是指某项投资计划的各种金融资产的组合。基金投资成功与否,能不能给基金的投资者带来较丰厚的回报,关键在于基金管理人能否系统地把握国内外经济形势、经济动态,正确分析各行业、各公司的投资价值,讲求投资策略,并进行风险可控、富有弹性的投资组合选择。

证券投资基金将大部分资产投资于各式各样的金融资产上,按照它们不同的风险程度和获利程度巧妙地安排投资组合,达到分散风险获取收益的目的。一般来说,证券投资基金的投资管理过程均要涉及如图4.1所示的几个步骤。

1.确定投资理念和目标

证券投资基金管理人在了解市场、了解理论和了解历史的基础上确定自己的投资理念。确定投资理念后,基金管理人根据对客户以及自身的了解,就可以确定投资目标。基金的投资目标多种多样,有的基金追求高风险高收益,有的基金追求低风险长期收益,

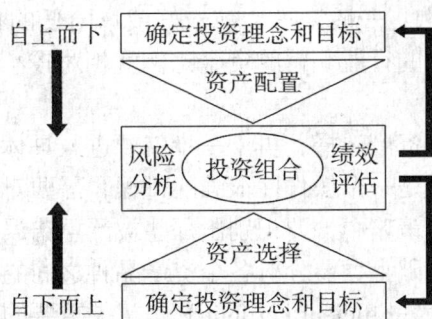

图4.1　证券投资基金投资管理的步骤

有的基金要求兼顾资本增值和稳定收益。基金投资的目标决定了基金的类型。所以，不同类型的基金有不同的具体目标，而不同的投资目标又会影响到投资管理的各个方面，包括从资产配置决策到资产品种选择再到资产权重设置。因此，基金投资理念和目标是一个基金的灵魂，它决定了基金的全部投资战略和策略。关于投资目标的具体内容，将在4.3中做详细论述。

2. 资产配置

投资目标确定以后，首先要做的是进行资产配置（Asset Allocation）。证券投资基金在创立之初，往往要根据投资目标确定大致的投资方向，即资产配置。确切地说，资产配置就是决定资金资产类型分配比例的过程，这些主要的资产类型通常包括股票、债券、衍生证券以及外国证券。

通过马科维茨模型，我们找到确定不同类型投资工具占基金总资产额比例的一种途径。因此，在理论上，基金的资产配置可以在非常广阔的资产范围内进行。但现实的情况是，基金的投资分散化程度与组合理论所提倡的分散化程度大相径庭，因为各国对证券投资基金的投资范围、在单一行业的投资金额或在某些证券组合上的投资比例都有所限制。从这个意义上讲，分散化投资是一种降低风险的理论思想，在实践中要受到有关法律、条例和法规的制约。本书第6章将会详细论述包括证券投资基金在内的资产配置问题。

3. 资产选择

基金管理人在确定了资产配置策略之后，对资产进行选择，构建投资备选库就成为一个重要的问题。在资产选择的过程中，基金管理人可以选择采用不同的投资策略，挑选合适的投资对象构建投资备选库，使基金在具体构建投资组合时具有比较明确的目标。不同的基金管理人在证券选择阶段的工作重点和工作方向各不相同，但他们肯定都应该具有自身的理论基础和完整的投资策略，以使组合收益达到预期的目标。在进行证券选择的过程中，基金管理人需要考虑的因素包括资产的流动性、收益率、风险、可比因素、技术因素、市场心理因素等。

在实践中，证券投资基金在进行资产配置之后，往往还需要在资产选择时进行一次行业配置。所谓的行业配置就是基金管理人根据当时的行业趋势和行业风险将基金资产配置到不同的行业中的比例。一般来说，前景好或风险低的行业得到的投资比例比较大，而夕阳行业或风险很大的行业获得的资金比例就相对较小。

4.组合管理

通过前面的资产配置和资产选择，再下一步就要进入具体的单个资产品种的选择及其权重确定过程。这个过程是一个操作性很强的过程，需要对各个备选产品种进行投资价值评估。在积极的投资策略中，要识别出那些被严重错误定价的资产，而且，在对单个资产品种进行评估的基础上，要分析各个资产品种之间的相关性，因为资产之间的相关性对构建有效投资组合（Efficient Portfolio）是至关重要的。这一步实际上要完成投资组合的构建过程。这一过程还包括利用马科维茨的理论和相关的电脑软件进行最优化分析，以最终确定投资组合内各资产的权重。利用计算机程序来进行投资组合的构建和管理已经是普遍的情况，这样做极大地提高了效率和准确性。

5.绩效评估

绩效评估既是基金管理人评估、修正自身资产管理过程的重要内容，也是投资人选择基金管理人的重要依据。绩效评估的过程并不是基金投资的最后一个环节，它应该是一个动态的监测过程，对过去的历史业绩进行全面、完整、客观的分析评价，并提出有现实参考价值的意见。绩效评估的核心是考察并评估基金管理人是否承受了预期的风险，是否获得了预期的回报，以及管理者的综合表现。它将直接反馈于客户与基金管理人，使基金管理人能够不断修正自己的投资管理模式，开始新一轮投资管理过程，以期更好地达到投资目标。对于基金业绩评估的具体问题将在本书第7章详细介绍。

【知识链接4-1】　　　　证券投资基金投资组合管理实践

在基金投资组合调整上，国内基金通常采取的策略是：当市场活跃、行情看涨时，增加股票在投资组合中的比例，以获得丰厚的资本利得。当市场低迷、行情看跌时，增加现金和债券的比例，以保证资金的安全并获得稳定的收入。当然，不同类型的基金在调整投资组合时也有各自不同的方法。总的来看，国内基金一般采取以下三个步骤调整投资组合：

1.调换大类资产

在组合管理的过程中，基金经理必须保持对内外部宏观经济的判断分析，根据经济周期所处的不同位置对组合配置进行动态调整。当市场转强时，增加权益类资产配置，组合中更多地选择股票作为投资标的；市场转弱时，则将组合的头寸更多地转向固定收益。

在组合管理的过程中，基金经理必须保持对内外部宏观经济的判断分析，根据经济周期所处的不同位置对组合配置进行动态调整。当市场转强时，增加权益类资产配置，组合中更多地选择股票作为投资标的；市场转弱时，则将组合的头寸更多地转向固定收益。

2.调整证券资产

调整具体证券时，根据资产组合理论，基金经理应充分考虑其β值的大小来评估投资风险。β值较大说明该证券的价格波动大于市场的平均水平。有些β值较大的证券收益也较好，成长型的基金可以选择这样的证券，但并不是所有β值大的证券都有较高的收益。如果是价值型的基金，一般会选择β值较小的证券，以达到控制风险的目的。

除了在选择证券时注意β值的大小外，基金经理还必须密切关注所持有证券β值的变化。如果有某些证券β值变大，应及时考虑用β值较小的证券来替换。如果要继续持有β值较大的证券，应考虑适当增加无风险债券的持有量，以降低组合的整体风险。

3.修正投资目标

基金的投资目标一般是在基金募集前就确定了的，是不能随便更改的。但是，当市场环境发生重大变化，基金经理发现按照原来的投资目标会使基金遭受重大损失时，本着保障投资者利益的原则，经基金持有人大会通过，基金经理可以修正基金的投资目标，并依据新目标构建新的投资组合。

4.1.2 证券投资基金的投资管理原则

证券投资基金投资管理体系的构建与运行是一个综合性的系统工程，基金在进行投资活动时应遵循合法合规、诚实信用、风险与收益相匹配、契约约束条件下的投资分散化原则，以及注重研究与理解资本市场历史规律的原则。

1.合法合规原则

高效率运行的资本市场必须保证所有市场参与者之间的公平竞争，任何破坏市场运行机制的违法违规行为将必然受到市场的惩罚。合法合规原则是证券投资管理过程中需要遵守的最基本也是最重要的原则之一。

证券投资管理过程可能涉及投资人、资产管理人、经纪商、交易商、托管人以及其他证券市场服务机构等多方面的参与者，各方享有不同的权利并承担相应的义务，其行为必须遵循合法合规原则，从而维护资本市场的正常运转秩序，这是资本市场自身发展和引导社会资源配置功能的必然要求。只有遵守法律法规，遵守市场秩序，各方的权利才能够得到充分的保护，市场作用也才能够得到真正的发挥。尽管出于个体利益的任何违法违规行为都可能在短期内获得超额利润，但资本市场是一个所有参与者自愿参与交易的市场，它不承认超越市场之上的外在优势，也不支持任何非正常利润，更不允许任何人破坏市场的公平性。市场的纠错机制必然要求当事人接受相应的惩罚，否则，其他参与者将选择离开市场。因此，合法合规原则是维护资本市场正常运转秩序的根本要求，也是资本市场正常运转的必然结果。

2.诚实信用原则

诚实信用原则是任何商业行为均应遵守的原则之一，其在资本市场中的作用尤为重要。

资本市场是一个建立在信用基础上的现代市场，其交易过程的正常进行需要以信用作为最基本的共同基础。证券投资管理过程经常涉及委托代理关系，资产管理人作为投资人的代理人，尤其要坚持诚实信用原则。与合法合规原则相同，诚实信用原则是资本市场正常运转的基石，任何违背这一原则的行为都将受到市场的严厉惩罚，这也是资本市场公平竞争原则的必然要求。违背诚实信用原则的行为是对资本市场公平竞争原则的破坏，资本市场将对其进行严厉惩罚。否则，资本市场将失去其自身存在的基础并走向消亡，资本市场的作用将无法得到发挥。

3.风险与收益相匹配原则

证券投资管理与一般的商业活动具有相同的精髓，即在承担投资风险的基础上获取相应的收益。资本市场的功能在于连接资金的供给方和需求方，有效地引导资源配置，使社会资源有效地流向市场最需要的地方。从长期来看，资本市场参与者从证券投资管理过程中获得的并不是超越其风险承担水平之上的超额收益，更不是任何暴富的机会，而是与其风险承担水平一致的正常收益。正因为不同投资人根据自身的风险承受能力和风险偏好选择了不同的风险水平，其收益才表现出不同的水平，并实现了市场风险在不同风险承担者之间的转移。但这仅是一种风险转移的过程，风险本身并没有被消除。

4.投资分散化原则

证券投资管理行为不能违背资金委托方与受托方之间的契约安排，其投资分散化程度也必然要先受到契约条件的限定。只有在契约中没有明确约定投资分散化程度及受其影响的风险收益状况时，投资管理者才能自主决定投资分散化的程度。大量实证研究的成果证明，在其他条件相同的情况下，科学的分散化投资将有助于更好地达到基金投资的目标。因此，投资管理者应当尽量帮助投资委托人理解分散化投资的特点及其风险与收益的特征。

但是，如果委托方指定了唯一的集中式的投资对象，并承诺愿意承担由此带来的风险，则受托方也应严格遵循委托方的要求进行投资。如果契约约定资金只能投资于某一类型的投资对象，受托人也只能按照这一要求进行有限程度的投资分散化。

5.尊重历史规律原则

在证券投资管理体系的构建与逐步完善的过程中，投资管理者对历史规律的深入研究与理解将有助于其作出更好的判断。这种历史规律既包含资本市场的历史经验教训，也包括资本市场内在的运行机制与发展规律。对资本市场中投资管理历史经验教训的学习，正是为了更好地认识历史本身蕴含着的不断支持自身发展的内在规律。虽然不同国家、不同历史发展时期的资本市场具有自身所特有的运行特征，但更重要的是蕴含着更为基本的共性规律，对历史经验教训以及资本市场运行规律的尊重与学习，将有助于资产管理人更好地了解市场的历史发展状况，掌握市场的未来发展方向，从而对市场作出更为准确、有效的判断。

4.1.3　证券投资基金的投资决策机制

基金投资是证券投资基金的核心业务，投资管理则是证券投资基金管理最重要的内容。基金投资管理的主体是基金管理人。基金管理人是指依照法律法规的规定，经监管机构审查批准设立，从事基金的发起设立、投资管理、销售等业务的专业金融机构。其主要职责就是按照基金契约或章程的规定，制定基金资产投资组合策略，选择具体投资对象，决定投资时机、价格和数量，运用基金资产进行有价证券的投资，谋求基金资产不断增值，实现基金投资人利益最大化。在我国，基金管理人只能由依法设立的基金管理公司担任。我国基金管理公司大多在内部设有投资决策委员会，负责指导基金资产的运作，确定基金投资策略和投资组合的原则。投资决策委员会是公司非常设机构，是公司最高投资决策机构，一般由公司总经理、投资总监、研究总监等相关人员组成。总经理为投资决策委员会主任，督察长列席会议。基金经理作为基金投资的负责人，执行投资决策委员会的投资计划。这是目前国内大多数基金公司实行的投资决策委员会领导下的基金经理负责制度。这种机制的最主要特点就是投资决策委员会具有最终的投资决策权，委员会能够确定各基金经理可以自主决定投资的权限并审批各基金经理提出的投资额超过自主投资额度的投资项目。国内基金具体的投资决策机制如图4.2所示。

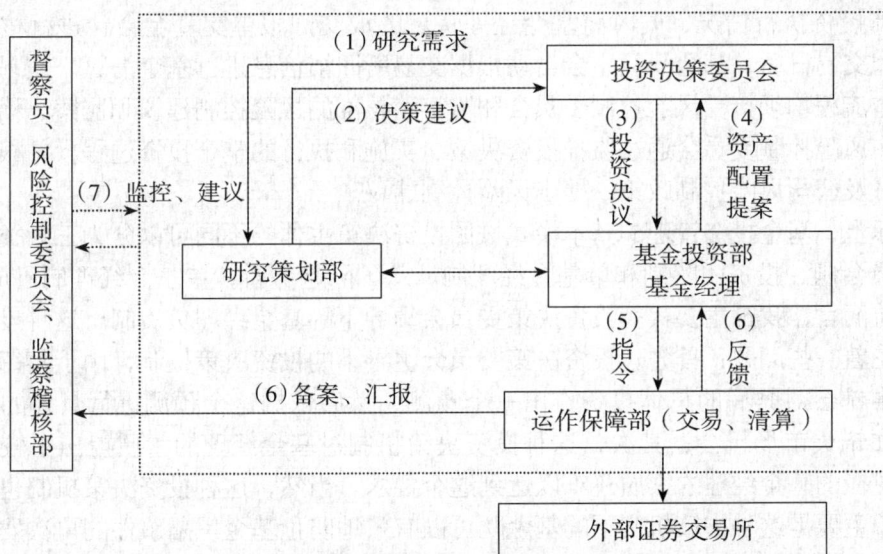

图4.2　基金管理公司投资决策流程

基金投资管理的基本方法是：针对所管理基金的具体投资目标，在深入进行宏观研究、行业分析和公司研究的基础上，结合证券市场研究、投资策略研究、技术分析等手段，根据投资对象的收益和风险特征，精选各种类型证券进行有效投资组合，并随着企业生命周期的演化、行业发展的阶段性差异、经济周期的波动以及风险控制的要求，不断地优化调整组合，在维护资金和客户资产安全的前提下，获得持续稳定增长的资本收益和利润分配收益。

证券投资基金投资决策运作流程主要分为三个阶段：一是投资决策；二是投资的执行与调整；三是投资执行结果的评估与报告。具体投资流程大致有如下内容（图4.2对应）：

（1）投资决策委员会、研究部和投资部共同根据基金合同和有关规定，根据定量、定性相结合的综合指标，从所有上市股票中筛选出一批股票作为基金投资的股票组合。

（2）公司研究策划部负责向投资决策委员会和其他投资部门提供研究指导，研究指导包括：宏观经济分析报告、行业分析报告、上市公司分析报告和证券市场行情报告。

（3）投资决策委员会在认真分析研究部门提供的研究报告及投资建议的基础上，根据现行法律法规和基金合同的有关规定，制定投资的总体目标和总体设计。

（4）在投资决策委员会制订总体投资计划的基础上，投资部将参考研究部门的研究报告，提出进一步的资产配置提案反馈给投资决策委员会。投资部在制订投资方案时要接受风险控制委员会的风险控制建议和监察稽核部的监察、稽核。

（5）基金经理在接到投资部制订的投资方案后，寻求最佳的投资机会和选择最佳的投资对象构建投资组合，将投资指令下达至集中交易室的交易员执行。

（6）集中交易室接到基金经理下达的交易指令执行书后将准确及时地予以执行，并及时反馈投资执行情况，同时将基金经理认可的成交回报单交基金会计进行核对和记账。每个交易日后，基金清算室会自动根据交易所回馈信息进行基金清算。交易过程和投资运作流程均须接受风险控制委员会和监察稽核部的风险控制建议和监察、稽核。

（7）风险控制委员会通过监控投资决策、实施和执行的整个投资过程，并根据市场价格水平及公司风险控制政策，提出风险控制建议。

国际上，基金投资管理的基本模式按照投资决策主体的不同可以分为三大类：投资决策委员会制、投资团队制和单基金经理制。从国际趋势看，单基金经理制已成主流。但就目前而言，我国主要实行投资决策委员会领导下的基金经理负责制。这种投资决策机制存在着一些问题：首先，投资决策委员会主导下的投资决策机制，由于其每年的年初和年中都会对其后的总体投资作出一个预测，然后依据这个预测进行具体的投资计划，往往错失市场机会；其次，这种投资决策机制对基金经理的素质提出了较高的要求，而现在的基金经理的素质还难以达到这个要求。当然，这种投资决策机制也具有积极意义，主要是这种决策机制下的基金既可以有效地防止基金黑幕事件的再次发生，又能发挥基金经理的积极性，给予基金经理更大的自主性。

4.2　基金的投资范围与投资比例

证券基金通过投资组合达到分散风险的目的，以保证基金投资人相对稳定的收益，不同类型的基金均有其特定的投资范围以及在相应标的资产上的投资比例限定。为了保护投资者利益以及避免机构投资者对市场的操纵，世界各国和地区均通过立法的方式对证券投资基金的投资范围与投资比例进行了限制，本节将以国内证券投资基金为例，介绍此方面的相关规定。

4.2.1　证券投资基金的投资范围

证券投资基金的投资范围具体来看可以分为投资品种与投资区域两个方面，这两个方面的限制对基金的资产配置有重要影响。

1.投资的品种限制

《基金法》第七十三条对我国证券投资基金可投资的范围作出了具体规定，基金财产应当用于投资上市交易的股票、债券以及国务院证券监督管理机构规定的其他证券品种及其衍生品种。《基金法》第七十四条还规定基金财产不得用于下列投资或者活动：

（1）承销证券。

（2）违反规定向他人贷款或者提供担保。

（3）从事承担无限责任的投资。

（4）买卖其他基金份额，但是国务院证券监督管理机构另有规定的除外。

（5）向基金管理人、基金托管人出资。

（6）从事内幕交易、操纵证券交易价格及其他不正当的证券交易活动。

（7）法律、行政法规和国务院证券监督管理机构规定禁止的其他活动。

相较于2013年《基金法》，2015年再次修订后的《基金法》在控制风险的基础上，扩大了基金财产的投资范围，适当放松了对基金关联交易和从业人员买卖证券的限制。允许运用基金财产买卖基金管理人、基金托管人及其控股股东、实际控制人或者与其有其他重大利害关系的公司发行的证券或承销期内承销的证券。从事其他重大关联交易的，应当遵循基金份额持有人利益优先的原则，防范利益冲突，符合国务院证券监督管理机构的规定，并履行信息披露义务。

2.投资的区域限制

跨国配置资产对于大多数投资基金来说是非常具有吸引力的投资策略，但由于世界上大多数国家和地区均实行国民待遇原则，即对本国注册的基金与国外注册的基金实行差别对待，同时由于各国的资本市场开放与管制程度不同，基金往往无法自由地实现跨国资产配置。

在我国，被允许在国内资本市场上进行投资且可进行跨国资产配置的机构投资者主要有QDII、RQDII、QFII、RQFII等。

QDII是指合格境内机构投资者。在资本项目未开放的前提下，允许境内的投资者投资境外资本市场的股票、债券等有价证券业务，直接表现为让国内投资者直接参与国外市场，并获得全球市场收益。

RQDII是指人民币合格境内机构投资者。境内投资者在RQDII制度下可将批准额度内的人民币资金投资于离岸人民币市场。

QFII是指合格境外机构投资者。QFII被允许把一定额度的外汇资金汇入并兑换为人民币，通过严格监督管理的专门账户投资国内证券市场，包括股息及买卖价差等在内的各种资本所得经审核后可转换为外汇汇出。实际上就是对外资有限度地开放国内的证券市场。

RQFII是指人民币合格境外机构投资者。这些投资者主要以人民币为投资货币进行资本市场的投资。主要目的是促进人民币从国际市场向国内市场流动，加速人民币的国际化步伐。

随着我国资本市场的逐步对外开放，越来越多的基金公司突破了原有的投资区域限制，截至2018年2月，市场上已经存在212只QDII基金，相比2012年初52只的规模增长了逾4倍，这给了我国投资者更多的进行跨国资产配置的机会。

【知识链接4-2】　　　中国香港法律对基金投资范围的规定

香港《单位信托及互惠基金守则》第七章规定，基金的投资范围如下：

（1）各种上市交易和未上市交易的股票。

（2）政府及其他公共证券，是指经济合作及发展组织任何成员国政府发生的投资或保证还清的本金及利息的投资，或该组织任何成员国的政府或地区当局或者国有企业在该组织任何成员国发生的固定利息投资，或受托人/代管人（信托型基金的受托人/代管人，编者注）认为具有类似地位的其他机构在世界上任何其他地方发行的固定利息投资。

（3）当出于套利目的时，基金可投资于认股权证及期权。

（4）黄金、白银、白金及其他贵金属和以商品为基础的投资。

（5）投资于其他的基金。

（6）当出于套利目的时，基金可投资于金融期货合约。

（7）如果事先得到受托人/代管人的书面同意，基金可进行贷款、承担债务、进行担保、背书或直接地为任何人士的责任或债务承担责任。

（8）不可投资于任何类别的房地产或地产权益（包括期权或权利，但不包括地产公司的股份）。

（9）对卖空的限制：如果卖空导致基金承担了交付价值超过其总资产净值10%的证券，则不可以卖空，卖空的证券在准许进行卖空活动的"认可市场"（认可市场是指定期运作，公开让世界各地人士买卖证券的证券交易所、场外交易市场及其他组织的证券市场），必须有活跃的交易。

（10）基金不能对可能导致基金承担无限责任的资产进行投资。

（11）基金不得借入超过其总资产净值24%的款项，但资本市场计划不得超过10%（资本市场计划是指主要投资目标是投资在距离到期日为一年或一年以上的债务证券的计划，在这里，计划指的就是基金）。

（12）禁止做期权空头。

（13）如果基金投资顾问或管理公司的任何董事或高级人员持有一家公司或组织的任何类别的证券，而其票面价值超过该类别全部已发行证券的票面价值的0.4%，或者投资顾问或管理公司的任何董事或高级人员总共持有该类别证券的票面价值，超过该公司已发行的所有证券的票面价值的4%，基金不得对该公司的证券进行投资。

4.2.2 证券投资基金的投资比例

根据《基金法》的规定，基金名称显示投资方向的，应当有80%以上的非现金基金资产属于投资方向确定的内容。同时明确指出，基金管理人运用基金财产进行证券投资，不得有下列情形：

（1）一只基金持有一家公司发行的证券，其市值超过基金资产净值的10%。

（2）同一基金管理人管理的全部基金持有一家公司发行的证券，超过该证券的10%；基金财产参与股票发行申购，单只基金所申报的金额超过该基金的总资产，单只基金所申报的股票数量超过拟发行股票公司本次发行股票的总量。

（3）一只基金持有其他基金（不含货币市场基金），其市值超过基金资产净值的10%，基金中基金除外。

（4）基金中基金持有其他单只基金，其市值超过基金资产净值的20%，或投资于其他基金中基金。

（5）基金总资产超过基金净资产的140%。

（6）违反基金合同关于投资范围、投资策略和投资比例等约定。

（7）中国证监会规定禁止的其他情形。

完全按照有关指数的构成比例进行证券投资的基金品种可以不受第（1）（2）项规定的比例限制。其他特殊基金品种如不受上述比例限制，由中国证监会另行规定。

当然，证券投资基金为保证基金投资计划的实施和贯彻分散化投资的原则，在上述法律限制的范围内，可以再自行设定自己的投资限制。一般来讲，基金的招募说明书、信托契约或保管协议均清楚地列明了基金经理人在运用基金资产投资于投资范围内各种证券时所受的数量和比例限制。这种投资限制是基金运作成功的保障，防止基金管理人让基金持有者承担过高的风险。

由于各基金的投资目标不同，在法律的框架下，各基金在其招募说明书中都进一步详细规定了自己的投资范围。比如，中银基金管理有限公司旗下的"中银策略"开放式基金为混合型基金，在其招募说明书中规定："本基金主要投资于具有良好流动性的金融工具，包括国内依法发行上市的股票、各类有价债券以及中国证监会允许基金投资的其他金融工具。待金融衍生产品推出后，本基金可以依照法律法规或监管机构的规定运用金融衍生产品进行风险管理。"该基金同时规定，基金投资组合中，股票投资的比例范围为基金资产的60%~94%；债券、权证、资产支持证券、货币市场工具及国家证券监管机构允许基金投资的其他金融工具占基金资产的比例范围为0~40%；其中，现金或者到期日在一年以内的政府债券不低于基金资产净值的4%，持有权证的市值不超过基金资产净值的3%。

另外，我国华安基金管理有限公司旗下的"华安稳定收益"为债券型基金，对其投资范围的规定体现出与"中银策略"不同的特色。该基金在招募说明书中规定的投资范围是固定收益类金融工具，包括国内依法公开发行、上市的国债、金融债、可转换债券、可分离债券、债券回购、央行票据、信用等级为投资级的企业（公司）债、股票等权益类品种和法律法规或监管机构允许基金投资的其他金融工具。该基金同时规定，基金对债券等固定收益类品种的投资比例不低于基金资产的80%；现金或到期日在一年以内的政府债券不低于基金资产净值的4%；股票等权益类品种的投资比例为基金资产的0~20%。

【知识链接4-3】　　　日本、韩国和中国台湾对基金投资比例的限制性规定

1. 日本法律对基金投资限制的规定

（1）证券投资信托的信托财产总额40%以上应投资于有价证券，证券投资信托用于股票的投资不得超过基金资产的70%。

（2）一种股票的价值在投资组合中的比重不得超过该投资组合价值的10%。

（3）对一家公司股票的投资不得超过该公司已发行股份的20%。

（4）基金不得对公司所发行的股票（交易所列为第二类股票）投资超过信托财产40%以上金额。

2. 韩国法律对基金投资限制的规定

（1）向同一有价证券的投资额不得超过信托财产的10%。

（2）向同一会社发行的股份的投资比例不得超过该股份总额的20%。

3. 中国台湾地区对基金投资限制的规定

（1）投资于某一上市公司股票的总价值，不得超过该证券投资信托基金净资产价值的10%。

（2）运用每一证券投资信托基金，投资于任一上市公司股票之股份总额，不得超过该公司已发行股份总数的10%。

（3）不得投资于与本证券投资信托事业有利害关系的公司（一般指持有证券投资信托事业已发行股份总数4%以上的公司或是担任证券投资信托事业董事、监事或承销商的公司）发行的证券。

（4）向银行信贷透支不能超过特定比例，通常是资产值的10%~30%。

（5）投资大陆地区证券市场的有价证券不得超过该基金净资产价值的10%。

（6）投资香港或澳门地区证券交易市场由大陆地区政府或公司所发行或经管的有价证券、恒生香港中资企业指数成分股份公司所发行的有价证券，以及香港或澳门地区证券交易市场由大陆地区政府或公司直接或间接持有股权达30%以上的公司所发行的有价证券，合计不得超过该基金净资产价值的10%。

4.3　基金的投资目标

证券投资基金是一种金融市场的媒介，它存在于投资者与投资对象之间，起着把投资者的资金转换成金融资产，通过专门机构在金融市场上再投资，从而使货币得到增值的作用。因为投资基金的管理者对投资者所投资的资金负有经营、管理的职责，而且必须按照合同的要求确定资金的投向，保证投资者资金安全和收益最大化。证券投资基金资产管理是以基金投资目标为导向的，不同的投资目标使基金管理人具有不同的投资风格和侧重点。

4.3.1　基金投资目标的构成要素

证券投资基金的投资目标，一言以蔽之，就是追求一定风险水平上的收益最大化。为此，基金经理人就要充分运用他所管理的基金资产进行投资以获得收益。但就收益而言，有的基金强调保持经常性、固定性收入，有的强调资本增值，还有的则想在这两方面进行平衡。为了达到各自的目标，基金经理人就要在以下几方面进行权衡：

1.本金安全

本金安全又分两方面：一是名义上的安全，即回收时的本金数额与初始投资时的金额相等；二是实际上的安全，即保持本金原有的购买力或价值。显然，从第一种角度考虑，债券比股票更可靠，因为债券受法律保护，通常到期必须按面值全部偿还，本金的名义货币数量不会受到损失。但股票则不然，一旦购买某种股票，本金不可收回，只能在二级市场上通过抛售套现。在公司破产清算时，如果资不抵债，股票上的投资将完全无法收回。从第二种角度来看，情形就不同了。债券是固定收入证券，其利息率在债券的持有期内是不变的，债券的面值以货币数表示也是不变的。如果在债券到期时发生通货膨胀，则其购买力就会下降。而股票是不定收入证券，所发股息和股价本身也会因通货膨胀的关系随之增加，尽管不可能完全与物价同步，但至少可以抵偿一部分损失。

2.收入稳定

收入的稳定性是衡量证券投资基金管理人管理能力的重要因素。实证表明，收益稳定的基金比收益大起大落的基金更能获得长期的回报，也具有较小的死亡率。所以，能获得一笔稳定的收入常常是证券投资基金建立一个证券组合的出发点。收入既包括经常性收入——按时可得的债息或股息收入，也包括因市场价格变化而获得的资本增值。就经常性收入而言，债息要比股息稳定且略高一些；而对于资本增值而言，股票升值的机会更大一些。要使基金能够得到稳定的收益，就需要在这些可投资的资产之间作出合理的配置以及适当的动态调整，这需要基金管理人具有相当的投资技巧和艺术。

3.资本增长

资本增长为基金的持有人增加了安全感，并为他们保持资产购买力和进行基金投资提供动机。资本增长一般通过收入的再投资和购买增长型股票而获得。

然而，任何一项投资在获取收益的同时，由于基金经理人经营管理能力的差异及对外部环境变化的适应能力不同，都要承担一定的风险。对于风险，基金经理人应权衡风险大小与自身对风险的承受能力，尽量加以控制，避免发生巨大损失。投资经验丰富、对风险承受能力强的证券投资基金，可投资于高风险高收益的资产，如股票、认股权证、期货、期权等金融工具。对风险承受能力弱的证券投资基金，可投资于国债、商业票据、优先股股票等稳健型的金融工具。

4.3.2　我国基金投资目标的分类

基金的投资目标大致分为三类：第一类是追求长期的资本增值，即增长型基金；第二类是追求当期的高收入，即收入型基金；第三类是兼顾长期资本增值和当期收入，即平衡型基金。

增长型基金是指以追求资本增值为基本目标，较少考虑当期收入的基金，主要以具有良好增长潜力的股票为投资对象。

收入型基金是指以追求稳定的经常性收入为基本目标的基金，主要以大盘蓝筹股、公司债、政府债券等稳定收益证券为投资对象。

平衡型基金则是既注重资本增值又注重当期收入的一类基金。

一般而言，增长型基金的风险大、收益高；收入型基金的风险小、收益较低；平衡型基金的风险、收益则介于增长型基金与收入型基金之间。

根据投资目标的不同，既有以追求资本增值为基本目标的增长型基金，也有以获取稳定的经常性收入为基本目标的收入型基金和兼具增长与收入双重目标的平衡型基金。不同的投资目标决定了基金的基本投向与基本投资策略，以适应不同投资者的投资需要。

当然，不同的证券投资基金对其投资目标还有更加具体的表述。我国的证券投资基金一般都在其招募说明书上标明了投资目标。对于投资目标的具体表述，我国的创新型封闭式基金、改制型封闭式基金和开放式基金各不相同。创新型封闭式基金的投资目标大多比较简单，主要倾向于向投资者说明一个总体的投资原则。比如，大成优选的招募说明书对其投资目标的表述仅有一句话：追求基金资产长期增值。

我国的封闭式基金中还有一类改制基金，这是原先在各证券交易中心挂牌上市的老基金经过清理整顿、资产置换、更换基金管理人、交易所上市、扩募等步骤规范而成的符合《基金法》的封闭式证券投资基金。这类基金的规模通常较小，在具体投资时往往倾向集中于某一特定类型上市公司的股票，相应的，其投资目标的表述也就比较具体。如基金裕元的投资目标为：通过投资于重组类上市公司来实现资本增值，拟投资的重组类上市公司包括已经实现重组、正在实施重组和有可能实施重组的上市公司。基金景博的投资目标为：投资于中小型成长性企业，在分散和规避投资风险的前提下，谋求基金资产增值和收益的最大化。

我国的开放式基金对于投资目标的表述都比较详细，在表明投资目标的同时还向投资者阐述了基金的投资范围、投资理念和投资组合管理。如中银策略基金的投资目标是：通过运用"核心-卫星"投资策略，精选大盘蓝筹指标股和具备良好成长性的股票，在控制相对市场风险的前提下，追求中长期的稳定增值，在获取市场平均收益的基础上追求超额回报；通过基金资产在股票和债券之间的动态配置、基金股票资产在核心组合和卫星组合之间的动态配置，在严格的投资纪律和风险管理的约束下，谋求基金资产的稳定增值。建信优势动力基金的投资目标是：采取定量和定性相结合的方法，寻找具有良好内生性成长或外延式扩张动力，而且价值被低估的优势上市公司，通过对投资组合的动态调整来分散和控制风险，在注重基金资产安全的前提下有效利用基金资产来获取超额收益。

4.3.3　美国基金投资目标简介

美国是世界上金融市场最发达，也是基金业最发达的国家。这里，我们简略介绍一下美国证券投资基金投资目标的几种情形：

1. 追求资本长期成长的基金

此类基金是美国基金市场中非常重要的一类，因为投资目标是长期成长的，此类基金通常会将当期的投资所得滚入基金进行再投资，即利息、股息收入以及资本增值部分都被用来进行再投资。基金经理可以用来实现长期资本增值的工具包括股票、长期债券、认股权证、期货、期权在内的许多证券。为了更深入地了解这类基金，我们将美国这类基金的投资目标再做粗略分类。

（1）最大资本增益型（Maximum Capital Gain）。包含在这类基金中的基金的投资目标和策略反映出投资者愿意承受较大风险的意愿。此类基金的投资目标是寻求"进取型增长"或"最大资本增值"。通常，该类基金不付利息，管理者为追求成长，将盈利滚入资本进行再投资。该类基金的优势在于其获利能力强，长期资本增长较快；缺点是当期收入很少或根本没有，资本损失的可能性较大，投资组合的周转率较高，相应的基金费用也较高。该类基金投资策略包括投资于小型、成长型公司，利用杠杆投资和各种投机性技术。当然，并不是所有被归为最大资本增益型基金都会获得可观的增益。此类基金的运作包含着很大的风险，基金之间的业绩表现差距很大，一些经营不好的基金收益甚至不及那些风险较低的基金。因此，对此类基金而言，管理者的素质对基金的表现有极大的影响。

（2）长期成长型（Long-Term Growth）。大部分共同基金属于此类。该类基金将资本的长期增长作为首要的投资目标。现金收入虽然没有被忽略，但被当作是第二重要的投资目标。此类基金的投资方向主要为普通股。但此类基金所能接受的风险程度要低于那些以进取方式增长的基金（其中包括最大资本增益型基金）。为了达到资本长期增长的投资目标，基金把资产投资于信誉好、长期有盈余的公司，或者是有长期成长前景的公司。

（3）成长收入型（Growth and Income）。此类基金的典型特征是同时追求资本和收入的长期增长以及当期收入的实现。因此，该类基金对那些资金不多的小投资者特别具有吸引力，这些人希望本金能不断成长，也希望有若干当期收入。在通常情况下，这类基金是成长略重于收入，但为了顾及收入，所投资的股票必须能分配股利，这与长期成长型基金为追求最大资本增值而主要投资于有成长潜力但股利很少的股票的策略有很大不同。另外，成长收入型基金和长期成长型基金虽然都是投资于股票，但它们之间也还存在差别，前者的投资策略比后者保守，只具有中等程度的投资风险，基金控制风险的重要措施是投资于大型、资本运作良好、收益和红利长期增长的股票。

（4）平衡基金（Balanced Funds）。该类基金通常要求债券的比例不得低于某一百分比（如20%~40%）。因此，基金的部分投资用于取得定期收入，其余部分用于投资于股票，以追求资本增值。该类基金的优势在于它具有双重投资目标，损失本金的可能性较小，缺点是成长的潜力不大。平衡基金适合于那些希望保证本金安全、收入固定，但又愿意冒少许风险以获得资本增值的稳健的投资者。此类基金一般在股市上升时表现不如市场指数，但在大市下跌时其跌幅也比市场小，是一种较为平稳的基金。

其他还包括高等级债券类基金、国际基金、贵金属基金、行业类基金、美国政府债券类基金、免税债券类基金等，不再一一列举。

2. 追求当期收入的基金

为满足投资者希望得到更多的当前收入的需求而设立的基金是基金市场上的另一大类，与追求长期成长的基金不同，此类基金将当前投资获得的股息、利息收入或者资本增益（虽然这不是基金的主要投资目标，但在证券价格发生波动时，也有可能为基金带来额外的资本增益）全部分发给投资者，所以这类基金通常是按月或季分发一次红利。由于没有将当期收益进行再投资，所以这类基金的长期收益低于前面的长期成长型基金。但总的来说，这类基金的风险也较前者小，其基金的管理和运作也比前者简单，相应的费用也低得多。

从投资策略和组合上看，这类基金较为简单，其主要投资于货币市场和债券市场发行的各种证券，如商业票据、大额存单 CD、银行票据和政府、各州发行的中短期债券等。这类基金的投资风险主要来源于利率的波动，所以，基金投资组合的平均到期期限越长，基金的风险也就越大。总之，投资于此类基金，类似于银行存款，但通常比同期银行存款的利息率要高。

若基金投资于联邦或各州发行的各类票据，则可享受税收优惠；若主要投资于公司或金融机构发行的各类票据，则不能享受税收优惠，因此，前者的名义收益率比后者低，但扣除税收因素后两者基本相当。前一类基金的代表诸如著名的先锋投资公司（Vanguard Group）提供的七种可免税的市政债券类组合，其投资组合基本相近，只在到期期限和资信等级方面有所差别。它们分别是：

（1）货币市场组合。投资组合为各类市政债券，平均到期期限为 120 天或更少。通常基金的资产净值 NAV 保持在每股 1 美元，基本上没有任何风险。

（2）短期组合。平均到期期限保持在 1~2 年，只受很小的本金风险和价格波动的影响。

（3）定期组合。其收益率比短期组合要高，但价格波动比长期组合要小，通常投资于高等级市政债券，平均到期期限为 2~4 年，具有中等价格波动和本金风险。

（4）被担保的长期组合。该类基金投资的市政债券都是经过担保的，所以本金和利息的支付是有保证的，平均到期期限为 20~24 年，信用风险是最低的，但本金易受价格波动的影响。

（5）长期组合。主要投资于高等级长期的各类市政债券，其平均到期期限为 20~24 年，但因没有经过担保，且期限较长，因此在价格波动和本金安全上有较高的风险。

（6）高收益组合。主要投资于中等级的市政债券，其平均到期期限为 20~24 年，该组合追求最大收益，因此，各种风险都是很大的。

（7）还有相当一部分的基金是投资于不享受免税待遇的公司或金融机构所发行的各种债券或票据的，此类投资虽然不能免税，但收益较高，并且品种更丰富，可以满足投资者多方面的要求。

【知识链接4-4】　　　　　麦哲伦基金的投资管理

彼得·林奇是富达集团的传奇人物。他自1977年接管麦哲伦基金至1990年退休的13年间，基金的总规模增长了2 700%，年复利增长达到29.2%。也就是说，如果在1977年投资1万美元到该基金的话，到了1990年该投资已变成了27万美元。由于其惊人的成就，林奇获得了"第一理财家"的称号。

1.现代派投资家

（1）兼收并蓄

麦哲伦基金发展到后期持有的股票达到1 400多种，这和基金规模的扩大有着较大的关系，但林奇的投资思路却是基金持股品种较多的首要因素。林奇是现代派投资家的典型代表，他继承了价值论的最精髓部分，但又不拘泥于此，他充分享受成长股带来的巨大收益，但又不沉醉于股价之中。到后来，林奇每天进行的买卖操作，平均交易额达到4 000万美元。显然，任何有利可图的交易都是他的目标。

（2）贫民哲学

林奇在读学士学位时，主修的是历史、心理等课程，他认为这对他的投资生涯有极大的帮助。他曾在一本书中指出，投资是一项艺术而不是科学，受到严格训练对任何事物都做定量分析的人难以在股市中获得好处。他认为逻辑是股市投资时最有益的学问，虽然股市的走势经常完全不合逻辑。

2.股票的投资价值

林奇的投资指导思想基本是以价值为中心的，当然，他在企业的价值量化评估的基础上更看中非量化的内在价值，比如企业的新产品推出，企业的管理工作进一步加强等都是促使企业价值提升的因素，林奇往往利用各种方式发现这些亮点，并及时投入。另外，对于股票的投资价值，林奇有自己的独特看法，他认为一只股票的投资价值完全取决于评估的时间点。在美国股市历史上，曾经有过许多类型的股票红极一时，像铁路股、航空股、家电股等，但是，随着时间的推移、科技的进步，这些股票最终光芒尽失。

3.充分调查研究

许多投资者不知道自己为什么买股票，认为股价涨了表明股票有投资价值，而不去充分了解企业的基本面情况，一旦股价下跌，他会对企业失去信心，从而卖出股票。实际上，股价的波动常会出现从众的情形，很多优质的股票在大盘走软时股价也会随着回落，此时，显然是买进这些股票的好时机。

林奇始终认为，依靠图表而不是对公司进行深入调查研究来进行投资决策无异于盲人摸象，这样做不但难以获得可观的利润，还容易错失获利的机会。

（1）阅读报表

报表是上市公司在一定时段内经营情况的总结，也是公司财务状况对外披露的途径。可以说，财务报表是投资者了解企业的一个窗口，而基本面情况会透露出企业的未来价值。1994年，林奇发现强生公司的股价在一路下跌，但是翻看其财务报表，各项指标都相当不错，公司的利润增长已经持续了30多年，且公司过去对利润的预期也很少出现偏差。由于股价的下跌，技术派的投资者纷纷卖出股票。而林奇却发现，股价下跌的症结在于政府可能出台一项政策，这项政策可能会对公司产生影响，但实际上影响并不一定如想象中那么大，于是他果断买进了该股票，并取得了相当好的收益。

林奇在阅读报表时比较注重的指标有：销售比例、价益比、现金状况、负债率、账面资产、股息、现金流量、存货、净资产收益率等。

（2）交流

在麦哲伦基金供职时，林奇每年要走访30多家公司，每次走访的大致内容他都记录在一个本子上，并成为他买卖股票的最基本依据。在麦哲伦基金投资扩大到国外时，林奇曾到欧洲进行一段投资之旅，通过与上市公司的交流，林奇成功地捕捉到沃尔沃等大牛股，当年该股的收益达到麦哲伦基金总收益的一半左右，一时成为佳话。

除了直接到上市公司走访外，林奇还和许多行业内的专家保持了相当紧密的联系，这样他对行业的动态基本能够做到了如指掌，他常购买行业内的大部分受益个股正是这个道理。另外，麦哲伦基金为了能和外界更好地交流，组织午餐会与上市公司的管理人员交流，后来还增加了早餐和晚餐会。由此，麦哲伦基金获得了大量的有用信息，也大大提高了基金选股的准确性。

4.选股

从麦哲伦基金当年公布的1 400多种的持股来看，大致有以下几种类型：①成长股，林奇对这些股票期望的收益是200%~300%；②价值票，这些股票的价格接近或低于企业账面净值，在买入后股价上涨了1/3，林奇就会考虑把它们出手；③绩优股，其中大部分为公用事业、食品等类型的股票，这类股票能较好地抵御经济的景气循环；④再生股，由于这类股票面临经营等的转折，但又有相当大的不确定性，因此风险巨大，但是，一旦转型成功，利润也将非常丰厚。

（1）10：1法则

林奇认为，寻找优质的股票就像沙里淘金一样，需要做大量的淘洗，10次中能够有1次收获，100次就会有10次收获。选股也是如此，需要做大量的准备工作，经过不断地筛选，最后获得少量的投资品种。而暂时不投资的股票可以作为储备，并做长期的跟踪。

（2）常识投资法

林奇认为，最佳的投资对象大都不是来自分析家的报告，而是来自日常生活。在日常生活中，对于新产品的接触是最直接的，对于公司的服务的感受也是最直接的，因此投资者对企业的认可也是最直接的。此时，那些有潜质的公司往往还没有大资金关注，价格相当吸引人，而一旦分析家们关注这个股票时，股价早已经涨得很高了。林奇曾买过一只汽车旅馆股票，当时他在该旅馆中住宿，旅馆的优质服务吸引了他，后来该股票大涨。

（3）烦闷股票的机会

林奇最感兴趣的是那种"闷死人型"的股票（Dull Companies），这些公司中有一些不喜欢进行"大肆宣传"，以至于很少引人关注，走势也相当疲软，价格长期波澜不兴。而实际上这些公司中有很多具有相当大的潜力，在别人尚未关注时逐步介入，待大多数人醒悟过来时，你就可以愉快地"坐轿子"了。

（4）小公司大成长

作为投资者，要追求的显然是股票的投资价值。大企业往往是在行业内的领先者，此时市场的格局已经基本稳定，企业的份额相对固定，若要获得进一步的成长需要挤占竞争对手的份额，由于企业的高速发展期基本过去，其成长空间相对来说比较有限（与企业自身的规模来比较），其总体价值的提升就比较困难。而小企业因为可以比较灵活地经营，一旦新产品得到市场的认同，或是技术取得进步，企业的规模将飞速扩张，企业的市场价值也将成倍甚至几十倍地提升。

5.卖出

林奇每天都进行大量的股票买卖交易，但是实际上他的持股大多在两三年以上。他曾经一再告诫投资者，买一些盈余有成长潜力公司的股票，而且除非有很好的理由，千万不要轻易卖出持股，股价下跌永远都不是一个好的卖出理由。

（1）公司出问题

一旦公司的经营出现实质性的问题，持有这样的公司的股票显然要冒很大的风险，此时应该果断地卖出手中持股，以避免损失。显然，企业的经营状况仍然是林奇决定是否持股的首要指标。林奇曾持有新英格兰银行的股票，后来该银行出现问题，林奇在股价掉了一半时将其出手，最后该股跌幅达90%。

（2）股价过高

在股票市场处于上升趋势时，投机的气氛常使得投资者在较高的价位追逐股票，使得股票的价格远远偏离其价值，林奇认为，此时可以出手持股。以市盈率来考虑，则股票的市盈率不应该超过公司的成长速度，即如果企业的成长率为30%的话，该股票的市盈率也不应该超过30倍，一旦超过就可以考虑卖出。

● **本章小结**

证券投资基金将大部分资产投资于各种各样的金融资产，按照它们不同的风险程度和获利程度巧妙地安排投资组合，达到分散风险获取收益的目的。投资功能是证券投资基金的核心功能，所以投资管理是证券投资基金管理最重要的内容。

证券投资基金投资管理的过程一般分为确定投资理念和目标、资产配置、资产选择、组合管理以及绩效评估五个步骤。

证券投资基金投资管理体系的构建与运行极具综合性，基金在进行投资活动时应遵循合法合规原则、诚实信用原则、风险与收益相匹配原则、投资分散化原则以及尊重历史规律原则。

不同类型的基金均有其特定的投资范围，它的证券投资组合只能限制于既定的范围内。投资范围关系到基金的投资收益和基金资产的风险，最终影响到基金投资目标能否实现。因此，各国或地区的法律通常对基金的投资范围予以明确规定。

为保证基金投资计划的实施和贯彻分散化投资的原则，招募说明书、信托契约或保管协议均清楚地列明了基金经理人在运用基金资产投资于投资范围内各种证券时所受的数量和比例限制。这种投资限制是基金运作成功的保障，防止基金管理人让基金持有者承担过高的风险。

证券投资基金的管理目标是追求一定风险水平上的收益最大化。为了达到各自的目标，基金经理人需要从本金安全、收益稳定和资本增长三个方面进行权衡。

● **重要概念**

投资过程　投资理念　投资目标　投资策略　投资原则　资产配置　资产选择　投资组合　投资范围　投资限制　本金安全　收益稳定　资本增长　增长型　收入型　平衡型

● **思考题**

1. 证券投资基金的投资管理过程一般分为哪几个步骤？它们之间有什么内在联系？

2. 简述并比较我国证券投资基金投资目标的三种不同类型，并解释投资目标对资产配置策略的影响。

3. 简述我国2015年修订的《基金法》对证券投资基金投资范围和投资限制的规定。

4. 比较我国香港和台湾地区与国内地对证券投资基金投资限制的规定，并提出改进内地对证券投资基金投资限制的意见。

5. 简述证券投资基金投资管理的原则。

第5章　证券投资基金组合管理

◇学习目标

- 掌握投资组合收益与风险的度量方法
- 掌握资本资产定价模型与因素模型的原理
- 了解基金投资组合管理的过程
- 了解投资组合业绩评价的指标与方法

证券投资基金主要是通过组合投资、分散风险的方式来获取比银行存款和债券利率更高的稳定收益。因此，投资组合理论既是证券投资基金资产管理的工具，也是证券投资基金风险管理和绩效评价的基础。

5.1　投资组合的收益与风险

为了进行量化计算，实现投资组合的目标，在进行分析之前，我们首先要确定投资组合的收益与风险。通常而言，我们用组合的期望收益率来代表组合的收益，用组合的期望方差代表组合的风险。

5.1.1　收益与风险的度量

我们假设一个投资组合 $x_p = \{x_1, x_2, \cdots, x_n\}$，$x_i$ 为期初投资于第 i 种证券的资金比例，假设到期末第 i 种证券的收益率为 R_i。另外，我们用 w_0 表示期初投资组合的价值，那么 $(1+R_i)x_i w_0$ 就表示第 i 种证券在期末的价值。我们用 w_p 表示投资组合在期末的价值，那么我们可以得到下面的等式：

$$w_p = \sum_{i=1}^{n}(1+R_i)x_i w_0 \tag{5.1}$$

由此可进一步获得：

$$\frac{w_p}{w_0} = \sum_{i=1}^{n}(1+R_i)x_i \tag{5.2}$$

（5.2）式左边等于 $1+R_p$（R_p 表示投资组合的收益率），（5.2）式的右边等于 $\sum_{i=1}^{n}x_i + \sum_{i=1}^{n}x_i R_i = 1 + \sum_{i=1}^{n}x_i R_i$，所以我们得到：$1+R_p = 1 + \sum_{i=1}^{n}x_i R_i$，即：

$$R_p = \sum_{i=1}^{n}x_i R_i \tag{5.3}$$

等式（5.3）表示的是投资组合的收益率与组合中各证券收益率的关系，我们将等式（5.3）两边同时取期望值，得到：

$$E(R_p) = \sum_{i=1}^{n} x_i E(R_i)$$

其中：$E(R_p)$——投资组合的期望收益率；

　　　　$E(R_i)$——第i种证券的期望收益率。

由此看来，投资组合的预期收益率等于组合中各证券预期收益率的加权平均，因此要想计算投资组合的预期收益率，只需先计算每只证券的预期收益率。

投资组合的风险通常用组合收益的方差$Var(R_p)$或标准差表示，要想求投资组合的风险，只需对（5.3）式两边同时取方差，即：

$$Var(R_p) = \sum_{i=1}^{n} x_i^2 Var(R_i) + \sum_{i=1}^{n}\sum_{j=1,j\neq i}^{n} x_i x_j Cov(R_i,R_j) \tag{5.4}$$

又因为协方差$Cov(R_i, R_j) = \rho_{ij}\sigma_i\sigma_j$，所以我们可以进一步得到：

$$Var(R_p) = \sum_{i=1}^{n} x_i^2 Var(R_i) + \sum_{i=1}^{n}\sum_{j=1,j\neq i}^{n} x_i x_j \rho_{ij}\sigma_i\sigma_j$$

其中：ρ_{ij}是证券i和证券j的收益率的相关系数。

或者：

$$Var(R_p) = \sum_{i=1}^{n}\sum_{j=1}^{n} x_i x_j \rho_{ij}\sigma_i\sigma_j$$

5.1.2　系统风险与非系统风险

每只证券面临的风险包括了系统风险（System Risk）和非系统风险（Non-System Risk），前者也被称为市场风险（Market Risk），后者也可以被称为特质风险（Unique Risk）。证券面临的风险实质上是发行该证券的公司面临的风险的代表。

系统风险是指所有证券都面临的风险，它是由宏观经济因素或市场因素的影响造成的，如宏观经济运行状况、市场利率、通货膨胀率等，这些因素变动时将会对所有公司产生影响。系统风险使得各证券的价格波动表现出趋同性，即同涨同跌。系统风险不能通过多元化的组合投资分散掉。

非系统风险是指单只证券面临的、与其他证券不同的风险，它是由影响该公司的特定因素造成的，如企业研发项目的失败、陷入法律纠纷或发生重大生产事故等。当这些事件发生时，只会对特定的企业产生影响，不会对其他的企业产生影响或影响甚微。非系统风险使得单只证券的价格变化表现出与其他证券不同的特性，通过多元化的组合投资，某只证券因发生非系统风险遭受的损失可以由其他证券的价格上涨来弥补，从而消除掉该证券面临的非系统风险。

我们假设组合中有两只有风险证券1和2，并且不存在卖空，那么组合收益率的方差为：

$$Var(R_p) = x_1^2\sigma_1^2 + (1-x_1)^2\sigma_2^2 + 2x_1(1-x_1)\rho_{12}\sigma_1\sigma_2 \tag{5.5}$$

我们知道，相关系数ρ_{12}表示第一只证券和第二只证券的收益率的相关关系，一般而言，它介于-1和1之间（不会等于-1或1），所以，等式（5.5）必然介于$x_1^2\sigma_1^2 + (1-x_1)^2\sigma_2^2 - 2x_1(1-x_1)\sigma_1\sigma_2$和$x_1^2\sigma_1^2 + (1-x_1)^2\sigma_2^2 + 2x_1(1-x_1)\sigma_1\sigma_2$之间，因此有：

$$[x_1\sigma_1-(1-x_1)\sigma_2]^2 \leqslant \sigma_p^2 \leqslant [x_1\sigma_1+(1-x_1)\sigma_2]^2 \tag{5.6}$$

我们先来考虑 ρ 值比较极端的几种情况：

（1）当 $\rho=-1$ 时，意味着两种证券之间是完全负相关，两种证券的收益呈相反方向运动，$\sigma_p=|x_1\sigma_1-(1-x_1)\sigma_2|$，投资组合可以最大限度地（即完全的）将非系统风险分散掉。

在现实生活中，没有任何两种证券的收益呈完全负相关，但是某些交易策略可以使不同证券的收益之间表现出完全的负相关性，如同时卖空某公司的普通股股票和买进该公司的可转换债券，或者作两个头寸价值相等的看跌期权多头和看涨期权多头。

（2）当 $\rho=1$ 时，意味着两种证券的收益之间完全正相关，它们的价格运动是同向的，$\sigma_p=|x_1\sigma_1+(1-x_1)\sigma_2|$，投资组合标准差等于标准差的组合，因此，当两种证券的收益是完全正相关时，投资组合起不到分散风险的作用。

与完全负相关的证券一样，完全正相关的两种证券在现实中也是不存在的。

（3）当 ρ 介于 -1 和 1 之间时，$\sigma_p<|x_1\sigma_1+(1-x_1)\sigma_2|$，即投资组合的标准差小于标准差的组合，这就证明了多元化的组合投资确实能够降低风险。

图5.1更直观地展示了不同相关系数下风险与收益率的关系。当 $\rho=-1$ 时，可以使方差降低至 0；而当 $\rho=1$ 时，方差与收益率呈完全线性关系。但值得注意的是，前面两种情况在现实中并不存在。

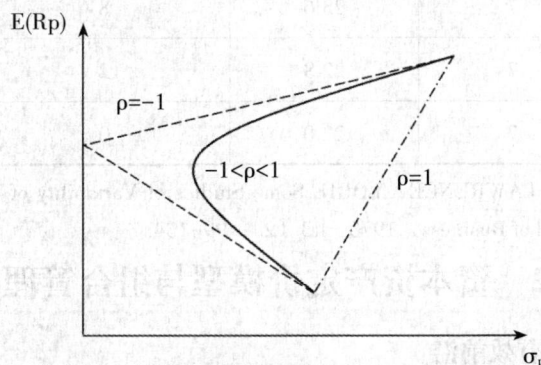

图5.1 不同相关系数下风险与收益率的关系

正如我们在前面提到的，只有非系统风险才能被分散掉，系统风险是不可分散的。因此，当风险分散到一定程度时，在投资组合中继续引入新的证券也不会进一步分散风险（见图5.2）。

在图5.2中，横轴是投资组合中的证券数目，纵轴是投资组合的风险大小。投资组合中的证券数目刚开始增加时，非系统风险下降得非常快，但随着证券数目的增加，对非系统风险分散的效果越来越差。当非系统风险下降到一定程度时，试图通过进一步增加证券种类从而完全分散非系统风险的意义不大（见表5.1）。

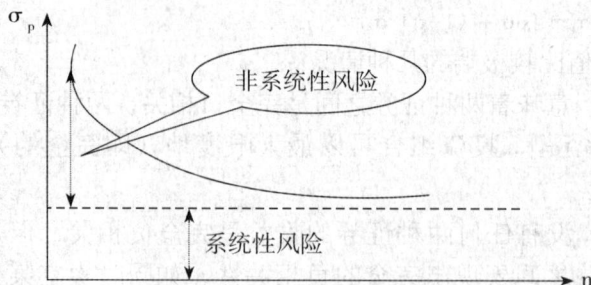

图5.2　系统风险与非系统风险

表5.1　　　　　　　　　增长组合中的证券数目与其起到的分散风险的作用

投资组合中股票的只数	组合收益率（%）	组合收益率的标准差（%）	非系统风险占总风险的比例（%）	系统风险占总风险的比例（%）
1	7	40.0	45	55
2	7	32.4	38	62
8	7	25.6	20	80
16	7	24.0	12	88
32	7	23.6	8	72
128	7	22.8	2	78
指数基金	7	22.0	0	100

资料来源　FISHER，LAWRENCE，LORIE.Some Studies of Variability of Returns on Investment in Common Stocks ［J］. Journal of Business，1970，43（2）：99–134.

5.2　资本资产定价模型与组合管理

5.2.1　有效组合与有效前沿

资本资产定价模型是一项以马科维茨提出的资产组合理论为基础的一般均衡理论。

根据资产组合理论，假设投资者均为风险规避的且追求效用最大化，投资者根据期望收益率与方差来选择投资组合，以及所有投资者均处于同一投资期。投资者通过调整投资组合内每种资产的权重，在不同的期望收益率水平下得到的，使得方差最小的资产组合，即为有效组合。

有效组合的概念可用图5.3来诠释，图5.3的纵轴表示投资组合的期望收益率，横轴表示组合期望收益率的风险，即标准差。

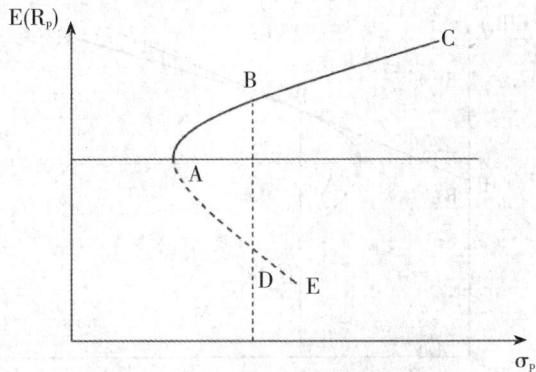

图5.3　组合投资的有效前沿

图5.3中，弧形CAE围成的区域中的每一点都表示一种投资组合。我们可以看到，A点是投资组合风险最小的点，B点和D点的风险相同，但前者的期望收益率高于后者。对于弧CAE内部的各点，在相同的风险水平下，虽然收益率高于弧ADE上的各点，但却低于弧ABC上的各点。由此可见，弧ABC上的各点是投资者的最佳选择，该弧上的各点都表示有风险资产的有效组合，弧ABC又可称为有效前沿。

有效组合是指对投资者来说是有意义的或可取的投资组合，如图5.3中的弧ABC，下方的弧ADE对投资者而言是无意义的，因为在相同的风险水平下（相同的σ_p），弧ABC代表的预期收益率总是高于弧ADE代表的预期收益率，因此理性的投资者总是选择弧ABC上的各点所代表的投资组合。

5.2.2　资本市场线和市场组合

资本市场理论的基本假定认为，投资组合中存在无风险证券。现在我们在投资组合中引入无风险证券。

在图5.4中，A点表示的是所有风险资产组合中风险最小的组合，因为系统风险不能分散，该点的风险代表了组合的系统风险。由于A点风险的存在，该点代表的组合的预期收益率应高于无风险收益率。因此，在引入无风险资产后的图5.4中，B点代表的无风险资产组合（即该点代表的组合完全由无风险资产组成）对应的坐标是（0，R_f），A点预期收益高于B点。在确定B点后，由B点可以向双曲线AMC引出无数条相交的射线，其中以BM的斜率最大，即每单位风险的收益最大，因此该射线是引入无风险资产后的新的有效前沿。M点代表的组合全部由有风险资产组成，无风险资产的比例为0。B点和M点之间的各点代表的投资组合中，有风险资产和无风险资产的比例均为正。从M点继续向右上方延伸的射线部分代表的投资组合中，无风险证券的比例为负，有风险资产的比例超过100%。

射线BM就是所谓的"资本市场线"（Capital Market Line，CML），其函数表达式为：

$$E(R_p) - R_f = \frac{E(R_M) - R_f}{\sigma_M}\sigma_p$$

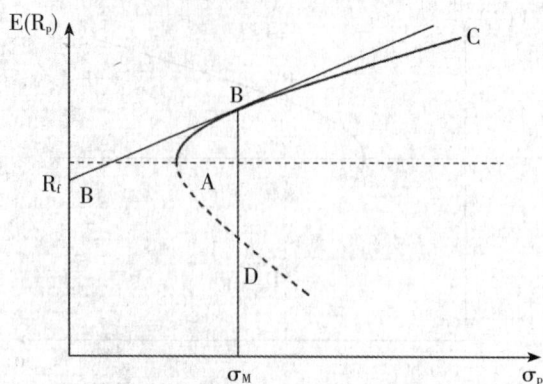

图5.4　资本市场线与市场组合

　　资本市场线的斜率被称为风险价格（Price of Risk），即风险收益率与风险的比率。该表达式说明，在资本市场直线上的投资组合，其期望收益率与无风险利率的差与该组合的标准差成比例。

　　现在，我们再引入市场组合的概念。市场组合包含了市场上所有的证券，即也包括无风险证券，并且各种证券的比例等于每种证券的市值与所有证券总值的比例。如果一个投资组合中不含有无风险证券，并且各种风险证券在组合中的比重等于每种风险证券的市值与所有风险证券市值的比例，那么这个组合是风险证券的市场组合。我们通常所说的是风险证券的市场组合。

　　例如，我们假设某个证券市场上有五只证券：有风险证券A、B、C、D和无风险证券E，其对应的市值分别为200亿元、500亿元、200亿元、100亿元和500亿元，那么市场组合中A、B、C、D和E的比例分别为2/15、1/3、2/15、1/15和1/3。

　　我们在图5.3中说明了有效组合的概念，现在又谈到了市场组合的概念，那么两者有什么联系呢？

　　根据资本市场理论的假设，任何投资者对同一只股票的收益、风险都有相同的预期，因此投资者构造的投资组合都将落在图5.4中的射线上。事实上，每位投资者都使用无风险证券和M点代表的有风险证券组合组建新的投资组合。

　　我们可以断定，M点代表的投资组合中必然包含了所有的风险证券，否则，没有包含在该点的风险证券价格下跌，收益率将提高，理性的投资者将投资于该证券，从而该风险证券也进入M点。因为投资者都使用M点和无风险证券构建投资组合，所以所有的投资者都持有相同的有风险组合，每种有风险证券在每个投资者的投资组合中的比重相等。由此我们可以知道，当市场达到均衡时，各种有风险证券的市值在所有有风险证券市值中的比例等于该风险证券在M点的组合中的总价值比例。数学推导如下：

　　假设市场上有n种风险证券，有m个投资者，每个投资者的风险证券组合的价值分别为u_i（i=1，2，…，m），第j种风险证券在第i个投资者的风险组合中的价值为u_{ji}（j=1，2，…，n），我们可以得到下式：

$$\frac{u'_{j1}}{u_1} = \frac{u'_{j2}}{u_2} = \frac{u'_{j3}}{u_3} = \cdots = \frac{u'_{jm}}{u_m} = \frac{\sum\limits_{i=1}^{m} u'_{ji}}{\sum\limits_{i=1}^{m} u_i}$$

其中：$\sum\limits_{i=1}^{m} u'_{ji}$——第 j 种证券的总价值；

$\sum\limits_{i=1}^{m} u_i$——所有有风险证券的总价值。

由此可见，第 j 种风险证券的市值在所有风险证券市值中的比例等于该风险证券在 M 点的组合中的总价值比例。

进一步我们知道，M 点代表的投资组合是有风险资产的市场组合。显然，市场组合也是有效组合，因为市场组合落在有效前沿上。

市场组合的概念引申出指数化的消极投资策略：投资者和基金经理只要持有市场投资组合，就必然达成有效投资。指数基金是指数化投资策略的实践者，基金经理可以根据典型的市场指数，如 S&P500 指数、金融时报 100 指数、恒生指数或日经指数等进行投资。指数化投资策略不需要基金经理对市场进行深入研究，只需被动地跟踪事先选定的指数即可，因此称之为指数化的被动投资策略。

5.2.3 证券市场线

从前面的论述我们可以看出，资本市场线研究的是有效组合的预期收益率与该组合的风险及市场组合的预期收益率之间的关系，那么单个证券或无效组合的预期收益率与它的风险及市场组合的预期收益率又是什么关系呢？这个问题需要由证券市场线来回答。

证券市场线研究的是单个证券的预期收益率与该证券的风险及市场组合预期收益率之间的关系。在资本市场直线中，衡量投资组合风险的指标是 σ_p，它衡量的是组合的总风险，即市场风险和非市场风险。在资本资产定价模型中，衡量投资组合或单个证券总风险的指标是 $\rho_{iM}\sigma_{R_i}$（ρ_{iM} 表示第 i 种证券的预期收益率与市场组合的预期收益率之间的相关系数），它衡量的是组合或单个证券的市场风险。证券市场线的表达式如下：

$$E(R_i) = R_f + \beta_{iM}(E(R_M) - R_f)$$

其中：

$$\beta_{iM} = \frac{Cov(R_i, R_M)}{Var(R_M)}$$

或者：

$$\beta_{iM} = \rho_{iM}\frac{\sigma_{R_i}}{\sigma_{R_M}}$$

当证券市场线应用于组合（无论该组合是有效的还是无效的）时，我们得到下面的表达式：

$$E(R_p) = R_f + \beta(E(R_M) - R_f)$$

其中：

$$\beta = \frac{Cov(R_P, R_M)}{Var(R_M)}$$

这种证券市场的变化见图5.5。

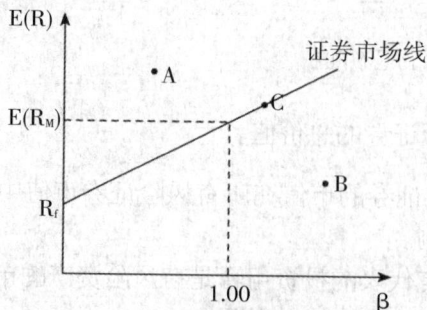

图5.5　证券市场线

从图5.5中可以看出，如果某只证券的β系数大于1，则该证券的预期收益率大于市场组合的预期收益率；如果β系数小于1，则该证券的预期收益率小于市场组合的预期收益率；如果β系数等于1，则该证券的预期收益率等于市场组合的预期收益率。

下面我们来解释为什么资本市场线采用组合的标准差衡量组合的风险，而证券市场线采用 $\rho_{iM}\sigma_{R_i}$ 衡量组合的风险？首先我们应当明确，市场只对市场风险作出补偿，对非市场风险不会作出补偿。资本市场线所要求解的投资组合都是有效组合，这些组合的非市场风险完全被分散掉了，只面临着市场风险，因此可以用组合预期收益的标准差衡量组合的市场风险。对不是有效组合的投资组合或者单个证券而言，预期收益的标准差不仅包括市场风险，也包括非市场风险，因此我们需要从其他途径求得组合和单个证券的市场风险。在证券市场线中，我们使用的是 $\rho_{iM}\sigma_{R_i}$ 作为组合或单个证券的市场风险，单个证券的风险补偿等于该证券的β系数乘以有风险资产的市场组合的风险补偿。

从资本资产定价模型的表达式中可以看到，该模型只是说明了组合或单个证券的预期收益率，又怎样对资本资产进行定价呢？

通过证券市场线的表达式，我们利用单个证券的β系数可以得到单个预期收益率，利用公式 $E(R_i) = \frac{E(P_1) - P_0 + 红利}{P_0}$，读者就可以算出该证券的预期价格。

从图5.5中我们可以看到，在证券市场线上方的证券A，其预期收益率高于它对应的β系数应获得的预期收益率，这说明该证券的价格被低估，未来可能上升，基金经理可以将该证券纳入投资组合。在证券市场线下方的证券B，其预期收益率低于它对应的β系数应获得的预期收益率，这说明该证券的价格被高估，未来可能下降，基金经理应考虑将组合中的该证券售出。

5.3　因素模型与组合管理

5.3.1　因素模型

证券市场线表明，市场风险是证券或投资组合的风险的重要组成部分，而非市场风险则可通过合理的证券组合进行分散。单因素模型是证券市场线的替代形式，证券市场线表现的是风险与预期收益率的关系，单因素模型则是描述预期收益率形成过程的统计模型。

单因素模型认为，每只证券的价格都受到市场总体趋势或因素的影响，当市场总体趋于上升时，将会推动每只证券的价格上升；当市场总体趋于下降时，将会带动每只证券的价格下降。这种市场总体趋势作用于所有的证券，其他的因素作用于单个证券，这些特定因素的影响在投资组合中被分散掉。

单因素模型的表达式为：

$R_i = \alpha_i + \beta_i R_{iM} + \varepsilon_i$

β 系数是单个证券或投资组合的收益率和市场收益率的协方差与市场收益率的方差之比，即：

$$\beta_i = \frac{Cov(R_i, R_{iM})}{Var(R_{iM})} = \frac{\rho_{iM} \sigma_M \sigma_i}{\sigma_M^2} = \frac{\rho_{iM} \sigma_i}{\sigma_M}$$

单因素模型中的 β 系数是回归直线的斜率，它衡量的是单个证券或投资组合的收益率对市场总体因素的收益率的变化的敏感度，即描述的是预期收益率的形成过程。

α 表示拟合直线的截距，它描述的是当市场收益率为0时，该证券的收益率为多少。注意，α 表示的不是无风险收益率，它表示的是在市场因素之外的额外收益率。

ε 表示模型未能识别的随机性因素导致的收益率，它的值是随机性的。在大量的观察值中，它的期望值为0，即 $E(\varepsilon) = 0$。不同的 ε 之间是独立的，即 $E(\varepsilon_i \varepsilon_j) = 0$（$i \neq j$），其经济学意义为排除市场总体因素的影响后，各证券的收益率之间不存在相关性，构建投资组合后，可以将各证券的特定风险分散掉。

我们通过单个证券的收益率和市场指数的收益率进行一元线性回归，即可以轻易得到 α 和 β 的数值。

利用单因素模型的表达式，我们得到下式：

$E(R_i) = \alpha_i + \beta_i E(R_M)$

从上式可以看出，该证券的预期收益率包括两部分：超额收益率 α_i 和该证券承担的市场风险的收益率 $\beta_i E(R_M)$。随机项带来的预期收益率为零，因为 $E(\varepsilon) = 0$。

该证券的风险表达式如下：

$Var(R_i) = \beta^2 Var(R_M) + Var(\varepsilon)$

由此可见，该证券的风险也包括两部分：$\beta^2 Var(R_M)$ 和 $Var(\varepsilon)$，其风险源分别是市场风险和证券本身。前者是与市场相联系的风险，该风险以 $Var(R_M)$ 为基础，以不同证券的 β^2 为联系，对所有的证券发生作用。后者是单个证券自身的风险，不对其他证券发生作用。这个观点与马科维茨的投资组合理论关于证券风险的观点是一致的。

上述方法是求单个证券的预期收益率和风险，单因素模型同样可以求解某个投资组合 R_p 的 α_p、β_p、$E(R_p)$ 和 $Var(R_p)$ 等参数。我们假设第 i 种证券在组合 R_p 中的比重分别为 ω_i（$\sum_{i=1}^{n} \omega_i = 1$），则：

$$\alpha_p = \sum_{i=1}^{n} \omega_i \alpha_i, \beta_p = \sum_{i=1}^{n} \omega_i \beta_i, \varepsilon_p = \sum_{i=1}^{n} \omega_i \varepsilon_i$$

所以 $R_p = \alpha_p + \beta_p R_M + \varepsilon_p$，进一步我们得到：

$$E(R_p) = \alpha_p + \beta_p E(R_M)$$

$$Var(R_p) = \beta_p^2 Var(R_M) + Var(\varepsilon_p)$$

$$Var(\varepsilon_p) = Var\left(\sum_{i=1}^{n} \omega_i \varepsilon_i\right) = \sum_{i=1}^{n} \omega_i^2 Var(\varepsilon_i) + \sum_{i=1}^{n} \sum_{j=1, j \neq i}^{n} \omega_i \omega_j Cov(\varepsilon_i, \varepsilon_j)$$

其中，$Var(\varepsilon_p)$ 代表了非市场风险部分，由于不同证券的随机项之间不相关，即 $Cov(\varepsilon_i, \varepsilon_j) = 0$，非市场风险部分只剩下 $\sum_{i=1}^{n} \omega_i^2 Var(\varepsilon_i)$，在加入更多证券之后，仍然比各证券的非市场风险相加显著降低。

市场风险部分的 $\beta_p^2 Var(R_M) = \left(\sum_{i=1}^{n} \omega_i \beta_i\right)^2 Var(R_M)$，显然组合投资并不能有效降低市场风险，但组合的市场风险显然低于组合中市场风险最高的证券。从这一条可以引申出我国基金在熊市中通常采取的策略——减少与市场风险相关度高（β较大）的证券的比例。

5.3.2　多因素模型

单因素模型实际上认为市场风险是影响所有股票收益率的唯一整体因素，资本资产定价模型从本质上说是一种单因素模型。

在证券市场中，对单一证券发生影响的因素很多，除了前面所讲的市场因素外，通常还存在对特定性质的股票集合（最常见的是行业）发生影响的因素，如能源的价格对能源业的股票发生影响，企业对IT产品的需求对IT行业的股票价格产生影响。

与单因素模型相比，多因素模型认为影响股票预期收益率形成的因素除市场因素外，还包括许多介于市场因素和企业特定因素之间的其他因素。应用多因素模型时，最关键的是取舍和比较因素对股票预期收益率的敏感度。当某个因素对股票预期收益率的形成非常敏感时，就可以纳入到多因素模型中，否则，不可以随便将某个因素纳入到该模型中。

在讨论哪个因素对证券预期收益率的形成敏感时，可以从定性分析和定量分析（即统计分析）两方面考虑，后者较常用的统计分析方法为聚类分析和因子分析。

我们假设某股票的多因素模型如下：

$$R_i = \alpha_i + \beta_M R_{Mi} + \beta_1 R_{1i} + \beta_2 R_{2i} + \beta_3 R_{3i} + \varepsilon_i$$

该式表明影响这只股票收益率的因素包括4个，除市场因素外，还包括3个因素。α仍然表示当各因素的收益率为0时该证券的收益率。各个因素的β系数表示股票收益率变化对因素导致的收益率变化的敏感度。如果某个因素的β为1.5，则该因素变化1%时，股票收益率将变化1.5%。对于随机项 ε，我们仍然假设 $E(\varepsilon) = 0$ 和 $E(\varepsilon_i \varepsilon_j) = 0$（$i \neq j$）。

在多因素模型的框架下，由于 $E(\varepsilon) = 0$，所以该证券的预期收益率表达式为：

$$E(R_i) = \alpha_i + \beta_M E(R_{Mi}) + \beta_1 E(R_{1i}) + \beta_2 E(R_{2i}) + \beta_3 E(R_{3i})$$

证券风险的表达式为：

$$Var(R_i) = \beta_M{}^2 Var(R_M) + \beta_1{}^2 Var(R_1) + \beta_2{}^2 Var(R_2) + \beta_3{}^2 Var(R_3) + Var(\varepsilon)$$

其中与 R_1、R_2 和 R_3 联系的三部分风险统称为超市场风险。证券的风险分为三部分：与市场相关的风险、与超市场因素相关的风险和企业特定的风险，前两者不能通过多元化分散，后者可以通过多元化分散（见图5.6）。

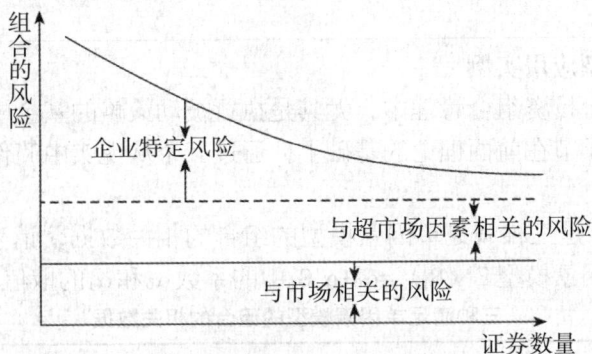

图5.6 多因素模型的风险分解

投资组合的预期收益率的表达式为：

$$E(R_p) = \alpha_p + \beta_M E(R_{Mp}) + \beta_1 E(R_{1p}) + \beta_2 E(R_{2p}) + \beta_3 E(R_{3p})$$

投资组合的风险的表达式为：

$$Var(R_p) = \beta_M{}^2 Var(R_{Mp}) \, \beta_1{}^2 Var(R_{1p}) + \beta_2{}^2 Var(R_{2p}) + \beta_3{}^2 Var(R_{3p}) + \sum_{i=1}^{n} \omega_i{}^2 Var(\varepsilon_i)$$

从图5.6中可以看出，多因素模型所反映的投资组合的风险与我们前面提到的投资组合的风险相比，多出了"与超市场相关的风险"。其中，与超市场相关的风险和与市场相关的风险是不可分散的，而企业特定风险则是可分散的。

【知识链接5-1】　　　　　　　纯因素组合

假设在两因素模型下，三种证券对因素F1和F2的敏感度βi如下表所示，请构造一个因素F1的纯因素组合。

三种证券对两因素的敏感度

证券	β1	β2
1	0.80	1.50
2	1.20	−1.56
3	0.80	1.60

解：符合题目要求的纯因素组合对因素F1的敏感度为1，对因素F2的敏感度为0，因此，由组合的敏感度计算公式可知，组合P（W1，W2，W3）必须满足下列方程组：

> 0.8W1+1.2W2+0.8W3=1
>
> 1.5W1−1.56W2+1.6W3=0
>
> W1+W2+W3=1
>
> 解方程组得到：
>
> W1=0.2，W2=0.5，W3=0.3
>
> 所以，由这三种证券构成的因素F1的纯因素组合中，三种证券所占的比重分别为0.2、0.5和0.3。

5.3.3 因素模型应用实例

因素模型在基金投资组合管理中，尤其是执行被动策略的基金中运用广泛，但实际操作较为复杂，本小节在前面理论的基础上，通过三个从现实中简化的实例来说明因素模型的运用。

【例5-1】表5.2是三种满足单因素模型的组合的相关数据，请求出组合2的期望收益率，同时计算单因素模型$E(R_i)=\alpha_0+\alpha_1\beta_1$中的系数$\alpha_0$和$\alpha_1$的取值。

表5.2　　　　　　　　　　三种满足单因素模型的组合的相关数据

	组合1	组合2	组合3
期望收益率	15%		25%
贝塔系数	0.5	1.2	1.5

解：由组合1、组合3联立方程组：

$$\begin{cases} 15\% = \alpha_0 + \alpha_1 \times 0.5 \\ 25\% = \alpha_0 + \alpha_1 \times 1.5 \end{cases}$$

由以上两个方程解出：$\alpha_0=10\%$，$\alpha_1=10\%$。将上述值代入单因素模型$E(R_i)=\alpha_0+\alpha_i\beta_i$中，组合2的期望收益率为：

$$E(R_2)=10\%+10\%\times1.2=22\%$$

【例5-2】已知股票A和B分别满足下列单因素模型：

$$R_A=0.10+0.9\bar{R}_M+\varepsilon_A$$

$$R_B=0.05+1.1\bar{R}_M+\varepsilon_B$$

$$\sigma_M=0.2 \quad \sigma(\varepsilon_A)=0.3 \quad \sigma(\varepsilon_B)=0.1$$

（1）分别求出两个股票的标准差及它们之间的协方差。

（2）用股票A和B组成一个资产组合，两者所占比重分别为0.4和0.6，求该组合的非系统标准差。

解：（1）$\sigma_A^2=\text{Cov}(R_A, R_A)=\text{Cov}(0.10+0.9\bar{R}_M+\varepsilon_A, 0.10+0.9\bar{R}_M+\varepsilon_A)$

$$=0.9^2\times\sigma_M^2+\sigma_{\varepsilon_A}^2=0.9^2\times0.2^2+0.3^2=1.1224$$

$$\sigma_A=\sqrt{\sigma_A^2}=\sqrt{0.1224}=0.3499$$

同理：

$$\sigma_B^2=\text{Cov}(R_B, R_B)=\text{Cov}(0.05+1.1\bar{R}_M+\varepsilon_B, 0.05+1.1\bar{R}_M+\varepsilon_B)=0.0584$$

$\sigma_B = \sqrt{\sigma_B^2} = \sqrt{0.0584} = 0.2417$

股票 A、B 之间的协方差为：

Cov（R_A，R_B）=Cov（$0.10+0.9\bar{R}_M+\varepsilon_A$，$0.05+1.1\bar{R}_M+\varepsilon_B$）=$0.9 \times 1.1 \times \sigma_M^2 = 0.0396$

故股票 A 的标准差为 0.3499，股票 B 的标准差为 0.2417，股票 A 与 B 之间的协方差为 0.0396。

（2）由单因素模型组合方差公式：$\sigma_P^2 = \beta_P^2 \sigma_M^2 + \sigma^2（\varepsilon_P）$，其中第一项为系统风险，第二项为非系统风险。

$\varepsilon_P = W_A \times \varepsilon_A + W_B \times \varepsilon_B$，所以 $\sigma^2（\varepsilon_P）= W_A^2 \times \sigma^2（\varepsilon_A）+ W_B^2 \times \sigma^2（\varepsilon_B）= 0.4^2 \times 0.3^2 + 0.6^2 \times 0.1^2 = 0.018$。

【例5-3】表5.3描绘了一个由三只股票组成的股票市场，而且该市场满足单因素模型。

表5.3 三只股票的基本信息

股票	资本金（元）	贝塔值	平均超额收益率	标准差
A	3 000	1	10%	40%
B	1 940	0.2	2%	30%
C	1 360	1.7	17%	50%

市场指数组合的标准差为25%，请问：

（1）市场指数投资组合的平均超额收益率为多少？

（2）股票A与股票B之间的协方差为多少？

（3）股票B与指数之间协方差为多少？

（4）将股票C的方差分解为市场和公司特有两部分，分别为多少？

解：（1）由题意知，市场组合中三种股票占比分别为：

$$W_A = \frac{3\,000}{3\,000 + 1\,940 + 1\,360} = \frac{3\,000}{6\,300}; W_B = \frac{1\,940}{6\,300}; W_C = \frac{1\,360}{6\,300}$$

故市场指数投资组合的平均超额收益率为：

$$\frac{3\,000}{6\,300} \times 10\% + \frac{1\,940}{6\,300} \times 2\% + \frac{1\,360}{6\,300} \times 17\% = 9.05\%$$

（2）A、B之间协方差为：

Cov（R_B, R_M）=$\beta_A \times \beta_B \times \sigma_M^2 = 1 \times 0.2 + 0.25^2 = 0.0125$

（3）B与指数之间的协方差为：

Cov（R_B, R_M）=$\beta_B \times \beta_M \times \sigma_M^2 = 0.2 \times 1 \times 0.25^2 = 0.0125$

（4）由题意我们知道，股票C的标准差为0.5，即公司的总风险水平为0.25。证券C的系统风险为 $\beta_i^2 \sigma_M^2 = 1.7^2 \times 0.25^2 = 0.180625$，非系统风险为 $0.25 - 0.180625 = 0.069375$。

5.4　有效市场理论

5.4.1　有效市场理论的主要内容

有效资本市场（Efficient Capital Market）的研究始于 20 世纪 50 年代对股票价格变动规律的研究。英国统计学家莫里斯·肯德尔（Maurice Kendall）1953 年对股票价格进行分析后发现[1]，股价的变动没有任何规律可寻，完全是随机变动。此外，肯德尔无法推导出股价的发展模式，因为它们在任何一天都有可能上升或者下降，过去的数据无法为将来的预测提供依据。这一结论被称为"随机漫步"（Random Walk）假说，表明股票价格的变动没有规律性。但是，肯德尔的研究主要建立在实验观察的基础上，并没能够对这些假设进行合理的经济学解释，因而缺乏一个完善的理论基础。此后直到 1970 年，美国芝加哥大学经济学家尤金·法玛（Eugene Fama）发表了《有效资本市场：理论和实证研究的回顾》[2] 一文，并通过一个公平博弈模型（Fair Game Model）首次提出"有效市场假说"（Efficient Market Hypothesis，EMH）。与"随机漫步"假说研究不同，公平博弈模型是通过定义某一特定时点上的信息集，从而研究在对应时点上的证券价格是否完全反映了全部可获得信息并与其所包含的风险相一致，这意味着不能根据当前的信息来设计一种投资策略以获得超过与资产风险相对应的收益率[3]。可以说，在一个有效资本市场中，信息的披露和传递是充分的，即好消息会立即导致价格的上升，坏消息会使价格立即下降。如果信息已经在证券价格中全部得到反映，那么证券价格的变动将不存在内在联系，因而表现出随机变动的走势特征。

1. 有效市场理论的假设条件

当说资本市场是有效的时，通常意味着该市场上的证券价格反映出全部有效信息，由于市场交易是由投资者完成的，因而证券价格的变化与投资者的行为有关。在这样简单的逻辑推理中，可以看出有效市场假说的假设条件重点包含两个方面：信息集和投资者行为。

对于信息集而言，前提条件包括：第一，信息以随机的方式进入市场，而且信息公布的时间通常是相互独立的；第二，信息是公开可获得的，且获取的成本为零。

对于投资者行为而言，前提条件包括：第一，投资者只是证券价格的接受者，证券价格不受个别投资者行为的影响；第二，市场存在着众多追求利润最大化的相互竞争的投资者，他们各自独立地对证券价格进行分析和评价，不会受到他人评估结果的影响；第三，相互竞争的投资者面对新信息，总是试图迅速作出交易反应，且交易成本为零。

1　KENDALL M.The Analysis of Economic Time Series，Part I：Prices ［J］．Journal of the Royal Statistical Society，1953（76）．

2　FAMA E. Efficient Capital Markets：A Review of Theory and Empirical Work ［J］．Journal of Financial Economics，1970，25（2）：383-417.

3　这个收益率通常被称为均衡收益率。

2.有效市场的分类

除了通过建立公平博弈模型来阐述有效市场理论以外，法玛把该模型中的信息集分为历史信息、公开信息和内幕信息三种，而当证券价格所反映的信息集由历史信息、公开信息扩大到内幕信息时，信息集包含的范围逐步扩大，对应的市场有效性也就逐渐提高。按照市场有效性的衡量标准，信息集范围的不同代表不同程度的市场效率，法玛在1970年曾经根据信息集合的差别，将市场有效分为弱有效、半强有效和强有效三种。

（1）弱有效市场（Weak-form Efficiency）

弱有效市场是指证券价格已经反映了从市场交易数据中可以得到的全部信息，即所有的历史信息，如证券的价格、收益率、交易量等。既然价格已经反映了所有的历史信息，过去的市场交易数据对将来的证券价格预测就没有任何作用，因此，按照由历史信息得出的交易规律进行证券买卖，将无法获得超额利润。

（2）半强有效市场（Semistrong-form Efficiency）

半强有效市场认为证券价格除了反映历史信息外，还包含市场上所有其他的公开信息，如公司的盈利预测、股息分配方案、财务报表等。与弱有效相比，半强有效对市场效率的要求较高，不仅所有关于证券价格的历史信息对估计证券的未来价格变动没有作用，而且所有其他公开信息对价格预测也没有用处。

（3）强有效市场（Strong-form Efficiency）

强有效市场在三种有效市场中对信息集的要求最为严格，它要求所有有用的信息都在证券价格中得到反映。强有效市场认为证券价格不仅仅反映历史信息和公开信息，还反映内幕信息。所谓内幕信息指的是公司内部人员掌握的、公司还没有公开的信息，如公司未来的发展计划、高级管理人员的变动安排。强有效市场假设意味着任何投资者都不可能持续地获得超额利润，这只可能是一种理想状态。目前，世界上没有哪一个国家的资本市场可以有效地杜绝公司内部人员在关键信息被公布前，利用这些信息进行买卖以获利的情况发生。

随着有效市场理论的发展以及信息经济学的引入，有效市场理论的研究开始分为三个学派，分别是经验主义学派、信息经济学派以及市场微观结构学派。三个学派都为有效市场理论的进一步发展作出了巨大的贡献。

经验主义学派以尤金·法玛为代表，随着研究的进一步深入，经验主义学派开始承认市场并不是完全的有效，允许市场存在一定的可预测性，他们认为金融市场上存在一定程度的可预测性并不是非理性的征兆，相反可预测性所带来的收益激励投资将市场推向更有效的方向。信息经济学派则质疑了有效市场假说的三个前提假设，他们通过使用带噪声的理性预期模型，证明了价格只能反映知情交易者所拥有的部分信息，说明市场不可能完全有效。但在信息经济学派的研究中，不知情交易者可以通过付出一定的成本成为知情消费者，市场价格对信息的反映将取决于这部分信息成本，所以市场是部分有效的。市场微观结构学派则从两个方面改进了有效市场假说：一是修订了有效市场假说的第一个假设，引入了流动性交易成本；二是提出市场价格中存在着价格发现的风险溢价。

5.4.2　有效市场理论对投资组合管理的影响

如果市场是有效的，证券价格将反映所有信息，投资者无法获得超额利润，那为什么投资者不随便选一些股票而仍然理智地构造各自的投资组合呢？应该说，即使是在强有效市场中，理性的投资组合管理也是必要的。

现代投资组合理论是以风险-收益理论为基础解释市场中的投资行为的。组合理论中的一条基本原则就是分散风险，通过构造恰当的组合，将证券的非系统风险抵消，只保留无法分散的系统风险。在有效市场中，每一种证券的总风险中都含有各自独有的非系统风险，这种风险可以通过构造投资组合来分散。因此，即使是有效市场，也需要投资者根据自身对风险的承受能力构建投资组合，从而减少非系统风险。此外，投资者构建投资组合也是出于对税收负担的考虑。就高税赋阶层而言，尽管免税证券的税前利润有限，但他们仍然倾向于购买这些证券，以获得较高的税后收益；同时，免税证券由于收益低，尽管可以免除税收，但是免税证券对低税赋阶层的吸引力仍然较低。因此，这两类投资者在选择各自的资产组合时，就需要把税收因素考虑进去，而不是仅仅分析税前收益的多少。

对于资产管理人或基金经理而言，对投资组合的管理需要更加慎重，目前市场上的投资组合策略通常可以分为消极与积极两类。积极的投资组合策略意味着资产管理团队拥有较行业水平相比更强的证券分析能力，能够通过基本面分析把握住投资机会，尽管这种策略下的管理成本会更高，但其收益也更加可观；相反，实行消极的投资组合策略通常意味着资产管理团队的证券分析能力一般或者积极策略的成本太高，想要在消极策略下更好地消除非系统风险，则意味着要在投资组合中配置数目众多的证券，目前市场上的指数型投资基金正是这种消极策略的代表。

5.5　行为金融理论

5.5.1　行为金融理论发展历史

20世纪五六十年代，一批较为活跃的经济学家开始系统地通过心理学的一些理论和方法来分析和解决经济问题，这些经济学家的探索和努力为行为金融学理论的发展打下了坚实的基础。在这些经济学家中，西蒙与乔治·卡托纳是标志性的人物。西蒙通过对认知心理学的研究提出了"有限理性"假说，指出了经济活动的主体在决策时面临着复杂环境与自身认知能力的双重约束，即使一个主体能够精准计算出每一次选择的成本收益，因其无法精确地知道自身的偏好，实际上主体很难作出正确的选择。由于在经济决策研究中开创性的发现，西蒙获得了诺贝尔经济学奖。乔治·卡托纳则通过广泛研究经济行为的心理基础，对新古典经济学中理性经济人的假说进行了批评，提出研究经济行为必须从心理学出发从而揭示行为的内在决定过程，随后卡托纳又将心理学运用到宏观经济学之中，提出了通货膨胀预期假说。因此，卡托纳被称为行为经济学的开创者之一。

行为金融学的发展依托于行为经济学的发展。随着行为经济学理论的发展和兴起，行为金融学理论的研究也于20世纪80年代兴起，并在90年代得到较为迅速的发展，它是在对现代投资理论的挑战和质疑的背景下形成的，其中代表性的人物为丹尼尔·卡尼曼和理查德·塞勒。卡尼曼与特沃斯基合作研究了人类行为与投资决策模型基本假设相冲突的方面，提出了"预期理论"，该理论是行为金融学里的代表性学说之一。塞勒则将心理上的现实假设纳入经济决策分析，通过研究有限理性、社会偏好和缺乏自我控制的结果，发现了投资者的人格特质如何系统地影响个人决策进而影响市场的过程。随着现代投资理论无法解释的市场异象的不断出现，以及金融学界对行为金融的关注与研究，行为金融理论日益丰富，也逐渐被主流经济学所接受。

行为金融理论以心理学的研究成果为依据，认为投资者行为常常表现出不理性，因此会犯系统性的决策错误，而这些非理性行为和决策错误将会影响到证券的定价，投资者的实际投资决策行为往往与投资者"应该"（理性）的投资行为存在较大差异。因此，建立在理性投资者假设和有效竞争市场假设基础之上的现代投资理论，也就不能对证券市场的实际运行情况作出合理解释。相反，行为金融学以投资者的实际决策心理为出发点讨论投资者决策对市场的影响，突破了现代投资理论的最优决策模型假设，使研究更接近实际。但由于对人类心理与行为的研究很有难度，以及行为金融理论的发展时间尚短，行为金融理论自身也存在一定缺陷。

5.5.2 行为金融理论的主要内容

1.行为金融理论的主要学说

尽管行为金融理论已经经过了近40年的发展，但其尚未形成一个完整的理论体系，其研究仍主要集中于对一些市场异常现象的讨论上，其中有代表性的学说是行为金融理论的四大研究成果：预期理论、后悔理论、过度反应理论和过度自信理论。

（1）预期理论

预期理论认为，经济主体进行决策实际上是对"前景"（指各种风险结果）的选择。人们在决策过程中遵循着以下的心理过程与规律：一是情绪经常会破坏作出理性选择需要的自我控制能力；二是人们往往无法完全理解他们所遇到的问题。因此，人们在决策过程中因有限理性、有限控制力和有限自利的存在，其决策将存在不确定性。

由此，预期理论推断投资者在做决策时会受到四个方面的影响，导致其偏离现代投资理论的假设，这四个方面分别是：决策参考点，即投资者往往会以自己身处的位置和标准来衡量行为的损失和收益；亏损规避心理，指投资者在决策参考点进行心理计算时，对预期损失的估值会高于对预期收益的估值；框架效应，指投资者面对一种情况时，会因为表达方式的差异而产生决策差异；非贝叶斯法则，即投资者过分夸大小样本的代表性。同时，预期理论还总结出两大定律：①人们对损失和获得的敏感程度是不同的。②在面临获得时，人们往往会小心翼翼，不愿意冒风险；但是在面对损失时，人们往往会成为冒险家。

（2）后悔理论

后悔理论认为，当投资者作出决策的时候，往往会考虑因这个决策所产生的负效用，即后悔，为了消减这种负效用，投资者会把产生后悔的可能性考虑到决策中。假设决策结果相同，如果某种决策可以减少后悔，则这种方式对于投资者来说优于其他方式。由于投资者将后悔的成本加入了决策时的成本–收益计算，将导致投资者的行为偏离现代投资理论。例如，在股票市场中，假设投资者购买大多数人都看好的股票，如果股票价格下跌，投资者也会因为大多数人一起亏损而后悔感不强烈；反之，假设投资者购买了大多数人都看空的股票，当股票价格下跌时投资者的后悔感会异常强烈。所以市场上往往会出现投资者追捧某只被看好的股票而忽略冷门股票的现象。

后悔理论比预期理论更为简单，但是仍然能够解释预期理论中发现的市场异象。后悔理论还为研究投资者决策提供了新的方法，并且被广泛应用于解释一些现代投资理论无法解释的悖论或异象。

（3）过度反应理论

过度反应理论认为投资者在不确定条件下作出决策时，由于系统性认知偏差而造成其过度重视当期信息且忽视往期信息，导致了证券市场上的价格出现了超涨或者超跌的现象。按照现代投资理论，当上市公司的股价超过其实际价值时，投资者会卖出股票，而当股价小于其实际价值时，投资者会购入股票。但实际上在证券市场中，证券价格偏离其实际价值的现象却长期存在。有关过度反应的研究发现，投资者会对遭受损失的投资组合越来越悲观，反之对获利的投资组合越来越乐观，市场的不确定性会使投资者产生认知偏差，导致投资者面对利空或者利好的消息都会表现出过度反应，这可以解释为什么当证券市场进入牛市时，股价不断上涨直至远远超过上市公司的实际价值，以及为什么当证券市场进入熊市时，股价不断下跌到投资者无法接受的程度。

（4）过度自信理论

在行为金融理论中，过度自信被定义为：第一，投资者往往认为自身得到的市场信息更加准确从而高估这类信息的准确度。第二，投资者高估了自己预估股票实际价值的能力，并低估了价格估算的误差方差。

过度自信理论认为，当投资者在心理上出现过度自信的时候，会认为自身拥有足够的能力预测上市公司未来的价值。投资者的这种行为会对市场产生影响：一是对交易量产生影响。过度自信的投资者由于高估自身能力，会提高自身交易的频率，使得市场总交易量增加，同时增加了交易成本，降低了自身的收益率。二是对投资风险产生影响。更多的交易意味着会出现更多的市场波动。除此之外，研究表明，过度自信的投资者偏好于更高风险的投资组合，这也使得投资风险进一步增加。

2.行为金融理论模型

（1）BSV 模型（Barberis、Shleffer 和 Vishny 模型）

　　BSV 模型认为，人们在进行投资决策时会存在两种心理认知偏差：一是选择性偏差（Representative Bias），即投资者过分重视近期实际的变化模式，而对产生这些数据的总体特征重视不够；二是保守性偏差（Conservative Bias），即投资者不能根据变化了的情况修正增加的预测模型。这两种偏差常常导致投资者产生两种错误决策：反应不足或反应过度。

　　（2）DHS 模型（Daniel、Hirsheifer 和 Subramanyam 模型）

　　DHS 模型将投资者分为有信息与无信息两类。无信息的投资者不存在判断偏差，有信息的投资者则存在着过度自信和对自己所掌握信息过分偏爱两种判断偏差。证券价格由拥有信息的投资者决定。过度自信导致投资者不切实际地高估了自己对股票价值判断的准确性；而过分偏爱自己所占有的私人信息往往使投资者对自己掌握的信息反应过度，而对公开信息反应不足。在这两种判断偏差的作用下，就会导致股票价格短期过度反应和长期的连续回调。

　　（3）HS 模型（Hong 和 Stein 模型）

　　HS 模型又称为统一理论模型。该模型考虑了不同交易者的作用机制，将有限理性的投资者分为消息观察者和动量交易者两个群体。其中消息观察者不依赖过去的价格信息，而是利用有关未来价值的私有信息对股价进行预测并投资，而动量交易者则完全依赖于最近的价格信息。模型假设私有信息在消息观察者中的扩散速度缓慢，使得消息观察者表现出反应不足的倾向，但消息观察者的交易在股价上产生了动量，而动量交易者观察到这一价格变化而进行交易套利，就将推动股价的变动，最终导致股价反应过度。

5.5.3　行为金融的影响与应用

　　行为金融理论的发展对传统的有效市场理论发起了挑战。行为金融理论认为，投资者由于受信息处理能力、信息的不完全、信息处理时间不足以及心理偏差的限制，将不可能立即对全部公开信息作出反应。投资者常常会对非相关信息作出反应，所以其交易往往不是依据信息而是根据噪声作出的。在这种情况下，市场也就不可能完全有效。此外，行为金融理论从投资者行为入手对许多市场异常现象作出了解释，认为异常现象是一种普遍现象。这从另一个方面说明市场是无效的，而不是有效的。

　　行为金融理论已经成为金融研究中一个引人注目的领域，它对原有的以理性人假设为前提的金融理论进行了反思，从人的角度出发解释了市场现象，为理解金融市场提供了一个新的视角，因此行为金融理论在实际应用上有着重要的意义。

　　行为金融理论认为，所有人包括专家在内都会受制于心理偏差的影响，因此机构投资者包括基金经理也可能变得非理性。如基金经理也可能进行跟风操作追涨杀跌等，以避免使自己过于与众不同。行为金融的一个研究重点在于确定在怎样的条件下，投资者会对新信息反应过度或不足，因为这些错误会导致证券价格的错定，这就为采用行为金融式的投资策略奠定了理论基础：投资者可以在大多数投资者意识到错误之前采取行动而获利。

过去投资者总是希望能够通过掌握比别人更多的信息获利，但随着信息时代的到来，运用这种方法获利变得越来越困难。行为金融则可以利用人们的心理及行为特点获利。由于人类的心理及行为基本上是稳定的，因此投资者可以利用人们的行为偏差而长期获利。

● **本章小结**

证券投资基金主要是通过组合投资、分散风险的方式来获取比银行存款和债券利率更高的稳定收益。因此，投资组合理论不仅是证券投资基金资产管理的工具，还是证券投资基金风险管理和绩效评价的基础。

证券投资基金的组合管理首先要有一个计划，即考虑和准备一组能满足目标的证券选择。然后是选择买卖时机，本着低价买入、高价卖出的原则，基金管理人应尽量作出适当的选择。在选择证券和实际买卖时，基金管理人应保持谨慎和理性的态度，尽可能地防范风险。在买入证券后，应定期跟踪检查，如果发现证券的特性已经不符合投资目标，投资者应果断地将其剔除，再选择其他合适的证券。

为了进行量化计算，实现组合投资的目标，在进行分析之前，投资者首先要确定投资组合的收益与风险。通常而言，我们用组合的期望收益率来代表组合的收益，用组合的期望方差代表组合的风险。此外，对每只证券面临的风险进行细分后会发现其中既包括系统风险，也包括非系统风险。系统风险是指所有证券都面临的风险，它是由宏观经济因素或市场因素的影响造成的，不能通过多元化的组合投资分散掉。而非系统风险是指每个证券面临的、与其他证券不同的风险，它是由影响该公司的特定因素造成的，可以通过多元化的组合投资分散掉。

资本资产定价理论和因素模型理论等组合理论都是投资组合管理的理论基石，为投资组合理论的发展作出了巨大的贡献。但是随着时代的变迁、研究的深入以及金融行为模式的进化，有效市场理论和行为金融理论等也对传统的投资组合理论产生了一定的影响。

有效市场理论起源于20世纪50年代，核心思想为如果市场是有效的，则价格会反映所有公开信息，使得投资者无法获得超额利润。有效市场理论把市场的有效性划分为强式、半强式和弱式三种类型，不同类型有效性的市场价格反映出不同的信息类型。行为金融理论则源于经济学家对有效市场理论无法解释的经济现象所进行的思考，行为金融理论主要包括了四大主要理论：预期理论、后悔理论、过度反应理论与过度自信理论，在不同理论的背后有着不同的理论模型作支撑。

证券市场瞬息万变，金融资产的价格会因为各种利好利空消息而上下波动，基金为了能取得更大的收益、更有效地降低风险，就必须根据市场的实际情况，及时调整投资组合，以保证投资目标的实现。

● **重要概念**

投资组合管理 期望方差模型 资本资产定价模型 单因素模型 多因素模型 套利定价模型 有效组合 有效前沿 系统风险 非系统风险 市场组合 资本市场线 证券市场线 基本分析 技术分析 成长型组合 价值型组合 平衡型组合 强有效市场 半强有效市场 弱有效市场 预期理论 后悔理论 过度反应理论 过度自信理论

● **思考题**

1.投资组合管理在证券投资基金的投资管理中的地位和作用是什么?

2.传统证券组合管理和现代证券组合管理的主要区别是什么?

3.资本资产定价模型与因素模型的联系和区别是什么?

4.证券投资基金在进行资产管理时为什么要进行投资组合的调整?调整的过程如何?

5.有效市场假说对于证券投资基金的投资管理有什么启示?

6.行为金融学的过度自信理论是什么?基金经理是否会表现出过度自信?

第6章 证券投资基金资产配置理论

◇学习目标

- 掌握资产配置的概念与类型
- 了解战略性资产配置的过程和特点
- 了解动态资产配置的三种类别与特点
- 了解战术性资产配置的过程和特点

资产配置就是将投资分配到各大类资产中，它是基金管理公司在进行投资时首先碰到的问题。资产配置的目标在于以资产类别的历史表现与投资人的风险偏好为基础，预期未来各类资产的投资风险与收益，构造最优的投资组合。

6.1 证券投资基金资产配置概述

如本书第4章所述，资产配置就是将所要投资的资金在各大类资产中进行分配。具体而言，基金管理公司在资产配置当中需要考虑的主要问题是：（1）基金可以投资于哪些种类的资产？如股票、债券、现金等价物、其他国家的证券等等。（2）基金投资于各大类资产的资金比例。相对于股票投资决策与债券投资决策来说，资产配置决策是投资决策过程中较高层次的决策，考虑的是比较宏观的问题。资产配置是资产管理的决定性环节，资产配置在不同的环境下对不同的投资者有不同的含义。

6.1.1 资产配置的概念

我们知道，在理想情况下，如果投资者可以准确而及时地知道所有可供投资的单个资产预期收益的均值、方差、协方差以及自身的效用函数，并且具备足够的决策能力，那么，投资决策不过就是一个求解效用最大化的直接而简明的过程。但现实中资本市场里充斥着大量的不确定性和随机性，投资者往往难以预期未来的资产价格走势，这使资产配置问题变得更具挑战性也更加复杂。驾简驭繁的方法通常是实行分类，逐步逼近，追求次优。所以，现实中的较优策略的步骤是：（1）将资产分成几大类；（2）预测各大类资产的未来收益；（3）根据投资者的偏好选择各大资产的组合；（4）在每一大类资产中选择最优的单个资产的组合。前三步的工作就是资产配置。

布林森（Brinson）、福德（Hood）等人的研究表明[1]，大型养老基金收益的95.3%决定于其资产配置，由此可见资产配置的重要性。所以，资产配置是投资管理过程中最为关键的环节，对资产配置的理解必须建立在对机构投资者资产和负债问题的本质、对普

---

1 BRINSON, HOOD, BEEBAVER, Determinants of Portfolio Performance [J]. Financial Analysts Journal, 1995, Jan-Feb: 133-138.

通股股票和固定收入证券的投资特征等多方面问题的深刻理解的基础之上。总体来说，在可能范围内的资产配置是决定投资组合相对绩效最重要的因素，是减少投资者对预期收益的不确定性产生忧虑的重要手段。

资产配置在不同层面有不同含义。从范围上看，可分为全球资产配置，股票、债券资产配置和行业风格资产配置等；从时间跨度和风格类别上看，可分为战略性资产配置、战术性资产配置和资产混合配置等；从配置策略上可分为买入并持有策略、恒定混合策略、投资组合保险策略和动态资产配置策略等。

在基金管理中，资产配置的决策既可能是由基金持有人作出，也可能是由基金管理公司作出，还可能是由两者共同作出。比如，对于养老基金（如美国的 Defined Contribution Pension Plans 或者 Defined Benefit Pension Plans），资产配置决策常由其管理委员会作出。委员会先决定投资于股票、债券等资产的比例，然后聘请提供股票基金管理服务和债券基金管理服务的基金管理公司，将相应的资金交由他们管理。对于共同基金，投资于股票、债券、现金等价物等资产的比例通常在基金契约文件中有大致的规定，但在具体的操作中，资产配置的决策完全由基金管理公司作出。对于伞形基金，基金管理公司向基金购买者提供由一系列基金组成的"基金族"，每个基金都包含一个特定的资产组合，基金购买者像吃自助餐一样，依照自己的偏好从中挑选出几只基金，并将资金按自己偏好的比例投向被选中的基金。在这里，资产配置的决策其实是由基金管理公司与基金持有人共同作出的。

6.1.2 资产配置的过程

资产配置过程是在投资者的风险承受能力与效用函数的基础上，根据各项资产在持有期间或计划范围内的预期收益及相关关系，构造能够提供最优回报率的投资组合的过程。一般来说，提供最好的长期收益前景的投资项目或目标市场是有风险的，而具有最大安全程度的投资项目和目标市场则只能提供相对较低的收益前景。资产配置作为投资组合管理中的核心环节，其目标在于长期内协调提高收益与降低风险之间的关系，这也就是说资产配置往往更符合长期投资者的需要。

投资者的风险承受能力与资产的预期风险收益状况是资产配置的基础，只有在此基础上才能构造出一定风险水平下的最优投资组合。因此，资产配置需要考虑以下三方面的因素：

（1）确定投资者的风险承受能力与效用函数。

（2）确定各项资产在持有期间或计划范围的预期风险收益及相关关系。

（3）在可承受的风险水平上构造能够提供最优回报率的投资组合。

其中，影响各类资产的风险收益状况以及相关关系的资本市场环境因素包括国际经济形势、国内经济状况与发展动向、通货膨胀、利率变化、经济周期波动等。影响投资人风险承受能力的因素则包括投资人的资产负债状况、财务变动状况与趋势、财富净值、风险偏好等因素。最终形成的最优投资组合所产生的投资收益既是资产配置的最终结果，也影响着投资人的资产负债状况、各类资产的市场环境，由此形成系统的动态的资产配置过程，并针对情况的变化进行综合性调整。资产配置过程如图6.1所示。

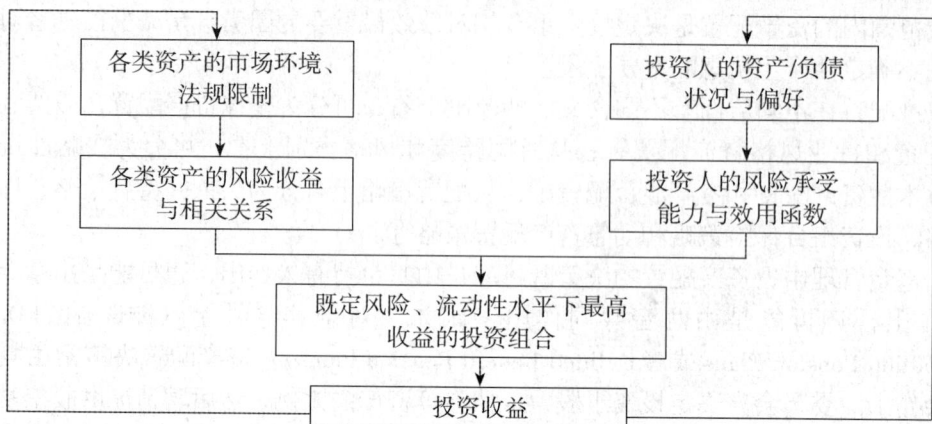

图6.1　资产配置的过程图

在这一资产配置过程中，由于市场条件的变化和投资人的影响，其内容会随之变化，但其中所涉及的决策原则、过程和方法相对较为稳定。完整的资产配置过程不仅需要综合各方面的情况，还需要根据情况的变化进行动态调整。系统化的资产配置是一个综合的动态过程，它是在与投资者的风险承受能力一致、投资者（或资产拥有者）长期成本最低、投资组合能够履行义务的基础上进行的理想化预测，即集控制风险和增加收益为一体的长期资产配置决策。对于不同的投资人来说，风险的含义不同、资产配置的动机不同，因而资产配置也各不相同。

6.1.3　资产配置的基本方法

1.确定投资者的风险承受能力

投资者的效用函数主要取决于投资者对待资产风险和收益的态度，对不同的投资者而言，同一个资产组合给他带来的预期效用不同。这种预期效用的不同，一方面取决于不同的投资者对同一资产组合有不同的风险收益预期，另一方面取决于投资者的风险承受力。一般来说，某个投资者k的效用函数可以简洁地表示为：

$$U_{pk}=R_{pk}-\frac{\sigma_{pk}^2}{\tau_k}$$

其中：U_{pk}——资产组合对投资者k的预期效用；

　　　　R_{pk}——投资者k对资产组合p的预期收益均值；

　　　　σ_{pk}——投资者k对资产组合p的预期收益的标准差；

　　　　τ_k——投资者k的风险承受力。

投资者对待风险和收益的态度不仅取决于投资者的年龄、性格、处境等因素，而且受投资者的资产、负债、资产净值等财务状况的显著影响。对投资者效用函数的估计要充分考虑这些因素。例如，对于养老基金而言，其风险承受力相对较小，因而承担风险会很大程度地减少其效用。对于积极进取型的投资者而言，其风险承受力相对较大，承担风险不会显著减少其效用。

在实际的分析过程中，我们在假定投资者的风险承受力τ_k暂时不变的情况下，使用等效用曲线描述投资者的效用函数。图6.2给出了投资者k和投资者j分别在三个效用水平下的等效用曲线（这里，投资者k和投资者j都是典型的风险厌恶型投资者）。图中的等效用曲线都是二次曲线。实线表示投资者j的等效用曲线族，虚线表示投资者k的等效用曲线族。其中$U_{k3}=U_{j3}>U_{k2}=U_{j2}>U_{k1}=U_{j1}$，而且投资者j的风险承受力$\tau_j$大于投资者k的风险承受力$\tau_k$。

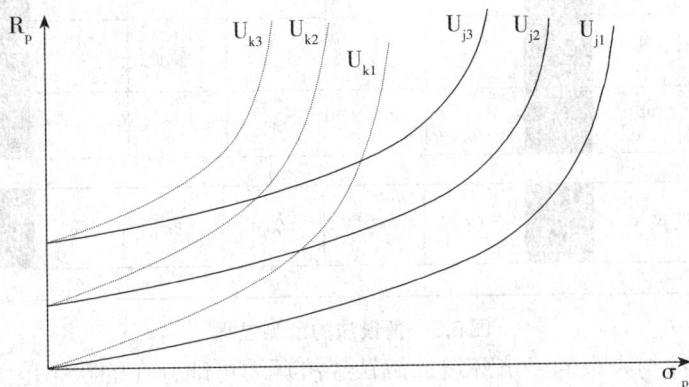

图6.2 不同投资者的等效用曲线

2.估计各类资产的风险和收益

准确确定各类资产的预期风险收益是构建最优资产配置组合的前提。现阶段国内分析各类资产预期风险收益的方法主要有历史数据法和情景分析法两类。

历史数据法假定未来与过去相似，以长期历史数据为基础，根据过去的经历推测未来的资产类别收益。有关历史数据包括各类型资产的收益率、以标准差衡量的风险水平以及不同类型资产之间的相关性数据，并假设上述历史数据在未来仍然能够继续保持。在进行预测时，一般需要按照通货膨胀预期进行调整，使调整后的实际收益率与过去保持一致。

更复杂的历史数据法还可以结合不同历史时期的经济周期进行进一步分析，即考察不同经济周期状况下各类型资产的风险收益状况及相关性，结合对目前和未来一定时期内的经济趋势预测来预测各类型资产的风险收益状况及相关性。由此可见，不同类型的资产在特定的经济环境中具有不同的表现，而经济状况的改变将在很大程度上改变不同类型的资产的绝对表现和相对表现。因此，对历史资料进行细分可以使分析者正确地确认与未来最相关的历史资料的构成，并有助于确认未来可能类似的经济事件和资产类别表现。

与历史数据法相比，情景分析法在预测过程中的分析难度和预测的适当时间范围不同，也要求更高的预测技能，由此得到的预测结果在一定程度上也更有价值。一般来说，情景分析法的预测期间为三到五年，这样既可以避免季节因素和周期因素的影响，更有效地着眼于社会政治变化趋势及其对股票价格和利率的影响，同时也为短期投资组合决策提供了适当的视角，为战术性资产配置提供了运行空间。

运用情景分析法进行预测的过程如图6.3所示。其基本步骤包括：

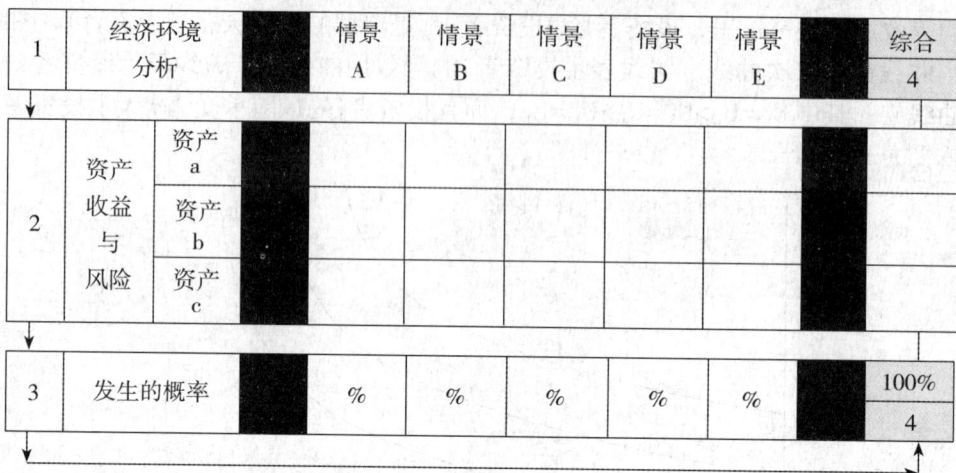

1	经济环境分析		情景A	情景B	情景C	情景D	情景E		综合 4
2	资产收益与风险	资产a							
		资产b							
		资产c							
3	发生的概率		%	%	%	%	%		100% 4

图6.3　情景法的预测过程

（1）分析目前与未来的经济环境，确认经济环境可能存在的状态范围，即情景。例如，经济可能会出现高速增长（High Growth）、低通货膨胀（Low Inflation）、反通货膨胀（Disinflation）、通货紧缩（Deflation）、通货再膨胀（Reflation）、滞胀（Stagflation）等状态。

（2）预测在各种情景下，各类资产可能的收益与风险，以及各类资产之间的相关性。例如利息率、股票价格、持有期回报率等。

（3）确定各类情景发生的概率。

（4）以情景的发生概率为权重，通过加权平均的方法估计各类资产的收益与风险。

3.确定最优资产配置组合

确定最优资产配置组合的基本原理是马科维茨的投资组合理论。依据该理论，构建最优资产配置组合，首先要在给定的各大类可投资资产上求出有效前沿组合。该问题可以简化为一个简单的数学规划问题，即在给定的效用水平下求方差最小的资产配置组合或者在给定的方差水平下求效用最大化的资产配置组合。其过程如下：

在预测了各大类资产的收益情况并估计了投资者的效用函数后，就可以进行资产配置组合的最优化选择，以实现投资者效用的最大化。最优化的选择技术很多，规划法是其中比较有效的方法。其实质是最大化期望效用——$MAX\{U_{pk}\}$，即：

$$MAX\left\{R_p - \frac{\sigma_p^2}{\tau_p}\right\}$$

其中：

$$R_p = \sum_{i=1}^{n} X_i P_i$$

$$\sigma_p^2 = \sum_{i=1}^{n}\sum_{j=1}^{n} X_i X_j \sigma_i \sigma_j \rho_{ij}$$

约束条件为：$X \geq 0$。

在许多基金管理中，约束条件可能更加严格，比如，我国规定，证券投资基金投资于债券的比例不得少于20%。

图6.4说明了上述资产配置组合的最优化选择过程。首先是根据几大类资产的预期收益情况，求出这几类资产的组合的有效边界。其次是根据对投资者效用函数的估计给出等效用曲线族。最后是求出有效边界与等效用曲线的切点。该切点A就是能给投资者带来最大效用的资产配置组合。

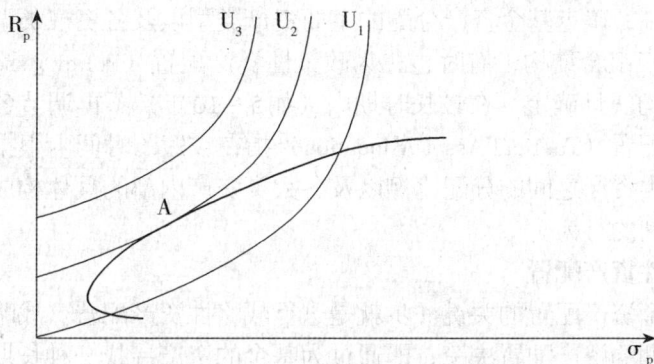

图6.4 资产配置组合的最优化选择

在许多情况下，资产配置不仅要考虑到资产，还要考虑到负债。比如，美国的特定受益计划（Defined Benefit Pension Plans）就要求投资收益足够支付今后的养老金的领取，这些今后可能发生的养老金支付常被看作基金的负债。基金管理公司在管理开放式共同基金时，也要时刻考虑准备足够的现金以满足基金持有人的赎回。因此，基金管理最好综合考虑资产与负债，即在上述的收益预期、效用函数的估计、最优化选择的过程中，考虑的是净资产（资产减去负债）的收益与风险，而并非只是资产的收益和风险。这当中最关键的是求解负债的收益（Liability Return）及其风险。一般的解法是运用情景法将未来可能的现金支付（负债）进行贴现，然后考察负债现值的可能变化，由此求出负债的收益与风险。

当然，上述的求解过程是非常复杂的，现在这项工作只能是通过计算机来完成。这些计算机程序所要求的基本输入数据包括各类资产的预期收益率、预期现金流、预期风险水平，以及每两类资产收益率之间的协方差。这些数据往往是从历史数据中通过统计方法得到的。

在金融市场发达的国家，资产配置模型所需的数据比较容易获得。但在我国，由于金融市场的发展历史比较短，相关的数据整理和分析研究都很不充分，获得这些数据的难度大大增加。有些数据需要基金管理人自己估计或计算，有的数据只能粗略地估计，这又使得准确性大大降低。更值得一提的是，我国的金融市场处在急剧的制度变革当中，过去的数据即使得到了，也不一定能对我们预测未来有很大帮助。因为通过历史数据预测未来的前提是假定未来是过去的重演，当制度和环境处在发生急剧变化的过程中时，已经没有理由再作这样的假设。虽然如此，但我们相信，随着我国证券市场制度的完善、投资业的逐步发展和对金融数据分析的日益重视，利用精确方法来刻画资产性质并进行资产配置的时代将会很快到来。

6.2　基于时间跨度的资产配置类型

从时间跨度和风格类别上看，资产配置可分为战略性资产配置和战术性资产配置等。战略性资产配置（Strategic Asset Allocation）是根据证券投资基金的投资目标和所在国家的法律限制，确定基金资产分配的主要资产类型以及各资产类型所占的比例，以建立最佳长期资产组合结构，有时也称为政策性资产配置（Policy Asset Allocation）。战略性资产配置结构一旦确定，在较长时期内（如5～10年）不再调节各类资产的配置比例。战术性资产配置（Tactical Asset Allocation）指在较短的时间内根据对资产收益率的预测，调节各大类资产之间的分配比例以及各大类资产内部的具体构成，对基金资产进行快速调整来获利的行为。

6.2.1　战略性资产配置

证券投资基金资产配置的关键一步就是进行战略性资产配置。战略性资产配置，可以理解为一种长期的资产配置决策，即通过为基金的资产寻找一种长期的在各种可选择的资产类别上"正常"分配比例来控制风险和增加收益，实现基金的投资目标。一般认为，战略性资产配置是实现基金投资目标最重要的保证，从基金业绩的来源来讲，战略性资产配置是业绩最首要的最基本的源泉。战略性资产配置突出体现了基金在风险和收益之间的权衡结果，即按一定的方式将资产配置在一起，以满足基金投资者在可承受的风险水平上最大化收益的目标。

1.战略性资产的基本要素

对于战略性资产配置而言，最值得关注的是战略性资产配置的基本要素。具体包括四个：

（1）确定投资组合里面可以包括的合适资产——投资范围。

（2）确定这些合适的资产在基金的计划持有期内的预期回报率和风险水平。

（3）在估计各种资产的预期回报率和风险之后，利用投资组合理论和资产配置优化模型及相关软件，找出在每一个风险水平上能够提供最高回报率的投资组合，确定资产组合的有效前沿。

（4）在投资者可容忍的风险水平上选择能提供最高回报率的投资组合，作为基金的战略性资产配置——在资产组合的有效前沿上选择最合适的组合点。

2.战略性资产配置的类型

具体而言，战略性资产配置对风险与收益的权衡取舍可以分成三大类型：

（1）高收益高风险型。采用这种配置战略的共同基金，其投资的目标是注重资本增值，使投资者的资金能在一定时间内获得较大的成长幅度。这种基金主要是一些具有进取性的成长基金。这种基金多投资于股票，且经常投资于新兴产业以及设立初期的企业股票。这种基金收益率高，但风险也很大。

（2）长期成长与低风险型。采用这种配置战略的基金，其投资目标是注重长期投资，使投资者获得较稳定的投资报酬，避免投资风险。这类基金主要是平衡型基金和各种债券基金，主要投资于有较高固定收益的债券和优先股，以保证投资者本金安全并获得经常性收入，实现本金和收入的长期成长。

（3）一般风险与收益平衡型。采用这种配置战略的共同基金，其投资目标是根据市场变化，适时调整投资组合，实现收益与风险平衡，使投资者能定期得到合理的收益，并将部分收益转化为基金的再投资。这类基金主要是灵活性组合基金，其投资对象并不固定，比较灵活，常在一段时期内集中投资于某种有价证券。

6.2.2 战术性资产配置

战术性资产配置与战略性资产配置不同，指的是短期内通过对长期资产配置比例的某种偏离来获取额外的收益。战术性资产配置是建立在均值回归的基础之上，就是认定不论短期证券价格如何，长期都将回归均值。

在进行战略性资产配置决策的时候所依据的数据，包括预期收益率、标准差、协方差等数据都是长期的平均值，一般是超过三年以上的平均值。但是如果对某些资产类别，我们具有了与长期平均预期水平不同的短期预测数据，我们就可以利用这种短期的特殊信息来改变资产配置，即把基于长期预测基础上的资产配置比例转变为基于短期预测基础上的资产配置比例来获利。

战术性资产配置作为一种积极策略，建立在对资产的短期风险-收益特征的预测能力之上，因此，短期预测能力的强弱直接关系到战术性资产配置的成败。而对短期内资产的风险-收益特征的预测，实际上可以看作是对"偶然性"的预测，其本质是通过捕获市场上的短期偶然变动来增加获利。

1.战术性资产配置的步骤

战术性资产配置决策涉及三个基本步骤：首先是价值评估；其次是周期性的考虑；最后是前面两者的结合并考虑交易成本后作出决定。

价值评估就是要用一定的评估方法来确定资产类别的相应价值，从而判断一个资产类别何时昂贵、何时廉价，因为战术性资产配置的实质就是要卖出昂贵的资产，买入廉价的资产。价值评估的方法有很多，常用的有风险报酬法（Risk Premium Approach）和利差法（Spread Approach）。

周期性考虑的假定前提是股票价格和债券收益率在很多方面受到宏观经济因素的影响，从而表现出一定的周期性，并且这种周期性与宏观经济周期存在一定的联系。比如，股票市场的周期往往走在宏观经济周期的前面，持这种观点的管理者通过观察一些与周期有关的经济指标来判断股市周期的运动，有时候利用历史数据来构建周期性股票市场指数或者周期性债券指数。

结合价值评估和周期性研究，基金的管理者对某些资产类别的短期或者中期收益及风险水平进行预测，如果这种预测偏离了长期平均的预期水平，则可以利用短期或者中期预测作出战术性资产配置，调整资产类别的权重。当然，在实际操作过程中，需要考虑到调整投资组合所涉及的交易成本，有些战术性调整在考虑了交易成本之后变得无利可图了。

2.战术性资产配置与战略性资产配置的比较

首先，对投资者的风险承受和风险偏好的认识和假设不同。

与战略性资产配置过程相比，战术性资产配置策略在动态调整资产配置状态时，需要根据实际情况的改变重新预测不同资产类别的收益，而没有再次估计投资者偏好与风险承受能力是否发生了变化。实质上，战术性资产配置建立在假定投资者的风险承受能力与效用函数较为稳定的基础上，只需要考虑各类资产预期收益的变化。因此，战术性资产配置的核心在于对资产类别的预期收益进行动态监控与调整而取得更丰厚的投资回报，忽略了投资者风险承受能力是否发生变化。

在风险承受能力方面，战术性资产配置假设投资者的风险承受能力不随市场和自身资产负债状况的变化而改变。这一类投资者将在风险收益报酬较高时比一般投资者更多地投资于风险资产，因而从长期来看，他将取得更丰厚的投资回报。

其次，对资产管理人把握资产投资收益变化的能力要求不同。

战术性资产配置的风险收益特征与资产管理人对资产类别收益变化的把握能力密切相关。如果资产管理人能够准确地预测资产收益变化的趋势，并采取及时有效的行动，则使用战术性资产配置将带来更高的收益。但如果资产管理人不能准确预测资产收益变化的趋势，或者即使能够准确预测但不能采取及时有效的行动，则将给投资者带来较差的收益，甚至很可能会劣于买入并持有最初的市场投资组合时的情况。因此，运用战术性资产配置的前提条件是资产管理人能够准确地预测市场变化并且能够有效实施战术性资产配置的投资方案。

6.3　基于配置策略的资产配置类型

除了考虑时间跨度，将资产配置分为战略性资产配置和战术性资产配置，从具体的配置策略的角度出发，资产配置可分为买入并持有策略、恒定组合策略、投资组合保险策略和动态资产配置策略等。

6.3.1　买入并持有策略

买入并持有策略的特点是购买初始资产组合，并在长时间内持有这种资产组合。不管资产的相对价值发生了怎样的变化，这种战略都不会特意地进行主动调整，因此这种战略是分析和操作都十分简单的一种战略。

在买入并持有策略下，投资组合具有最小的交易成本和管理费用的优势，但放弃了从市场环境变动中获利的可能，同时也放弃了因投资者的效用函数或风险承受能力的变化而改变资产配置状态，从而提高投资者效用的可能。因此，买入并持有策略适用于资本市场环境和投资者的偏好变化不大，或者改变资产配置状态的成本大于收益时的情况。

一般而言，采取买入并持有策略的投资者通常忽略市场的短期波动，而着眼于长期投资。就风险承受能力来说，由于投资者投资于风险资产的比例与其风险承受能力正相关，一般社会投资大众与采取买入并持有策略的投资者的风险承受能力不随市场的变化而变化，其投资组合也不随市场的变化而变化。因此，买入并持有战略的投资组合价值与股票市场价值保持同方向、同比例的变动，并最终取决于最初的战略性资产配置所决定的资产构成。

假设某只基金的总资金是100万元，战略性资产配置的结果是60%的股票，40%的货币市场工具。这样，如果实行买入并持有战略，该组合的价值满足如下等式：

投资组合价值=100×40%+100×60%×（1+股票市场行情上涨率）

=100×（1+0.6×股票市场行情上涨率）

从图6.5中可以看出，该投资组合的价值下跌有一个下限，那就是图中的截距项40万元，但是该投资组合的升值潜力是无限的，可以分享股票市场上升所带来的收益。如果相对于初始建立投资组合时股票市场的行情上涨了，则该投资组合的价值也会跟着上涨，而且股票市场行情每上涨1%，该投资组合的价值就上涨0.6%。当然，该组合的收益对股票市场变化的敏感程度取决于初始投资时股票资产在组合中所占的份额，该组合投资于股票的比例越大，在股票市场行情上涨的过程中的业绩就越好，在股票市场下跌过程中的业绩就越差。总之，买入并持有策略带来的是线性支付模式。

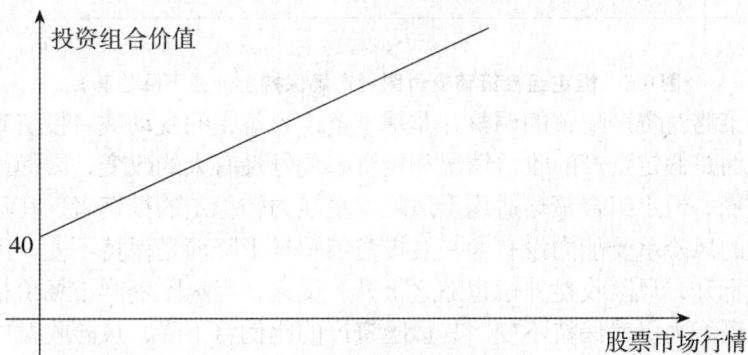

图6.5 买入并持有策略支付图

另外一个值得注意的问题是，买入并持有策略意味着投资组合中各类资产市值的相对权重会随着市场的变化而改变。比如，上述投资组合在股票市场行情上涨的情况下，股票所占的比重就会上升，货币市场工具所占的比重就会下降，而在股票市场行情下降的情况下，股票所占的比重就会下降，货币市场工具所占的比重就会上升。这是买入并持有战略的一个基本特征。

6.3.2 恒定组合策略

与买入并持有策略正好相反，恒定组合策略保持组合中各类资产市值的固定比例。例如，某基金的投资组合是60%的股票、40%的货币市场工具，为保持这一比例，要根据股票市场的变化而相应调整。如果股票市场上涨了，则该组合中股票资产相对于货币市场工具的比例也上升了，基金管理人要主动进行调整，卖出部分股票而投资于货币市场工具，以保持初始的相对比例。相反，当股票市场下跌时，基金管理人要卖出部分货币市场工具而投资于股票。

恒定组合策略与买入并持有策略的支付模式有很大的区别。在股票市场行情上涨时期，恒定组合策略的收益低于买入并持有策略的收益，因为在股票市场上涨时，恒定组合策略要求卖出部分股票转而投资于货币市场工具，减少了较高收益率的股票资产的比例。在股票市场行情下跌的过程中，恒定组合策略的收益率也低于买入并持有策略的收益，因为在股票市场下跌时，恒定组合策略要求卖出货币市场工具转而投资于股票资产。如图6.6所示，当股票市场表现为强烈的上升趋势或者强烈的下降趋势的时候，恒定组合策略的收益都要低于买入并持有策略，因为恒定组合策略要求在市场上升时期卖出而在市场下降时期买入。

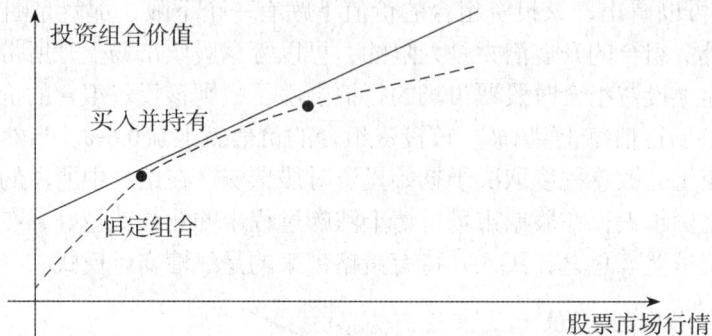

图6.6 恒定组合策略支付图（市场保持上升或下降趋势）

恒定组合策略对资产配置的调整并非基于资产收益率的变动或者投资者的风险承受能力的变动，而是假定资产的收益情况和投资者偏好没有大的改变，因而最优投资组合的配置比例不变。恒定组合策略适用于风险承受能力较稳定的投资者，在风险资产市场下跌时，他们的风险承受能力没有像一般投资者那样下降而是保持不变，因而其风险资产的比例反而上升，风险收益补偿也随之上升。反之，当风险资产市场价格上升时，投资者的风险承受能力仍然保持不变，其风险资产的比例将下降，风险收益补偿也下降。

但是，如果股票市场价格处于震荡、波动状态之中，恒定组合策略就可能优于买入并持有策略。例如，当股票市场下降从而增加股票持有比例以保持资产配置比例不变之后，由于股票市场转而上升，投资组合的业绩因股票投资比例的提高而出现更快的增长（参见图6.7）。

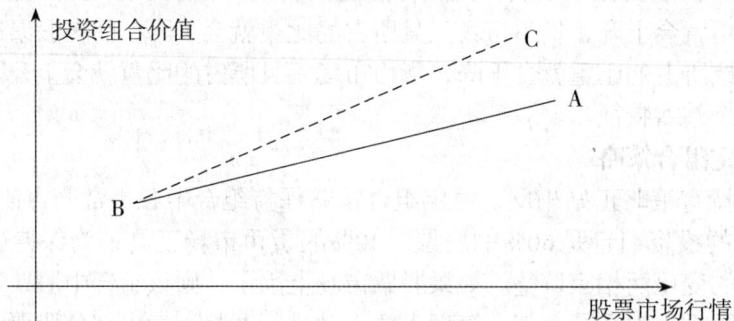

图6.7 恒定组合策略支付图（市场先下降后上升）

图6.7中，投资组合价值首先因股票市场价值的下降而沿A—B下降，并同时提高了股票投资比例，使投资组合线的斜率提高。随着股票市场的回升，投资组合业绩将沿着斜率

更高的B—C直线上升，从而使恒定组合策略的表现优于买入并持有策略的表现。反之，当股票市场先上涨后下降时，恒定组合策略的表现也将优于买入并持有策略（参见图6.8）。

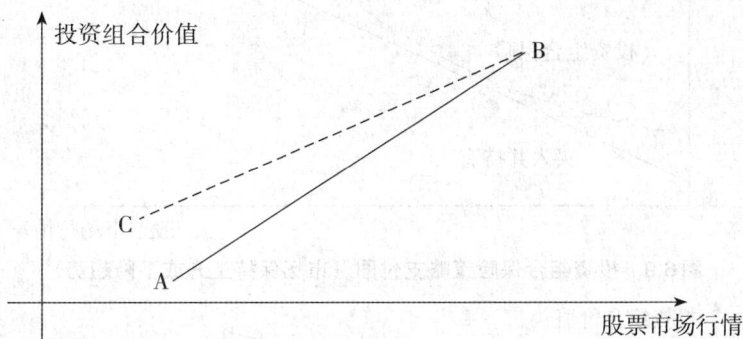

图6.8 恒定组合策略支付图（市场先上升后下降）

6.3.3 投资组合保险策略

投资组合保险策略是在将一部分资金投资于无风险资产从而保证资产组合的价值不低于某个最低价值的前提下，将其余资金投资于风险资产，并随着市场的变动调整风险资产和无风险资产的比例，从而不放弃资产升值潜力的一种动态调整策略。当投资组合价值因风险资产收益率的提高而上升时，风险资产的投资比例也随之提高，反之则下降。

投资组合保险策略包括的具体策略比较多，其中，投资组合保险策略的一种简化形式是著名的恒定比例投资组合保险策略（Constant Proportion Portfolio Insurance，CPPI）。恒定比例投资组合保险策略的一般形式是：

股票金额=M×（全部投资组合价值–保障价值）

运用这一策略时，投资者要确定表示投资组合保障价值的一个最小倍数（即公式中的M，取值大于1），全部投资组合价值与这个保障价值的差额表示对最低价值提供有效保护的保护层。

根据恒定比例投资组合保险策略，当风险资产收益率上升时，风险资产的投资比例随之上升，如果风险资产市场继续上升，投资组合保险策略将取得优于买入并持有策略的结果（见图6.9）。而如果市场转而下降，则投资组合保险策略的结果将因为风险资产比例的提高而受到更大的影响，从而劣于买入并持有策略的结果（见图6.10）。反之，如果风险资产市场持续下降，则投资组合策略的结果较优（见图6.9），而如果风险资产市场由降转升，则投资组合策略的结果劣于买入并持有策略的结果（见图6.11）。

与恒定组合策略相反，投资组合保险策略在股票市场上涨时提高股票投资比例，而在股票市场下降时降低股票投资比例，从而既保证资产组合的总价值不低于某个最低价值，同时又不放弃资产升值潜力。在严重衰退的市场上，随着风险资产投资比例的不断下降，投资组合能够最终保持在最低价值的基础上。

显然，恒定组合策略的运作方向与市场运动方向相同，其绩效受到市场流动性影响的可能性更大，尤其是在股票市场的急剧降低或缺乏流动性时，投资组合保险策略至少

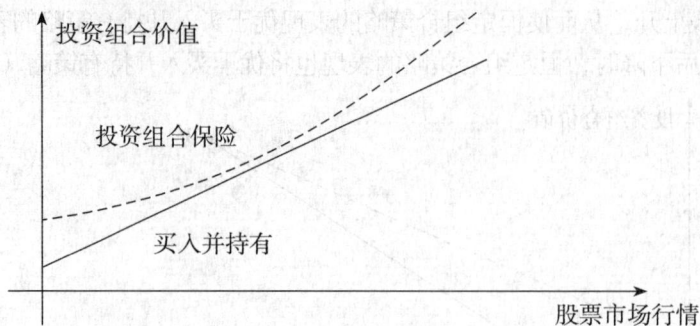

图6.9 投资组合保险策略支付图（市场保持上升或下降趋势）

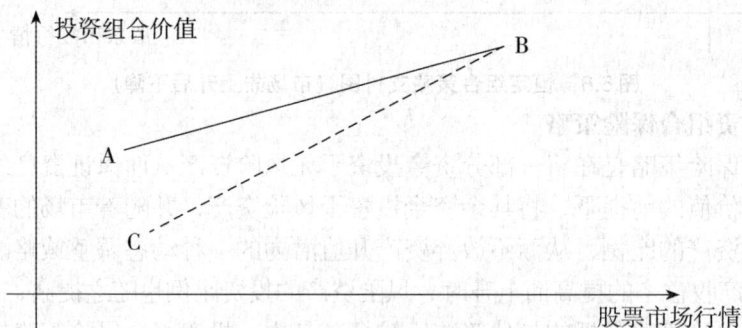

图6.10 投资组合保险策略支付图（市场先上升后下降）

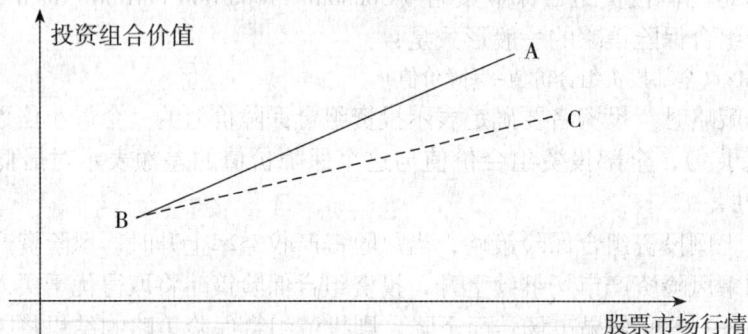

图6.11 投资组合保险策略支付图（市场先下降后上升）

保持最低价值的目标可能无法达到，甚至可能由于投资组合保险策略的实施反而加剧了市场向不利方向的运动。

6.3.4 动态资产配置策略

动态资产配置（Dynamic Asset Allocation）有时候也被称为混合资产管理（Asset Mix Management），指的是基金管理人在长期内对各资产类别的混合比例进行调整与否以及如何调整的策略问题。但是，动态资产配置并不包括长期内所有的资产配置比例的调整，而是仅指那些在长期内根据市场变化机械性地进行资产配置比例调整的方法，一般指的是一个中期的过程。这里的"机械性"体现在采用了具体的某一种动态资产配置的策略之后，任何特定的市场行为都会引发对资产配置比例的特定改变。动态资产配置策略的本质在于两点，其一是这种机械性，其二是对战略性资产配置将产生直接影响。

1.动态资产配置的特征

大多数动态资产配置一般具有以下共同特征：

（1）一般是一种建立在一些分析工具基础之上的客观、量化的过程。这些分析工具包括回归分析或优化决策等。

（2）资产配置主要受某种资产类别预期收益率客观测度的驱使，因此属于以价值为导向的调整过程。可能的驱动因素包括以现金收益、长期债券的到期收益率为基础计算的股票预期收益，或按照股票市场股息贴现模型评估的股票股息收益变化情况等。

（3）资产配置规则能够客观地测度出哪一种资产类别已经失去市场的注意力，并引导投资者进入不受人关注的资产类别。

（4）资产配置一般遵循回归均衡的原则，这是动态资产配置中的主要利润机制。

2.动态资产配置的原则和目标

大多数动态资产配置过程一般都具有相同原则，但结构与实施准则各不相同。例如，一些动态资产配置依据的是各种预期收益率的简单对比，甚至只是简单的股票对债券的单变量对比。其他配置则努力将情绪化措施或者宏观经济条件标准合并在内，以提高这些价值驱动决定的时效性。另一些动态资产配置可能还包含技术措施。一般来说，一些更为详细的办法经常比单纯的价值驱动模型更为优越。

【知识链接6-1】　华商动态阿尔法混合基金概况

华商动态阿尔法混合基金概况

基金简称	华商动态阿尔法混合
基金主代码	630005
交易代码	630005
基金运作方式	契约型开放式
基金合同生效日	2009年11月24日
报告期末基金份额总额	7.6566　亿份
投资目标	本基金通过选股筛选具有高Alpha值的股票，利用主动投资管理与数量化组合管理的有效结合，管理并提高组合的Alpha，在有效控制投资风险的同时，力争为投资者创造超越业绩基准的回报
投资策略	本基金将主动投资与数量化组合管理有机地结合起来，切实贯彻自上而下的资产配置和自下而上的公司选择相结合的策略 本基金动态Alpha策略包括两部分：一是通过自下而上的公司研究，借助公司动态Alpha多因素选股模型将那些具有高Alpha值的公司遴选出来组成基金投资的备选库，这里高Alpha值的公司指根据公司量化模型各行业综合排名前三分之一的公司；二是通过自上而下的资产配置策略确定各类标的资产的配置比例，并对组合进行动态的优化管理，进一步优化整个组合的风险收益特征，避免投资过程中随意性造成的Alpha流失
业绩比较基准	中信标普300指数收益率×55%+中信国债指数收益率×45%
风险收益特征	本基金是混合型基金，在资产配置中强调数量化配置，其预期收益和风险水平较股票型产品低、较债券型基金高，属于中高风险、中高预期收益的基金产品
基金管理人	华商基金管理有限公司
基金托管人	中国建设银行股份有限公司

资料来源　华商动态阿尔法灵活配置混合型证券投资基金2017年第4季度报告。

6.3.5　买入并持有策略、恒定组合策略、投资组合保险策略比较

买入并持有策略、恒定组合策略、投资组合保险策略[1]三种资产配置策略是在投资者风险承受能力不同的基础上进行的积极管理，具有不同特征，并在不同的市场环境变化中具有不同的表现，同时它们对实施该策略提出不同的市场流动性要求（见表6.1），具体表现在以下3个方面：

表6.1　　　　　　　　　　　　　　三种资产配置策略的比较

策略类型	运作模式	支付模式	有利的市场环境	对市场流动性的要求
买入并持有策略	不行动	直线	牛市	小
恒定组合策略	下降就购买上升就出售	凸	无趋势的易变市场	适度
投资组合保险策略	下降就出售上升就购买	凹	强烈趋势的市场	高

1.支付模式

上述恒定组合策略和投资组合保险策略为积极性资产配置策略，当市场变化时需要采取行动，其支付模式为曲线。而买入并持有策略为消极性资产配置策略，在市场变化时不采取行动，支付模式为直线。恒定组合策略在下降时买入股票并在上升时卖出股票，其支付曲线为凹形。反之，投资组合保险策略在下降时卖出股票并在上升时买入股票，其支付曲线为凸形。

2.收益情况与有利的市场环境

当股票价格保持单方向持续运动时，恒定组合策略的表现劣于买入并持有策略，而投资组合保险策略的表现优于买入并持有策略。当股票价格由升转降或由降转升，即市场处于易变的、无明显趋势的状态时，恒定组合策略的表现优于买入并持有策略，而投资组合保险策略的表现劣于买入并持有策略。反之，当市场具有较强的保持原有运动方向的趋势时，投资组合保险策略的效果将优于买入并持有策略，进而优于恒定组合策略。

3.对流动性的要求

买入并持有策略只在构造投资组合时要求市场具有一定的流动性，恒定组合策略要求对资产配置进行实时调整，但调整方向与市场运动方向相反，因此对市场流动性有一定的要求但要求不高。对市场流动性要求最高的是投资组合保险策略，它需要在市场下跌时卖出而市场上涨时买入，该策略的实施有可能导致市场流动性的进一步恶化，甚至最终导致市场的崩溃。1987年美国股票市场中众多投资组合保险策略的实施就加剧了当时的市场环境恶化过程。

另外需要注意的一点是，我们在讨论这三种策略的时候，没有考虑到实行每种策略

1　这里主要指的是恒定比例的投资组合保险策略。

所花费的交易成本是不同的这一点。概括地说，买入并持有策略是一种消极策略，不进行任何相机调整和再平衡，因此涉及的交易成本是最低的，而后两种策略都属于积极策略，要求根据市场变化适时调整组合比例，因此需要花费一定的交易成本。具体投资管理的过程中考虑到交易成本的因素，三种策略的支付情况要做适当的调整。

比例投资组合保险策略的凹型支付模式之间的对应实际上揭示了它们之间的映射关系。如果把恒定比例投资组合保险策略的运用者看作是购买这种"保险"的话，恒定组合策略的运用者可以看作是这种"保险"的出售者，即恒定比例投资组合保险策略的购买者对应着一个恒定组合策略的售出者。反之亦然。如果把一个恒定比例投资组合保险策略的投资组合和同样金额的恒定组合策略的投资组合放在一起，我们就可以得到一个买入并持有策略的投资组合（这里仍然没有考虑交易成本）。

● 本章小结

资产配置就是将所要投资的资金在各大类资产中进行分配，它是基金管理公司在进行投资时首先要碰到的问题。具体而言，基金管理公司在资产配置当中需要考虑的主要问题是：（1）基金可以投资于哪些种类的资产，如股票、债券、现金等价物、外国证券等。（2）基金投资于各大类资产的资金比例。

资产配置在不同层面有不同含义。从范围上看，可分为全球资产配置，股票、债券资产配置和行业风格资产配置等；从时间跨度和风格类别上看，可分为战略性资产配置、战术性资产配置和资产混合配置等；从配置策略上可分为买入并持有策略、恒定组合策略、投资组合保险策略和动态资产配置策略等。资产配置是决定投资组合相对业绩的主要因素，其意义随市场范围的扩大而日益重要，但复杂性也随之提高。资产配置的目标在于以资产类别的历史表现与投资人的风险偏好为基础，降低风险、提高收益，构造最优的投资组合。

战略性资产配置是根据证券投资基金的投资目标和所在国家的法律限制，确定基金资产分配的主要资产类型以及各资产类型所占的比例。

战术性资产配置指在假定投资者风险承受能力不变的基础上，在较短的时间内根据对资产收益率的预测对基金资产进行快速调整来获利的行为。

动态资产配置指在确定了战略性资产配置之后，对资产配置比例进行动态管理，包括是否根据市场情况适时调整资产分配的比例，以及如果需要适时调整的话应该如何调整等问题。

买入并持有策略、恒定组合策略和投资组合保险策略在支付模式、收益情况与有利的市场环境以及对流动性的要求等方面存在明显的不同。

● 重要概念

资产配置　战略性资产配置　动态资产配置　战术性资产配置　买入并持有策略

恒定组合策略　投资组合保险策略　效用函数　风险承受能力　历史数据法　情景分析法　等效用曲线

● 思考题

1. 什么是资产配置？为什么要进行资产配置？

2. 资产配置有哪几种类型？它们的分类依据是什么？

3. 确定资产类别预期收益的方法有哪两种？它们各有什么特点？

4. 买入并持有策略、恒定组合策略和投资组合保险策略三者的区别有哪些？

5. 如何做战术性资产配置？哪些投资者适合进行战术性资产配置？

第7章 证券投资基金业绩评价方法

◇**学习目标**
- 掌握证券投资基金业绩的多种衡量方法
- 了解证券投资基金的业绩比较基准
- 了解证券投资基金管理能力评价的方法
- 了解国内外证券投资基金业绩评价体系

基金业绩评价是基金资产管理过程的重要环节。它不仅是资产管理过程结束后的总体评价，还同时存在于资产管理的全过程之中，以动态方式对资产管理人的行为进行实时评价。另外，基金业绩评价还是联系前后资产管理过程的纽带，并为基金管理人提供指导意见及为投资者选择基金提供一个合适的标准。如果从资产管理本身的含义来看，业绩评价更重要的作用并不在于评估资产管理方法是否有效，而在于建立一种改进资产管理的反馈机制。

7.1 基金总体业绩与业绩比较基准

7.1.1 基金总体业绩的衡量

业绩衡量是对评估期内资产管理人实现的收益进行计算，是进行业绩评价的基础。在此基础上，业绩评价可以对基金管理人的业绩表现进行判断。对于同一基金管理人来说，使用不同的业绩衡量方法可能会产生不同的计算结果，进而得到不同的评估结论。因此，首先需要对业绩衡量的方法进行简单说明，寻找能够科学、客观、真实地反映基金管理业绩的衡量指标，在此基础上，才能结合对风险的衡量进行风险调整后的业绩评估，并形成对基金管理人投资战略的总体评价。

衡量基金业绩的方法大致可以分为三类：第一类是不考虑风险的收益衡量，即基金单位净值、投资收益率等。第二类是考虑风险的收益衡量，比如三种经典的收益衡量方法——夏普测度、特雷诺测度和约翰逊阿尔法测度，以及改进的风险调整方法，包括 M^2 测度、多因素模型等。第三类是无基准的业绩衡量方法，包括 ESM 方法、PCM 方法等。

1. 不考虑风险的收益衡量

（1）基金单位净值法——绝对收益的衡量

在所有衡量基金收益的方法中，最简单、直观的方法是比较基金的单位净资产（NAV），即在某时点上每份基金的市场价值。在数值上，基金单位净资产等于该基金的净资产总值除以发行的总份额。其中，净资产总值是该基金在计算日持有证券的总市值与持有现金之和，再扣除各种交易费用（包括发行费用、销售费用和各种税金等）以及负债总额。

这一指标的优点是含义简单、直观，且从1998年10月9日开始，我国证券市场上便连续公布证券投资基金的周单位净值。然而，该指标也存在许多缺点：首先，单位净资产表示基金的绝对收益，不能在基金间作横向比较。其次，不同基金的单位净资产和整个宏观经济环境，以及基金发行时间的长短相关。再次，该方法不能反映基金规模的大小。规模效应可以分散风险、增加收益，所以不同规模的基金有不同的边际成本，而单位净资产不能对这种效应作出评价。最后，这种指标没有综合权衡收益与风险，因此不能判断基金的收益是否能补偿该基金所面临的风险。

（2）投资收益率法——相对收益的衡量

开放式基金的投资者可以按基金单位的净资产值认购和赎回基金股份，因此开放式基金的收益可以直接用其NAV的变化来衡量，同时兼顾基金收益分配对基金NAV的影响。通常，开放式基金的收益用下式表示：

$$R_{t+1} = \frac{NAV_{t+1} - NAV_t + D_t}{NAV_t}$$

其中：R_{t+1}——基金在第t个期间内的收益率；

NAV_t——基金在第t个期间末的单位净资产；

D_t——第t个期间内基金发放的红利。

实际上，基金的分红在较长的时期内才发生一次，如6个月或者1年，因此计算一段时间内的基金收益率时，红利项等于0的时候非常多。

这只是针对投资者对基金进行单期投资的情况，如投资者进行多期投资，则可用算术平均收益率、时间加权收益率或货币加权收益率衡量每个投资阶段的平均收益。

算术平均收益率是投资组合在评估投资期间子期收益率的非加权平均。其计算公式为：

$$R_A = \frac{R_1 + R_2 + \cdots + R_N}{N}$$

其中：R_A——算术平均收益率；

R_N——基金在各子期的收益率，N为评估期内的子期数（N=1，2，…，N）。

时间加权收益率也称为几何平均收益率，衡量的是在评估期内投资组合市场价值的增长率。其一般公式为：

$$R_T = \left[(1+R_1)(1+R_2) \cdots (1+R_N) \right]^{1/N} - 1$$

其中：R_T——时间加权收益率；

R_N——基金在各子期的收益率，N为评估期内的子期数（N=1，2，…，N）。

货币加权收益率也称为内部收益率，是使在投资评估期内各子期的现金流以及投资组合的最终市值的现值之和等于投资组合期初市场价值的收益率。其一般公式为：

$$V_0 = \frac{C_1}{1 + R_D} + \frac{C_2}{(1 + R_D)^2} + \cdots + \frac{C_N + V_N}{(1 + R_D)^N}$$

其中：R_D——货币加权收益率；

V_0——基金投资组合期初市场价值；

V_N——基金投资组合期末市场价值；

C_N——基金投资组合在每个子期间的净现金流入（现金流入–现金支出），n=1，2，…，N。

一般来说，对于评估基金投资组合的业绩而言，货币加权收益率并不是很恰当。因为货币加权收益率是以资金量的大小为权重计算收益率，所以即使两只基金投资组合在子期收益完全相同，但如果在投资期间内投资者撤回其中一只基金或增加投资资金，这两只基金的货币加权收益率也会有差异。因此，货币加权收益率的最大缺陷是把投资者重新分配资金（这是管理者无法控制的）对基金的影响加诸在基金管理人身上。特别是投入或撤出资金的数额相对于投资组合价值越大，则对货币加权收益率的影响也越大。这使得比较基金管理人的业绩变得更为困难。尽管有这些限制，货币加权收益率还是有其特殊意义的——它在衡量基金投资收益的同时包含了投资组合市场价值增长的信息。

通常，基金管理公司用算术平均收益率和时间加权收益率来评估其投资业绩。对于同一评估期内的投资组合，算术平均收益率一般来说大于时间加权收益率。这是因为在计算算术平均收益率时，投资的数额假定保持（尽管期间内有追加或撤回）在投资组合的初始市场价值的水平上。而时间加权收益率则假定所有的期间内的收益都用于再投资，即各子期内投资组合的规模不断变化，且较低的子期收益率对时间加权收益率的影响更大。只有在所有的子期收益率都相等时，算术平均收益率和时间加权收益率才相等。

那么，哪种方法能更好地测算基金的投资业绩？一般地，对于测算过去业绩而言，时间加权收益率是一个好方法。因为它意味着我们必须保持一个稳定的收益率，以配合过去几年投资的实际业绩。而要预测未来的投资业绩时，算术平均收益率则是更好的选择。因为算术平均收益率假定未来的期望收益不变动，从而该收益率是投资组合期望收益的无偏估计。相反，因为长样本期的几何平均收益率往往低于算术平均收益率，几何平均收益率就成为基金投资组合预期收益的保守估计。

2.考虑风险的收益衡量

投资者在投资时不仅要考虑投资的收益，也要考虑投资的风险。特雷诺测度、夏普测度和约翰逊阿尔法测度是三个综合考虑基金风险和收益的经典绩效评估指标。M^2测度是改进的风险调整业绩衡量方法，而多因素模型则是重点考察基金是否取得α收益。

（1）特雷诺测度

1965年，杰克·L.特雷诺（Jack L.Treynor）在《如何评价管理的投资基金》[1]一文

---

1 TREYNOR J L. How to Rate Management Investment Funds [J]. Harvard Business Review, 1965, Jan-Feb, 43：63-75.

中，首次提出一种经风险调整后的投资基金业绩的评价指标，即我们现在所谓的"特雷诺测度"。特雷诺的观点是，根据CAPM模型，基金经理应消除所有的非系统风险，因此，用每单位系统风险系数所获得的超额收益率来衡量投资组合的业绩是恰当的，即：

$$TR = \frac{r_p - r_f}{\beta_p}$$

其中：TR——特雷诺测度；

　　　r_p——基金的投资收益率；

　　　r_f——无风险利率；

　　　β_p——组合的系统风险系数。

特雷诺测度的数值越大，说明基金承担的每单位市场风险的收益率越高，基金的业绩越好。反之，基金的业绩越差。如果某基金的特雷诺测度值超过（$r_m - r_f$）（（$r_m - r_f$）为市场组合的特雷诺测度，因为市场组合的 $\beta = \frac{\rho_{mm}\sigma_m}{\sigma_m} = \rho_{mm} = 1$），说明基金的业绩超过市场收益率，否则基金业绩低于市场收益率。

（2）夏普测度

1966年，威廉·F.夏普（William F.Sharp）在《共同基金业绩》[1]一文中，采用单位总风险所获得的超额收益率来评价基金的业绩，提出了夏普测度，即：

$$SR = \frac{r_p - r_f}{\sigma_p}$$

其中：SR——夏普测度；

　　　r_p——投资组合的平均收益率；

　　　r_f——无风险利率；

　　　σ_p——组合收益率的标准差。

夏普对34只基金在1944年至1953年以及1954年至1963年间的业绩进行研究，发现基金经理间的业绩存在差别，并且很大程度上是由于基金费用的差别。扣除基金费用之后，大部分基金的业绩劣于道琼斯指数。

基金的夏普测度值越大，说明基金的业绩越好。如果基金的夏普测度值超过市场指数的夏普测度值，说明基金的业绩超过市场收益率，在图形上表示为基金的收益率在资本市场线的上方。

（3）约翰逊阿尔法测度

约翰逊（Michael C.Jensen）于1968年发表《1945—1964年间共同基金业绩》[2]一文，提出采用α衡量基金的业绩。约翰逊阿尔法（α）测度衡量的不是基金的单位风险收益，它计算的是差额回报率，即在给定基金面临的风险条件下，求出基金的期望收益率，然后将基金的实际收益率与期望收益率比较，后者与前者的差额即为约翰逊阿尔法。

1　SHARP W F.　Mutual Fund Performance ［J］. Journal of Business，1966，Jan，39.

2　JENSEN C M.The Performance of Mutual Fund in the Period 1945—1964 ［J］. Journal of Finance，1968（23）.

$$E(r_p) = r_f + \beta_p(r_m - r_f)$$

$$\alpha = r_p - E(r_p)$$

其中：$E(r_p)$——基金的预期收益率；

α——约翰逊阿尔法测度。

如果 α 显著大于 0，说明基金的实际收益率高于其预期收益率，该基金业绩比市场对它的期望更好。反之，如果 α 显著小于 0，说明基金的业绩低于市场对它的期望。

（4）特雷诺、夏普和约翰逊阿尔法测度的解释

从三个测度来看，特雷诺测度基于资本资产定价模型提出，它认为基金投资组合的非系统风险已经被充分分散，因此基金投资组合的风险仅为系统风险。在基金投资组合风险已经充分分散的情况下，特雷诺测度是较为恰当的评价指标。

夏普测度也是基于资本资产定价模型提出的，但是其分母却是投资组合的总风险。在基金的投资组合风险没有充分分散的情况下，采取夏普测度是更为恰当的。从资本资产定价模型出发，证券市场只应对系统风险进行补偿，但实际上，如果投资者承担了非系统风险也会得到额外的补偿。例如，如果投资者集中投资于某几只成长型股票，则可能会从某个公司的高成长中获利。这样看来，夏普测度分子中的 $(r_p - r_f)$ 包括了系统风险的补偿和非系统风险的补偿，分母中的 σ_p 包括了系统风险和非系统风险。事实上，如果基金的投资组合风险已经充分分散，那么采用特雷诺测度和夏普测度的结果是一致的。一般认为，如果基金的投资组合风险未充分分散，则采用夏普测度更为合适。

约翰逊阿尔法测度事实上假设基金投资组合的预期收益率是由该投资组合风险与市场组合风险的相关程度决定的，即由 β_p 系数决定。由此可见，市场根据各投资组合承担的市场风险分配收益，因此约翰逊阿尔法测度的理论基础也是资本资产定价模型。在前面阐述的约翰逊阿尔法测度的计算公式中，$E(r_p) = r_f + \beta_p(r_m - r_f)$ 表示了基金的预期收益率，这个公式与证券市场线表达形式是一致的。α 表示基金取得的超过其预期收益率的差额收益率。

约翰逊阿尔法测度只是为读者提供了一种计算差额回报率的方法，其不能检验 α 的显著性。约翰逊在将约翰逊阿尔法测度的表达式进行了转换之后，获得了一个回归方程式[1]以检验 α 的显著性。该表达式如下：

$$r_p - r_f = \alpha + \beta(r_m - r_f) + \varepsilon$$

这两个式子形式上基本相同，而表达的含义却大相径庭。约翰逊阿尔法测度只是一个计算公式，求解出 α 值即可。回归方程式表达的是组合超额收益率 $(r_p - r_f)$ 与市场超额收益率 $(r_m - r_f)$ 的关系，贝塔系数（β）表示了投资组合与市场组合相联系的风险，随机项误差 ε 表示了回归后方程与数据之间的拟合程度。误差越小，拟合程度就越高。α 表示投资组合的收益率扣除了投资组合承担的市场风险而获得的收益率 $\beta(r_m - r_f)$ 以及扣除无风险利率 r_f 后的值，因此它描绘的是基金投资组合的收益率与市场组合收益率的比较结果。如果 α 大于 0，则说明基金的业绩好于市场组合；反之，则说明基金业绩

---

1 法雷尔，雷哈特.投资组合管理理论及应用 [M]. 齐寅峰，等，译. 北京：机械工业出版社，2000.

差于市场组合。

（5）基金投资组合的 M^2 测度

针对三个经典的业绩衡量方法的局限和不足，国外学者提出了股价比率法、M^2 测度、业绩指数、晨星评价法等改进的风险调整业绩衡量方法。本书主要介绍由诺贝尔经济学奖得主 Fraco Modigliani 及其孙女 Leah Modigliani 共同提出的 M^2 测度。

M^2 测度的基本思想如下：对于任何一个基金投资组合而言，其风险度量指标为收益的方差，对于市场指数也是如此。由于方差具有线性可加性，我们可以将基金投资组合与一定比例的无风险证券组合起来，使新组合的风险（方差）等于市场组合的风险（方差），然后利用上述比例求出新组合的收益率，求出的该收益率与市场组合收益率的差额即表示原基金组合的业绩水平。M^2 测度的计算公式如下：

$$M^2 = r_{p^*} - r_m$$

【例7-1】某基金投资组合收益的标准差为市场组合收益标准差的2倍，那么将1/2价值的基金投资组合和1/2价值的无风险证券构成一个新的组合，新组合收益的方差恰好等于市场组合收益的方差。如果基金投资组合的收益率为20%，无风险证券的收益率为6%，市场组合的收益率为10%，则该基金投资组合的收益率为13%，收益率值为3%。显然，基金的 M^2 测度值大于0意味着基金的收益率超过市场收益率，反之基金的收益率低于市场收益率。

（6）多因素模型

CAPM 模型仅考虑市场收益对投资组合的影响，而未考虑其他可能影响投资组合收益率的风险因素。Leman 和 Modest[1]认为，影响证券收益的因素包括：市场平均指数收益、股票规模、公司的账面价值与市场价值之比（BE/ME）、市盈率（P/E）、公司前期的销售增长率等。因此，可以把 T-M、H-M 等模型推广为多因素的参数模型。Fama 和 French（1993，1996）在 Leman 和 Modest 的结论基础上提出了"三因素模型"，该模型以市场组合的超额收益、基金投资组合中的小市值股票与大市值股票的收益率之差、高 BE/ME 与低 BE/ME 的股票收益率之差为解释变量，对基金投资组合的超额收益进行回归，得到的 α 说明基金的投资组合是否具备超过市场的能力。

$$R_p - R_f = \alpha + \beta_1 (R_m - R_f) + \beta_2 HML + \beta_3 SML + \varepsilon$$

其中：R_p——投资组合的收益率；

　　　R_f——无风险利率；

　　　R_m——市场组合的收益率；

　　　HML——高 BE/ME 和低 BE/ME 公司的股票收益率之差（High Minus Low）；

　　　SML——小市值股票收益率与大市值股票收益率之差（Small Minus Large）。

在 Fama 和 French（1996）三因素模型的基础上，Carhart（1997）考虑了股票收益的动量特征对基金业绩的影响，从而将三因素模型扩展为四因素模型，其表达式如下：

1　LEHMANN, BRUCE N & DAVID M. Mutual Fund Performance: a Comparison of Benchmarks and Benchmark Comparisons [J]. Journal of Finance, 1987 (42): 233-265.

$$r_{it}-r_{ft}=\alpha_i+\beta_i\ (r_{Mt}-r_{ft})\ +s_iSMB_t+h_iHML_t+p_iPRIYR_t+\varepsilon_{it}$$

其中：$PRIYR_t$——前一年业绩最好的股票组合与前一年业绩最差的股票组合的当期收益之差，反映股市的动量效应（Momentum Effect）。

与三因素模型类似，截距 α 表示基金的超额收益。α 值越大，表明基金业绩越好。

多因素模型假设 β 值是对多维系统风险的度量，在基金经理人无择时能力和选股能力时，基金的预期收益等于无风险收益率及 β 值与相应因素的风险溢价乘积之和。

以 CAPM 为基础的单因素模型无法解释按照股票特征（如股票市值、市盈率（P/E）、账面价值比市场价值（B/M）等）进行分类的基金收益的差异，而多因素模型将股票的规模和 B/M 等特征引入定价模型中，比单因素模型对基金业绩的度量有所改善，因此在基金业绩评价中得到广泛的应用。目前，三因素模型已被广泛应用于美国基金的业绩评价。

但多因素模型也存在很多缺陷，它虽然部分地解决了单因素模型中存在的问题，模型的解释力也比单因素模型有所增强，但在实证中，这些模型都要求能识别所有的相关因素，而资本资产定价理论并没有明确给出对风险资产定价所需的所有因素，所以在实证中因素的选择就受到个人主观判断的影响（Chen、Roll 和 Ross，1996）。另外，多因素模型仍然无法完全解释资产收益的横截面特征，业绩评价的结果对基准的选取依然敏感。正是由于上述原因，单因素模型与多因素模型孰优孰劣，至今在西方国家尚无定论。

7.1.2 基金业绩比较基准的选择

业绩比较基准是投资者评价基金管理公司业绩的重要标准。如果某公司旗下基金的净值增长率超过了业绩比较基准，那就意味着这些基金战胜了大盘；反之，就是落后于大盘。投资者可以由此来评判基金公司的管理能力。很显然，业绩比较基准是基金业界的标杆，是影响基金销售的一个很重要的指标，业绩比较基准的准确与否直接关系到基金业的发展。

现有两种基金 A 与 B，在同一年两个基金的收益率分别为8%和13%，试问哪一个基金的业绩较好？仅有上述信息是不能作出回答的，因为收益率不能说明一切。要回答这个问题，我们要先确定基金 A 与 B 的类型，看看与它们各自相似的基金在同期的平均收益率如何。如果 A 是一个债券型基金，而与它相似的基金同期的平均收益率是6%。B 是一个股票型基金，相似基金的同期平均收益率是15%。那么显而易见，A 的业绩要好于 B。

在这里，我们评估一个基金的业绩的好坏，要把它和与它相似的基金平均业绩或其他标准进行对比，这种被用来进行对比的标准被称为"业绩比较基准"（Benchmark）。基准选择的首要条件是必须与要评价的基金高度相关，两者的投资类型、投资结构等都要相同或相似。在实际操作中，有两种选择基准的做法，一种是以市场指数为基准，另一种是以类似基金为基准。

1.以市场指数为基准

在投资市场上有许多现存的指数，它们是事先选定的，与整个或部分市场的运行高度相关。这些指数可以直接拿来作为基准，称为"基准指数"。不过，不同类型的基金选择哪一个指数作为"基准指数"是由该基金的性质、类型决定的。如果是股票型基金，你应该选择一种与你的投资组合类型相同的股价指数作为基准。如果是一种债券型基金，那么基准指数就是一种债券指数。

在投资业极为发达的美国，可用来作为基准指数的指数很多，即使在中国也有一些指数可供参考，如大家熟悉的各种股票指数——上证综指、沪深 300 指数等，这就给了评估者一个很好的便利，可以根据自己的投资情况来选择合适的基准。

2.以类似基金为基准

以市场指数作为基准有利有弊：利就是简单方便，指数是现成的，可以拿来就用；弊就是指数是用已经规定好的一组证券组合计算出来的，毕竟与自己的多变的基金投资的类型有差异，不够准确。因此，一些人就使用类似基金作为基准资产。所谓类似基金指一组投资风格相近的基金组合。这种方法从某种角度来说更加真实可靠，因为它不像指数那样是一种理论的业绩表现，而是众多现存的风格相似的基金的平均业绩表现，能够反映该类基金的"应该"的运行业绩。

寻找类似基金必须遵循一定的原则，即以一定的标准来区分不同类型的基金。在美国，最常用的区分类似基金的标准有三种：招募说明书投资目标分类法；理柏基金分类法；晨星基金分类法。后两者是美国的两大基金评估公司——理柏公司和晨星公司对各种基金的分类。招募说明书投资目标分类是指每个基金都有自己的投资目标（决定了该基金的投资风格），这种投资目标决定了该基金的投资对象、投资结构和投资期限等方面，必须在基金的招募说明书中加以详细说明，我们可以根据不同的投资目标将基金分成若干个组别，这些组别就是类似基金，因此把这种方法称为招募说明书投资目标分类法。不过这种方法在使用中并不准确，相当数量的基金在实际投资中不完全按照投资目标所规定的风格进行投资，所以可信度较低。理柏基金分类法使用招募说明书投资目标的标准，同时辅以其他有关信息加以分类，但分类过细，不适用于普通投资者。晨星公司分类法是根据晨星投资风格，并根据基金各自的实际投资组合来调整，其缺点是基金类别不够稳定，经常发生变化。

3.业绩基准分析中存在的问题

（1）指数的调整。使用市场指数作为业绩比较基准时，由于为了更充分地反映市场全貌指数自身会进行定期调整，这种随时间漂浮不定的市场指数降低了基准的"实际"可比性和有效性。

（2）现金的影响。投资组合中或多或少总会保留一定量的现金，这使得市场上涨时，所管理的投资组合将劣于市场指数；反之，市场下跌时，所管理的投资组合将优于市场指数。对现金余额的处理可能会影响最终的评价结论。

（3）交易成本。基准收益是理论上能够达到的收益，而实际投资组合的建立与调整都必须支付一定的交易成本。两者之间总是存在差异，所以进行直接比较时应该注意交易成本的问题。

7.1.3 无基准的业绩衡量

学术界存在对投资组合基准有效性方面的争议，并对以CAPM为基础发展起来的度量基金业绩的模型与方法提出质疑。Cornell（1979）为解决这方面的问题，率先提出一种无须使用基准投资组合的基金业绩评价方法——事件研究模型（Event Study Model，ESM）。之后，Coperland和Mayers（1982）对Cornell的方法进行了改进。Grinblatt和Titman（1993）则在ESM的基础上进一步提出投资组合变动评估模型（Portfolio Change Model，PCM）。

无基准业绩度量方法认为，如果基金管理人有特别的选股或择时等基金管理能力，则基金投资组合中持有的个股在持有期的收益率高于未持有期的收益率；反之，则说明基金管理人不具备较强的证券选择能力。因此，无基准的业绩衡量方法主要是比较基金管理人所持有的证券在持有时是否比不持有时有更高的收益率。

1.Cornell 的事件研究模型

Cornell（1979）以Markowitz（1952）的均值方差模型（Mean-Variance Model）为基础，即把以证券投资基金投资组合中每只股票的投资比率为权重的收益率加权平均值作为该基金的期望收益率：

$$E(R_{p,t}) = \sum_{i=1}^{N} w_{p,i,t} R_{p,i,t-1} \qquad i=1, \cdots, N$$

其中：$E(R_{p,t})$——投资组合p在第t期的期望收益率；

    $w_{p,i,t}$——该投资组合对第i只证券的投资比例；

    $R_{p,i,t-1}$——证券i在第（t-1）期的收益率；

    N——投资组合中包含的证券数量。

在此假设下，Cornell用第T期某个基金投资组合p的实际收益率与期望收益率之差的平均值对该投资组合的业绩表现构建了ESM模型：

$$ESM_p^C = \frac{\sum_{t=1}^{T}\sum_{i=1}^{N}[w_{p,i,t}(R_{p,i,t}-R_{p,i,t-1})]}{T} \qquad t=1,\cdots,T;\ i=1,\cdots,N$$

Cornell 的 ESM 模型是对基金业绩评价理论的又一次创新，但是由于该方法以证券投资基金的投资组合所持有证券的事前收益率为基准，容易利用事前收益人为调节投资组合业绩，因此缺乏客观性。

2.Coperland和Mayers的事件研究模型

Coperland和Mayers（1982）认为，Cornell的方法以评估期前（事前）的一段样本区间来估计基金投资组合的期望收益率，这种根据资产的历史表现选择资产的行为容易造成统计上的系统偏误。因此，他们改用评估期后（事后）的一段样本区间来估计期望收益率，并得到下列ESM模型：

$$ESM_p^{CM} = \frac{\sum_{t=1}^{T}\sum_{i=1}^{N}[\,w_{p,i,t}(R_{p,i,t} - R_{p,i,t+\tau})\,]}{T} \qquad t=1,\cdots,T;\ i=1,\cdots,N$$

其中：τ——取值1或2等，表示评估期后。

但是，利用后续期间估计的收益率无法包括一些事前未预料到的特殊情形（如收购兼并或破产），因此仍会造成估计方面的困难或偏误。

3.Grinblatt和Titman的投资组合变动评估模型

PCM模型主要是依据事件分析法，计算事件期间和后续期间资产收益的差异，分析投资组合持股比例变化的个股能否带来显著的超常收益，从而对组合管理者的投资水平和投资业绩进行评价。PCM模型将基金组合中个股持股比例的变化视为事件，如果基金中个股持股比例的变化能带给基金显著的超额收益，则我们有理由认为该基金的仓位变动效果好，该只基金的管理人具有较强的管理能力。反之，则说明基金管理人的管理能力不佳。

PCM模型用基金投资组合中个股在评估期的前k期（假定的基准期）与前一期投资比例之差来衡量基金持股比例的变动。该模型可以表示为：

$$ESM_p = \frac{\sum_{t=1}^{T}\sum_{i=1}^{N}[\,R_{p,i,t}(W_{p,i,t-1} - W_{p,i,t-k})\,]}{T} \qquad t=1,\cdots,T,i=1,\cdots,N$$

由于计算简便、直观，因此，目前在西方国家里，PCM模型在基金业绩评价方面占有比较重要的地位。但是，尽管PCM利用了组合中各资产的持股比例信息，但该方法没有考虑各证券持股比例本身的大小，而只是使用了持股比例的相对大小。因此，某基金即使增加了很小比例的表现很差的证券，也有可能使基金投资组合的PCM为负值，这与基金事实上的收益状况不相符。

【知识链接7-1】　　　　　**基金业绩持续能力评价**

为了考察基金历史业绩是否与未来业绩存在一定程度的关联，基金业绩持续性研究就是按照事件发生的时间顺序对基金业绩进行排序分析，检验前期业绩好的基金在未来一段时期内是否仍有较好的业绩，而前期表现差的基金是否在未来一段时期内仍表现较差。如果基金的业绩具有持续性，则投资者就可以根据基金的前期表现来选择基金。反之，则基金的历史业绩信息对于未来的投资决策就没有任何价值。国外基金业绩持续性的检验主要有两类方法：参数检验法和非参数检验法。

（1）参数检验法

参数检验法假设基金业绩服从正态分布，通常使用的参数检验法是横截面回归法。横截面回归法一般将整个样本期分为相等的两个子样本期，通过检验基金后期业绩对前期业绩的横截面回归的斜率系数是否显著对业绩持续进行判断。检验可以通过三个步骤进行：

①将整个样本期间分为两个子期间，分别称为评价期和持续期。由于持续性检验结果可能对不同的期间具有敏感性，因此通常利用"滚动方法"构造不同的评价期和持续性。

②计算基金在各个子期间的业绩。业绩通常采用未经风险调整收益、约翰逊阿尔法测度来衡量。

③利用持续期的基金业绩对评价期的基金业绩进行横截面回归：

$$r_{i,1}=\alpha+br_{i,0}+\varepsilon_i$$

其中：$r_{i,0}$——基金i在评价期的业绩；

$\quad\quad r_{i,1}$——基金i在持续期的业绩；

$\quad\quad$b——度量业绩持续性的斜率系数；

$\quad\quad \varepsilon_i$——随机误差项。

如果横截面回归中的斜率系数b的t-统计量显著，则拒绝评价期与持续期基金业绩无关的零假设。如果斜率系数b显著为正，则表明基金业绩具有持续性。如果斜率系数b显著为负，则表明基金业绩出现反转。

（2）非参数检验法

与参数方法相比，非参数方法不需要对基金收益的正态分布的假定。当基金收益不满足正态性时，非参数方法具有较强的稳健性。非参数检验法包括：基于双向表的检验方法，包括Brown和Goetzmann（1995）提出的交叉积比率检验方法和Malkiel（1995）提出的检验方法，以及Spearman等级相关系数检验法。本书主要介绍后两种方法。

①Malkiel（1995）提出的检验方法。根据Malkiel（1995）的研究，基金业绩持续性可以通过双向概率表，利用非参数方法来评价。定义在第t期内收益率高于中位数的基金为"赢家"，收益率低于或等于中位数的基金为"输家"。用p表示赢家（输家）基金在下期继续成为赢家（输家）基金的概率，并且假定基金横截面收益是不相关的。如果基金业绩不具有持续性，则p=0.5。因此，如果拒绝了p=0.5的假设，则表明赢家（输家）基金业绩具有持续性或出现反转。由于表示持续成为赢家（或输家）基金个数的随机变量Y为二项分布b（n，p），我们能够构建一个二项检验，以考察p值是否大于1/2。当n足够大（n≥20）时，随机变量$Z=\dfrac{Y-np}{\sqrt{np(1-p)}}$服从标准正态分布N（0，1）。

检验的原假设为p=1/2，即基金业绩不具备持续性。在一定的显著性水平下进行双尾正态检验，当Z大于临界值时，拒绝原假设，认为整体上基金业绩具有持续性或出现反转。否则，认为整体上基金业绩不具有持续性。

②Spearman等级相关系数检验法。Spearman等级相关系数检验法是最早用于检验基金业绩持续性的一种方法，目前仍被广泛使用。对基金前、后期的业绩进行排序，业绩度量通常采用未经风险调整收益、约翰逊阿尔法测度。用Spearman等级相关系数检验法检验前、后期基金业绩排名顺序是否有变化。如果前、后期业绩排名显著正相关，即Spearman相关系数接近1，则表明基金业绩具有持续性。如具有显著负相关关系，则表明基金业绩出现反转。Spearman等级相关系数的计算公式如下：

$$\rho_s = \frac{\sum_{i=1}^{N}(r_{i,0}-\bar{r}_0)(r_{i,1}-\bar{r}_i)}{\sqrt{\sum_{i=1}^{N}(r_{i,0}-\bar{r}_0)^2(r_{i,1}-\bar{r}_1)^2}}$$

其中：$r_{i,0}$——前期（评价期）基金 i 的秩；

　　　　$r_{i,1}$——后期（持续期）基金 i 的秩；

　　　　$\bar{r}_0$、$\bar{r}_1$——所有基金 $r_{i,0}$、$r_{i,1}$ 的平均值；

　　　　N——样本基金个数。

原假设为基金业绩不存在持续性（相关系数为零），备择假设为基金业绩持续或反转。在原假设下，构造的 t-统计量为：$t=\rho_s/\sqrt{(1-\rho_s^2)/(N-2)}\sim t_{(N-2)}$，如果 t 值小于临界值，则接受原假设，认为不存在持续性。否则拒绝原假设，认为基金业绩具有持续性或出现反转。

7.2　证券投资基金管理能力评价

基金业绩评价的另一个方面是将基金收益的来源与基金管理人能力联系起来，即说明基金业绩的成因。一般说来，评价基金经理能力可以从两个角度出发：证券选择（Security Selection，也称选股能力）、市场时机选择（Market Timing，也称择时能力）。所谓证券选择就是通过购买被认为市场估价过低的证券，而卖出被认为市场估价过高的证券，从中获得超过平均水平的收益。市场时机选择是指积极预期市场发展趋势，在市场上涨时期通过调整证券组合提高投资的系统风险从而获得高额收益，而在市场下跌时期主动降低系统风险。除此之外，基金经理能否在较长的一段时间内维持基金的盈利能力也是考察基金经理能力的一个重要指标。本节讨论基金的证券选择能力、市场时机选择能力、业绩持续能力和如何对基金业绩进行归因分析。

7.2.1　证券选择能力和市场时机选择能力评价

基金经理可以通过高超的股票选择能力为投资者带来高收益，也可以通过正确地预测股市周期的变化，调节基金投资组合中股票、债券和现金的比重或调节所持各行业股票的比重，从而获得高收益。如在牛市时增持高贝塔系数（β）的股票（即提高基金投资组合的系统风险），在熊市时增持低贝塔系数（β）的股票，或者在某个行业前景较好时增持该行业相关公司的股票。

1. T-M 模型

T-M 模型[1]是特雷诺（Treynor）和梅泽（Kay Mazuy）1966 年提出的。他们的模型为：

$R_p - R_f = a + b(R_m - R_f) + c(R_m - R_f)^2 + e_p$

其中：R_p——投资组合的收益率；

1　TREYNOR J L, MAZUY K K.Can Mutual Funds Outguess the Market? [J]. Harvard Business Review, 1966, 44 (1).

R_f——无风险收益率；

R_m——市场组合的收益率；

a、b和c——回归系数；

e_p为随机误差项。

从T-M模型来看，该模型是在单因素约翰逊模型的基础上增加了一个平方项来评估基金经理的市场择时能力。如果基金经理不具备市场择时能力，则该回归直线是一条固定斜率的直线。如果基金经理具备预测市场时机的能力，那么在市场处于牛市时，基金经理将提高投资组合的风险水平以获得高收益，在市场处于熊市时，基金经理将降低投资组合的风险水平以避免基金资产组合暴露在过高的风险中。在这种情况下，该特征线不再是固定斜率的直线，而转化成与市场情况密切相关的曲线。

在得到回归系数后，我们可以对参数进行显著性检验。如果a显著大于0，则说明基金经理具有股票选择能力；反之，则说明基金经理不具备股票选择能力。如果c显著大于0，说明基金经理具备判断市场时机的能力。可见，T-M模型不仅检验了基金经理的市场择时能力，还同时检验了基金经理的股票选择能力。

2.H-M模型

H-M模型是在1981年由Henriksson和Merton[1]提出的，该模型的表达式如下：

$R_p-R_f=a+b（R_m-R_f）+c（R_m-R_f）×d+e_p$

其中：R_p——基金投资组合的收益率；

R_f——无风险利率；

a、b和c——回归参数；

d——虚拟变量，当$R_m>R_f$时，d=1，否则，d=0；

e_p——随机误差项。

Henriksson和Merton认为，市场上涨时期，$R_m>R_f$；市场下跌时期，$R_m<R_f$。这样可以分两条直线对市场超额收益率和组合超额收益率进行拟和。如果基金经理具备判断市场时机的能力，在市场上涨时其增持高贝塔系数（β）的股票，在下跌时增持低贝塔系数（β）的股票，那么体现在H-M模型中则为，在市场上涨时期的贝塔系数（b+c）将高于市场下跌时期的贝塔系数（b）。因此，若参数c显著大于0，则说明基金经理具有市场时机选择能力。由此也可以看出，H-M模型允许贝塔系数可变。与T-M模型一样，H-M模型也可通过对参数a进行显著性检验，检验基金经理的股票选择能力。

以T-M模型和H-M模型为基础，许多金融计量学家构建了一系列参数检验方法来衡量基金经理的择时能力，比如Chang和Lewellen（1984）的C-L模型、Ferson和Schadt（1996）的条件业绩模型、Goetzmann、Ingersoll和Ivkovic（2000）的G-L-L模型等。

7.2.2　基金业绩持续能力

基金投资者往往还关注基金是否每年都能为其持续取得收益，在评价基金业绩的时

1　HENRIKSSON，MERTON .In Market Timing and Investment Performance. Ⅱ . Statistic Procedure for Evaluating Forecasts Skills［J］. Journal of Business，1981，54（4）.

候，往往用Hurst-Holder指数（H指数）来衡量基金业绩持续能力。

H指数最初由英国水文学家Harold Edwin Hurst运用于分析尼罗河的水文情况，后被广泛应用于资本市场的混沌分形分析，成为判断时间序列数据是否遵循有偏随机游走过程的指标。一个具有Hurst统计特性的系统，不需要通常概率统计学的独立随机事件假设，它反映的是一长串相互联系事件的结果，亦即过去发生的事会影响现在，今天发生的事将影响未来。

计算H指数通常采用R/S方法：

$$X(t) = R_t - \frac{1}{T}\sum_{i=1}^{T} R_i$$

$$Y(t) = \sum_{j=0}^{t} X(j)$$

$$H = \frac{1}{\ln T}\ln \frac{\max Y(t) - \min Y(t)}{\sqrt{\frac{1}{T}\sum_{j=1}^{T}[X(j)]^2}}$$

其中：R_t——基金投资组合的当期收益率；

　　　R_i——基金投资组合的每期收益率。

H指数有以下三种解读方式：

（1）0.5<H<1，表明时间序列具有正向的持续性，即未来的变化将与过去的变化趋势一致，且H指数越接近1，持续性越强。

（2）H = 0.5，表明时间序列是标准的随机游走，趋势不具备记忆性。

（3）0<H<0.5，表明时间序列是个回归均值的过程，即未来的变化将与过去的变化趋势相反，且H指数越小，回归均值的动力越大。

通过H指数的解读，当H指数越接近于1时，则说明基金的业绩持续能力越强，相反，越低的H指数则说明了基金的业绩稳定性并不好。

7.2.3　基金投资组合的业绩归因

业绩归因是对基金经理取得的超额收益的来源进行归因分解，并对每个交易效应因子进行明细分析，对基金经理的操作进行全面的检查和分解，与基金经理的投资思路和策略形成良性的相互反馈校验，为下一步投资操作提供辅助支持。

基金业绩主要分为资产配置效果和证券选择效果，资产配置效果衡量基金经理调整特定的资产类别（如行业或部门等）对基金的相对投资表现所产生的影响，证券选择效果反映基金经理在每个资产类别中进行证券选择的能力，并衡量其对基金的相对投资表现所产生的影响。对于股票型基金，通常将业绩归因效应分为：仓位选择贡献、行业选择贡献以及个股选择贡献，通过业绩归因考察基金经理主动管理投资过程的效果。见图7.1。

在对投资组合资产和证券配置明细进行分析时，为了细化业绩归因的分析结果，辅助基金经理对投资过程的每个判断都要进行反馈，这样可以分析重点行业的配置比例与基准比例的差异、重点行业表现与基金操作变动、热点行业表现与基金操作变动、组合行业盈亏贡献、组合个股盈亏贡献、基金经理每笔交易动态盈亏贡献等。

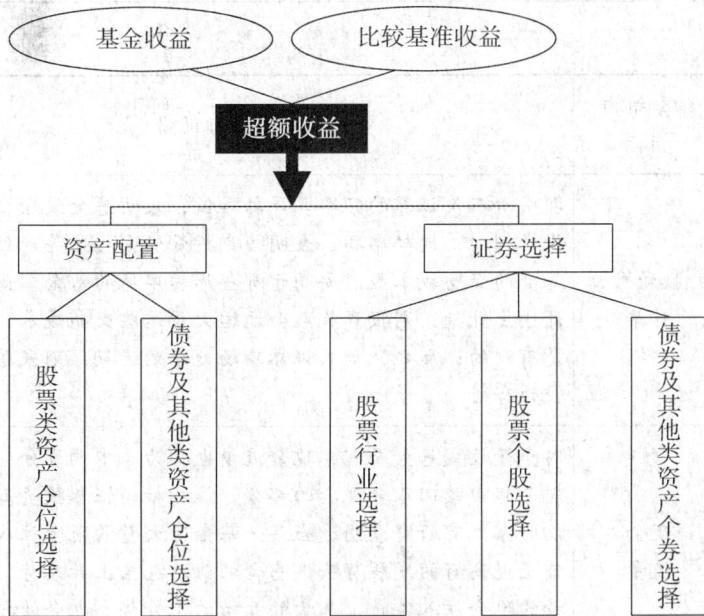

图7.1 基金业绩归因分析图

【知识链接7-2】 **基金选择的结构指标**

大多数投资者在选择基金时首先考虑的是其业绩指标。的确，以往的业绩在评估基金时是一个非常重要的因素，但仅仅依靠这一指标来选择要投资的基金是远远不够的，因为基金发起人在提供以往业绩数据时可能会精心策划，突出业绩好的时期，淡化业绩差的时期，再加上某些媒体的过度渲染，将会导致基金表面上的业绩大大超过其实际的业绩。因此，除了评估业绩指标以外，还应当考查基金的结构指标。所谓基金的结构指标是指影响基金业绩的结构因素，包括下表中所示的几方面内容：

结构指标大类	细分结构指标	指标说明
外部结构指标	规模	小型基金由于费用相对较高，在实际操作中的风险承受能力较差，对投资者而言具有较高风险
	经理人背景	考察基金经理的个人经历、管理其他基金的经验、投资管理能力、是否合格勤勉。但投资者应切记两点：一是前任经理的辉煌业绩与现任经理无关；二是基金的管理工作只是应考虑的许多因素之一
	费用	高的费用并不意味着可以给投资者带来高的收益，或者可以给投资者提供优质的服务。因此，投资者在选择证券投资基金的时候，必须仔细查阅其公开说明及相关资料，明确其所有收费情况，特别是一些隐性的费用

续表

结构指标 大类	细分结构 指标	指标说明
内部 结构 指标	投资周 转率	即买卖有价证券的频率。周转率低，表明基金管理公司有一种长期投资倾向；周转率高，表明短期投资倾向占主导地位。周转率高的基金的交易成本显然要高于那些周转率低的基金。如果证券市场正处于上升期，则投资收益会远远大于这些交易成本，此时周转率高是有利的；反之，如果证券市场处于衰退期，则采取低周转率策略较为有利
	现金 流量	对于开放式基金而言，现金流量也称为净申购资金，是申购基金的现金超出赎回基金现金的部分，该指标与证券投资基金的业绩有密切联系。有研究表明，当某一基金有大量的现金注入时，基金的运作呈现良好的发展势头，基金的业绩也呈上升态势；但是若这种大量的现金注入停止，基金的业绩的上升势态也会随之停止，甚至还会有下降的趋势
	资产 结构	不同的证券投资工具中，国债具有收益稳定、价格变化小、风险相对小的特点，而股票则是一种高收益、高风险的投资工具。因此，根据不同证券的收益和风险特点，合理搭配债券、现金和股票的比例对风险防范具有积极的作用，特别是在我国股票市场波动较大、系统风险高的情况下，投资债券市场就显得相对稳健一些
	投资的 股票 结构	证券投资基金进行投资组合的目的就是使非系统风险降至最小，或者在风险既定的条件下使收益最大。投资者可以根据各基金公布的投资组合，有效地分析和追踪基金的业绩，判断基金管理人的管理水平和投资理念，从而进一步了解基金的投资战略、基金风险和基金收益
	投资的 时间 结构	在投资策略上，各个证券投资基金在坚持中长线持股的同时，都在及时根据整个市场大势的变化对所持有股票进行必要的减持、增持和变换调整。通过进行投资结构的时间组合，不仅可以降低非系统风险，更重要的是，还可以在一定程度上化解系统风险。通常可以采用以下几种办法：第一，在经济周期的不同阶段进行组合，分别给予不同阶段以不同的权重；第二，将资金进行长、中、短期结合，根据当时的实际情况将长、中、短期资金进行合理分配；第三，在经济发展和经济衰退时期进行组合

7.3 国内外证券投资基金业绩评价体系

迄今为止，国内外投资界的大量研究人员提出了各类基金投资绩效评估方法，也形成了不同的基金绩效评估体系。在我国，较为常见的证券投资基金业绩评价体系包括中国晨星（Morningstar）基金评价体系、银河基金评价体系、海通基金评价体系。在国际发达基金市场，已形成了几大寡头垄断竞争的局面，这几大寡头包括晨星（Morningstar）、理柏（Lipper）、标准普尔（S&P Micropal）等提供基金评价及增值业务的基金信息及数据服务公司。本节将选取国内外具有代表性的基金评价体系进行详细介绍。

7.3.1 我国的证券投资基金业绩评价体系

目前，国内的基金评价业主要存在三种类型的基金评价机构：第一类是第三方独立的外资评价机构，如晨星等资深评价机构，评价方法比较成熟；第二类是以银河证券、海通证券、招商证券等为代表的券商评价体系；第三类是国内独立的投资咨询研究机构，如天相投顾、济安金信基金评价机构。我国市场上知名度较高、影响较大的基金评价体系主要有晨星、银河、海通等基金评价体系。从评价方法上看，这些机构基本均采用收益评价指标、风险评价指标和风险调整后收益指标这三类指标来综合衡量基金业绩，再根据风险调整后收益指标对基金进行评级，但在具体方法上有一些差异。

1.中国晨星基金评价体系

晨星公司于1984年创立，是国际基金评级的权威机构。2003年2月，晨星公司落户中国，在前期推出对中国基金业绩排名的基础上，首次公布对中国基金业绩的评级结果。目前，晨星公司为我国具备三年或三年以上业绩数据的开放式基金（货币市场基金和保本基金除外），提供三年及五年风险调整后收益的评级结果。读者可自晨星网（http：//cn.morningstar.com）查询最新的晨星开放式及封闭式基金业绩排行榜。

在进行基金评级及评价之前，首先要对基金进行分类。不论是对基金的收益、风险以及风险调整后的收益等业绩指标进行评价，还是对基金进行评级，都是在同一类基金中进行的，国内外的基金评价体系也均建立在基金分类的基础之上。基金的分类方法有"事前法"和"事后法"。"事前法"是指，依据基金契约或基金章程来确定基金类别，不考虑基金正式运作之后的投资组合特征表现。"事后法"是指，以基金投资组合实际状况为依据对基金进行类别划分，注重当前基金的资产配置状况。晨星采用"事后法"对基金进行分类，避免了基金投资种类过于宽泛而使分类失真。

在对基金进行分类之后，晨星中国在同一类基金中进行收益、风险以及风险调整后收益等业绩指标的评价及排名，并根据基于投资者偏好的风险调整后收益（MRAR）进行基金评级。

（1）衡量基金的收益——月度回报率

晨星中国用月度回报率（Monthly Total Return）来衡量基金的收益。月度回报率反映在既定的月度内投资人持有基金所获得的收益，并假设投资人将所得分红均用于再投资，不考虑税收、交易费用。其计算公式为：

$$TR = \frac{N_e}{N_b} \times \prod_{j=1}^{m} Ratio_j \times \prod_{i=1}^{n} (1 + \frac{D_i}{N_i}) - 1$$

其中：TR——基金月度回报率；

　　　N_e——当月末基金单位净值；

　　　N_b——上月末基金单位净值；

　　　D_i——计算期间的第 i 次单位基金分红金额；

　　　N_i——第 i 次分红所对应的再投资所依照的基金单位净值；

　　　n——计算期内的分红次数；

　　　m——计算期内的份额调整次数；

　　　$Ratio_j$——计算周期内第 j 次份额调整的比率。

此外，对于基金的份额拆分等情况，收益率计算将进行及时调整。

上述公式也适用计算以往期间的回报率，如最近 1 个月、最近 3 个月、最近 6 个月、今年以来、最近 1 年、最近 2 年、最近 3 年、最近 5 年等。

（2）晨星风险调整后收益

"晨星风险调整后收益"（Morningstar Risk-Adjusted Return）是晨星星级评价的核心指标，又称 MRAR。MRAR 的衡量以期望效用理论为基础，该理论认为投资人比起无法预期的高收益，更倾向于可预见的低收益，从而愿意放弃一部分预期收益来换取确定性较强的收益。在此前提下，根据每个投资组合的期末价值构造效用函数，然后计算期望效用并按照其数值高低对所有的投资组合进行排名。

晨星根据每只基金在计算期间月度回报率的波动程度尤其是下行波动的情况，以"惩罚风险"的方式对该基金的回报率进行调整：波动越大，惩罚越多。如果有两只基金回报率相近，晨星对其中回报波动较大者给予更多的风险惩罚。通过上述方法，体现基金各月度业绩表现的波动变化，并更加注重反映基金资产的下行波动风险，从而奖励业绩持续稳定者，并减少由于基金短期业绩突出而掩盖内在风险的可能性。

MRAR 通常用 MRAR（γ）来表示，其中 γ 为描述风险厌恶程度的系数。如果纯粹按表现来评级而不考虑风险调整，则可依据 MRAR（0）。如果评级方法对风险给予较多的惩罚，则要求 γ>0。依据晨星评级的全球标准，γ 取 2。MRAR 可以分解成两部分：一部分为收益部分，即 MRAR（0）；另一部分为风险部分，即 MRAR（0）-MRAR（2）。

（3）晨星星级评价

晨星现阶段为具备 3 年或 3 年以上业绩数据的国内开放式基金提供评级。给予某类基金 3 年评级时，晨星会根据各基金截至当月末的过去 36 个月回报率，计算出风险调整后收益 MRAR（2）。各基金按照 MRAR（2）由大到小进行排序：前 10% 被评为 5 星；接下来 22.5% 被评为 4 星；中间 35% 被评为 3 星；随后 22.5% 被评为 2 星；最后 10% 被评为 1 星。在具体确定每个星级的基金数量时，采用四舍五入的方法。

晨星基金评级具体方法及 MRAR（2）的定义及计算，详见《晨星中国基金评级概要说明（2015年12月版）》。

2. 银河基金评价体系

银河证券是国内最早开展基金业绩评价研究的券商，在基金研究与基金评价方面居国内领先地位，所独立开发的基金研究业务规则、基金评价指标、基金分类体系已经成为国内基金行业的标准。2001年，银河基金研究中心推出基金评级服务，其评级原理与晨星基本类似。

在基金分类方法方面，银河采用"事前法"对基金进行分类，这样的分类方法在操作上更为简便，但若基金实际投资组合特征偏离基金契约或基金章程的规定，则会使该分类方法失去准确性。

在基金评级范围方面，除了货币型基金和指数型基金不参与星级评价之外，银河证券要求参与评级的基金成立至少满3年（156周），且建仓期（统一假设为13周）间业绩数据不纳入评级范围。因此，参与评级的基金必须具有169周的净值增长率。

在基金评级原理方面，银河也同样以5个不同的星级来评定优秀基金，只是在参数侧重点和基金分类标准上略有不同。主要指标也包括收益评价指标、风险评价指标和风险调整后收益指标。在收益评价指标上，综合考虑基金在评价期内的净值增长率、平均季度净值增长率以及平均月度净值增长率，并将基金在每个阶段的净值增长率转换为合计标准分。合计标准分越高，基金的收益越好。在风险评价指标上，将月度净值增长率的标准差转化为标准分的形式进行评价。标准分越高，基金的风险越大。在风险调整后收益指标上，银河证券则综合考虑基金的收益评价和风险评价，从收益评价的得分减去风险评价的得分，即为风险调整收益标准分。风险调整收益标准分越高，基金整体表现越好[1]。

3. 海通基金评价体系

海通证券研究所基金研究团队是国内最早从事基金研究的机构之一，其基金研究工作在业内享有较高知名度。目前，海通证券的基金评级体系较为全面，包括基金产品评级、基金经理评级以及基金公司评级[2]。其部分评级指标构成如表7.1所示。

除了上文详细描述的晨星、银河、海通的基金评价体系，读者还可登录和讯网、东方财富网等查看天相投顾基金评级、招商证券基金评级、上海证券基金评级、济安金信基金评级结果。另外，在选择基金时，许多投资者习惯参考各大基金评价体系的评级结果，然而这种"数星星，选基金"的方法并不一定可靠。原因是：第一，各大评级体系由于基金分类方法、评估指标的选择、比较基准等方面的差别，导致同一支基金在不同的评级体系中具有不同的评级结果，会使投资者困惑于选择哪种基金评价体系。第二，基金评价机构的评级，采用的数据基于基金过去的表现，因此只能反映基金过去的绩效，并不能对未来获利作出保证。基金评级是否对基金投资具有参考意义仍存在争议。第三，由于基金评级是根据风险调整后收益在同类基金中排序得出的，因此从基金星号

1 读者可登录和讯网（http://funds.hexun.com/yinhepingji/）查询最新的银河基金评级结果。
2 读者可登录和讯网（http://jingzhi.funds.hexun.com/newpj/htjjpj.aspx）查询最新的海通基金评级结果。

的多

表7.1   海通基金评级体系（部分）

评级类别	评级指标	指标说明
基金评级	简单收益	采用几何算法计算基金在某一期间的净值增长率
	风险调整收益	采取传统的夏普、特雷诺和信息比指标，分别代表总风险调整收益、系统风险调整收益和非系统风险调整收益三大算法，综合评价基金的历史风险与收益
	持股调整收益	该方法摆脱了传统评价方法仅运用净值表现进行评价的思维定势，而是通过重仓股与传统基金评价方法的互动融合对基金进行评价
	契约因素	运用相对业绩比较的超额收益指标、换手率、投资比例的遵守这三项指标衡量基金对契约的遵守情况
基金管理公司评级	简单收益	首先计算该基金管理公司单只基金净值增长率，然后以单只基金规模占基金公司参评基金总规模的比重为权重（规模加权法），计算基金公司整体收益。因此，资产净值规模大的基金对基金公司整体业绩的影响大
	风险调整收益	首先计算该基金管理公司单只基金的夏普、特雷诺和信息比指标，然后按照规模加权法计算该公司的总体夏普、特雷诺和信息比指标
	规模及增长	考虑基金管理公司总规模及其规模的增长率
	公司运作情况	考察基金管理公司及其人员的合规性，股东、高级管理人员、基金经理的稳定性，信息披露和风险控制能力，基金管理公司的治理结构

算不能观察出基金的实际波动风险。举例来说，保守稳健投资人想选择风险波动较低的基金，但星号较多的基金并不一定就是低风险基金，有可能是高报酬但同时也是高风险的基金。因此，投资人在选择基金时除了观察星号的多寡之外，也要注意该基金的波动风险是否过大，自己有无相应的风险承受能力。

7.3.2　国外的证券投资基金业绩评价体系

在西方证券业较为发达的国家，如美国，伴随着基金业长期的发展，已经形成了一些相对成熟的基金业绩评价方法。根据这些方法，一些提供第三方资讯的机构开始提供基金评价服务，为投资者选择基金提供参考意见，如晨星、理柏、标准普尔均是世界著名的提供基金评价及增值业务的基金信息及数据服务公司。以下将选取美国晨星、理柏的基金评价理论进行简要介绍，从而为我国基金评价体系的建立与完善提供借鉴。

1.晨星基金评价体系

晨星公司的评价体系侧重于评价基金本身，而非基金管理公司，其分为两个方面，一个是"向后看"的定量分析评价，另一个是"向前看"的定性分析评价。

（1）晨星定量分析评级体系

晨星对基金业绩的评级主要建立在通过期望效用理论所计算出的风险调整收益

（MRAR）上。具体计算过程分为以下五个步骤：

第一步：计算区间净值增长率。晨星采用以下公式计算一支基金的区间净值增长率：

$$TR_e = \frac{N_e}{N_b} \times \prod_{i=1}^{n}(1 + \frac{D_i}{N_i}) - 1$$

其中：N_e——考察期末的单位净值；

N_b——考察期初的单位净值；

D_i——在时间i所发生的单位分红；

N_i——在时间i的单位净值；

n——考察期内发生的分红次数。

第二步：费用调整收益。

首先，对区间净值增长率进行调整：

$$LR_C = (1 + TR_C)(1 - F)(1 - R) - D(1 - F)\frac{min\,(N_b, N_e)}{N_b} - 1$$

其中：F——最大前端费率；

R——赎回费率；

D——销售费率。

然后，晨星利用LR_C计算出每月的调整系数a，再计算出月度费用调整收益率：

$$a = \left(\frac{1 + LR_C}{1 + TR_C}\right)^{1/T}$$

$$LR_t = a(1 + TR_t) - 1$$

其中：T——考察区间所包含的月份数。

第三步：计算MR。为了衡量基金收益率中超越无风险利率的部分，晨星进而对无风险利率（3个月期国库券收益率）进行调整：

$$ER_t = \frac{LR_t}{1 + RF_t} - 1$$

$$MR = \left[\prod_{i=1}^{T}(1 + ER_i)\right]^{12/T} - 1$$

其中：RF_t——第t月的无风险利率。

第四步：计算MRAR。MRAR的理论基础来自于期望效用理论。晨星根据自身经验和市场综合分析，认为风险厌恶系数为2时能够反映市场典型投资者对风险的容忍程度。此外，通过MR与MRAR的差值，晨星给出了对风险的度量：

$$MRAR = \left[\frac{1}{T}\sum_{i=1}^{T}(1 + ER_t) - \gamma\right]^{12/-\gamma} - 1$$

其中：γ——风险厌恶系数。

第五步：评级划分。晨星星级评价结果每月定期更新，并给出3年期、5年期（如有）、10年期（如有）和整体表现的评级，其中整体表现为3年期、5年期（如有）、10

年期（如有）结果的加权平均数。其中，五星为前10%的基金，四星为排名在10%～32.5%的基金，三星为排名在32.5%～67.5%的基金，二星为排名在67.5%～90%的基金，一星为最后10%的基金。

（2）晨星定性分析评级体系

晨星定性分析团队通过超过20年的对基金进行的研究发现，评价基金未来的经营能力一共有五个关键因素，分别是：投资团队（People），投资方法（Process），基金公司（Parent），业绩（Performance），费用（Price）。

因素一，投资团队。晨星认为，基金投资团队的能力是基金取得超越同行收益率的重要影响因素，基金投资决策者的多少，投资团队的意见契合程度等都会影响基金业绩。晨星重点从投资团队人员的能力与经验、人员稳定性、人员性格、团队结构、团队沟通、基金经理工作量、利益相关程度等方面来考量基金的投资团队因素。

因素二，投资方法。晨星认为，尽管基金经理的投资风格是不可知的，但是可以从基金的投资方法入手对基金进行评价。晨星主要从投资证券的选择、组合构建的合理性、投资组合的可复制性等方面考察投资方法的质量。同时检验基金是否有效执行了该方法，投资组合的分布是否与该方法保持一致。

因素三，基金公司。晨星认为，基金公司是评价基金特别重要的因素，因为基金公司是基金的基础，基金的正常运行依托于基金公司。晨星分析团队考察基金公司的整体实力、风险控制能力、吸引力、薪酬设计和企业文化，从而对基金公司作出评价。

因素四，业绩。晨星分析团队并不认为过去的业绩必定会影响基金未来的表现，故在定性分析的过程中，晨星给予业绩评价的权重相对较小。晨星着重考察基金在不同环境下的持续经营能力，以及在基金内部发生变动时的业绩稳定程度。

因素五，费用。晨星认为，基金费用是预测基金业绩最好的指标之一，晨星重点评估基金的年度总费用率以及业绩提成。

晨星定性分析团队会从上述五个方面入手，对同类基金进行考察并作出评级，详细的分级包括金（Gold）、银（Silver）、铜（Bronze）、中性（Neutral）、负面（Negative）。其中金等级表示该基金获得了晨星分析师最高程度的认可，而负面等级则表示该基金缺少了一个或一个以上的关键因素，导致其竞争力不足。

2.理柏基金评级体系

理柏公司成立于1973年，并在1998年被路透集团收购，成为旗下的全资附属公司。为了帮助投资者和理财顾问挑选适合个人投资取向和目标的基金，Lipper Leader评级系统通过五个独立的评估标准对同一类别的基金进行评级：

（1）稳定回报

该标准反映基金的收益稳定性和风险调整收益。理柏通常利用Hurst-Holder指数以及有效回报来对基金是否能取得稳定回报进行衡量。H指数用于衡量基金的波动特征：

H 指数高（H ≥ 0.55）的基金理论上波动小；H 指数低（H<0.45）的基金则波动大。有效回报的计算类似于信息比率的计算过程，理柏在计算中使用其编制的全球行业指数收益率替代了业绩比较基准。

在排名过程中，理柏将同类型基金分为三组，H ≥ 0.55，0.45 ≤H<0.55，0.45<H，随后在每个组中按有效回报递减排序，最后再将高 H 指数组中有效回报为负的基金移动到低 H 指数组的最后序列中，由此得到所有基金有关稳定回报的排序。

（2）保本能力

保本能力反映基金的抗跌能力。理柏通过计算考察期内（3 年、5 年或 10 年）月度跌幅的总额来衡量基金的抗跌能力（若基金当月没有下跌，则以 0 来表示当月跌幅）。

（3）总回报

总回报是投资者最为关注的一个指标，因其反映了基金总收益的高低。总回报的计算与有效回报类似。

（4）费用

费用指基金总体费用率的大小，高额的基金费用会减少净投资回报，理柏将同一类型的基金按无收费或前端收费、后端收费和机构费率对基金进行细分，然后在每一子类中按费率降序排列，由此评价基金的费用水平。

（5）税收效益（仅限美国区域内基金）

该指标反映基金规避税收的能力。一些基金具有帮助投资者避税的功能，因此理柏使用相对财富指标（即税后收益与税前收益之比乘上 1 000）来衡量税收效益。

最后理柏每月对以上 5 个指标的评级定期更新，并给出 3 年期、5 年期（如有）、10 年期（如有）和整体表现的评级，其中整体表现为 3 年期、5 年期（如有）、10 年期（如有）结果的等权重平均数。

理柏评级的划分如表 7.2 所示。

表7.2 理柏基金评级的划分

评级	Leaders	2级	3级	4级	5级
各级比例	20%	20%	20%	20%	20%

综观国内外基金评级体系，可谓各有所长，孰优孰劣目前难下定论。何种基金评价体系最适合中国基金或者如何制定最贴合中国基金实情的基金评价体系仍是国内学界和业界讨论的重点。显然，建立独立、公正、客观、科学、透明的基金评价体系，是我国基金评级业走向成熟的必经之路。

● **本章小结**

基金业绩评价是基金资产管理过程的重要环节。它不仅是资产管理过程结束后的总体评价，同时它也存在于资产管理全过程之中，以动态方式对资产管理人的行为进行实时评价。另外，基金业绩评价还是联系前、后资产管理过程的纽带，并为基金管理人提供指导意见及为投资者选择基金提供一个合适的标准。

业绩衡量是对评估期内资产管理人实现的收益进行计算，是进行业绩评价的基础。在此基础上，绩效评估可以对基金管理人的业绩表现优劣进行判断。对于同一基金管理人来说，不同的业绩衡量方法可能会产生不同的计算结果，进而得到不同的评估结论。衡量基金业绩的方法大致可以分为三类：第一类是不考虑风险的收益衡量，即基金单位净值、资产收益率等。第二类是考虑风险的收益衡量，比如三种经典的收益衡量方法——夏普测度、特雷诺测度和约翰逊阿尔法测度，以及改进的风险调整方法，包括 M^2 测度、多因素模型等。第三类是无基准的业绩衡量方法，包括 ESM 方法、PCM 方法等。

业绩比较基准是投资者评价基金管理公司业绩的重要标准。如果某公司旗下基金的净值增长率超过了业绩比较基准，那就意味着这些基金战胜了大盘；反之，就是落后于大盘。投资者可以由此来评判基金公司的管理能力。很显然，业绩比较基准是基金业界的标杆，是影响基金销售的一个很重要的指标，业绩比较基准的准确与否直接关系到基金业的发展。

一般说来，评价基金业绩可以从两个角度进行：证券选择、市场时机选择。所谓证券选择就是通过购买被认为市场估价过低的证券，而卖出被认为市场估价过高的证券，从中获得超过平均水平的收益。市场时机选择是指积极预期市场趋势，在市场上涨时期通过调整证券组合提高投资的系统风险从而获得高额收益，而在市场下跌时期主动降低系统风险从而获得高额收益的能力。除此之外，业绩持续能力也逐渐成为一个评价基金业绩的关键指标。

迄今为止，国内、外投资界的大量研究人员提出了各类基金投资绩效评估方法，也形成了不同的基金绩效评估体系。在我国，较为常见的证券投资基金业绩评价体系包括中国晨星基金评价体系、银河基金评价体系、海通基金评价体系；在发达的国际基金市场，已形成了几大寡头垄断竞争的局面，这几大寡头包括晨星、理柏、标准普尔等提供基金评价及增值业务的基金信息及数据服务公司。

● 重要概念

业绩评价　业绩衡量　业绩比较基准　货币加权　时间加权　多因素模型　业绩持续性　证券选择能力　时机选择能力　中国晨星基金评价体系　银河基金评价体系　海通基金评价体系　美国晨星基金评价体系　标准普尔基金评价体系

● 思考题

1.衡量基金业绩的方法有哪几类？如何衡量基金的绝对收益和相对收益？简述三种

经典的基金业绩衡量方法。

2.XY基金单位净值信息如下表所示。假定基金分红在每期的期末进行，时间0代表第一期期初，时间1代表第一期期末及第二期期初，并依次类推：

时间	单位净值(元)	每份分红(元)
0	1.00	0.00
1	1.11	0.10
2	1.35	0.10
3	1.50	0.00
4	1.73	0.10

（1）分别计算此基金每个子期的收益率。

（2）计算此基金的算数平均收益率。

（3）计算此基金的几何加权收益率。

3.货币加权法和时间加权法有什么区别？实际应用中哪一种比较合适？为什么？

4.资产组合A与B的期望收益率分别为14%及15%，A的贝塔值为0.8，B的贝塔值为1.5。在此期间，无风险利率为5%，市场指数组合收益率为12%。A的超额收益标准差为每年20%，而B的超额收益标准差为28%。

（1）如果你现在拥有市场指数组合，你愿意在你所持有的资产组合中加入哪一个组合？请详细说明理由。

（2）如果你只能投资于A、B组合中的一种（假设A、B投资组合特有风险未被完全分散），你会如何选择？使用特雷诺、夏普、约翰逊阿尔法测度中的哪一种进行行业业绩比较最为合适？请说明理由。

5.基金业绩比较基准在基金评价中为什么重要？一般有哪几种常用的比较基准？

6.什么是证券选择能力和时机选择能力？为什么要对基金管理人的这两种能力进行评价？

7.请你自己上网搜索资料，运用中国晨星基金评价体系，计算"华夏优势增长基金"近三年内的总回报率、年化收益率以及一年期的晨星风险系数。

第 3 篇

投资实务篇

第8章 证券投资基金股票投资管理

◇学习目标

- 掌握股票投资的积极型管理和消极型管理的概念
- 了解股票投资积极型管理和消极型管理的特点
- 了解积极型股票投资管理的主要类型
- 了解消极型股票投资管理的主要类型

股票是证券投资基金的重要投资对象，股票投资管理也是证券投资基金投资管理体系的重要组成部分。据美国投资公司协会（ICI）统计，截至2016年底，美国主要投资于股票的基金占比为56%。在我国，虽然近年来指数型基金和债券基金的关注度不断提高，特别是货币市场基金的快速崛起，使得股票型基金和混合型基金比重有所下滑，但由于可投资的证券品种相对较少，股票投资在证券投资基金中仍发挥着重要作用。

8.1 股票投资管理概述

相较于债券、货币等其他基金投资标的，股票市场以高收益与高风险并存而为公众所知。随着基金规模扩大，偏股型基金俨然成为证券市场上最重要的机构投资者之一，扮演着为投资者提供长期稳定的投资场所、避免中小投资者固有的盲目性和降低股市风险的重要角色。

简单来说，股票投资管理是指基金管理人择股、择时对集合资金进行股票投资交易的一系列决策，如股票组合的头寸选择、开仓平仓的时机等。尽管近几年来股票市场持续活跃，但相比于西方国家，我国股票市场现阶段存在的缺陷（如尚未实现退市制度）仍不容忽视。2015年8月8日基金仓位新规生效，股票型基金的股票仓位下限提高到80%，混合型基金的这一指标则为60%，进一步深化基金长期稳健的投资风格，同时金融监管和整顿力度不断加强，对基金管理人的股票投资管理提出了更高的要求。

8.1.1 股票投资管理的过程

总体来看，股票投资管理可以分为积极型和消极型两大类，其根本区别在于对"是否获得超越市场收益"这一问题，也就是对股票市场的效率问题的不同回答。

综合来说，积极型投资管理是指投资管理人利用可以获得的一切信息和预测技术，对投资组合里各种证券的类别和具体品种的表现进行预测，希望通过主动地进行证券类别的调整、证券品种的选择以及对买卖时机的把握，来获取超过市场平均水平的收益率。消极的投资管理是指投资者完全放弃对证券价格进行系统预测的努力，并根据证券价格的某一基本特征选择自己的投资策略，该策略最重要的一种方式是指数化投资，以期望获得与市场指数相当的收益。

具体来说，积极型投资管理与消极型投资管理在程序上有着截然不同的表现，主要反映在构造投资组合、交易和监测三个方面。奉行积极型股票投资管理的投资者把他们的大部分精力放在投资组合的构造上。相反，奉行消极型股票投资管理的投资者在这一业务上所花费的精力则较少。图8.1是积极型投资管理和消极型投资管理过程的流程图。从图中我们可以看到，根据对市场是否有效这一问题的不同回答，引申出两种不同的投资管理理念，这两种不同的股票投资管理模式在投资组合构建、交易等各方面都具有不同的特点。

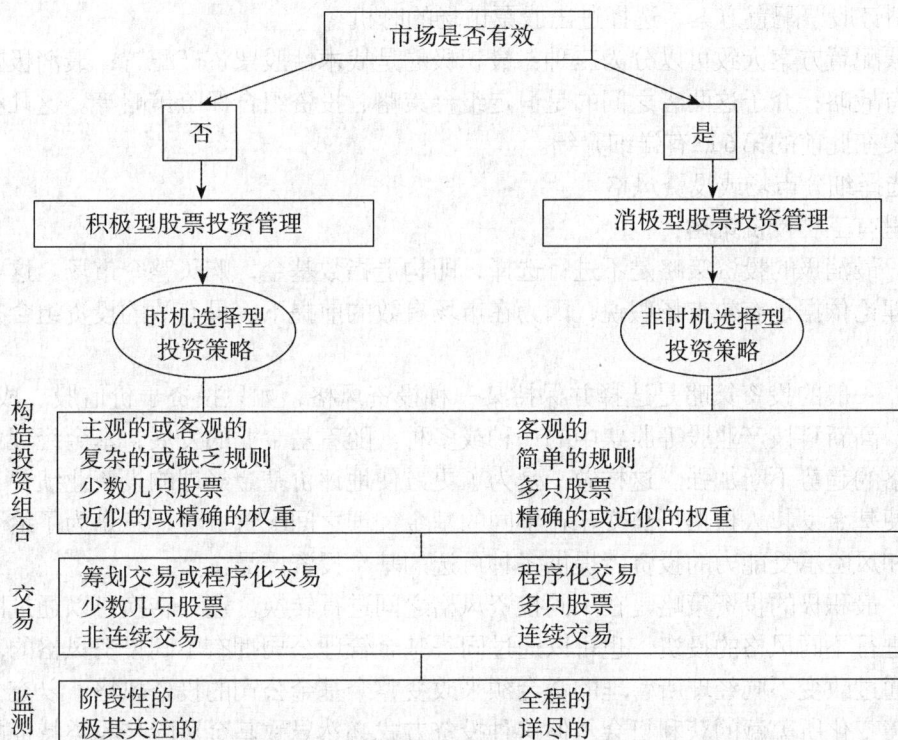

图8.1　积极型与消极型股票投资管理过程

由图8.1可知，基金管理人在进行股票投资时，运用不同的投资管理策略最重要的环节在于构造投资组合阶段。在第4章中我们曾提到基金投资管理过程中有三个关于构造投资组合的阶段，即资产配置、资产选择和组合管理。所以，在考虑股票投资管理时，要进行选择的领域也可以分为以下三个层面，即股票配置风格、细分市场的选择和个股选择。不同的基金管理人在这三个方面均有不同的投资管理策略。

相对来说，积极型管理和消极型管理只是两种极端情形，现实中的基金经理所使用的股票投资管理策略要复杂得多，很多时候是介于两种极端情形之间的策略，即积极策略与消极策略的结合，我们称之为混合型管理。比如，有的基金对投资组合里面的核心资产进行消极管理，而对其他资产则进行积极管理；有的基金对资产类别实行消极管理，而对每个资产类别内的具体资产选择则实行积极管理。因此，我们可以分别考虑积极、混合以及消极的投资管理策略。见表8.1。

表8.1　　　　　　　　　　　构造投资组合各阶段投资管理策略的选择

投资策略 阶段	积极投资策略	混合投资策略	消极投资策略
股票配置阶段	战术性股票配置	恒定组合战略	买入并持有战略
细分市场选择阶段	在多种风格之间转换	选择并保持某种投资风格	构造整个市场指数基金
个股选择阶段	在个股间选择与转换	买入并长期持有某些个股	构造细分市场指数基金

1.制订股票配置方案，选择进出股票市场的时机

股票配置方案大致可以分为三种：最积极的是战术性股票资产配置；最消极的是买入并持有战略；介于这两者之间的是恒定组合策略、投资组合保险策略等。这几种资产配置方案在此前的第6章有详细介绍。

2.选择细分市场或投资风格

这里有三种投资策略：

（1）最消极的投资策略是不进行选择，即构造指数基金，购买整个市场。这一投资战略的理论依据是有效市场假说，因为在市场有效的前提下，最有效的投资组合是市场组合。

（2）一般的投资策略是选择并保持某一种投资风格，如只投资于价值股、成长股、小盘股、高新科技产业股等股票中的一种或多种。随着基金业的发展，基金经理保持其投资风格的趋势不断加强。这样做一是为了更方便地评价基金经理的投资业绩，二是为了更方便基金发起人根据形势变化在不同的基金经理之间配置资金，三是为了给不同投资偏好和风险承受能力的投资者提供多种可选的基金投资产品。

（3）最积极的投资策略是在不同投资风格之间进行转换。这一转换可以通过同一基金经理进行不同风格的投资，也可以通过同一基金管理公司拥有不同投资风格的基金经理，并通过改变不同经理所管理的资金额来改变整个基金公司的投资风格，以充分利用市场环境变化所蕴藏的获利机会。但这种投资方式必然导致基金风险与收益特征的不稳定，一旦转换失败，将给基金带来更大的负面影响。

3.选择个股阶段也有积极型和消极型之分

（1）最消极的投资策略是在每个细分市场上不刻意选择某些个股，而是构造所选细分市场的指数基金，如跟踪小盘股的指数。

（2）最积极的投资策略是对最富收益潜力的个股进行积极选择与转换。

（3）介于积极与消极之间的一种投资策略是买入并长期持有某些个股。另一种投资战略是同时在几个细分市场上投资，但在某些细分市场上进行积极的个股选择，在另一些细分市场上构造指数基金。这种基金相对于整个股票市场而言，除了在一些有吸引力

或者擅长的细分市场上实行积极的投资外，还在剩余的领域构造指数。这样，在形势有利时，基金管理人可以从积极投资的领域获取超过整个市场的利润；在形势不利时，通过剩余领域的指数对整个市场相关领域进行有效跟踪，基金管理人的业绩也能在一定程度上保持与市场的一致。

8.1.2 积极和消极管理的基金表现

结合上节内容，基金管理人对积极管理与消极管理的选择取决于以下两个因素：

其一，该基金的投资目标，尤其是风险容忍程度。如果该基金是追求高风险高收益的，可以容忍较高的风险水平，那么基金经理实行积极投资管理策略，牺牲一定程度上的分散化要求，进行积极的资产品种选择和对市场时机的把握才是有可能的。如果基金的投资目标决定了该基金不能承担高风险，那么，积极的策略就并非上策，因为积极投资决策往往会加大风险。

其二，基金经理对市场有效性的看法和态度。如果基金经理认为市场的定价效率（Marketplace Price Efficiency）较低，存在通过积极预测获得超额收益的空间，则其更可能会采用积极型投资管理策略。相反，如果基金经理认为市场定价效率很高，那就意味着实行一项积极策略所带来的超额收益扣除由此产生的风险和交易成本之后所剩无几，从而就会实行消极策略。

西方学者对积极管理的投资策略的评价分成截然不同的两派。大部分的基金业绩分析文章认为，积极管理的基金不能为投资者带来更多的收益。比如S.P.Kothari，Jerold B.Wamer（2004）对美国1991至2001年10年间的数百只股票型基金收益风险调整后进行分析，得出了消极型基金的收益全部高于积极型基金的收益的结论，龙先文（2009）采用两样本推论对9家指数基金和85家股票基金进行研究，发现指数基金投资业绩高于股票基金。

之所以出现这种情况，可能的原因是：

（1）积极管理的基金经理比消极管理的基金经理面临着更多的搜寻信息和交易的成本，这些成本对基金业绩造成负面影响。

（2）如果积极管理的基金经理不能比消极管理的基金经理拥有更多的信息，或者说他们不能有效地运用这些信息，那么，前者的业绩必然低于后者的业绩。

而Edelen、Ferson、Schadt、Grinblatt等学者认为，开放式基金的管理人能够通过积极投资来获得超过市场基准的回报，但为了满足投资者的流动性需求（申购、赎回），开放式基金不得不进行流动性交易（Liquidity-Motivated Trading）调整其投资组合，使基金的实际投资组合与积极管理的基金经理所认为的最优投资组合不一致。Wermers（2000）对共同基金业投资收益的研究发现[1]，主动型共同基金能够实现高于市场1.3%的超额收益率。

Wind相关数据显示，2017年中国普通股票型基金的平均收益率为17%，最高收益

---

1 WERMERS.Mutual Fund Performance: An Empirical Decomposition into Stock-Picking Talent, Style, Transactions Costs, and Expenses [J]. Journal of Finance, 2000, 55（4）: 1655–1703.

率为64.97%，最低为-17.62%；指数型基金的平均收益则为13.16%，最高为59.52%，最低为-18.19%，仅此看来，我国股票市场具有部分弱势有效特征，积极管理型基金具有相对较高的投资回报。由此可以看出，不论是研究还是现实数据，对于基金实施积极管理还是消极管理的投资策略哪一种更为成功还存在较大的分歧。

8.1.3　我国证券投资基金股票投资管理策略

我国多数基金管理人认为，现实证券市场并非是强势有效市场。在成熟的证券市场上，由于信息不对称造成的信息搜集差别以及投资者对信息分析结果的差别，使信息对价格的影响往往会滞后一段时间。尽管股票的价格最终会反映市场信息，但对于希望通过研究具备股票选择和时机选择能力的主动型投资者来说，滞后的这段时间给他们提供了对公司进行研究、发现价值被低估的股票机会。国内学者的研究表明，我国新兴的证券市场是弱势有效的，股票价格仅反映了过去价格记录中的全部信息，但没有反映其他所有公开信息以及所有专家对企业和经济进行分析所提供的信息。从理论上讲，基金经理可以通过积极管理获得超过市场平均收益率的盈利，从而战胜市场。中国现有的基金大多奉行积极投资策略，如华夏成长、易方达积极成长、嘉实成长、中邮核心成长、招商优质成长等属于积极成长型，而工银稳健成长、金鹰稳健成长等属于稳健成长型。近年来，伴随着我国基金市场的成熟发展，指数化的消极投资策略亦逐渐被投资者认可，各种不同风格、不同策略、不同资产类别的差异化指数产品成为指数化投资发展的新趋势。

我国指数化投资的发展历史近20年，经历了由起步到缓慢发展，再到快速增长的几个阶段。2002年国内第一只指数基金——华安上证180成立。2003至2008年，市场逐渐认可了指数化投资，但发展仍较为缓慢，主要以简单的LOF（Listed Open-Ended Fund，上市型开放式基金）、ETF（Exchange Traded Funds，交易所交易基金，是一种在交易所上市交易的、基金份额可变的开放式基金）为主。截至2008年10月，我国仅成立了24只指数型或优化指数基金。2009年后，由于指数基金的业绩表现优异，指数化投资得到了市场认可，指数基金数量和资产规模均开始增长。近年来，伴随着国内资本市场的成熟，公募基金中机构投资者已占据了半壁江山，同时，养老金的入市和公募FOF的推出加快了基金发展的趋势，海外投资者也可通过沪港通、深港通等渠道参与国内投资。多种因素正催化我国被动指数产品的快速发展，加深国内投资者对于指数产品的理解。截至2017年12月31日，我国ETF基金数量合计达170只，资产净值合计达3 648.6689亿元；LOF基金数量也达到了258只。同时，跨市场ETF、跨境ETF、联接基金、创新型指数分级基金等品种抓住机遇长足发展，指数基金实现了许多创新与突破。

8.2　积极型股票投资管理

8.2.1　"自上而下"与"自下而上"

奉行积极型股票投资策略的基金管理人一般采取"自上而下"（Top-Down）或"自下而上"（Bottom-Up）的方式进行股票选择。

自上而下是按照宏观、中观、微观的次序依次考虑的投资决策过程。首先，在宏观层面上，投资者需要考察影响资本市场的各类因素，评价宏观经济环境，预测近期前景以及股票市场与其他投资市场的收益变化，决定投资组合的资产配置，确定进出股票市场的规模和时机。其次，在中观层面上，投资者通过分析各细分市场的风险收益状况，在投资风格、市场区域、产业等方面作出选择。最后，在决定了分配于每一市场区域和产业的金额后，投资人需要决定投资组合中的具体投资对象及投资金额。

自下而上的投资主要关注各单只股票的分析，选择有吸引力的个股，而不过分关注宏观经济和市场周期，以及股市大势、行业特征、细分市场的情况变化。基本分析是自下而上投资的重要工具，投资人可以借此构造出某些有吸引力的股票集合。此外，投资人还有可能结合自上而下与自下而上两种方式，从两个不同角度入手，希望借此能够降低投资风险，提高投资绩效。

选择积极型投资管理的基金经理还需考虑证券品种的投资价值以及买卖证券的市场时机。市场时机选择（Timing）是指随着市场自身的运动而不断地去协调各只股票的投资决策。国内外大多数学者均通过实证研究证明，基金经理不能有效地选择证券和市场时机。这说明，在实际基金操作中，大多数积极投资的管理人往往不能在正确的时机买入有投资价值的股票。但是，最近的一项研究表明，基金管理人在根据市场变动调整投资组合方面的能力较以前有一定程度的提升。毫无疑问，这一结果将激励学者们对该领域做进一步研究。

【知识链接8-1】　　　　嘉实领先成长股票基金投资策略

该股票型基金采取自上而下的策略进行股票选择，分别按照大类资产配置策略、行业配置策略、股票投资策略，即按照宏观、中观、微观的次序依次进行投资决策。

1.大类资产配置策略

在大类资产配置上，该基金首先参考公司投资决策委员会所形成的大类资产配置范围，重点评估以下几个因素：

宏观因素——包含重要经济数据以及货币和财政政策的变化。

市场因素——包含货币供给指标以及流动性的变化对资本市场的影响。

估值因素——包含不同市场之间的相对估值变化。

同时，该基金作为主动管理的成长性股票基金，也将参考宏观策略部门提供的研究分析建议，并结合投资组合超额收益获取能力，综合考虑作出大类资产配置决策。

在控制风险的前提下，该基金将优先配置股票资产，并将80%以上的股票资产投资于快速成长行业中的领先成长公司。

2.行业配置策略

该基金将通过以下三个步骤来寻找快速成长行业：

（1）预判宏观经济与外部环境趋势。该基金将依托基金管理人强大的研究平台，包括宏观、策略、行业、定量等团队，对经济周期和产业结构的发展趋势进行预判，结合对科技、社会、人口、政策等变量的跟踪分析，建立寻找快速成长行业的分析框架。

（2）确定快速成长行业的投资方向。该基金将通过科学的行业对比和分析流程，综合考虑备选库中各行业的成长空间、成长速度、可持续性等指标，选择具备足够投资广度和深度的快速成长行业，并根据外部环境、估值对比等进行动态调整。

（3）建立快速成长行业的备选库。某些行业之所以领先经济整体增速，在于其前瞻性地顺应了社会发展趋势。通过对经济周期、外部变量、产业结构的趋势预判，基于中长期跨度，该基金对快速成长行业进行财务指标筛选，选择预期未来三年主业收入和净利润增长率超出GDP增长率的行业来建立快速成长行业的备选库。

3.股票投资策略

在股票选择层面，该基金将在快速成长行业备选库中寻找市场占有率较高、具有较强竞争优势的领先成长公司，并结合研究团队实地调研、定性定量分析以及市场情绪等因素，对股票配置策略进行动态调整。主要通过挑选领先成长公司股票，并通过成长股估值评价体系对投资组合进行动态调整，同时根据市场经济短期波动对其进行平衡管理。

资料来源　嘉实基金管理有限公司。

8.2.2　积极型股票投资管理的主要策略

积极型股票投资管理策略以获取市场超额收益为目标，主要包括以技术分析为基础、以基本分析为基础和市场异常策略三类，并在实践中发展出多种具体表现形式。实证研究对这些投资策略进行了大量研究，其结论不尽相同。

积极型股票投资战略具有不同的理论基础和多样化的表现形式，也曾引起过诸多质疑和争论，至今仍有大量不同角度的检验，以肯定或质疑某一策略是否总能够取得优于股票市场的表现。

1.以技术分析为基础的投资策略

以技术分析为基础的股票投资策略是在否定股票市场弱有效的前提下，以历史交易数据为基础的投资模式，目的是预测单只股票或市场总体未来的价格变动。基金管理人以分析股票价格与成交量的历史数据为基础，来预测未来个股或整个股市供求关系，从而得到未来股价的期望值。一般来说，技术分析的投资者持有的观点有两种：一是相信通过技术指标和图表等工具可以反映出影响市场价格的一切行为，包括宏观经济情况、行业动态、公司个别消息等，也包括了投资者的主观心理变化等。二是相信历史将会不断重现，因而对历史资料的分析可以在一定程度上反映股价的趋势波动。技术分析的最大挑战是效率市场理论：如果基金管理人认为股票市场是弱有效的，则在考虑了交易成本和风险因素后，遵循以技术分析为基础的投资战略将不能始终取得优于市场的表现。反之，如果以技术分析为基础的投资策略仅仅通过分析价格和交易量的历史运动就能取得优于市场的超额收益，那么，该股票市场就不是弱有效市场。在这方面，目前比较流行的分析方法有：

（1）道氏理论

在查尔斯·道出任《华尔街日报》的编辑期间，他所写的评论逐步形成了关于股票市场的未来动向的理论。这些评论的主体在其合伙人汉密尔顿（W.P.Hamilton）的发展和雷亚（R.Rhea）的归纳总结之后形成了道氏理论。道氏理论的最具历史价值之处并不在于其完整的技术体系，而在于其精确的、科学化的思想方法，这是成功投资的必要条件。

道氏理论依赖于两个基本假设：第一，根据道氏理论所称，"任何已知的信息、任何可预见的信息以及任何能够影响公司证券供给或需求的情况对股市日常波动的平均水平来说都无足轻重"。第二，股票市场在各时期是以某些趋势——上行趋势和下行趋势——运动的，识别这些股票价格趋势和预测它们的未来运动是有可能的。如果假设成立而且投资者能实现超额收益，那么，市场就不是弱有效市场。

道氏理论将市场趋势分为三个层次，即主要趋势、次级趋势和三级趋势。其中主要趋势是市场的长期运动，次级趋势代表了股票价格与趋势线的短期偏离，而三级趋势是股票价格的短期波动。查尔斯·道认为，股票市场的向上运动趋势会被一些回落趋势减缓，这些回落趋势则是由于动量已经低于上一次的动量造成的。当向上的运动不再大于上一次的动量时，就会出现市场反转。股票会随市场的趋势同向变化以反映市场趋势和状况。具体来说，如果选择其中一种平均指数作为主要指数，并把其他指数作为确认指数，则当主要指数达到新高点并且得到其他指数也达到新高点的确认，就可以预期这种上升趋势将持续下去。

有一些研究已经尝试过检验该理论，部分研究结果支持道氏理论用于市场预测的有效性，认为成功地把握市场时机绝不是不可能的。

（2）波浪理论

波浪理论的创始人艾略特在大量观察美国道琼斯工业平均指数涨跌变化的走势后，在20世纪40年代中期，首先提出了描述股价涨跌变化的波浪理论，其后，波浪理论被广泛应用于外汇、证券、黄金和商品期货的买卖当中。

波浪理论认为，上升和下跌的交替出现是金融产品交易价格变化的永恒主题，交易中不存在只升不跌的行情，也不存在只跌不升的行情。如果以时间为横轴，价格为纵轴，将某一特定资产每日的价格绘于图上的话，就会发现价格的走势与波浪的循环波动极端相似。股价随主趋势而行时，依五波的顺序波动；逆主趋势而行时，依三波的顺序波动。长波可以持续100年以上，次波的期间相当短暂。

由于价位的变化受到多种因素的影响，因此，价位的循环波动周期并不是固定的，但是人们还是可以从这种价格波浪运动的过程中找到一些规律。波浪理论在应用上非常困难，所以对其进行检验也比较困难。

（3）简单过滤器规则

简单过滤器规则是指以预先设定的百分比作为买入和卖出股票的标准，即如果股票价格上升了一定的百分比，就买入该股票并一直持有，直到价格下降到一定的百分比，再把该股票卖出。该价格变化的百分比就称为过滤器，具体数字则由不同投资者自行确定。

对于简单过滤器规则的获利能力，部分研究认为，虽然价格变化表现出持续的趋势，但在考虑了评价该战略时必须考虑在内的交易成本和其他因素之后，这些趋势则不显著。另有一些研究认为，在调整场内交易者和专业资金管理人面临的各种类型的交易成本之后，一种以过去的价格运动为基础的短期技术交易策略在风险调整后仍能创造超额收益。

（4）技术分析指标

经过多年的发展，技术分析指标法已逐渐成熟，也是我们最为熟悉的一种分析技术，其指标包括移动平均法、MACD、RSI、KDJ、DMI、SAR、OBV 等，可谓数不胜数，在此我们仅以移动平均法为例加以简单说明。

移动平均法是指在计算一段时期的股票价格平均价的基础上，考察股票价格与该平均价之间的差额，并在价格超过平均价的某一百分比时买入该股票，在股票价格低于平均价的一定百分比时卖出该股票。

根据计算方式和选择参数的不同，计算平均价的方式可以是简单移动平均价，或者是对某一区间的价格赋予更大权重，从而计算出来的综合的移动平均价。针对以移动平均价为基础策略的两项调查研究表明，它们的收益率要低于简单的买入并持有策略的收益率。

（5）非线性动态模型

随着证券市场的发展和分析水平的提高，人们开始用非线性方程式体系的方式来考察随机现象并试图从中分析其运动模式。这一投资策略认为，股票价格行为的模式非常复杂，简单的数学模型不足以检验出历史价格模式以及开发用于预测未来价格运动的模型。因此，尽管股票价格看上去是随机变化的，但仍然有一个模式存在，只是简单的线性模型不足以识别其真实模式，需要更为复杂而有效的分析工具，即非线性动态模型。

非线性动态模型已被用于分析股票价格模式。部分实证检验表明，股票价格的确表现出非线性动态模型的一些特征。非线性动态模型的特殊形式之一是混沌理论，它提出，看似随机的股票价格运动实际上含有一种可识别并带来超额收益的结构。然而，在这一理论的实际应用中，它的有效性表现却相对不足。

（6）市场过度反应

市场过度反应基于非有效市场假设，当未预期到的有利信息出现时，人们可能出现过度反应，使价格的实际上升比理应上升的要高，此后则因为这一信息的真实情况，使股票价格下跌，实现价值回归。反之，当未预期到的不利信息出现时，人们的过度反应将导致价格的过度下跌和随后的反弹。因此，如果市场存在过度反应，则投资者可以通过对信息性质及其对市场价格的影响来判断采取相机抉择的方式，并从中获取超额收益。这意味着，能够认识到这一点的投资者将在认为信息有利时买入股票并在过度反应被纠正之前卖出股票，或者在认为信息不利时卖空股票并在过度反应被纠正之后再买入股票以对冲空头头寸。

2.以基本分析为基础的投资策略

基本分析是以公司基本面状况为基础进行的分析，其内容包括公司的收益与收益增长情况、资产负债状况、盈利能力和竞争能力等方面，可以通过横向或纵向比较加深对公司基本面的了解。技术分析与基本面分析的最大差别在于价格对新市场信息调整的时差这方面的观点不一致。技术分析者认为，股票价格对新信息的反应有时滞性，因此可通过寻找市场信号并分析各种技术指标来预测未来股票的价格走势。基本面分析者认为，股票价格能较快地对新市场信息作出反应，投资者可通过寻找股票价值变化的原因来预测股票未来供求的变动，并判断未来的股价走势。

如果实证检验证明了以基本分析为基础的投资策略的有效性，则将否定半强式有效市场假说。因为半强式有效市场的倡导者认为，正因为众多股票分析师、交易师在公开获得的信息、数据基础上的充分发掘，使股票价格已经反映了所有能够决定股票价值的相关因素，因此，建立在全部公开信息基础上的基本分析将不能创造出超额收益。在这方面，国际上已公布的主要分析方法有以下内容：

（1）意外收益

意外收益是指实际公布的收益与市场预测收益之间的差额。由于市场预测的收益水平已在当前价格中反映，所以有可能带来超额收益的是实际公布的收益与之的差额，市场将根据这一意外差额进行相应方向的及时调整。如果投资者能够识别这种差额的产生以及影响程度和调整时间，其将可以获得超额收益。

（2）低市盈率

本杰明·格雷姆在1949年为防御型投资者提出了一个经典的投资模型，并在《聪明的投资者》一书中不断阐述其内容，其要点包括：

①公司必须在过去的20年中的每一年都支付了股利。

②对工业公司来说，公司的最小规模是年销售额1亿美元，对公用事业单位来说是5 000万美元。

③在过去的10年中，每一年都实现了正收益。

④当前价格不应超过最近账面价值的1.5倍。

⑤市场价格不应超过去3年的平均收益的15倍。

这里，格雷姆把P/E比率作为对所获价值支付的价格的一种衡量标准。他认为，高的P/E比率是值得怀疑的，因为这意味着对难以预测的未来收益增长来说，价格存在很大的溢价。因此，市场更欢迎较低的P/E比率和较高品质的公司，因其潜在收益增长不容易令人失望并在价格上存在低估，这一差额即所谓的安全边际。当价格低于价值，即存在正的安全边际时，在"价值引力"的作用下，价格更倾向于上升而不是下跌，因此，正的、大的安全边际会使投资者在避免受损的情况下更容易获利，反之亦然。

在此基础上，投资者还使用其他的基本分析指标，如市净率（股票价格与每股账面价值的比率）等，来分析判断公司及股票的真实状况并预测股票价格的未来走势。

（3）市场中立多空策略

市场中立多空策略（Market Neutral Long-short Strategy）是力求把管理人选择股票的能力资本化的一种积极的策略。在股票市场允许做空时，管理人在分析股票市场单个股票的期望收益率的基础上，把股票划分为高期望收益率股票和低期望收益率股票，并按照下列方式之一行事：只购买高期望收益率股票；卖空低期望收益率股票；在买入高期望收益率股票的同时卖空低期望收益率股票或股指期货。如果管理人有能力识别股票收益率的高低，然后针对市场运动使投资组合的风险中和的话，无论市场上升还是下降，都将会产生正的收益率。

（4）股利贴现模型

股利贴现模型（Dividend Discount Model，DDM）以现值分析为基础，考察资产价格与公允价格即预期现金流量现值之间是否存在差异，从而判断该股票是否被错误定价，并买入被低估的股票，卖空被高估的股票。其中，该股票的预期现金流量应包括预期的股利支付和未来某时股票的预期售价。通常我们假设折现率在全部期限内不变，为通过资本资产定价模型获得的、公司在系统风险（β）基础上的预期收益率。按照对未来股利支付的不同假定，DDM可演化为固定增长模型、三阶段DDM或随机DDM等具体表现形式。

与此同时，如果定义预期收益率是使预期现金流量现值与当期实际价格相等的折现率水平，则也可以通过比较预期收益率与资本的必要收益率来判断股票价格是否被低估，即如果预期收益率大于必要收益率，则股票价格被低估。反之，如果预期收益率小于必要收益率，则股票价格被高估。

DDM的使用需要注意以下隐含假设：

①存在属性偏好（Attribute Bias），即DDM所选择的股票倾向于具有特定的股票属性，如低市盈率、高股利率、高账面价值率或特定行业部门等性质。

②投资者的时间跨度与模型是否能够配比。

③能否准确估计股利增长率和贴现率，这一假设直接影响了模型的结论。

3.市场异常策略

基于对股票市场定价效率的不同认识，基金管理人选择了自己的投资管理策略，并以一定的理论依据和实证数据支持自己的选择。历史统计数据显示，的确存在一些投资战略在一定的市场时期内创造了相当大的正的超额收益。市场的这些异常策略包括小公司效应、低市盈率效应、被忽略的公司效应（Neglected-Firm Effect）以及日历效应（Calendar Effect）、遵循公司内部人交易等策略。

上述市场异常策略中的一部分是对半强式有效市场的挑战，因为它们使用了公司的财务数据，如小公司效应、低市盈率效应等，而各种日历效应则是对弱有效市场的挑战。遵循公司内部人在买卖本公司股票方面的活动的策略，是对强有效市场的挑战。如果公司内部人在优先获取内部信息的基础上仍然不能产生风险调整后的超额收益，将支持强有效市场假说。反之，如果遵循公司内部人交易的策略能够带来超额收益，将否定强有效市场假说。

（1）小公司效应

小公司效应是指小公司（以市值总额衡量）股票的投资组合的表现要优于股票市场（既包括大公司也包括小公司）的表现，国内外的一些研究成果都在一定程度上支持了这一效应。

（2）低市盈率效应

低市盈率效应是指由低市盈率股票组成的投资组合的表现要优于由高市盈率股票组成的投资组合的表现。这一观点也得到了一些研究的支持。但同时也有一些研究发现，当价格和收益率随着时间的推移变化后再对投资组合的构成进行调整时，在调整必需的交易成本之后，低市盈率股票投资组合的较优表现将不复存在。对于可能的优越表现的一种解释是，股票之所以在低市盈率情况下交易是因为它们暂时失去了市场参与者的支持，而由于潮流会发生变化，因此当前不受欢迎的公司其股票可能在未来的某个时期反弹。

（3）被忽略的公司效应

被忽略的公司效应是指那些被证券分析师们忽略的公司将会取得优于那些备受关注的公司的表现。有一项研究发现，以证券分析师对不同股票的关注程度变化为基础的投资策略可以产生正的超额收益。其原因可能在于这些被忽略的公司与其他公司相比，其融资成本更高，否则不足以吸引资金的流入。这种被忽略的公司效应可能只存在于一个短暂期间，因此需要有效识别和灵活果断地行动。

（4）日历效应

日历效应是在统计检验的基础上提出实施某些策略的最佳时机，例如1月效应、年度中的月份效应、每星期的某天效应（星期效应）以及节假日效应等。月份效应是指证券市场中存在某个或某些特定月份的平均收益率总是显著地异于其他各月平均收益率的现象。而节假日效应指的是节日前或节日后交易日的收益率显著偏离市场平均收益率的现象。

目前国内关于日历效应的研究与我国股市存在星期效应方面较为一致，但对其是否存在月份效应方面尚未形成统一观点。从国内外研究的实证检验结果来看，某些时期实施某一策略会比在其他时期实施该策略取得更好的效果。但同时也存在对日历效应的质疑，认为日历效应的基础在于历史数据的统计检验结果，没有理论基础，无法解释这一现象出现的原因。

（5）遵循内部人交易

美国证券交易委员会在其内部人交易报告（Insider Transaction Report）中将公司的内部人定义为公司的高级职员、董事以及持有公司普通股的大股东，这一报告所披露的事件发生时间与实际发生时间存在一定时滞。一些研究发现，内部人利用他们的特权地位可以获得超额收益。然而，当外部人再使用这些信息时，一项研究发现，外部人即使在掌握上述其他市场异常情况并能控制交易成本的情况下，也不能利用这些信息获利。也就是说，SEC公布的内部人活动信息对创造超额收益来说可能并非有效。

需要特别指出的是，上述这些可能导致市场异常的因素之间可能存在内在联系，并且基本上可以归属于以基本分析为基础的投资策略。例如，小公司可能同时也是那些没有引起证券分析师太多注意的公司，其市盈率可能也较低。又如，有些超额收益的获得可能是由于那些与内部人活动毫不相关的其他市场异常情况造成的，因此研究内部人活动时必须仔细分析超额收益产生的原因。再如，有一项研究发现，遵循内部人的活动没能获得超额收益，但同时又发现，如果存在任何超额收益的话，那么这些超额收益就是由于公司规模和低市盈率造成的。

【知识链接8-2】　　2017年四季度主动股票基金季报分析

1.四季度主动基金业绩喜忧参半

2017年四季度，市场下跌，上证综指下跌1.25%，创业板指下跌6.12%。大部分主动基金净值上涨，在统计的227只普通股票型基金中，有157只基金收益率上涨，占比66.53%；562只混合基金（H类基金未有净值数据）中，收益率为正的有375只，占比66.73%。

具体来看，截至2017年四季度末，普通股票型基金中，宝盈医疗健康沪港深表现相对较好，四季度收益率为16.97%，紧随其后的是易方达消费行业和诺安低碳经济，季度涨幅分别为16.32%和14.95%。

混合型基金方面，四季度表现最好的是景顺长城新兴成长、景顺长城鼎益和兴全精选，季度涨幅分别为18.95%、18.58%和16.60%。

2.大部分主动基金规模下降

2017年四季度，股票型基金资产净值多数下降。总体来看，易方达消费行业净值增长最多，四季度增长72.82亿元，其次是上投摩根核心成长和嘉实前沿科技，四季度分别增长了26.40亿元和20.59亿元。混合型基金中，嘉实沪港深回报、兴全合润分级、博时主题行业资产净值增长靠前，四季度分别增长23.06亿元、21.94亿元和19.69亿元。

与三季末的规模数据比较，普通型股票基金中，共有156只基金资产规模缩小，混合型基金中共有355只基金规模较上季度有所削减。

3.开基仓位小幅下降，开基增持房地产、租赁业，减持建筑业、信息技术业

（1）开基仓位下降0.37%～84.78%

2017年四季度末，主动股票类基金平均仓位为84.78%，相比2017年三季度末下跌了0.37%。从基金仓位分布情况来看，四季度权益类基金仓位都较重，普通股票型基金中有196只基金仓位超过85%，占比82.35%；混合型基金中仓位超80%的基金有398只。

（2）开基增持房地产、租赁业较多

股票型基金中持仓比例最高的三个行业分别为制造业、金融业、批发零售业，配置比例分别为69.60%、9.01%和3.04%；混合型基金持仓比例最高的三个行业分别为制造业、金融业、房地产业，配置比例为65.87%、11.20%和3.79%。

与2017年三季度对比，股票型基金在四季度行业配置上较多增持了制造业（+2.58%）、房地产业（+0.53%）、租赁业（+0.37%）；同时较多减持了信息技术业（-1.09%）、建筑业（-0.76%）、金融业（-0.54%）。混合型基金方面，增持比例较大的为房地产业（+0.71%）、交运业（+0.65%）、租赁业（+0.51%）；较多减持了建筑业（-0.80%）、水利业（-0.41%）、信息技术业（-0.39%）。

4.十大重仓股：持股集中度提升

主动股票基金的季报中披露了基金的前十大重仓股，我们可以通过基金重仓股数据大致地了解基金的行业配置情况（见下表）。

（1）十大重仓股分布情况分析

从主动类股票基金四季度持股情况来看，十大重仓股占股票资产比重主要在40%～70%的主动股票基金共有508只，占比64.06%。

与2017年三季度相比，四季度末主动股票类基金的十大重仓股占股票资产的比重整体有所增加，比重在60%以上的基金占比有所增加。

（2）中国平安、五粮液、伊利股份为基金前三大重仓股

根据基金披露信息，2017年四季度末主动类股票基金的重仓股票939只。从重仓股市值角度来看，2017年四季度基金持有市值最高的股票依次是：中国平安、五粮液、伊利股份，分别有235只、202只、184只基金重仓，重仓市值为208.28亿元、184.04亿元、148.81亿元。

从基金持股比例来看，华帝股份、韵达股份、奥佳华的基金持仓市值占A股总市值比重最高，分别为38.62%、34.22%和33.29%。

此外，四季度共有169只新进重仓股，按重仓市值依次为：东方航空、恒逸石化和中材国际，分别为11.71亿元、5.61亿元、4.92亿元。

（3）基金重仓股超配食品饮料、电子、医药生物

通过重仓股看出基金的相关行业偏好。基金在四季度重仓股票中配置最高的三个行业分别是食品饮料、电子、医药生物，配置比例分别为13.71%、11.95%、10.13%。相对于全市场股票行业分布来看，基金重仓股中食品饮料(+8.65%)、电子(+5.40%)、医药生物(+4.29%)超配明显。超低配的行业是计算机(-2.47%)、银行(-2.26%)和公共事业(-1.91%)。

2017年四季度十大重仓股市值TOP10			2017年四季度基金集中持有TOP10		
股票名称	基金持有市值（亿元）	持有基金数量（只）	股票名称	基金持有市值（亿元）	占流通股比例（%）
中国平安	208.28	235	华帝股份	48.36	38.62
五粮液	184.04	202	韵达股份	14.41	34.22
伊利股份	148.81	184	奥佳华	13.64	33.29
贵州茅台	134.28	199	南极电商	24.16	28.35
格力电器	114.87	135	先导智能	26.58	27.61
美的集团	106.02	108	广博股份	5.22	25.59
分众传媒	102.58	112	东山精密	27.31	25.34
招商银行	96.03	135	林洋能源	24.14	25.18
泸州老窖	79.95	90	恒立液压	10.62	24.58
新华保险	76.28	114	国瓷材料	15.49	22.61

资料来源　申万宏源研究所。

8.2.3 量化选股

自1969年爱德华·索普利用他发明的科学股票市场系统（实际上是一种股票权证定价模型），成立了第一个量化投资基金——可转换对冲合伙基金，到今天已有50年了。近年来，量化投资在国内已经成为一个热点词汇，新闻媒体频频报道。那么，量化投资到底是什么呢？较为普遍的说法是，量化投资通常指的是采用一定的数学模型并利用计算机技术践行投资理念的投资方法。和传统主动型投资一样，量化投资也是一种主动型投资策略，建立在市场不完全有效的假设上，需要积极发挥投资管理人的主观判断力，进行选股（Stock Selecting）和择时（Market Timing）。

通常来说，开发并实施量化投资策略的流程可见图8.2。

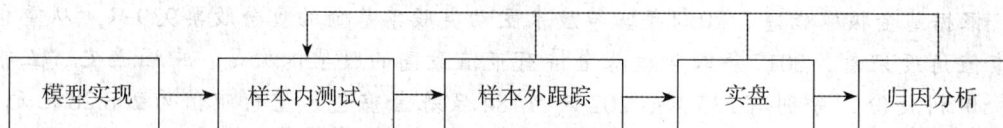

图8.2 量化投资策略实施流程

与传统投资相比，量化投资具有纪律性、系统性、及时性、准确性、分散化等优点。量化投资与传统投资的部分对比体现在表8.2中。

表8.2   量化投资与传统投资的相关比较

投资方式	量化投资	传统投资
代表人物	詹姆斯·西蒙斯	沃伦·巴菲特
分析方法	依据模型	依据人的经验和判断
信息来源	海量数据及多层次因素(定量)	基本面及宏观经济学(定性)
投资风格	投资周期偏向短期	投资周期偏向长期
投资标的	分散化	投资于某一只或少量
风险处理	完善的风险管理机制	风险考虑不周全

1.国内外量化投资的发展

（1）海外量化投资基金的发展历程

量化投资的产生（20世纪60年代）：1969年爱德华·索普成立了第一个量化投资基金——可转换对冲合伙基金，后改名普林斯顿–纽波特合伙基金，从事可转债的套利。索普也被称为量化投资鼻祖、宽客之父。

量化投资的兴起（20世纪70至80年代）：1973年美国芝加哥期权交易所成立，以金融衍生品创新和定价为代表的量化投资革命拉开了序幕；1988年，詹姆斯·西蒙斯成立了大奖章基金（著名的文艺复兴公司旗舰基金）。基金成立30多年来，在扣除了管理费和报酬提成后年化收益率惊人地达到了40%以上，西蒙斯也因此被称为"量化对冲之王"。

量化投资的繁荣（20世纪90年代）：1991年，彼得·穆勒发明了Alpha系统策略；1992年，克里夫·阿斯内斯发明了价值和动量策略（OAS）；1994年约翰·梅里威瑟成立长期资本管理有限公司，创立期权定价模型（OPM）并获得诺奖得主斯科尔斯和莫顿的加入。1998年，由于采用过高的杠杆并遭遇了小概率事件，长期资本管理有限公司破产。

量化投资在危机中前行（2000年以来）：2000年互联网泡沫破灭后，更多基金进入量化对冲领域。彭博数据显示，全球由量化基金管理的资金从2000年的400亿美元发展到2008年的1万多亿美元；2008年美国次贷危机使得基金价值缩水，此后的3年内全球量化投资基金的规模停留在1万亿美元左右；2011年后量化基金再度快速发展，至2016年底，全球量化投资基金总规模已超过3万亿美元，占全球基金规模的比例接近30%，量化投资基金已经成为全球资产管理领域的一支重要力量。

（2）国内量化投资基金的发展

第一只国内量化基金的诞生（2004年）：根据CCTV证券资讯频道金融研究所数据库资料，可以找到的最早的国内量化基金是华宝信托始于2004年12月发行的基金优选套利。发行规模为1 535万元，主要策略是捕捉封闭式基金的折价机会。

股指期货开启量化投资元年（2010年）：2010年沪深300股指期货上市，量化投资具备了可行的对冲工具，并且由于中国证券市场的成熟度不高、有效性较低，各种量化投资策略有了实施的空间。

牛市助推量化高速发展（2013—2015年）：创业板和A股的牛市为量化基金带来了较高的收益，因为量化投资关注的是短线投资，因此2015年下半年过山车般的股灾又让量化基金赚足了市场波动的钱，导致国内量化投资机构成批涌现，量化投资高速发展。

股指期货新政促进国内量化多元发展（2015年至今）：中金所在股灾后出台严厉的股指期货新规，限制了市场流动性。国内的量化团队开始逐步转型。一方面，由低收益低风险对冲套利转向多空、股票多头策略；另一方面，从股票对冲转向商品期货、国债期货等品种。看似被动的转型实则开启了量化多元化的新时代。

2.量化投资相对传统投资的优势

（1）从历史层面认知来看，基本面分析全面但并非准确。人脑难以准确处理纷繁复杂的海量信息，某些信息会被主观放大，另一些则会被忽略，容易导致投资偏差和误导。因而从方法论的角度来说，计算机无疑是最精确的，它能够在有限的信息范围内准确全面地进行处理。

（2）从投资决策来看，基本面派难以做到足够的客观理性，并且需要或长或短的反应时间。而计算机程序能够克服人性的弱点，执行模型开发者所完成的理性研究策略，并且归功于计算机快速处理数据、执行策略的能力，量化投资者能够更有效率地得出优化的股票组合，其把握机会的概率和对市场的反应速度也会显著地提高。

（3）量化模型中也会提供策略的变量，如买空、卖空和买空/卖空。由于模型的复杂性，成功的量化基金高度关注风险控制。多数策略由一个全域或比较基准开始，在模型中用扇形或行业权重呈现。这样，在某种程度上让基金控制经营的多样性得以实现。

由于量化基金不需要那么多传统的分析师和投资组合经理，所以他们通常是以一个很低的成本来经营。

然而，量化投资的缜密正是它的一个重要缺点。尽管量化团队总是在模型中不断添加可以预测未来现象的参数，但并不是每一次都能准确预测未来。在经济和市场变得异常不稳定时，量化基金也会变得不知所措。结合杠杆效应，一个小的转折也可能会产生大爆炸。

3.量化选股的主要策略

经过几十年的发展，量化投资的概念已经具有较为宽广的外延，按投资特点进行分类，主要包括以下研究领域：量化选股、量化择时、统计套利、期货套利、ETF/LOF/分级基金套利、事件驱动套利等。由于本章的内容主要围绕股票投资管理展开，因此本节列举有关量化选股的简单策略来介绍：

（1）多因素模型（Multiple-Factor Regression）。多因素模型建立在套利定价理论的基础上，将那些引起证券价格联动的因素直接加入到收益率公式之中，然后开发基于这些因素的模型，简化投资组合分析所要求的关于证券之间相关系数的输入。模型效果的好坏主要取决于因素的筛选，对于因素的筛选可以通过回归和分层回归等统计方法，找到解释度相对较高的几个指标，尽可能地反映历史信息。

（2）动量反转选股。动量反转策略的起源同样可以追溯到有效市场理论，正是对市场弱有效的检验产生了动量反转策略。动量效应（Momentum Effect）指的是投资策略或组合的持有期业绩方向和形成期业绩方向一致的股价波动现象；而反转效应（Contrarian Effect）则指的是投资策略或组合的持有期业绩方向和形成期业绩方向相反的股价波动现象。基于行为金融学，动量和反转正对应着反应不足和反应过度的实证支持。

（3）分类和回归树（Classification and Regression Tree）。分类和回归树是数据挖掘技术的一种，分类树产生定性输出，回归树处理定量输出，分类和回归树可以用来提取规则与输入和输出变量之间的映射关系，通过与分割节点的条件比较判断下一分支，并不断重复该过程，最终得到输入数据的分类。

（4）神经网络（Neural Networks）。由于股市庞大的数据处理量，导致其对算法有严格要求，并且股价的非动力学特性也非常复杂，一般的传统预测方法得到的结果可能不尽如人意。人工神经网络不仅具有大规模数据处理、网络全局作用等特点，而且具有很强的自适应、自学力以及容错性等传统建模方法不具备的能力。只需给出对象的输入和输出数，通过网络本身的学习功能即可实现输入和输出之间的映射。神经网络目前在国际上已广泛用于金融分析与预测，并取得了较好的成效。

8.3　消极型股票投资管理

消极型股票投资管理策略以有效市场假说为理论基础，可以分为简单型和组合型两类策略。其中，组合型策略是通过构造复制性股票投资组合来拟合基准指数的表现，并通过跟踪误差来衡量拟合程度。

8.3.1 消极型股票投资策略概述

消极型股票投资策略的理论基础在于效率市场假说，即认为股票价格能立刻对新市场信息作出反应，人不可能准确预测投资市场的未来运动轨迹，因而在长时间里不能获得超过其风险承担水平的超额收益。消极型股票投资策略否定了技术分析和基本分析的有效性，试图通过模拟市场指数获得收益。

随着市场的发展，尤其是投资理论的发展和市场研究方法的进步，消极型股票投资策略正逐步扩大其在投资者尤其是在机构投资者中的影响，主要表现在退休及养老基金、社保基金、指数基金等的机构投资者身上。

消极型股票投资策略可以分为两类：

1.简单型消极投资策略

简单型消极投资策略有时也可称为简单长期持有策略，一般以长期持有而预期发生的股票价格统计特征为基础，遵循随机方法或某种预先设定的准则进行投资。对于简单型消极投资策略来说，一旦确定了投资组合，就不再发生积极的股票买入或卖出行为，而进出场时机也不是投资者关注的重点。

2.组合型消极投资策略

坚持组合型消极投资策略的投资管理人并不试图用基本分析的方式来区分价值高估或低估的股票，也不试图预测股票市场的未来变化，而是在长期持有并预期发生的股票市场整体价格统计特征的基础之上，模拟市场构造投资组合，以取得与比较基准相一致的风险收益结果。对于组合型消极投资策略来说，进出场时机同样不是投资者关注的重点。

与简单型消极投资策略相比，组合型投资策略更强调严格遵循并尽可能模拟市场结构，因此组合型投资策略也被直接称为"指数法"（Indexing），通过跟踪一组股票指数的整体业绩来设计投资组合。指数型投资与积极型投资相比，具有投资风险分散、投资成本低廉、投资收益透明的优点。

8.3.2 复制指数法

复制指数法以有效资本市场理论为基础，认为在有效市场中，最有效率的投资组合是"市场组合"，它为每单位风险提供了最高水平的收益，因此应使用能够代表市场的指数作为投资组合的构造基础，实现市场水平的风险与收益匹配。复制指数法认为任何积极型股票投资策略都不可能取得高于其风险承担水平的超额收益。

对于特殊的机构投资者，如养老基金负责人来说，还需要考虑向外部管理人支付一定数额的管理费的问题。因此，即使基金管理人能够在风险调整和扣除交易成本之后仍表现出色，但其超额收益是否能够高于管理费仍是机构投资者必须考虑的问题。如果基金管理人并不能给养老基金负责人带来超过管理费水平的收益，管理人就没带来任何价值。

因此，在进行风险调整并扣除高额的交易成本、管理费用之后，积极型股票投资策略更难以在长时间里有出色的表现，这是大量养老基金等机构投资者之所以转向指数法投资的重要原因。

1.构造复制性投资组合

指数化股票投资组合的构造首先需要确定跟踪基准，即指数。纯指数基金（Pure Index Fund）就是一种以完全实现市场投资组合业绩为管理目标的投资组合，其跟踪基准可以是市场中具有代表性的股票指数，如美国的SP500指数等。

在选定指数的基础上，投资者需要构造用来与该指数相配比的投资组合，即复制性投资组合（Replicating Portfolio），其目的是尽量降低组合表现与该指数的差异。如果我们定义跟踪误差（Tracking Error）为基准指数与复制性投资组合之间的业绩差异，则有：

跟踪误差=复制性投资组合收益率-基准指数收益率

其中，跟踪误差的数值可以为正，也可以为负。也就是说，负的跟踪误差表明复制性投资组合的业绩低于基准指数的业绩。反之，正的跟踪误差表明复制性投资组合的业绩高于基准指数的业绩。指数法股票投资策略的目标是使跟踪误差趋近于零，而跟踪误差的绝对值大小也成为衡量指数法股票投资策略绩效的标准。

构造复制性股票投资组合的基本方法可以按照基准指数构造方法分为算术方法和几何方法两类。其中，算术方法计算权重时可以根据股本规模（或市值）或等量货币加权方法确定；几何方法计算权重时直接选择指数构成的权重即可。无论选择算术方法抑或几何方法计算复制性股票投资组合的权重，都需要考虑对组合的调整与再平衡，而不同的计算方法将直接影响到复制性投资组合与基准指数的相对业绩表现。

2.影响跟踪误差的因素

一般来说，复制性投资组合的收益率不可能完全等于基准指数的收益率。即使在设计复制性投资组合时，为了精确复制基准指数而完全按照指数构成购买了全部股票，也将产生跟踪误差。其原因主要来自以下几个方面：

（1）股票数量

复制性投资组合所包含的股票数量的增加将降低跟踪误差的水平，拟合程度不断提高。股票数量与跟踪误差之间存在反比关系。

例如，假定含有250只股票的投资组合的收益率将与SP500股票指数之间产生大约0.6%的跟踪误差，同时假定跟踪误差的概率服从正态分布，则复制性投资组合的年收益率比SP500股票指数的年收益率低0.6%的概率为68%。

（2）交易成本

交易成本的高低与组合内股票数量及流动性密切相关。随着股票数量的增加，交易成本也将上升。同时，如果股票流动性较低，构造复制性股票投资组合所需要支付的交易成本也将上升。

（3）存在零股订单的问题

复制性投资组合在理论上能够完全复制基准指数，但由于交易规则的要求，或者受到资金规模的限制，有可能出现零股订单的问题，导致交易成本上升甚至无法执行。

（4）动态复制过程

由于指数构成、个股权重的变化将影响基准指数，进而要求复制性股票投资组合必须进行动态跟踪与复制，以降低跟踪误差。但过于频繁的调整也将带来更高的交易成本。进一步来说，如果复制性组合的股票构成与基准指数不完全一致，这种动态跟踪复制的难度将更大，成本也将更高。

【知识链接8-3】 **华夏沪深300ETF投资策略**

1.投资目标

紧密跟踪标的指数，追求跟踪偏离度和跟踪误差最小化。

2.标的指数

该基金的标的指数为沪深300指数。如果指数发布机构变更或停止沪深300指数的编制及发布，或沪深300指数由其他指数替代，或由于指数编制方法等重大变更导致沪深300指数不宜继续作为标的指数，或证券市场有其他代表性更强、更适合投资的指数推出时，该基金管理人可以依据维护投资者合法权益的原则，变更该基金的标的指数。

3.投资范围

该基金主要投资于标的指数成分股、备选成分股。为更好地实现投资目标，基金还可投资于非成分股、债券、股指期货、权证以及法律法规或中国证监会允许基金投资的其他金融工具。如法律法规或监管机构以后允许基金投资其他品种的，基金管理人在履行适当程序后，可以将其纳入投资范围。基金投资于标的指数成分股及备选成分股的比例不低于基金资产净值的90%。

4.投资策略

该基金主要采用组合复制策略及适当的替代性策略以更好地跟踪标的指数，实现基金投资目标。

（1）组合复制策略。该基金主要采取完全复制法，即按照标的指数成分股及其权重构建基金的股票投资组合，并根据标的指数成分股及其权重的变动对股票投资组合进行相应调整。

（2）替代性策略。对于出现市场流动性不足、因法律法规原因个别成分股被限制投资等情况，导致该基金无法获得足够数量的股票时，基金管理人将通过投资成分股、非成分股以及中国证监会允许基金投资的其他金融工具进行替代。

（3）股指期货投资策略。该基金投资股指期货将根据风险管理的原则，以套期保值为目的，主要选择流动性好、交易活跃的股指期货合约，以降低股票仓位调整的交易成本，提高投资效率，从而更好地跟踪标的指数，实现投资目标。

（4）权证投资策略。该基金将通过对权证标的证券的基本面研究，结合多种期权定价模型，在确定权证合理价值的基础上，根据基金资产组合情况，适度进行权证投资。

该基金力争日均跟踪偏离度的绝对值不超过0.2%，年跟踪误差不超过2%。

5.风险收益特征

本基金属于股票基金，风险与收益高于混合基金、债券型基金与货币市场基金，属于较高风险、较高收益的产品。

资料来源　华夏基金管理有限公司。

8.3.3　增强指数法

指数化管理方式可以扩展到积极型股票投资策略的实施过程之中，这种策略被称为增强指数法（Enhanced Indexing），增强指数法与积极型股票投资策略之间存在显著区别，即风险控制程度不同。增强指数法的重点是在复制组合的基础上（获取基础的β收益）通过基金经理的主动投资行为获得比指数本身更好的收益（争取α收益），由此将不会引起投资组合特征与基准指数之间发生实质性分离。反之，积极型股票投资策略的投资组合则是偏重在获得α收益上。

事实上，增强指数法的出现也反映了投资管理方式的发展出现了新的变化，即积极管理与消极管理开始相互借鉴甚至相互融合。积极型股票投资策略的基础在于相信人能够战胜市场，而消极型股票投资策略则相反，认为人不能战胜市场。双方分别在自身理论基础上构造了相应的投资组合，进而实施交易与监控过程。但在市场的不断发展过程中，双方都意识到自身存在一定的局限性，开始尝试借鉴和吸收对方的有效成分，降低风险或提高收益。例如，有的积极型股票投资管理人可能吸收了一部分指数化投资方式，而有的消极型股票投资管理人可能在不偏离基本原则的基础上，增加积极型投资管理的因素。

从指数增强型基金具体增强方式来看，主要有两种方法：

（1）通过选股来进行增强：比如在按目标指数结构进行部分资产分配的基础上，将基金剩余资产投向有升值潜力的个股、行业、板块进行适当比例的增仓，或者对没有升值潜力的个股、行业、板块进行适当比例的减仓，另外也可以在不同风格的股票上增减仓位以达到增强指数化投资效果的目的。

（2）进行金融衍生产品的投资，如买入看多的股票指数期货，并且合约价值与基金的资产规模相当，由于股票指数期货的杠杆作用，只需要较少的资金就可以复制股票指数的表现。

【知识链接8-4】　　　　　华泰柏瑞量化增强混合型基金投资策略

华泰博瑞量化增强混合型基金成立于2013年，是我国较早的指数增强型基金，从成立之初到现在，每年的收益率均超过了其所跟踪的标的指数沪深300，具体见下表：

	2017年	2016年	2015年	2014年
阶段涨幅	22.13%	-1.36%	24.88%	70.42%
同类平均	10.79%	-7.46%	44.82%	20.14%
沪深300	21.78%	-11.28%	5.58%	51.66%

该基金的具体投资策略要点如下：

1. 比较基准的标的指数

基金股票资产跟踪的标的指数为沪深300指数。

2. 增强指数化投资策略

基金利用定量投资模型，选取并持有预期收益较好的股票构成投资组合，在严格控制组合预期跟踪误差的基础上，力求超越标的指数化投资回报。

（1）多因子Alpha模型——股票超额回报预测

多因子Alpha模型以对中国股票市场较长期的回测研究为基础，结合前瞻性市场判断，用精研的多个因子捕捉市场有效性的暂时缺失之处，以多因子在不同个股上的不同体现估测个股的超值回报。概括来讲，本基金Alpha模型的因子可归为如下几类：价值(Value)、质量(Quality)、动量(Momentum)、成长(Growth)、市场预期等等。多因子Alpha模型利用长期积累并最新扩展的数据库，科学地考虑了大量的各类信息，包括来自市场各类投资者，公司各类报表，分析师预测等多方面的信息。基金经理根据市场状况及变化对各类信息的重要性作出具有一定前瞻性的判断，适时调整各因子类别的具体组成及权重。

（2）风险估测模型——有效控制预期风险

纯指数化投资力求跟踪误差最小，指数增强投资策略则需要力求将跟踪误差控制在一定范围之内。基金将利用风险预测模型和适当的控制措施，有效控制投资组合的预期投资风险，并力求将投资组合的实现风险（用跟踪误差衡量）控制在目标范围内。

（3）交易成本模型——控制交易成本以保护投资业绩

基金的交易成本模型既考虑固定成本，也考虑交易的市场冲击效应，以减少交易对业绩造成的负面影响。在控制交易成本的基础上，进行投资收益的优化。

3. 投资组合的优化

基金将综合考虑预期回报、风险及交易成本进行投资组合优化。其选股范围将包括指数成分股和非指数成分股中流动性和基本面信息较好的股票。

4. 投资组合的调整

基金将根据各种信息的变化情况，对投资组合进行重新优化，调整投资组合的构成，并根据市场情况适当控制和调整投资组合的换手率。

资料来源　华泰柏瑞量化增强混合型证券投资基金更新的招募说明书，2018年第1号。

● **本章小结**

积极型投资管理是指投资管理人利用可以获得的一切信息和预测技术，对投资组合里的各种资产的类别和具体品种的表现进行预测，希望通过主动地进行资产类别的调整和资产品种的选择以及买卖时机的把握，来获取超过市场平均水平（即市场指数）的收益率。

消极型投资管理指投资者完全放弃对投资对象价格转折点的系统预测的努力，并根据对投资对象价格的某一基本特征选择自己的投资策略，该策略最重要的一种方式是指数化投资，以获得与市场指数相当的收益。

奉行积极型股票投资策略的基金管理人一般采取"自上而下"或"自下而上"的方式进行股票选择。

积极型股票投资管理策略以获取市场超额收益为目标，主要包括以技术分析为基础、以基本分析为基础和市场异常策略三类，并在实践中发展出多种具体表现形式。

消极型股票投资管理策略以有效市场假说为理论基础，可以分为简单型和组合型两类策略。其中，组合型策略是通过构造复制性股票投资组合来拟合基准指数的表现，并通过跟踪误差来衡量拟合程度。

● **重要概念**

积极型管理　消极型管理　有效市场假说　自上而下　自下而上　技术分析　基本分析　道氏理论　波浪理论　非线性动态模型　市场过度反应　股利贴现模型　日历效应 跟踪误差　指数化投资　增强指数法

● **思考题**

1.证券投资基金的股票投资管理一般分为哪两种类型？它们分别适合什么样的投资者？

2.我国目前的证券投资基金采用的哪种股票投资策略居多？我国指数型基金的发展现状及趋势如何？

3.你认为"自上而下"和"自下而上"的股票选择有什么根本的不同？

4.积极型股票投资管理有哪三种类别？你认为哪种类别在我国更有适用性？

5.为何说有效市场假说对积极型股票投资管理提出了挑战？

6.消极型股票投资管理有哪两种类别？它们有什么差异？

第9章 证券投资基金债券投资管理

◇**学习目标**

- 掌握债券的基本概念及特点
- 了解我国目前债券市场的品种与概况
- 掌握债券收益率与市场风险的计算方法
- 了解被动和主动债券投资管理的方法

债券是资本市场与货币市场的重要组成部分，债券市场与股票市场共同构成了证券市场的基础。债券作为固定收益产品，与股票相比有着低风险、低收益的特性，所以也就成为组合投资的重要组成部分。债券型基金发展迅速，根据银河证券基金研究中心的数据显示，截至2017年12月31日，我国债券基金数量达到了1 237只。从基金规模上来看，债券基金资产净值19 348.98亿元，其规模占整个公募基金市场规模的比例达到了16.63%，是继货币市场基金（58.16%）、混合型基金（17.93%）后的第三大基金类别。

9.1 债券品种与债券市场概述

9.1.1 债券品种

债券是一种有价证券，是社会各类经济体为筹措资金而向投资者出具的，并且承诺按一定利率定期支付利息和到期偿还本金的债权债务凭证。从估值的角度看，它具有以下几个基本要素：

（1）债券的票面价值，也就是债券到期需要支付的本金。

（2）债券的价格，包括发行价格和交易价格。

（3）债券的利率，也叫息票率，用于计算债券期间付息。

（4）债券的偿还期限，也就是债券的到期期限。

（5）债券的计息周期，决定了债券的利息支付频率。

在实践中，为了区分不同类型的债券，我们往往会选择不同标准对债券品种进行划分，以下是常用的一些划分方式：

1.按发行主体划分

根据发行主体的不同，我国债券可分为政府债券、中央银行债券、金融债券、企业债券、公司债券、短期融资券以及国际机构债券。不同发行主体发行的债券在信用水平、流动性、收益水平以及税收制度等方面存在不同。

（1）政府债券

政府债券包括记账式国债、储蓄国债（凭证式）、储蓄国债H（电子式）。

国债的发行人为财政部，主要品种有记账式国债和储蓄国债。其中，储蓄国债分为传统凭证式国债和电子凭证式国债。通常，人们按照习惯将传统凭证式国债称为"凭证式国债"，而将2006年6月底首发的电子凭证式国债称为"储蓄国债"。由于国债代表的是中央政府的信用，因此它具有我国债券市场最高的信用等级以及较高的流动性。此外，与其他债券不同，我国国债利息收入免收企业所得税。以上两方面原因使得国债的收益率一般也低于同期限的其他债券。

（2）中央银行债

中央银行债，即央行票据，其发行人为中国人民银行。央行票据采用每周滚动发行的方式，期限通常较短，以1年期以下的短期票据为主，最常见的发行期限是3个月和1年，平均每周的发行量在300亿~1 500亿元，是银行间债券市场的主要组成部分。央行票据是我国债券市场流动性最好的品种，这使得其不仅是金融机构债券投资的工具，也是流动性管理的重要工具。

（3）金融债券

金融债券包括政策性金融债、商业银行债券、特种金融债券、非银行金融机构债券、证券公司债、证券公司短期融资券。总体而言，政策性金融债的收益率与同期限的央行票据收益率相近，而其他一般性金融机构发行的金融债券发行量较小、流动性较差，具有一定的流动性溢价和风险溢价。

（4）企业债券

我国《企业债券管理条例》（2011）对企业债券的定义是：境内具有法人资格的企业，依照法定程序发行、约定在一定期限内还本付息的有价证券。企业债券一般是由中央政府部门所属机构、国有独资企业或国有控股企业发行的债券。企业债券比较多地采取了担保的方式，同时又依托一定的项目（国家批准或者政府批准）。

（5）公司债券

我国《公司法》（2013）规定，公司债券是由股份有限公司或有限责任公司依照法定程序发行、约定在一定期限还本付息的有价证券。发行公司债券不需强制担保，而是引入了信用评级方式。目前我国公司债券有了较多的创新，包括分离交易的可转换公司债等。

（6）短期融资券

短期融资券指中国境内具有法人资格的非金融企业发行的短期融资票据。证券公司短期融资券不属于本类，计入非银行金融债。短期融资券的发行审批较为宽松，大多没有担保，流动性较差，具有较高的流动性溢价和信用溢价，不同发行主体之间具有明显的信用利差。

（7）国际机构债券

国际机构债券指国际机构在我国境内发行的债券。

2.按发行期限划分

（1）短期债券：0~3年期。

（2）中期债券：3~10年期。

（3）长期债券：10~30年期或更长。

3.按利息支付方式划分

（1）零息债券：到期时一次还本付息。

（2）固定利率的付息债券：定期支付固定的利息，到期时支付本金。

（3）浮动利率的付息债券：在一个既定的基准利率基础上，上浮N个百分点作为每次定期支付的利息，到期时支付本金。

4.按照发行价格划分

（1）溢价发行：指发行价格高于债券的票面价值，这种发行方式较为少见。

（2）平价发行：指债券的发行价格等于其票面价值，通过这种方式发行的债券一般都要在债券持有期限内定期支付利息。

（3）折价发行：指债券的发行价格低于其票面价值，其中零息债券是折价发行债券的特例，即将投资者应得的利息收益折现在发行价格与票面价值的差价之中，不再定期支付利息，只在到期时按票面值还本。

此外，债券还有许多其他的分类，如按担保类型划分、按登记方式划分、按是否可转换为其他金融资产划分、按是否记名划分、按抵押类型划分等。债券作为一种金融产品，可以设计成多种形式，其最终目的是满足发行人与投资者双方的需求。

【知识链接9-1】　　　　　　　债券产品创新

1.抵押支持债券

抵押支持债券（Mortgage Backed Securities，MBS）是指债券发行人将抵押贷款集合起来，形成一个"资产池"发行债券，在贷款人归还贷款给提供贷款的机构后，投资者将得到回报。它起源于房地产融资市场，最初被用于解决房地产抵押贷款低流动性与金融机构资产短期性之间的矛盾。按照运作方式的不同，抵押支持债券又分为抵押传递债券（Mortgage Pass-through Securities）和剥离式抵押支持债券（Stripped Mortgage-backed Securities）。其中，抵押传递债券是最基本的形式，它将若干抵押贷款组合成一个资产池集合，以这个集合产生的现金流为基础发行债券。每一张抵押支持债券都代表着组合中抵押贷款的本息收入全部转交给抵押支持债券的投资者，因此又称为传递债券。剥离式抵押支持债券始于1986年，是一种衍生抵押支持债券，它是将抵押贷款组合中的收入流分拆，并分别以本金收入流和利息收入流为基础发行贷款本金债券（PO）和利息债券（IO）。

2.资产支持债券

资产支持债券（Asset Backed Securities，ABS）起源于美国，其核心是利用能够产生稳定现金流的资产作为支持，通过发行债券获得直接融资。资产支持债券是在抵押贷款证券化的示范效应下发展起来的，但是资产证券化所包含的种类不限于抵押贷款，不仅包括房地产贷款等银行信贷资产、高速公路收费权等企业无形资产，还可以包括土地房屋等实物资产。其运作流程先是由金融机构将需要证券化的金融资产出售给特定的受托机构，受托机构通过管理运作资产池将这些资产打包成带息债券出售。这一过程的关键就在于受托机构的风险隔离，使资产支持债券得以不受其发起人资产状况的影响。

3.债务抵押债券

债务抵押债券（Collateralised Debt Obligation，CDO）与抵押支持债券（MBS）都是资产支持债券（ABS）的重要组成部分。债务抵押债券实际上是一种固定收益证券，它的标的资产通常是信贷资产或债券。按资产分类的不同债务抵押债券又分为CLO（Collateralised Loan Obligation）和CBO（Collateralised Bond Obligation）。前者指的是信贷资产的证券化，资产池主要以银行贷款为主要的担保凭证；后者指的是市场流通债券的再证券化。其运作流程是先由CDO资产管理经理从发行者手中购买债务当作抵押物，然后根据投资者的不同偏好设计出不同付款期和信用评级的债券，转售给新的投资者。

9.1.2 债券市场

我国的债券市场总体上可以分为场外交易市场和场内交易市场，其中按照交易场所来看，银行间市场、商业银行柜台市场属于场外市场，而交易所市场属于场内市场（见图9.1）。不同的交易场所在交易价格形成方式、市场参与者等方面均存在着一定的差异。作为投资主体的基金，主要活跃于银行间市场和交易所市场，故本节主要对这两个市场的交易对象、投资主体、交易模式等进行一些分析。

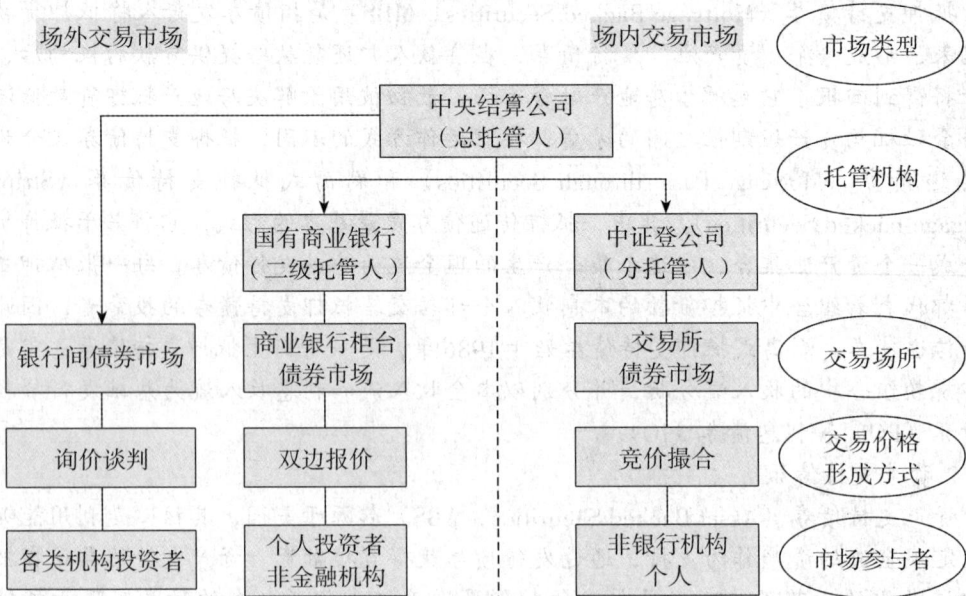

图9.1 我国债券市场格局

1.交易所债券市场

（1）投资主体：除银行与信用社以外的几乎所有类别的法人与个人投资者。

（2）交易品种：现券交易、质押式回购、买断式回购。

（3）交易平台：竞价交易系统、固定收益证券综合电子平台。

（4）交易模式：所有交易都通过证券公司代理执行，投资者与证券公司之间有着明确的一二级代理关系。所有交易采用集中报价、统一撮合的方式成交。

（5）托管与登记：所有投资者都有一个独立的股东账户，债券登记在账户内，托管于交易所在中央国债登记公司的分账户下。

（6）二级交易：交易所市场债券的交易与股票基本相同，由交易系统撮合，自动完成债券交割。投资者与证券公司之间有着明确的一二级代理关系。

（7）清算：债券与资金的清算都由交易所登记结算公司完成。

2.银行间债券市场

（1）投资主体：银行间债券市场成员包括所有银行、信用社、基金公司、保险公司和部分财务公司、信托公司、证券公司。一般企业只能通过代理机构参与银行间债券市场的交易。

（2）交易品种：现券交易、质押式回购、买断式回购、远期交易。

（3）交易平台：利用全国外汇交易中心的交易系统进行日常交易，利用中央国债登记公司的清算系统进行招投标与公开市场业务。

（4）交易模式：银行间市场成员分为甲、乙、丙三类。甲类成员具有代理与自营的资格（数量较多）；乙类成员只具有自营资格（数量最多）；丙类成员只能通过甲类的代理进行交易（数量很少）。成员间的日常交易都是在系统上采取一对一的柜台交易方式成交，公开市场业务只限于商业银行与中国人民银行之间进行。

（5）托管与登记：所有成员在中央国债登记公司都有一个独立的账户，所有债券的数量与增减变化都登记在这个账户上。

（6）二级交易：银行间市场债券的交易大多属自主交易，交易系统上提供公开报价信息与一对一的询价功能。询价内容包括品种、价格、数量、清算日期与清算方式，双方达成协议后在系统上确认成交。

（7）清算：债券的过户由中央国债登记结算公司完成，而资金的清算由双方按协议规定自行清算。

9.2 债券收益率与风险的度量

9.2.1 债券收益率的度量

债券收益率按照投资者的分析方法不同可以有许多种计算方法，中国人民银行为统一市场，于2004年发布了《中国人民银行关于全国银行间债券市场债券到期收益率计算标准有关事项的通知》，明确规定了几种收益率的计算方法。后于2007年发布《中国人民银行关于完善全国银行间债券市场债券到期收益率计算标准有关事项的通知》对其进行调整，调整后债券到期收益率的具体计算方法如下：

（1）对处于最后付息周期的附息债券（包括固定利率债券和浮动利率债券）、贴现债券和剩余流通期限在一年以内（含一年）的到期一次还本付息债券，到期收益采取单利计算。计算公式为：

$$Y = \frac{FV - PV}{PV} \div \frac{D}{TY}$$

其中：Y——到期收益率；

       PV——债券全价（包括净价和应计利息，下同）；

       D——债券结算日至到期兑付日的实际天数；

       TY——当前计息年度的实际天数，算头不算尾，含闰年的2月29日，发行公告中标明的第一个起息日至次一年度对应的同月同日的时间间隔为第一个计息年度，依次类推；

       FV——到期本息和，其中：贴现债券FV=M，到期一次还本付息债券FV=M+N·C，固定利率债券FV=M+C/F；

       M——债券面值；

       N——债券偿还期限（年）；

       C——债券票面年利息；

       F——债券每年的利息支付频率。

（2）剩余流通期限在一年以上的到期一次还本付息债券和贴现债券的到期收益率采取复利计算。计算公式为：

$$PV = \frac{FV}{(1 + Y)^{\frac{d}{TY} + m}}$$

其中：Y——到期收益率；

       PV——债券全价；

       FV——到期本息和，其中：贴现债券FV=M，到期一次还本付息债券FV=M+N·C；

       M——债券面值；

       N——债券偿还期限（年）；

       C——债券票面年利息；

       d——结算日至下一最近理论付息日的实际天数；

       TY——当前计息年度的实际天数，算头不算尾，含闰年的2月29日，发行公告中标明的第一个起息日至次一年度对应的同月同日的时间间隔为第一个计息年度，依次类推；

       m——结算日至到期兑付日的整年数。

（3）不处于最后付息周期的固定利率附息债券和浮动利率债券的到期收益率采取复利计算。计算公式为：

$$PV = \frac{C/F}{(1+Y/F)^{\omega}} + \frac{C/F}{(1+Y/F)^{(\omega+1)}} + \frac{C/F}{(1+Y/F)^{(\omega+2)}} + \cdots + \frac{C/F + M}{(1+Y/F)^{(\omega+(n-1))}}$$

其中：Y——到期收益率；

　　　PV——债券全价；

　　　M——债券面值；

　　　F——债券每年的利息支付频率；

　　　ω——d/（TS）；

　　　d——债券结算日至下一最近付息日之间的实际天数；

　　　TS——当前付息周期的实际天数，即下一个付息日与上一个付息日之间的实际
　　　　　　天数，算头不算尾，含闰年的2月29日；

　　　n——剩余的付息次数；

　　　n-1——剩余的付息周期数；

　　　C——当期债券票面年利息，在计算浮动利率债券时，每期需要根据参数C的变
　　　　　　化对公式进行调整。

以上是中国人民银行为促进市场发展统一执行的收益率计算方法，但是在实际应用中，在到期收益率的计算中，是按付息期限进行折现计算。在固定利率的付息债券收益率计算中，到期收益率（也就是内含收益率）是被普遍采用的计算方法，它的含义是将未来的现金流按照一个固定的利率折现，使之等于当前的价格，这个固定的利率就是到期收益率。到期收益率方法虽然可以准确地衡量现金流量的内部收益率，但是不能准确地衡量债券的实际回报率。

付息式债券的投资回报主要由三个部分组成：本金、利息与利息的再投资收益。在内含收益率的计算中，利息的再投资收益率被假设为固定不变的当前到期收益率。按照这种假设，市场收益率曲线要始终保持平直，然而收益率曲线在绝大多数情况下都是倾斜的，而且市场时刻都在变化之中，票息的再投资不可能按照一个固定的利率进行。另外，内含收益率的计算没有考虑税收的因素，当按债券收益需要缴税计算时，要在票息中扣除税款再进行折现。

具体来说，对于持有一定期限的债券来说，我们可以根据假定的再投资利率计算该债券总的息票支付额以及再投资收益，同时根据计划投资期限到期时预期的必要收益率计算该时点上的债券价格，两者之和即为该债券的总的未来价值，并代入以下公式求得现实复利收益率：

$$\left(\frac{总的未来债券价值}{债券的购买价值}\right)^{1/n} - 1 = \left(\frac{总息票支付 + 再投资收益 + 债券价格}{债券的购买价格}\right)^{1/投资期限} - 1$$

现实复利收益率也称为期限收益率，它允许资产管理人根据计划的投资期限和预期的有关的再投资利率和未来市场收益率预测债券的表现。其中，利息再投资收益率是获取票息时的现实收益率，而不是一个固定的数值。现实收益率来源于投资者自己对未来市场收益率的预期和再投资的计划，虽然对未来市场收益率的判断存在较大的不确定

性，但通过对利率的预期与目前收益率曲线的分析，并结合税收政策与自身的再投资计划，可以得出比内含收益率更接近投资者实际情况的复利收益率。在现实复利收益率的计算中，每位投资者对未来利率的预测与投资计划等各不相同，所以很难得出市场普遍认可的结论。而内含收益率计算简便，易于进行比较，在交易与报价中可操作性较强，在市场收益率曲线波动平缓且票息较低时，潜在的误差也会小一些。所以，到目前为止，内含收益率仍被市场广泛采用。同理，在作为付息债券风险衡量指标的免疫期限、久期、曲度的计算中，也采用了与内含收益率相同的固定利率折现方法。

9.2.2　债券市场风险的度量

债券的市场风险是指由于利率变动等原因导致的债券价格损失，息票利率、期限和到期收益率水平都将影响债券的市场风险水平。以下几个工具可以有效衡量债券的市场风险：

1.久期

久期（也称麦考利久期，Maculay Duration），在数值上等于以每笔现金流量占债券总价值的比例为权重，对各笔资金的到期时间进行加权。它可以用来衡量债券的利率敏感性（指债券价格随利率的变动而变动的性质）。其含义是在这一时点上，无论市场收益率如何变化，投资者确保可以获得期初计算的收益率。对零息债券来讲，它的现金流集中在兑付日，所以其久期就是它的存续期限。而付息债券的现金流分布在今后若干年内，投资者的收益由三个部分构成，即票息收益、价差收益和票息再投资收益。当收益率变动时，后两者总是呈反向运动，但两者存在一个均衡点，这个点就是投资实际回收期间，其与当前的时间距离就是债券的久期。

久期在债券投资中有着广泛的应用，投资者可以通过设计使投资期限与平均期限相符合，就可以规避利率风险，得到预期的收益率。如果市场收益率下降，则在久期以前，实际投资收益率将高于预期的到期收益率。在久期以后，投资收益率将低于预期的到期收益率，反之则相反。久期的具体计算公式为：

$$D = \frac{1 \times PVCF_1 + 2 \times PVCF_2 + 3 \times PVCF_3 + \cdots + n \times PVCF_n}{PVTCF \times F}$$

其中：D——久期；

　　　PVCF——当期每笔现金流量的现值；

　　　PVTCF——当期所有现金流量现值的总和；

　　　n——距到期日的期间；

　　　F——债券每年的利息支付频率。

麦考利久期以债券各期的预期资金流量为基础，因此不适用于内含期权的债券。

2.修正久期

修正久期反映的是债券价格与收益率变动的线性关系，是测量债券的利率敏感性的重要工具。修正久期考虑了当期市场到期收益率对久期的影响，是对麦考利久期的改进，同样不适用于内含期权的债券。影响修正久期的因素主要有三个，即票息、存续期限和到期收益。在其他条件不变的情况下：票息越高，修正久期越短；存续期限越长，修正久期越长；到期收益率越高，修正久期越短。根据修正久期的特性，投资者在预期利率下降时，应提高债券组合的修正久期。反之，则应降低债券组合的修正久期。

修正久期计算公式如下：

$$DM=D/（1+Y/F）$$

其中：DM——修正久期；

D——久期；

Y——到期收益率；

F——债券每年的利息支付频率。

在具体应用中，有如下公式：

债券价格变化（%）$\approx-$（修正久期×市场收益率变化）

所以，给定收益变化，就可以大致计算债券价格的百分比变化。

【例9-1】按70.357美元的价格，9%的到期收益率，6%的息票利率出售的25年期债券。其修正久期为：

$$修正久期=\frac{(\sum_{t=1}^{25}\frac{t\times0.06\times100}{(1+0.09)^t}+\frac{2.5\times100}{(1+0.09)^{25}})}{70.357}\times\frac{1}{1+0.09}=10.57（年）$$

如果收益率发生小幅变化，由9%上升到9.1%，则：

价格百分比的变化=-10.57×0.1%=-1.06%

近似价格变动额=-1.06%×70.357=-0.75（元）

而实际上，当收益率上升0.1%时，价格下降1.05%，与计算结果基本一致。当收益率上升2%时，价格百分比的变化为-21.14%（-10.57×2%），而实际价格变动率为-18.03%，误差较大。

因此，用修正久期来测算债券价格的利率风险，只有在利率发生小幅变化时才有效。另外，当收益率上升或下降相同的幅度时，用平均期限计算的价格变动百分比相同，即价格变化具有对称性，但实际债券的价格收益关系不具有对称性。所以，用修正久期来估计债券价格的易变性具有一定的局限性。

3.有效久期

由于修正久期和麦考利久期假定预期现金流不随利率变动而变化，不适用于内含期权的债券。例如，含有可提前赎回期权的预期现金流将在利率变动时同样发生变动。因此，有必要引入一种适用于任何债券的有效久期计算公式，即：

$$有效久期=\frac{P_- - P_+}{2（P_0）\Delta r}$$

其中：P_-——当收益率下降X个基本点时的价格；

P_+——当收益率上升X个基本点时的价格；

P_0——起始价格；

Δr——假定的收益率变化。

这一近似的有效久期计算公式用于内含期权的债券时，可以在较高和较低收益率水平上反映现金流的预期变化，因而比一般的修正久期具有更为广泛的适用性。

由上述分析可以看出，久期是衡量债券价格对利率变化反应程度的一般概念。修正久期是一种假设现金流不随利率变动而变化的期限分析方法。有效久期考虑到内含期权的存在，在预期现金流将随利率变动而变化的基础上衡量债券价格的反应。因此，对于不含有期权的债券来说，修正久期与有效久期的衡量结果基本相同，而对于内含期权的债券来说，两种方法的衡量结果将出现显著差异。

4.凸性

大多数债券价格与收益率的关系都可以用一条向下弯曲的价格–收益曲线来表达（见图9.2），这条曲线弯曲的程度就称为凸性（Convexity）。当收益率变动时，用修正久期计算的价格变动与实际价格变动总是存在一个误差（如图9.2所示），初始收益率为r0，债券价格为P0。当收益率下降至r1时，债券实际价格增长至P1，久期计算出的债券价格为P3，P1>P3，久期会低估价格上升的幅度；当收益率上升至r2时，债券实际价格下降至P2，久期计算出的债券价格为P4，P2>P4，久期会高估价格下降的幅度。

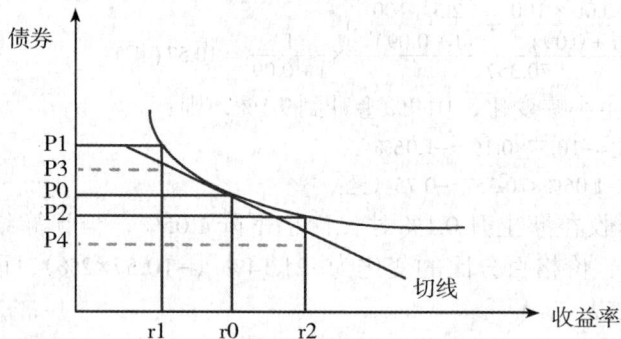

图9.2 债券价格与收益率关系

凸性恰好可以弥补由久期计算带来的误差，更精确地衡量价格对收益率变化的敏感程度。当市场收益率变化时，债券价格变动比例应等于由久期产生的变化加上由凸性产生的变化。凸性对投资者总是有利的，在其他情况相似时，投资者应选择凸性较大的债券，尤其在预期利率波动较大时，较大的凸性更有利于投资者。凸性的计算公式为：

$$CV = \frac{1 \times 2 \times PVCF_1 + 2 \times 3 \times PVCF_2 + 3 \times 4 \times PVCF_3 + \cdots + n \times (n+1) \times PVCF_n}{PVTCF \times (1 + Y/f)^2 \times f^2}$$

其中：CV——凸性；

  PVCF——当期每笔现金流量的现值；

  PVTCF——当期所有现金流量现值的总和；

  Y——到期收益率；

  f——债券每年的利息支付频率。

零息债券在期限范围内的收益率凸性计算公式可以简化为：

$$CV=\frac{N\times(N+1)}{(1+Y)^2}$$

其中：CV——凸性；

Y——到期收益率；

N——零息债券的偿还期限。

与久期分析类似，上述标准的凸性衡量方法只适用于没有内含期权的债券价格波动性的衡量，而更一般的债券凸性的近似衡量方法可以表示为：

$$广义凸性=\frac{P_++P_--2P_0}{P_0(\Delta r)^2}$$

它在衡量内含期权的债券价格波动性时更为恰当。

在得到了债券的久期和凸性后，我们可以更准确地估计由债券收益率变动导致其价格变动的比例：

债券价格变化（%）=久期效应+凸性效应=（－久期）$\times\Delta y$+凸性$\times\Delta y^2$

其中：Δy 表示债券收益率变动的百分比。

9.3 债券投资管理的方法

目前，债券投资管理的方法大体可分为两类：被动管理和主动管理。被动管理中所运用的具体方法都是基于债券市场有效这样一种假设的，即债券的市场价格已精确反映了所有可公开获得的信息。这样，债券在市场中的定价就被认为是恰当的，回报率正好等于所承担风险而获得的补偿。此外，采用被动方法的投资者还认为，试图对利率作出预测总是枉费心机的。总之，被动管理基于这样一个基本信念：对债券进行选择（即识别定价不当的债券）和对市场时机进行把握（比如，在预测市场利率将下降时买入长期债券，在预测市场利率将上升时又将它们换成期限更短的债券）的努力都不能给投资者带来超过市场平均水平的回报率。

各种主动的债券投资管理方法是基于另一种假设，即债券市场并不是那么有效，因而投资者具有获取超过市场平均回报率的机会。也就是说，主动管理基于这样一个基本信念：证券管理人有能力识别错误定价的债券和通过对市场利率作出精确的预测来把握市场时机。

9.3.1 被动型债券投资管理

被动型债券投资管理一般分为两种类型：一种是指数化投资策略，一种是资产免疫策略。指数化投资策略是构造一个充分分散化的组合，使债券投资组合达到与某个特定指数相同的收益。而资产免疫策略是由久期的概念发展而成的一种债券投资管理的技术。运用这种技术，债券投资者能够有效地锁定投资收益率，使投资组合的目标价值不受市场收益率变动影响，这就是"免疫"一词的含义。基金管理人要对债券进行被动管理，需要懂得如何构造免疫资产。

1.指数化投资策略

对债券进行指数化投资的过程如下：

（1）指数的选择

在发达国家的债券市场上有各种不同的债券指数，按债券发行主体的类别划分为不同的指数，投资者可以根据自身的投资范围等条件选择相应的指数作为参照物。

（2）指数化的方法

对债券进行指数化的方法多种多样，以下是比较常用的三种方式：

①分层抽样法：将指数的特征排列组合后分为若干个部分（一些最常用的特征包括偿还期限、息票率、修正期限、发行主体的类别、信用级别、现金流的特点等），在构成该指数的所有债券中选出能代表每一个部分的债券，以不同特征债券在指数中的比例为权重建立组合。

②优化法：用数学规划的方法，在满足分层抽样法所达到的目标的同时，还满足一些其他的条件，并使其中的一个目标实现最优化，如限定修正期限与曲度同时使到期收益最大化。

③方差最小化法：债券组合收益与指数收益之间的偏差称为追随误差，为指数中每一种债券估计一个价格函数，然后利用大量的历史数据估计追随误差的方差，并求得追随误差方差最小化的债券组合。

以上三种方法中，分层抽样法适合于债券数目较小的情况。当基准的债券数目较大时，优化法与方差最小化法比较适用，但后者要求采用大量的历史数据。

（3）指数化的衡量标准

跟踪误差是衡量资产管理人管理绩效的指标。由于跟踪误差有可能来自建立指数化投资组合的交易成本、指数化投资组合的组成与指数组成的差别、建立指数机构所用的价格与指数债券的实际交易价格的偏差等三个方面，不同的组合构造方法将对跟踪误差产生不同的影响。

一般来说，指数构造中所包含的债券数量越少，由交易费用所产生的跟踪误差就越小，但由于投资组合与指数之间的不匹配所造成的跟踪误差就越大。反之，如果投资组合中所包含的债券数量越多，由交易费用所产生的跟踪误差就越大，但由于投资组合与指数之间的配比程度的提高而可以降低跟踪误差。

（4）指数化的局限性。

指数化交易通过模拟某种债券指数构造投资组合，因此能够实现与标的指数相同的收益。但是在实际运作中，投资人的目标收益并不一定与指数收益相一致。比如养老金的目标在于有足够的资金按期偿付预定的债务，而指数的收益不一定符合养老金的债务结构。

与此同时，资产管理人在构造指数化投资组合时将面临其他的困难，其中包括：

首先，构造投资组合时的执行价格可能高于指数发布者所采用的债券价格，因而导致投资组合业绩劣于债券指数业绩。

其次，公司债券或抵押支持债券可能包含大量的不可流通或流动性较低的投资对象，其市场指数可能无法复制或者复制成本很高。

最后，总收益率依赖于对息票利息再投资利率的预期，如果指数构造机构高估了再投资利率，则指数化投资组合的业绩将明显低于指数的业绩。

（5）增强的指数化

增强的指数化是通过一些积极的，但是低风险的投资策略提高指数化投资组合的总收益，指数规定的收益目标变为最小收益目标，而不再是最终收益目标。例如，用两种或更多的债券组合成一种新的债券，使之具有相同的修正期限，但拥有更高的凸性。

2.单一负债支付下的资产免疫策略

为了偿还未来的某项债务，投资者建立资产组合以实现未来现金流等于或超过未来某一项债务的策略称为"单一负债支付下的资产免疫策略"。

（1）资产免疫方法

【例9-2】某资产管理人有一笔负债，金额为8 820 262美元，年利率12.5%，期限为5.5年，该管理人的目标是5.5年后积累起16 858 555美元（8 820 262×（1+12.5%）$^{5.5}$）的价值。

假设该管理人购买了一种按面值出售，票面利率为12.5%，5.5年期，到期收益率为12.5%，面额为8 820 262美元的债券，那么5.5年后能否实现目标呢？

根据前面的结论：如果每年的利息收入能以不小于12.5%的收益进行再投资，5.5年后就会获得大于或等于目标价值的收入。如果每年的利息收入只能以小于12.5%的收益进行再投资，目标就不能实现。所以，如果投资于一种到期收益等于目标收益、期限等于投资期的债券，不能保证目标价值的实现。

假设投资于第二种其他条件相同、期限为15年的债券。如果收益率保持不变，5.5年后可实现目标。如果收益率上升，利息收入可按较高的利率进行再投资，但债券的市场价格下降，5.5年后卖出债券时，只能获得小于面值的收入，发生资本损失，最终仍无法实现目标。因此，投资于一种到期收益等于目标收益、期限大于（小于）投资期限的债券，也不能保证实现目标。

假设投资的第三种债券为8年期、收益率为12.5%、票面利率为10.125%、市场价格为8 820 262美元的债券，无论未来收益率如何变化，都能实现目标。计算前述3种债券的久期，分别是4.14年、7.12年、5.5年，正是久期为5.5年的债券，可以保证不管收益如何变化，都可实现目标。

因此，要使债券组合的目标价值对利率风险免疫，就必须投资于这样一种债券或债券组合：平均期限等于投资期限而且现金流量的现值等于负债的现值。

（2）资产免疫方法的风险

实际上，资产免疫方法并不能完成它回避利率风险的任务，有一些因素会影响它的有效性。资产免疫方法的风险包括：

①拖欠和提前赎回的风险。资产免疫方法是以债券不会拖欠，也不会被提前赎回为条件的。如果债券组合中某种债券被拖欠或被提前赎回，整个组合就失去了免疫作用。

②在非水平收益曲线上的多重非平行移动。免疫资产都基于这样的假设：收益率曲线是水平的，曲线的移动是平行的，并且移动只发生在任何收入之前。但实际上，收益率曲线不会这样变化。如果要消除非水平收益率曲线的非平行变化对资产免疫的不利影响，可采用其他免疫模型。值得注意的是，不管使用哪种模型，如果收益率曲线的移动并没有按照模型假定的方式进行，就会存在风险。

③组合再平衡。由于市场收益率是不断变化的，久期也会随收益率的波动而不断变化，所以必须对债券组合进行调整，即再平衡。如果久期发生了变化，就可以卖出现在持有的某些债券，并购入其他债券，使其久期与约定的现金流出的久期保持一致。但频繁的再平衡会增加交易成本，降低平衡后资产的收益水平。

（3）资产免疫方法的资产选择

构造免疫资产有几种方案，如何进行选择呢？有两种方法：

一种是选择具有最高平均到期收益率的组合资产，即使得下式的值（资产组合的加权平均到期收益率）最大。

$$R = \sum_{i=1}^{n} X_i \cdot R_i$$

其中：R——资产组合的加权平均到期收益率；

　　　　R_i——第 i 种债券的到期收益率；

　　　　X_i——第 i 种债券的比重。

另一种是选择具有最小随机过程风险的组合。在这种组合中，所有债券的久期都最接近约定的现金流出的久期。如有两种久期都是 2 年的组合，一种是 1 年期债券和 3 年期债券，另一种是 1 年期债券和 4 年期债券，前一种组合比后一种更"聚焦"，所以风险也更小，应选前者。

3. 多重支付负债下的资产免疫策略

在多重支付负债的条件下，必须使债券资产组合所产生的现金流量足以支付在投资期限内的每一笔债务现金流。为了构成对利率风险具有免疫能力的资产组合，可以利用资产免疫策略。在收益率曲线平行变动的特殊情况下，要确保多重支付债券的资产免疫必须满足以下三个条件：

条件一：债券资产组合的期限必须等于债务的期限。

条件二：各种债券组合资产的期限分布必须比债务期限的分布更加广泛。

条件三：来自债券资产组合的现金流量现值必须等于债务流的现值。

由此可见，即使是在收益率曲线平行移动的条件下，使债券资产组合期限与债务期限相匹配也不是使一种可偿还债券组合得以免疫的充分条件，它还需要其他两个条件的配合。在收益率曲线非平行变动时，人们提出最优的规避战略是在前面讨论过的三个限制条件下（即到期期限、资产与负债的发散、资产现金流量现值与负债现值相等）以及投资可能施加的任何其他限制的约束，使再投资的风险最小化。

当然，多重负债下的资产免疫策略也具有一些影响其有效性的因素，由于它与单一负债下的资产免疫策略有相似之处，这里我们不再赘述。

4.多重支付负债下的现金流量匹配策略

在多重支付负债条件下，为了使债券资产组合对利率风险具有免疫力，还可以利用现金流量匹配策略。

所谓现金流量匹配策略就是通过组合债券，使每一时期从债券获得的现金流入与该时期约定的现金流出在量上保持一致。具体可以叙述如下：首先，选择一种到期时间与最后的债券流相匹配的债券，用等于最后债券数额的本金数额投资于这种债券。同时，这个债券的息票付款可用于减少这个债券流的剩余部分。然后，再按照相同的原理选择另一种债券，直到所有债务都可由这个证券组合中的证券付款与之相匹配。

让我们看一下简单的例子。现在有一个3年期的债务流，其每年的现金流出为L_1、L_2、L_3。我们要对债务流进行现金流量匹配。首先选择债券A，它的期限为3年，每年息票收入为A_c，本金为A_p，所以第三年时它可得到的收入为A_c+A_p，并且A_c+A_p恰好等于L_3。这样，在这个债务流中未筹资的债务时间还剩下2年，这2年的未筹资债务分别为L_1-A_c、L_2-A_c。这时我们再选择债券B，期限为2年，每年息票收入为B_c，本金为B_p，所以第二年时它可得的现金收入为B_c+B_p，并且B_c+B_p恰好等于L_2-A_c。这样，在这个债务流中仅剩下一笔1年期数额为$L_1-A_c-B_c$的债务。我们可以选择债券C，它的期限为1年，期满时息票收入和本金之和恰好为$L_1-A_c-B_c$。于是，通过债券A、B和C的组合，我们为未来的每一笔债务都匹配了相应的债券现金流入，从而实现了现金流量的匹配。

采取现金流量匹配策略与资产免疫策略具有一定的差别：

（1）采取现金流量匹配方法并不要求债券资产组合的久期与债券的期限相一致。

（2）采取现金流量匹配方法之后不需要进行任何调整，除非选择的债券的质量等级下降到可接受的水平。而采用资产免疫方法，即使利率不发生变化，但是随着时间的推移，它的久期也会发生变化，因而需要不断地进行再平衡。

（3）采用现金流量匹配方法，由于它今后不需要再投入任何现金流入，因而不存在再投资风险。同时，由于它在到期之前一般无须出售任何债券，因而也不存在价格风险。总之，现金流量匹配方法中使债券得不到偿还的唯一风险是债券提前赎回风险或违约风险。而采用资产免疫方法时，还存在着由于非水平收益率曲线或收益率曲线非平行变动而引起的再投资风险和价格风险，这些都会使债务无法按时偿还。

（4）虽然现金流量匹配方法存在着这些优点，但是它的成本相对较高。这是因为，现金流量与债务流的匹配很难做到十全十美，约定的债务流常常是不规则的一连串支付，因而可能没有相应期限的债券与之配合，或者不得不投资到一些吸引力较小的债券上去，从而花费更多的现金。据估测，采用现金流量匹配方法建立的资产组合的成本比采用资产免疫方法的成本要高3%~7%。

总而言之，在现金流量匹配方法和资产免疫方法之间存在一定的权衡替代：用现金流量匹配方法可以避免由收益率曲线假设之外的变动引起的无法偿债的风险，而采用多重时期的资产免疫方法则可以降低资产组合的成本。

9.3.2 主动型债券投资管理

主动型债券投资管理方法最重要的是进行债券选择，力图识别错误定价的债券。另外，这种方法还进行市场时机的选择，力图预测利率的总体趋势。当然，一个主动型债券投资者可能会同时涉及债券的选择和市场时机的选择。主动型债券资产管理有以下几种类型：

1. 水平分析

水平分析比较债券在某一期间的回报率，分析这个回报率受哪些因素的影响。一种债券在任何持有期的回报率取决于债券的期初价格、期末价格和利息。

一年持有期的回报率为：

$$E(R) = \frac{E(利息 + 期末价格)}{期初价格} - 1$$

因为利息已知，所以：

$$E(R) = \frac{利息 + E(期末价格)}{期初价格} - 1$$

一年持有期的回报率依赖于该年期初的收益率结构和期末的收益率结构，因为在这两个时点的债券价格取决于相应的收益率结构。为了估计一种债券既定持有期可能的回报率，就必须对持有债券之后收益率结构可能的变化进行分析。

一种进行这种分析的方法称为水平分析。水平分析选择单一的持有期进行分析，并考虑期末时可能的收益率结构，然后分析两种债券可能的回报率———一种债券是目前已持有的，另一种债券是准备做替换的。这样做时需假设两种债券在水平期内都不会发生拖欠。

水平分析可以看作是收入资本化方法的另一种应用。分析的重点主要是对到期时的债券价格进行估计，以便确定当前的市场价格是过高还是过低。如果期末的价格固定下来，当债券的现行售价较低时，则预期的回报率就会相对较高；反之，则较低。

在任何持有期中，债券的回报率一般会受到时间推移和收益率变动两个因素的综合影响。水平分析把这种影响分为两个部分：一部分是时间推移的影响，即债券价格随时间推移会越来越接近票面价值（这里假设收益率不发生变动）；另一部分是收益率变动的影响，即债券价格与收益率反向变动（假设无时间推移的影响）。

分析回报率，还要考虑水平期内获得的利息和利息再投资收益（利息的利息）。一种债券的总回报率由以下四个部分组成：

总回报=时间因素的影响+收益率变动的影响+息票利息+息票利息的利息

等式两边同时除以市场价格，可得：

$$总回报率 = \frac{时间因素的影响}{市场价格} + \frac{收益率变动的影响}{市场价格} + \frac{息票利息}{市场价格} + \frac{息票利息的利息}{市场价格}$$

等式右边第一项是时间因素带来的回报，第二项是收益率变动带来的回报，第三项是息票利息带来的回报，第四项是息票利息再投资带来的回报。由于第二项不确定，运用不同的期末收益率计算出的回报率也不同，所以水平分析的关键是预测未来的收益率。

2.债券调换

债券调换通过对债券或其组合在水平分析中的收益率预测来主动掉换债券，用定价过低的债券替换定价过高的债券，或用收益率较高的债券替换收益率较低的债券。

大多数债券调换可归为以下四类：

（1）替代调换。将一种债券替换成另一种与其非常相似的理想替代品债券，目的是获取暂时的价格优势。这可能是由于市场上资金供给与需求不平衡，造成了两种近似替代品的债券存在较大的价差。

（2）场间价差调换。利用现行市场各部分收益率的不平衡，从市场的一部分转移到另一部分以赚取差价。这里的想法是利用市场分割，在两个市场间进行买卖来获取利益。

（3）利率预测调换。这种调换是利用对市场利率总体运动趋势的预测来获取利益。当预期市场收益率上升时，长期债券由于其期限较长，价格下跌的幅度较大，因此会用相应金额的短期债券替换长期债券。相反，当预期市场收益率走低时，用长期债券替代短期债券。

（4）纯收益率摘取调换。这种调换主要着眼于从长期的收益率的改善，很少注意市场各部分间以及短期的收益率变动。具体做法是用长期收益率高的债券替换长期收益率低的债券。

【例9-3】债券投资者持有一种期限为30年的国债A，面值1 000元，票面利率为8%，到期收益率为8%，1年付息。而市场上存在国债B，其到期收益率为8.1%，其他方面如期限、面值、票面利率等与国债A完全相同。投资者预期债券定价的偏差是暂时的，国债B的到期收益率最终将会从8.1%降到8%的水平。这时投资者便可以进行替代调换操作，卖掉国债A而买入国债B。通过该操作投资者将获得11.15元的收益。相关数据见表9.1。

表9.1　　　　　　　　国债A、国债B的相关数据　　　　　　　单位：元

	国债A	国债B
债券面值	1 000	1 000
息票总额	80	80
期限（年）	30	30
到期收益率	8%	8.1%
债券市场价格	1 000	988.85

3.追随收益率曲线（骑乘策略）

如果资产管理者很在意债券的流动性，则投资于短期债券，到期后进行再投资。如果流动性并非资产管理者的首要考虑因素，当下列条件满足时，可以采取追随收益率曲线的方式进行投资。

条件一：收益率曲线向上倾斜，即长期债券的收益率大于短期债券。

条件二：投资者确信收益率曲线继续保持上升的趋势。

以上两个条件同时满足时，投资者可以购买比要求期限稍长的债券，然后在债券到期前售出，获得一定的资本利得。其原理在于，因为收益率曲线向上倾斜，期限较长的债券，其收益率水平处于相对高位。随着持有期限的延长，债券的剩余期限将会缩短，此时债券的收益率水平将会较投资期初有所下降，债券价格走高。

需要注意的是，如果收益率曲线不满足条件，例如，收益率曲线发生趋缓移动或变为向下倾斜，则追随收益率曲线的投资方法可能对投资者的回报率造成不利影响，即追随收益率曲线的方法比简单地购买有适当期限的短期债券风险更大。同时，由于追随收益率曲线方法必须完成两次交易（购买然后出售债券），而一次持有到期策略只需完成一次交易（购买债券），因而前者的交易成本会更大。

【知识链接9-2】 博时裕盈3个月定开债券投资基金（001546）债券投资策略

该基金通过宏观周期研究、行业周期研究、公司研究相结合，通过定量分析增强组合策略操作的方法，确定资产在基础配置、行业配置、公司配置结构上的比例。充分发挥基金管理人长期积累的行业、公司研究成果，利用自主开发的信用分析系统，深入挖掘价值被低估的标的券种，以尽量获取最大化的信用溢价。采用的投资策略包括期限结构策略、行业配置策略、息差策略、个券挖掘策略等。

首先，基金在宏观周期研究的基础上，决定整体组合的久期、杠杆率策略。一方面，基金将分析众多的宏观经济变量（包括GDP增长率、CPI走势、M^2的绝对水平和增长率、利率水平与走势等），并关注国家财政、税收、货币、汇率政策和其他证券市场政策等。另一方面，基金将对债券市场整体收益率曲线变化进行深入细致的分析，从而对市场走势和波动特征进行判断。在此基础上，确定资产在非信用类固定收益类证券（现金、国家债券、中央银行票据等）和信用类固定收益类证券之间的配置比例、整体组合的久期范围以及杠杆率水平。其次，组合将在期限结构策略、行业轮动策略的基础上获得债券市场整体回报率，通过息差策略、个券挖掘策略获得超额收益。

1.期限结构策略。通过预测收益率曲线的形状和变化趋势，对各类型债券进行久期配置；当收益率曲线走势难以判断时，参考基准指数的样本券久期构建组合久期，确保组合收益超过基准收益。具体来看，又分为跟踪收益率曲线的骑乘策略和基于收益率曲线变化的子弹策略、杠铃策略及梯式策略。

（1）骑乘策略是当收益率曲线比较陡峭时，也即相邻期限利差较大时，买入期限位于收益率曲线陡峭处的债券，通过债券收益率的下滑，进而获得资本利得收益。

（2）子弹策略是使投资组合中债券久期集中于收益率曲线的一点，适用于收益率曲线较陡时；杠铃策略是使投资组合中债券的久期集中在收益率曲线的两端，适用于收益率曲线两头下降较中间下降更多的蝶式变动时；梯式策略是使投资组合中的债券久期均匀分别于收益率曲线，适用于收益率曲线水平移动时。

2.行业配置策略。债券市场所涉及的行业众多，根据同样宏观周期背景下不同行业的景气度，基金分别采用以下的分析策略：

（1）分散化投资：债券发行人涉及众多行业，组合将保持在各行业配置比例上的分散化结构，避免过度集中配置在产业链高度相关的上中下游行业。

（2）行业投资：组合将依据对下一阶段各行业景气度特征的研判，确定在下一阶段各行业的配置比例，卖出景气度降低行业的债券，提前布局景气度提升行业的债券。

3.息差策略。通过正回购，融资买入收益率高于回购成本的债券，从而获得杠杆放大收益。组合将采取低杠杆、高流动性策略，适当运用杠杆息差方式来获取主动管理回报，选取具有较好流动性的债券作为杠杆买入品种，灵活控制杠杆组合仓位，降低组合波动率。

针对中小企业私募债券，基金以持有到期获得本金和票息收入为主要投资策略，同时，密切关注债券的信用风险变化，力争在控制风险的前提下获得较高收益。基金投资中小企业私募债，基金管理人将根据审慎原则，制定严格的投资决策流程、风险控制制度和信用风险、流动性风险处置预案，并经董事会批准，以防范信用风险、流动性风险等各种风险。

4.个券挖掘策略。本部分策略强调公司价值挖掘的重要性，在行业周期特征、公司基本面风险特征基础上制定绝对收益率目标策略，甄别具有估值优势、基本面改善的公司，采取高度分散的策略，重点布局优势债券，争取提高组合超额收益空间。

资料来源 博时裕盈纯债债券型证券投资基金更新招募说明书。

● **本章小结**

债券是一种有价证券，是社会各类经济体为筹措资金而向投资者出具的，并且承诺按一定利率定期支付利息和到期偿还本金的债权债务凭证。

我国的债券市场由交易所市场和银行间市场构成，两者在交易对象、投资主体、交易模式、收益特点等方面均存在一定差异。

债券的市场风险是指由于利率变动等原因导致的债券价格损失。息票利率、期限和到期收益率水平都将影响债券的市场风险水平。衡量债券市场风险的主要指标有：久期、修正久期、有效久期和凸性。通过计算久期和凸性，可以准确地估计由债券收益率变动导致其价格变动的比例。

久期又称平均期限，它是在现金流量剩余期限用现值加权的平均数，可以用来衡量债券的易变性。其含义是在这一时点上，无论市场收益率如何变化，投资者确保可以获得期初计算的收益率。

修正久期反映的是债券价格与收益率变动的线性关系，是测量债券的利率敏感性的重要工具。

有效久期一般用于内含期权的债券，可以在较高和较低收益率水平上反映现金流的预期变化，因而比一般的修正久期具有更为广泛的适用性。

被动型债券投资管理一般分为两种类型，一种是指数化投资策略，一种是资产免疫策略。指数化投资策略是构造一个充分分散化的组合，使债券投资组合达到与某个特定指数相同的收益。而资产免疫策略是由久期导出的一种债券投资管理的技术，运用这种技术，债券投资者能够相对肯定地满足某种事先承诺的现金流出。

主动型债券投资管理方法最重要的是进行债券选择，力图识别错误定价的债券。另外，这种方法还进行市场时机的选择，力图预测利率的总体趋势。

● **重要概念**

债券　国债　企业债　金融债　可转债　国债回购　票面价值　利率　到期收益率　偿还期限　利率风险　银行间市场　交易所市场　久期　修正久期　有效久期　凸性　现金流　资产免疫　水平分析　债券调换　追随收益率曲线　骑乘策略

● **思考题**

1.作为两种最基本的投资工具，债券与股票有什么异同点？

2.投资者进行债券投资面临的风险主要有哪些？什么类型的投资者适合进行债券投资？

3.银行间债券市场和交易所债券市场各有哪些特点？

4.什么是久期、修正久期和有效久期？它们的适用性分别是什么？

5.被动型债券投资管理一般分为哪几种类型？请分别加以评述。

6.主动型债券投资管理一般分为哪几种类型？请分别加以评述。

第10章 指数基金与ETF投资管理

◇学习目标

- 掌握指数基金和ETF的基本概念、特点与分类
- 了解指数的构造原理和指数基金的构造方法
- 了解ETF的发展历程与现状
- 了解ETF的投资策略

在传统的股票基金和债券基金的投资管理中，我们都提及过指数化投资的方法，在此方法基础上发展而来的被动式投资基金就叫作指数基金。指数化投资于20世纪70年代在美国兴起，20世纪90年代ETF产品的出现则引发了指数化投资的全球潮流。截至2016年底，美国仍是全球最大的ETF市场，其1 716只ETF的资产规模合计约为2.5万亿美元，相当于全球3.5万亿美元ETF的73%。对于以指数组合建立或对冲特定风险敞口——如宽基指数、特定行业或地区指数、基于特定规则的策略指数等的投资者而言，ETF是一种便利、成本低廉的工具，但ETF基金又不等同于指数基金。本章将围绕两者之间的联系与区别，展示其受到追捧背后的投资理念及策略逻辑，以帮助更好地实现对指数基金及ETF基金的投资管理。

10.1 指数基金投资管理概述

我国自2002年推出第一只指数基金——华安MSCI中国A股指数基金以来，场外指数产品、ETF产品、分级指数产品，以及各类策略指数产品陆续出现并被市场认可。据wind数据显示，截至2017年底，我国市场上共有600只指数基金，资产规模达4 888.83亿元（不计ETF联接基金）。虽然目前我国指数基金资产净值的市场占比不足5%，但比照美国基金业的发展进程，风险小、成本低的指数基金的发展空间将被看好。了解指数基金要先从所追踪的指数基础入手，走近标的指数的构造过程并领悟指数化投资的深刻内涵，这将帮助我们更好地把握指数基金的魅力。

10.1.1 指数的概念与构造

1. 指数的概念与类型

指数，在统计学术语中是一种表明社会经济现象动态的相对数。指数根据不同的维度有不同的分类。按照所反映现象的性质，可分为数量指数和质量指数。数量指数多反

映规模大小或数量多少，如产量指数、销量指数等，质量指数则是将抽象的质量好坏和效率高低数量化，如生产率指数、价格指数等。按照所反映现象的范围，又可分为个体指数和总指数。其中个体指数包括个别商品的成本指数、价格指数等，总指数则涵盖全部或部分商品的物价或产量信息，如工业总产值指数、居民消费价格指数等。按照所反映现象的对比性质，还可分为动态指数与静态指数。动态指数包括环比指数、定基指数等；静态指数则包括空间指数和静态计划指数等。

指数在经济金融领域的应用非常广泛。在宏观分析中，我们常常会用到GDP指数、CPI指数、PPI指数等，以相关指数的变化来预测经济环境的趋势。在货币市场中，我们用美元指数、欧元指数来反映一国货币的强弱走势。在证券投资领域，我们以大量的股票指数、债券指数、期货指数等反映相应市场的发展变动。

证券市场指数是运用统计学方法编制、反映证券市场总体价格或某类证券价格变动和走势的指标。熟悉股票市场的自然对道琼斯工业指数、富时指数、恒生指数、上证指数不会陌生。另外，国内债券市场有中证全债指数、中债指数等，基金市场有沪深交易所基金指数、中国年金指数等，期货市场有上期有色金属指数、LME金属指数、CRB商品指数等。证券市场指数衡量整个市场的交易波动幅度和景气状况，是一个综合性指标，可作为评估资产组合表现的基准，为投资者提供决策依据，也可直接视作被动投资标的以及衍生产品的基础资产，丰富了金融产品和风险管理工具。

2.指数的构造方法

对指数基金而言，最为重要的是了解其所追踪指数的管理方式及特征。下面以股票指数为例，简单介绍证券市场指数的构造方法。

指数的开发，一般由证券交易所或指数公司完成。指数构造的第一步是选择成分股，可以采用尽量复制全部或部分市场的被动选股方式，或采用以一定的规则和标准进行筛选的过滤选股方式，又或是依靠复杂的数学模型计算得数来选股。第二步是对成分股进行权重的设置，从最初道琼斯指数采用12只股票收盘价的简单平均，到以市值加权构造传统指数来衡量市场价值，再到以单个或多个基本面因子决定成分股权重，目前固定权重、市值加权、基本面加权成为三类主要权重赋予方式。

（1）成分股的选择

被动选股的方法不只是全样本法，还有分层抽样法、优化法以及买入持有策略等，尽管其目标是反映市场全貌，但绝大多数指数不会包含所有上市交易的股票，比如某些流动性较差的股票就会剔除在外。

为了使构造出来的指数具有某些期望的特征，在筛选成分股时往往会设定一些过滤规则，根据过滤选股规则的不同，可以分为规模指数、行业指数、风格指数、主题指数、策略指数等。规模指数以市值规模排名为筛选标准，反映不同规模市场的整体表现，如中证100指数定位于大盘指数，沪深300指数定位于大中盘指数，中证500指数则定位于小盘指数。行业指数按照证券所属行业的分类，构造出具有不同行业特征的指数。行业指数既可以在全市场中按照行业划分直接选股，如AMAC系列行业指数，也可在宽基指数的样本空间中进行再选择，如沪深300指数之下还有一级、二级、三级行业指数。不同的风格指数有着不同的投资风格，适合不同风险-收益偏好的投资者。最经典的风格指数当属价值指数和成长指数，分别选择估值较低和成长性较高的股票作为成分股。主题指数是根据某一特定主题进行选股的指数，如社会责任指数、可持续发展指数、央企指数、城镇化指数和红利指数等，适合对某一主题颇有研究的投资者。与基准指数（如标普500指数、恒生指数、沪深300指数）不同，策略指数的主要目的绝不是为了衡量某个市场的整体表现，而是创造一种半主动型的并以基准指数为业绩衡量标准的投资产品，该指数在样本股和权重方法的选择上都与传统指数有所区别，较常见的包括基本面指数、波动率指数等。

数量选股则建立在复杂的数学模型之上，包括经济周期模型、多因子模型、趋势模型等。通过计算机程序甄别出能预测股票价格和收益的信息，根据数量模型给每只股票打分，得分被分成几个等级，最优等级的股票再通过优化得出一个能击败市场的组合。

（2）成分股权重的确定

固定权重不仅仅是指简单算术平均，比如优化等权就是给每一层级赋予优化后的权重，但同一层级的股票权重相等，依然符合固定的权重比例。除此之外，正/反杠杆加权和多空策略加权也属于固定权重，前者是对市场使用杠杆或者反向投资的策略，后者是将看好的股票超配并减配前景看淡的股票。

市值加权是构造基准指数的传统方法，即根据市值大小的相对比例来决定成分股的各自权重。经典的市值加权方法包括总市值加权、自由流通市值加权、受限市值加权和流动性加权四种。其中，受限市值加权为每只股票的规模权重设定了一个最高比例，目的是分散投资、降低集中风险，而流动性加权则是以实际交易量为权重标准。尽管市值加权在很大程度上考虑了流动性的要求，依然存在一些弊端。最受人诟病的是市值加权差于其他加权方式的指数表现，一个重要原因在于股票价格的无效性。当股票价格上涨较快，市值加权会赋予其更大权重，而对上涨较慢的股票减少权重，结果使权重由价格被低估的股票转移至价格被高估的股票。在价格向实际价值转移的过程中，市值加权组合由于赋予了那些存在正向定价误差的股票更高的权重，从而遭受比非价格加权组合更大幅度的下跌。

基本面加权主要是根据财务因子的相对比例或财务数量模型给成分股确定权重。常用的财务因子包括分红收益率、净利润率、预期净利润或者其他指标，如股票价格、价格趋势和社会责任的定性排名等。比较常见的例子是分红率加权，哪只股票的分红率高，其在指数中的权重就大。由于股票的基本面因子与流动性的相关性不大，因而在复制指数时，流动性较差的样本股可能会提高复制的难度。

【知识链接 10-1】 上证 50 指数的编制方案

上证 50 指数以上证 180 指数样本股为样本空间，挑选上海证券市场规模大、流动性好的最具代表性的 50 只股票组成样本股，综合反映上海证券市场上最具市场影响力的一批龙头企业的整体表现。

1. 指数名称和代码

指数名称：上证 50 指数

指数简称：上证 50

英文名称：SSE 50 Index

英文简称：SSE 50

指数代码：000016

2. 指数基日和基点

该指数以 2003 年 12 月 31 日为基日，以 1 000 点为基点。

3. 样本选取方法

（1）样本空间

上证 180 指数样本股。

（2）选样方法

对样本空间内的股票按照最近一年的总市值、成交金额进行综合排名，选取排名前 50 位的股票组成样本，但市场表现异常并经专家委员会认定不宜作为样本的股票除外。

4. 指数计算

上证 50 指数计算公式为：

报告期指数 = 报告期样本股的调整市值/除数×1 000

其中，调整市值 $= \sum$（股价×调整股本数）。调整股本数的计算方法、除数修正方法参见计算与维护细则。

5. 指数样本和权重调整

（1）定期调整

上证 50 指数每半年调整一次样本股，样本股调整实施时间分别为每年 6 月和 12 月的第二个星期五的下一交易日。每次调整数量一般不超过 10%，样本调整设置缓冲区，排名在前 40 位的候选新样本优先入选，排名在前 60 位的老样本优先保留。

（2）临时调整

特殊情况下，将对上证 50 指数样本进行临时调整。将新发行股票的 A 股发行总市值（总市值 = 发行价×A 股总股本）与沪市 A 股自该新发行股票上市公告日起过去一年的日均 A 股总市值进行比较，对于符合样本空间条件且 A 股发行总市值排名在沪市 A 股市场前 10 位的新发行 A 股股票，启用快速进入指数的规则，即在其上市第十个交易日结束后将其纳入上证 50 指数，同时剔除上证 50 指数原样本中最近一年日均总市值、成交金额综合排名最末的股票。当样本股暂停上市或退市时，将其从指数样本中剔除。样本股公司发生收购、合并、分拆、停牌等情形的处理，参照《中证系列指数计算与维护细则》处理。

10.1.2 指数基金的构造与分类

无论是指数基金，还是指数期货、指数期权等，都要涉及指数复制即指数化构造问题。一个完整的指数化投资离不开以下几个环节：

（1）理解多个指数的构造原理并根据所期望的特征选取基准指数。

（2）确定投资目标，即制定跟踪误差的目标函数。

（3）创建初始跟踪组合、维护跟踪组合、跟踪组合的再平衡，共同构成实施指数化投资的三个核心步骤，着重解决"如何跟踪"的问题。

（4）指数化投资业绩评价，为下一阶段提高指数化投资的跟踪绩效提供指导。

上述中，如何构造并保持一个有效拟合指数收益的跟踪组合是投资过程的关键，根据基本构造原理的不同，指数化构造方法一般可以分为三类：完全复制法、优化选样法和抽样复制法。

1.完全复制法

投资于标的指数中包含的所有成分股，并以指数编制中的自然权重作为跟踪组合中每个股票的权重，这种构造跟踪组合的方法称为完全复制法。这种复制方法管理起来较为简单，而且具有全面的代表性和投资的分散性，理论上能达到最优拟合度。但在实际操作中，由于分红派息、新股上市和增发新股等因素的存在，以及买入量需要整"手"数和其他一些限制条件，会使构建的投资组合与标的指数之间产生滞后与偏差。此外，完全复制指数还可能需要持有流动性不高的证券，进而导致较高的调整频率和追踪成本。因此，在较小的跟踪误差范围内用少量的成分证券来实现对整个标的指数的优化复制就显得尤为重要。

2.优化选样法

优化复制不会购买标的指数所囊括的所有成分股，而是通过优化算法模型筛选出一定数量的满足一定误差范围的投资组合。模型的目标函数即事先确定的投资目标，可能是跟踪误差的最小化，也可能是满足一定误差基础上的超越最大化或交易费用最小化。其他如股票数量、成分比例、费用比例、税收比例的限制等因素经量化后则成为函数的约束条件。如果优化求解得出的某成分股的权重值为零，就剔除该成分股；不为零，就保留该成分股并按计算出来的权重值配置资产。优化选样法的优点是投资组合选取的证券数目大为减少，使得交易成本和分红派息对跟踪指数的影响大大降低。但另一方面，由于模型所使用的许多指标和变量都来源于各种估计，估计又存在一定偏差，从而使优化效果具有较大的不确定性。因此，优化选样法往往比其他指数化投资方法占用更多的监控资源。

3.抽样复制法

抽样复制显然也只选取了标的指数中的部分证券，但与优化选样的算法模型不同，它采用的是随机或非随机的统计抽样方法进行指数的复制。抽样复制法按照抽样原理可以进一步分为三类：简单随机抽样法、大权重样本复制法、分层抽样法。

简单随机抽样法通常不用于指数跟踪的实践，而是作为其他非完全复制方法的一个比较和参照的基准，用于验证该方法的有效性。

大权重样本复制法只选取权重靠前的若干证券，在降低了流动性风险和交易成本的同时，却增大了系统性偏差，跟踪效果欠佳。

分层抽样法的操作更为复杂，主要分为两个步骤：一是，将标的指数所含的成分股按某种标准分为若干层，同一层次的证券在价格走势上具有较强的相关性，与其他层次互不相交，常见的分层标准有行业或资产规模。二是，在每层中按简单随机或其他的抽样方法选取若干样本，单个样本的权重可采用指数中的自然权重，也可使用优化后的权重，最终构成跟踪指数的投资组合。分层抽样在一定程度上弥补了大权重样本复制法在某些层次属性上覆盖不均的问题，但依然无法保证在所有影响股价波动的属性上的精准覆盖，依然有存在其他非系统性风险的可能。

指数基金的分类有很多不同标准，如按复制方式，可分为被动管理型和指数增强型；按所追踪指数的特征不同，则有更多细分品类。最常见的分类模式当属按交易机制划分，主要有传统开放式指数基金、ETF和LOF指数基金三大类。

显然，传统开放式指数基金只能通过场外的基金账户进行申购与赎回，故又称为场外指数基金，其价格由每天收市时的基金份额净值决定，每日一更新。而ETF与LOF指数基金作为开放式基金的创新品种，既可在场外申购、赎回基金份额，也可在场内进行竞价交易。正是由于这种一、二级市场并存的价格机制，一旦二级市场出现折溢价的情形，就可能存在套利的空间。尽管交易方式相似，ETF依然在申购赎回机制、产品透明度、指数跟踪效率等方面比LOF指数基金保有更大的优势。ETF近年来在海外市场迅速发展，现已成为海外指数化投资的主要品种，是未来指数基金发展的趋势所在。

10.2　ETF投资管理概述

ETF是交易型开放式指数基金，通常又被称为交易所交易基金，是一种可以在交易所上市交易的、基金份额可变的一种开放式基金。

可以将ETF理解为开放式基金和封闭式基金的混合型产品，它结合了封闭式基金和开放式基金的运作特点，投资者既可以向基金管理公司申购或赎回基金份额，同时，又可以像封闭式基金一样在二级市场上按市场价格买卖ETF份额，不过申购赎回必须由经授权的参与者以一篮子股票换取基金份额或者以基金份额换回一篮子股票。由于同时存在证券市场交易和申购赎回机制，投资者可以在ETF市场价格与基金单位净值之间存在差价时进行套利交易。套利机制的存在，使得ETF避免了封闭式基金普遍存在的折价问题。

根据投资方法的不同，ETF可以分为指数基金和积极管理型基金，国外绝大多数ETF是指数基金。目前国内推出的ETF也是指数基金。ETF指数基金代表一篮子股票的所有权,是指像股票一样在证券交易所交易的指数基金,其交易价格、基金份额净值走势与所跟踪的指数基本一致。因此,投资者买卖一只ETF,就等同于买卖了它所跟踪的指数,可取得与该指数基本一致的收益。

ETF通常采用完全被动式的管理方法,以拟合某一指数为目标,兼具股票和指数基金的特色。

10.2.1 ETF的创设及特点

1.ETF的创设

ETF由于不需要经常买卖投资组合中的股票,因而节省了很多共同基金必须要支付的费用。这一点可能听起来很奇怪:基金持有股票但是却不买股票,这恰恰就是ETF的独特之处。正是由于ETF不购买股票,也就避免了各种各样的费用支出。在共同基金中,投资者除了一直持有他们的投资之外什么都没有做,却需要支付买卖股票的成本。ETF将这部分成本转移给了导致这些成本发生的公司和个人,ETF的这种转移仅仅通过一种独特的工具,即"创设单位"就可以完成。参见图10.1。

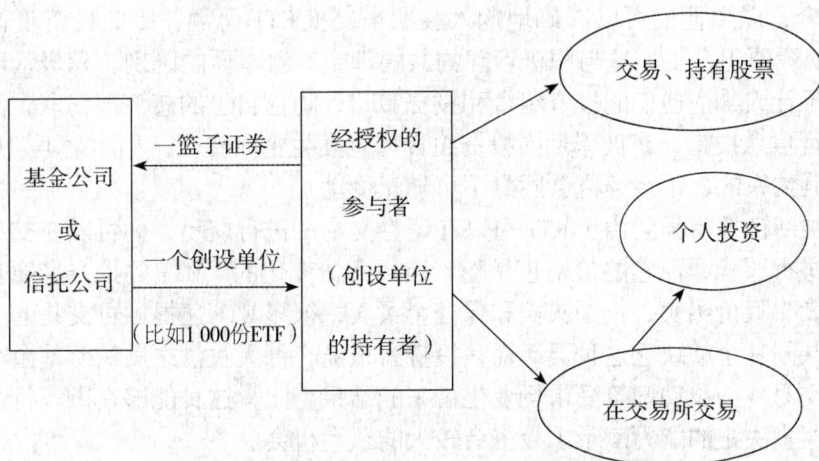

图10.1 ETF的创设过程

ETF只是不购买股票,但并不是不持有股票。实际上,ETF持有它所跟踪的指数中包含的所有股票。那么ETF是如何实现这一过程的呢?其实,ETF只要通过与经授权的参与者进行物物交换,就可以获得所需的股票了。通常,经授权的参与者可以是一家投资银行、专业公司、经纪自营商或者其他市场参与者,只要它是存托及结算机构的会员就可以。存托及结算机构是负责结清股票交换账目的结算所和托管机构。

一旦一家公司与ETF的代理人,也就是受托人,签订了合作协议,这家公司就成为了经授权的参与者,它通常是一家专业公司或经纪自营商,因为只有经授权的参与者才可以构造市场上出售的ETF,而ETF的份额又是由专业公司或经纪商卖给机构和个人投资者的,因而他们是创设ETF份额需求最大的一方。规模小的ETF通常只需要一个经授权的参与者，而像iShares、SPDR[1]等大规模、高流动性的ETF则需要多个经授权的参与者。

当经授权的参与者想购买新的ETF份额时，他必须先集齐购买预定数量的ETF所需的全部股票。

整个过程的第一步是，经授权的参与者把自己想要更多ETF基金的想法告诉ETF的受托人，为了提高交易的效率，ETF公司一般只出售某一数量范围内的大宗基金份额，比如25 000份到600 000份。然后由受托人告诉经授权的参与者指数中包含的股票以及各自的权重。如果经授权的参与者想要购买100 000份SPDR，那么它应该将足够数量的一篮子股票存放到ETF公司，并与其交换既定数量的ETF份额。拿到既定数量的ETF之后，经授权的参与者可以选择持有、在二级市场上进行交易或者是按照创设过程相反的路径进行赎回。

2.ETF的特点

（1）高度透明是创设单位存在的直接结果。由于经授权的参与者需要知道基金的确切投资组合，以便他们可以准确地购入股票来交换ETF份额，因此投资者们也就知道ETF持有的股票组合了，这与积极管理的共同基金有着本质的区别。积极管理的共同基金会尽力不让人知道他们的投资组合和投资策略，防止自己的想法被窃取，因此只在每季度末进行信息披露，在披露期内投资组合可能发生重大变化。相比之下，ETF的投资组合是受到约束的，不经证监会同意不可随意变动。

（2）灵活性非常强。由于ETF可以在证券交易所进行交易，你可以在交易所交易时间内随时进行买卖，而它的价格也是随着市场行情变化的。ETF的投资者能够灵活地采用市价买卖、限价买卖、止损买卖和保证金买卖，很多ETF还提供可交易的买入或卖出期权。而共同基金就缺乏这种灵活性，投资者只能在每天收盘之后按照基金净值与基金公司进行交易。与被动地接受市场变化带来的结果相比，这种能够在市场行情变化开始时就作出买卖决定的能力赋予了投资者较大的获利机会。

（3）费率更低。由于ETF独特的创设过程，使得投资者不必买卖股票却可持有股票，极大地降低了交易费用，将这一部分成本转嫁给了经授权的参与者。另外，由于大多数ETF采取被动的管理方式，指数作出调整的频率低，因此不必频繁地调整资产组合，这样同时节省了支付给积极管理的共同基金经理的管理年费和频繁买卖所导致的交易费用。

（4）资产配置更加精准。更高的透明度也就意味着可以根据自己具体的需求来精准地配置资产组合。由于基金经理可以按自己的策略对资产组合进行配置，而投资者往往无法准确地了解其构成，使得共同基金的投资者处于比较不利的地位，因为可能不知不觉间就与自己预期的投资组合出现较大偏差。对于ETF的投资者来说，由于对持仓情况非常清楚，对自己的其他资产可以按自己的意愿进行精准配置，也就避免了重复投资或

1　SPDR由美交所于1993年发行，是美国最早的ETF。iShares由巴莱克全球投资者在2000年发行，在下面ETF的发展历程中会有详细介绍。

投资的过度集中。

（5）税收效率更高。由于ETF避免了其他类别基金对股票的频繁买卖，因此也就推迟了资本利得税的缴纳。当许多投资者赎回共同基金时，共同基金被迫卖出基础资产来满足投资者赎回现金的需求，而继续持有的投资者不得不承担由此所产生的资本利得税。ETF的投资者则完全不必有这种顾虑。

10.2.2　ETF的产品类别

2000年以来，ETF的产品创新速度明显加快，在产品数量和资产规模持续增长的同时，产品也从传统宽基指数逐渐向风格、行业、国别、资产类别等方向的精细化纵深发展，资产标的涵盖股票、债券、商品以及货币等。经过20多年的发展，ETF已成长为金融世界的大家族，整个市场呈现百花齐放、百家争鸣的景象。

1. 股票ETF

股票ETF的投资标的是在证券交易所上市的股票，投资目标是紧密跟踪相应的股票指数，并将跟踪误差和跟踪偏度控制在一定范围内。股票ETF兼具基金及股票的优点，为投资者提供了一个方便快捷、灵活及费用低廉的投资渠道。由于股票ETF走势与股市同步，投资者不需要研究个股，只需要判断涨跌趋势即可。股票型ETF中最为普遍的是基准指数ETF，这也是最早出现的ETF形式。例如，美国的SPDR（S&P500 ETF）以标普500指数为跟踪标的，选取美股中市值较大、股份流通比例较高、交易比较活跃的500只股票，覆盖了全市场超过75%的股票市值。我国ETF市场也是以基准指数ETF为主，这其中比较有代表性的产品有，跟踪大盘蓝筹股指数的上证50ETF（510050）、上证180ETF（510180）、沪深300ETF（510300）和跟踪中小盘指数的中证500ETF（510500）、中小板ETF（159902）等。

作为股票ETF的代表，行业ETF可以跟踪某一行业中股票的涨跌。如果投资者看好某一行业，可以选择行业ETF，免去选股的环节，从而获取一个行业的整体收益。第一个行业系列ETF诞生于1998年的美国，该组行业ETF共包含9只产品，分别跟踪金融、材料、能源、工业等9个行业指数。与投资宽基ETF相比，行业ETF能高效准确地追踪行业的整体表现，实现宽基ETF不能实现的一些投资目标。比如，方便地投资于自己看好的特定行业板块、参与阶段性交易机会、采用行业轮动策略等。与投资个股相比，行业ETF可以对选定的行业进行全面布局，减少单个股票业绩不稳定带来的风险，有效分享整个行业的收益。我国ETF市场于2013年5月推出了首个行业系列ETF，即华夏上证行业ETF，随后品种有所丰富，又陆续推出嘉实中证行业ETF、南方中证500行业ETF等系列产品。

2. 债券ETF

债券类交易所交易基金是以债券类指数为跟踪标的的交易型证券投资基金。通过投资债券ETF，投资者可以很方便地实现对一揽子债券的投资。以国债ETF为例，其跟踪的标的指数是上证5年期国债指数，投资国债ETF就相当于购买了一揽子久期为5年左右的国债组合。基金管理人会根据指数编制规则对ETF的债券组合进行调整，使组合久期保持稳定。投资者通过投资国债ETF，可以方便且稳定地享有5年期国债的收益率。

与其他投资产品相比，债券ETF具有独特的优势：分散化投资，采取盯住目标债券指数分散投资的方法，以有效降低个券下跌对整个投资组合的影响；透明度高，投资者只要观察目标指数的表现，就可以了解债券ETF的业绩；具有流动性创造功能，一级市场上投资者可以通过使用一揽子个券来申购ETF份额或用ETF份额来赎回一揽子个券，增加一揽子个券的买卖需求，提高其流动性；工具属性更强，因为是被动产品，适合用来做波段操作；基金管理费用较低，具有卖空和杠杆的功能。

【知识链接10-2】 **债券ETF的国际发展**

最早的债券ETF是由iShares基金管理公司于2000年11月发行的，它们是跟踪加拿大全债指数和5年国债指数的两只ETF。早期债券ETF因资产规模小、占比低而不太引人注目。2007年以前，债券ETF只是iShares孤单的试验田，仅有6只产品形单影只地散落于浩如烟海的各类债券投资工具之中，总资产规模也只有200亿美元。

2007年5月，美国证券交易委员会在前期深入征求纽约证券交易所意见的基础上，颁布了规范债券ETF上市标准和简化债券ETF上市交易审批程序的规定。该规定明确提出要缩短债券ETF从申请到面市的时间流程，减轻发行人和其他参与主体的负担。随着参与主体的增加，债券ETF如雨后春笋般纷纷面世。当年仅iShares一家公司就发行了10只产品，Vanguard发行了5只产品，全球债券ETF规模达到了599亿美元。2008年，债券ETF迎来了重要的发展机遇。金融危机的爆发不仅使场外债券市场处于失灵状态，而且使互换等债券衍生品处于瘫痪状态，此时，投资者只能将配置债券的需求定位于相对独立于债券基础市场的债券ETF二级交易市场。于是，债券ETF长短皆宜、高流动性、高效配置和低成本等优势便发挥得淋漓尽致。2008年以来，债券ETF以平均44%的年增长率持续成为吸金黑马。截至2017年12月，全球债券ETF资产规模7 800亿美元，占比达到全部ETF的16.39%。目前，全球债券ETF数量超过740只，基本覆盖所有债券级别和品种，并已在美国、欧洲多国、加拿大，以及拉丁美洲、亚太的一些国家和中非、澳大利亚等处落地开花。总的来看，债券ETF的成长壮大并非一蹴而就，而是经历了长期的培育过程。在这个过程中，监管层、交易所、基金管理人、参与券商等所有市场主体的信心和耐心、前瞻性的规划和完善，都为债券ETF迎接历史发展机遇奠定了至关重要的基础。

3.商品ETF

（1）商品ETF简介

商品ETF是以商品类指数为跟踪标的的ETF产品。投资者可以通过交易商品ETF，方便地实现对黄金、石油、有色金属、农产品等商品资产的投资。商品ETF一般可分为实物支持ETF与非实物支持ETF两类。实物支持ETF直接持有实物资产，主要用于贵金属领域。非实物支持ETF主要投资于大宗商品期货等金融衍生品，主要覆盖工业金属、能源、农产品等资产类型。

（2）商品ETF的类别

①石油ETF

石油等能源类资产的体积较大、不易于储藏保管，单位体积的价值也较低，不适合采用实物申赎机制。因此，石油ETF属于非实物支持的商品ETF，投资者不持有石油实物资产，转而投资于相关大宗商品的金融衍生品，间接复制石油相关的价格走势变动。

在一级市场上，授权参与机构是以现金或国债来进行ETF份额的申购，而扮演着商品基金经理或商品交易顾问角色的投资管理人，在收到申购资金后，会将其投资于商品期货合约中，以间接达到跟踪大宗商品价格走势的目的。

在二级市场上，实物支持与非实物支持商品ETF的运作模式都较为一致。授权参与机构在一级市场申购的ETF份额，可在二级市场上卖出并提供持续的做市商服务。普通投资者可以像买卖股票一样，在二级市场上自由交易ETF份额。

由于标的资产的特殊性与局限性，石油ETF给基金的日常运营与投资管理都带来了诸多挑战。该类型ETF不直接持有大宗商品实物，主要通过投资交易所市场上的大宗商品期货或OTC市场上的大宗商品远期、互换等金融衍生品，达到间接跟踪大宗商品价格走势的目的。相较于实物支持商品ETF而言，非实物支持商品ETF的投资管理过程较为复杂，对商品基金经理或商品交易顾问的要求也更高。而持有大宗商品金融衍生品的投资方式，也存在着一定的弊端。众所周知，商品期货合约存在时效性，当近期合约即将到期时，管理人必须进行平仓操作，然后开仓买入期货远期合约。

若近期合约价格低于远期合约价格，即现货贴水现象发生时，商品基金经理在低价格上对近期合约进行平仓，以高价格买入远期合约，换仓操作将带来较为明显的成本侵蚀。若近期合约价格高于远期合约价格，即现货升水现象发生时，商品基金经理在高价格上对近期合约进行平仓，以低价格买入远期合约，换仓操作将带来一定的超额收益。

②黄金和白银ETF

贵金属实物ETF自推出以来就获得了市场的极大认可与欢迎。由于贵金属具有体积小、易于储藏保管、单位体积价值高、具有较强金融属性等特点，所以贵金属ETF多为实物支持的商品ETF，产品主要包括黄金ETF、白银ETF、铂金ETF、钯金ETF等。在实践中，实物支持的ETF直接持有实物资产，自身运营管理机制较为清晰透明。

以黄金ETF为例，产品在证券交易所上市后，投资者可像买卖股票一样方便地交易。交易费用低廉是黄金ETF的一大优势，投资者购买黄金ETF可免去黄金的保管费、储藏费和保险费等费用，通常只需交纳约为0.3%至0.4%的管理费用，相较于其他黄金投资渠道平均2%至3%的费用，优势十分突出。此外，黄金ETF还具备保管安全、流动性强等优点。由于黄金价格较高，黄金ETF一般以1克作为一份基金单位，每份基金单位的净资产价格就是1克现货黄金价格减去应计的管理费用。黄金ETF在证券市场的交易价格或二级市场价格以每份净资产价格为基准。

【知识链接10-3】　　　　我国的黄金ETF产品

2013年7月，华安基金管理公司和国泰基金管理公司开发的我国第一只黄金ETF产品在上海证券交易所上市交易。该基金是一个跟踪黄金现货价格的被动投资产品，主要投资于上海黄金交易所挂牌交易的纯度高于（含）99.95%的黄金现货合约。同时，通过黄金租赁业务、黄金互换业务等覆盖部分基金运营管理费用，以期让投资者能够完全享受到金价的投资收益。

该产品每份基金份额含0.01克黄金，最小交易单位为1手（即100份，对应1克黄金），最小申购赎回单位为30万份，对应现货合约数量3 000克。我国黄金ETF产品主要借鉴SPDR Gold Shares成熟的运作管理模式，引入三到五家实力雄厚的机构（以券商为主）作为授权参与人。并且，通过申购赎回代理机构（商业银行）提交申赎申请，上海黄金交易所实时确认并过户黄金，上海证券交易所实时记增（或减）基金份额，产品结算采用"T+0"模式。少量的机构授权参与人可用全现金替代提请申购，上海证券交易所在T+2日记增基金份额。授权参与券商作为交易对手方，在二级市场为普通投资者买卖黄金ETF提供充足的流动性。

4. 货币ETF

货币ETF与传统股票型ETF不同。股票型ETF挂钩一定的指数，投资者一般可以用指数所包含的一揽子股票换一个ETF份额，并可以在二级市场上进行交易。而货币ETF则是持有外币或者某种货币指数合约，重在体现基金所持有货币的价格。在一般情况下，货币ETF多采用全额现金替代的方式，就是投资者用现金就可以直接申购货币ETF份额。除了具有货币型基金的诸多优点外，货币型ETF在交易机制上可以实现"T+0"交易，随时支取，为场内投资者提供便捷的现金管理工具。并且，货币型ETF还可以和券商保证金对接，充分利用股票账户中的闲置资金，使投资者获得高于活期存款的收益，从而让存量资金的利用效率大大提高。2005年12月，莱德斯投资公司在纽约证券交易所推出世界上第一只货币ETF——欧元货币信托（Euro Currency Trust），此后，货币ETF在全球资本市场快速发展。

5. 外汇ETF

外汇ETF（Foreign Currency ETF，或称外币ETF）是一种以追踪单一外汇或一揽子外汇的汇率变动为目标的ETF，通过持有外汇现货期货或期权等衍生工具来建立外汇头寸。例如，以人民币计价的美元ETF就是以跟踪美元对人民币汇率的波动为目的，当美元对人民币上涨10%的时候（即人民币下跌10%），该ETF的净值也会上涨10%。

在投资运作上，外汇ETF以相关的外币形式存于银行储蓄账户，即建立单一外币或一揽子外币的银行储蓄存款。存款所产生的任何利息都归ETF所有，并且会被派发给投资者（如果该利息超过费用和支出）。当然，也有一些做空或做多的外汇ETF会通过持有外汇期货、期权等衍生工具来构建外汇头寸。

6.跨境ETF

跨境ETF是追踪由境外证券(或商品)充当成分指数的ETF。无论是中国的香港、台湾,还是美洲、欧洲、非洲、大洋洲以及亚洲其他国家或地区,都在此类产品的地域备选集之中。

目前,全球共有超过4 500只ETF分别在51个交易所上市。其中,跨境ETF规模占总规模的比重约40%。在欧洲市场,跨境ETF占欧洲ETF规模的比重更是达到了60%左右;亚洲市场中,日本跨境ETF规模占本土市场内ETF规模比重达5%左右,中国香港市场的该比重约为50%,而这一比重在新加坡高达80%。

从产品类型分析,跨境ETF不仅包含我们熟悉的权益类ETF(如Shares FTSE/Xinhua A50 Index Fund),而且囊括固定收益类ETF(如iShares S&P/Citigroup Global Government Bond)和商品类ETF(如iShares SPDR Gold)。此外,在上述三大类的基础上,跨境ETF还可细分为杠杆(如两倍杠杆比率的ProShares Ultrashort FTSE/ Xinhua China25)、反向(如ProShares Ultra Short MSCI Japan)、FOF(如iShares CDN S&P500 Index Fund)、单一国家、发达市场、新兴市场、房地产、行业、价值、成长、大盘、中盘、小盘等几十个品种。

【知识链接10-4】 国泰纳指ETF

国泰基金于2013年4月25日发行了国内首只跨国、跨时区的ETF产品——纳斯达克100交易型开放式指数证券投资基金(以下简称"纳指ETF")。该基金已于2013年5月15日正式在上海证券交易所上市,标志着场内交易的资产配置开始将触角伸向近年来表现持续强劲的美国股市。该基金最大限度地节约了投资者交易QDII的时间成本,同时也为活跃的场内投资者提供了非夜间投资海外指数ETF的机会。

1.指数简介

纳斯达克100指数是由美国纳斯达克市场上交易最活跃、市值最大的100家非金融类上市公司组成的综合性指数,其流通市值超过3万亿美元,在纳斯达克市场总市值中占比超过60%。指数成分股中科技、生物制药以及消费板块占75%以上,涵盖微软、英特尔、苹果、星巴克、谷歌及百度等全球最具创新成长潜力的公司,代表了全球科技与创新的方向。投资纳斯达克上市公司,就有机会获得全球最快速成长的公司带来的超额收益。而入选纳斯达克100指数的公司又具有较大的规模、证明过的良好业绩历史以及良好的流动性。

2.境外纳指100跨境ETF产品

作为成长股的摇篮,跟踪纳指100的ETF和衍生产品已经被广泛使用。美国本土挂牌交易的规模最大的纳指100ETF是Power Shares公司于1999年3月10日成立发行的Power Shares QQQ Trust。目前,该基金总市值已经超过300亿美元。ProShares Trust公司在此后10年间还先后发行了正向和反向跟踪纳指100的ETF产品,杠杆范围从1倍到3倍不等,均有较大的规模和不错的流动性。日本和韩国也相继发行了这种跨国且跨时区的纳指100ETF产品，主要包括 Nomura Asset Management Co.，Ltd. 在日本发行的 Next Funds NASDAQ-100ETF 以及 Mirae Asset MAPS Global Investment Co.，Ltd. 在韩国发行的 TIGERNASDAQ 100 ETF。

3.国泰纳指100ETF产品的特点

（1）提供场内交易途径。以往国内的QDII基金大多只能通过银行渠道购买，广大的A股投资者缺乏投资境外市场的途径。与银行渠道客户相比，A股投资者整体而言专业性更强，风险承受能力更高，更适合境外投资。纳指ETF为A股投资者提供了直接在A股账户投资美股的途径，为国内投资者的资产配置提供了有力工具。

（2）流动性更好。此前投资者通过普通QDII基金配置美股，申购确认时间通常为T+2个交易日，而赎回确认时间则通常需要T+10个交易日。纳指ETF通过上市交易，其资金利用效率和普通股股票一样，可以大幅提高流动性，解决普通QDII基金赎回周期过长的问题。

（3）交易便捷、成本更低。投资普通QDII基金需要交纳一定比例的申购、赎回费用。而纳指ETF可以在二级市场交易，没有申购、赎回费用，交易费用相对更低。

（4）跟踪误差更小。纳指ETF不需保留5%以上的现金，跟踪误差更小，工具特性更强。

（5）成为融券标的，丰富投资手段。未来跨国ETF规模达到一定程度后，有望成为融资融券标的，可以为投资者提供杠杆投资和卖空的途径。

7.杠杆和反向杠杆ETF

杠杆ETF是通过运用股指期货、互换合约等杠杆投资工具，实现在设定时间段内投资组合收益达到跟踪指数的杠杆倍数。杠杆倍数可正可负，正向杠杆如1倍、2倍、3倍等，负向杠杆如-1倍、-2倍、-3倍等。除整数倍的杠杆外，杠杆还可设计为小数，如1.5倍杠杆、-1.5倍杠杆等。杠杆的时间跨度通常为1日，也就是在一个交易日内实现投资组合的收益率达到标的指数的杠杆倍数。如某一交易日标的指数的收益率为1%，杠杆倍数为2倍，则投资组合的收益率为2%；如杠杆倍数为-1倍，则投资组合的收益率为-1%。

杠杆ETF的"杠杆"属性与我们传统意义上对杠杆的理解有一定的差异。杠杆ETF的杠杆只有在设定的时间跨度上才表现出确定的杠杆属性，也就是在设定的时间跨度内杠杆ETF的收益率达到标的指数收益率的杠杆倍数；对于超过设定时间跨度的区间，杠杆属性则不再服从确定的杠杆倍数。如果持有时间较长，杠杆ETF的收益率并不完全等于标的指数收益率的杠杆倍数，极端情况下会有较大差异。

8.分级ETF

分级ETF是创新型的ETF产品，具有分级基金各份额间的收益分配机制，通过引入资产的结构化分配来实现分级特征，一个基金同时包括做多份额与做空份额。

分级ETF由两类或多类份额构成，并分别给予不同的收益分配。分级基金各个子基金的净值与份额占比的乘积之和等于母基金的净值。例如，拆分成两类份额的母基金净值=A类子基净值×A份额占比（%）+B类子基净值×B份额占比（%）。如果母基金不进行拆分，其本身是一个普通的基金。A类份额可分为有期限A类约定收益份额基金、永续型A类约定收益份额基金。一般来说，A类份额更适合长期持有，类似于信用债券，可以持有到期获得约定收益率；子基金中的B类份额又称为杠杆基金，具有杠杆特性，波动性较大。

【知识链接10-5】　　　　　　　　挂钩ETF产品

　　　不同于分级ETF，挂钩ETF的基础份额一般是货币市场基金或短债基金。挂钩ETF不投资于标的指数成分股，无须构造标的指数的头寸，子份额空头和多头的收益均来自收益分拆，不受跟踪误差的影响。

　　　挂钩ETF根据风险收益不同分为三级基金份额：基础份额（一般为货币市场基金）、看多份额和看空份额。基础份额、看多份额和看空份额具有鲜明的差异性风险收益特征，因此适合不同风险承受能力的投资者。货币市场型基金预期收益和风险低于债券型基金、混合型基金和股票型基金，表现出低风险、收益稳定的特征。挂钩ETF发售结束后，基础份额可按基金合同和招募说明书约定的比例（一般为1∶1）分拆为看多份额和看空份额。看多份额与所跟踪标的指数正向挂钩，看空份额与所跟踪标的指数反向挂钩，是高风险品种。

　　　挂钩ETF的基础份额和子份额均可上市交易。看多份额正向挂钩所跟踪标的指数的区间收益，力求收益调整基日以来份额净值累计收益率等于所跟踪标的指数累计收益率的倍数（一般为2~3倍）；看空份额逆向挂钩所跟踪标的指数的区间收益，力求收益调整基日以来份额净值累计增长率等于所跟踪标的指数累计收益率的反向倍数。投资者在获得看多或看空份额所跟踪标的指数累计收益的正向倍数或反向倍数的收益外，一般还可以获得货币市场基金的投资收益（货币市场基金投资收益的分配，原则上由基金管理人在基金合同和招股说明书中约定）。

10.2.3　ETF的发展历程和现状

1.发展历程

ETF的产生源于1987年的美国股市大崩盘。在1987年美股崩溃的那一天，每个人在得知消息的第一时间都给经纪商打电话，要求卖出基金。他们原本以为这样就可以卖出基金了，直到不久后他们才知道，自己的基金收盘时才被卖出。基金制度的安排使得投资者在那一天得到的是最糟糕的价格。

1988年3月，费城交易所开发出了现金指数参与合约CIPs，它被设计成允许投资者像单只股票那样交易的股票指数。随后，美国证券交易所和芝加哥期权交易所也向SEC备案了类似的产品，分别是股票指数参与工具EIPs以及价值指数参与产品VIPs。从表面上看，这三个产品与ETF非常类似，但实际上这些产品并不持有任何形式的股票，只是做多方和做空方的承诺，极大地降低了交易费用。然而，由于权属利益范围的争夺，法院驳回了证券交易委员会要求给新的投资工具发放许可证的请求，并宣布指数参与型产品应由美国商品与期货交易委员会监管，可是每一家期货交易所都有股指期货，因此随着指数参与型产品在股票交易所的退市，它们也随之夭折了。

1990年3月，多伦多股票交易所上市了多伦多35指数参与单位TIPS。TIPS追踪多伦多股票交易所的35指数，该指数包含加拿大最大的35家公司，一些观点认为这是世界上首只真正意义上的ETF。由于没有得到多伦多股票交易所的有力支持，其增长势态并没有保持太长时间。

在内森·莫斯塔、蒂芬·布卢姆、霍姆斯三人的努力下，1993年1月29号，美交所拥有的全资附属机构SPD服务机构，启动了标准普尔存托凭证SPDR的交易，刚开始的那段时间成交量并不理想，然而到了1993年末，SPDR管理的资产规模达到了5亿美元。1996年3月，摩根士丹利在美交所上市了17只世界指数基准份额，简称WEBS。SPDR覆盖了大部分的美国市场，而WEBS则提供了跨越许多国家的指数敞口。1996年巴克莱全球投资者通过参与摩根士丹利发行的WEBS进入了ETF业务，此后，在2000年开始的时候只有30只ETF、拥有17只WEBS的巴克莱全球投资者，就成为了默认的市场领导者。随后，巴克莱全球投资者把WEBS重新包装成iShares，并发行了四只新基金：iShares标准普尔500基金、iShares罗素1000基金、iShares道琼斯美国网络基金、iShares道琼斯美国技术部门基金。随着大量的指数基金打败主动管理的共同基金，ETF开始大受欢迎。在接下来的时间里，整个产业获得了巨大的增长。

2001年，我国上海证券交易所就提出了最初的ETF设想。其后，上海证券交易所组织多方专业人士展开了对ETF产品的专项研究。2004年1月2日，上海证券交易所推出上证50指数，这为大陆首只ETF的推出铺平了道路。同月，上海证券交易所向各基金公司招标，选择ETF基金管理人。华夏基金获得了与上海证券交易所合作开发首批ETF产品的资格。2004年6月，国务院和中国证监会同意上海证券交易所推出ETF。2004年7月6日，上海证券交易所与华夏基金签订上证50指数使用许可协议，上证50ETF（510050.SH）于2004年12月30日成立，2005年2月初建仓完成并于2005年2月23日上市交易。

2.发展现状

2017年，全球ETP（Exchange Traded Products）市场（主要为ETF和少量的ETC、ETN产品）进一步发展壮大，ETP数量突破6 354只，总规模达4.75万亿美元，实现了数量和规模的快速增长。参见图10.2和表10.1。[1]

在追逐风险和规避风险互现的环境中，ETP资金流入始终保持正动量。自2008年以来，ETP连续10年持续实现资金净流入。2017年资金流入6 330亿美元，相比2016年提高了67%，创造了年度资金流入新纪录，这源于ETP产品种类日益丰富，能够满足投资者多样化的投资需求，即使在避险的环境中，也会有固定收益、商品、黄金、大类资

1　Blackrock数据，若有出入请忽略。

产配置以及低风险策略等大量的产品可供选择。

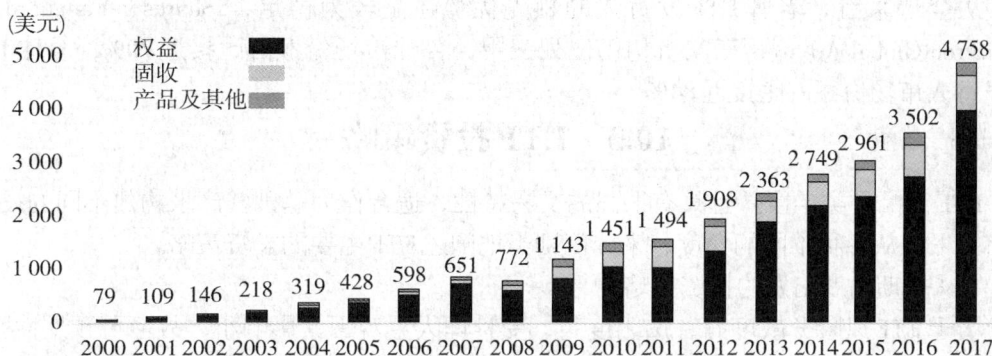

图 10.2　全球 ETP 市场

表 10.1 涉及区域的 ETP 规模　　　　　　　　　　　单位：十亿元

	权益	固收	商品&其他	总计
美国	2 771	554	93	3 418
欧洲	526	182	74	783
加拿大	81	33	3	117
亚太地区	389	10	26	425
拉丁美洲	6	0	0	6
中东&非洲	7	0	2	9
合计	3 781	780	198	4 758

目前，ETP产品资产包括权益、固定收益、商品、另类资产、货币、资产配置等类别。其中，权益类占比稳定在79.47%左右，债券类占比16.39%，商品类占比4.16%，其他类型总体规模较小。

2017年世界各主要经济体实现弱复苏，投资者风险偏好有所提升，权益类产品成为资金流入的主要对象。权益类ETP资金流入4 660亿美元，相比2016年增加了67.3%，资产规模达到3.78万亿美元；债券类资金流入1 562亿美元，资产规模达到7 800亿美元。

从地域分布来看，2017年全球各地区ETP规模均实现了进一步扩张。其中，美国市场稳居龙头，资产规模为3.42万亿美元，市场份额占72%；2017年资金流入合计4 709亿美元，其中流向权益类和固定收益类产品分别为3 415亿和1 227亿美元，均大幅超越历史水平。

欧洲市场不仅经济发展迎来复苏，ETP市场也迎来快速发展，全年资金流入951亿美元，相比2016年增加了78.8%，目前市场规模为7 830亿美元。

亚太地区ETP规模达4 250亿美元，其中权益类产品占比91.5%，而固定收益类规模仅100亿美元，仍有很大发展空间。2017年亚太地区ETP资金流入约455亿美元，相比2016增加了63.7%，主要流入权益类产品。

2017年美国市场共有32家机构发行的136只ETF产品退市，超过去年的128只，再次刷新历史纪录。其中，退市的权益ETF中有27只是2016年发行的。经过多年产品数量和资产规模的迅速扩张，ETF领域迎来了产品的关闭与整理时期，但是业界倾向于将大量的产品退市解读为一个健康的迹象。

从全球来看，老牌 ETF 发行人的领先优势还是较为稳定，iShares、Vanguard 和 StateStreetGlobal Advisors 三家机构仍位列三甲，合计市场份额占比接近70%，全球 Top 10 发行人市场份额占比接近84%。

10.3　ETF 投资策略

ETF 产品种类丰富并且具有很强的交易特性，适合作为基础资产来构建不同的投资策略。下面从各种不同的角度，来分门别类地阐述 ETF 主要的投资策略。

1. 从长期角度出发的投资策略

由于 ETF 风险分散度好、透明度高、受管理人主观因素影响小，故而可预期性强，投资者有更充分的信息。境外成熟市场的经验证明，主动管理的基金持续战胜指数的概率很低，投资时间越长，基金经理战胜指数的概率则越小，因此从大数定律上来看，长时间地投资 ETF 最终一定可以赢过很多人。再者，ETF 的特性决定了它低廉的费用，在长期复利的情况下，会产生不小的累积效应。因此，从长期投资、财富保值增值的角度来看，投资 ETF 并一直持有是一个较好的策略。

即使是从长期角度来看，选择"适宜"的买入点同样很重要。在对当前经济形势以及整体环境有个大致正确把握的前提下，选择价格相对较低的买入时机无疑是正确的，这有利于扩大"护城河"，不仅在未来获胜的概率更高，也可在面对不利情况时有更加平稳的心态继续保持投资。

2. 从短期角度出发的投资策略

对于那些希望能够迅速进出整个市场或市场特定的部分以捕捉一些短期机会的投资者，ETF 同样是一种理想的工具。这是因为 ETF 在交易制度上与股票和债券一样，可以以极快的速度买入卖出以对市场的变化作出反应，虽然每次交易都有成本，但交易费率相对低廉，投资者可以像积极交易股票获得股价波动收益一样，通过积极交易 ETF，获取指数日内波动、短期波动（一日以上）带来的波段收益。常用的策略有：

（1）日内波动操作：利用 ETF 变相 T+0 交易

ETF 与其他基金最大的差异在于其同时存在一、二级市场，且申赎对价均是一揽子股票。当前 A 股无法实现 T+0 交易，但投资者可以通过买入一揽子股票，换购成 ETF 份额，再在二级市场卖出，变相实现 T+0 操作，如图10.3所示。当然，ETF 的申赎均设置了几十万份的门槛，只有资金量稍大的专业投资者才能享受该机制。但对于债券 ETF、海外指数 ETF、商品 ETF 等品种，目前已实现二级市场的 T+0 交易且门槛低，一般投资者均可以享受该交易机制。

（2）短期（一日以上）波动操作：类似于股票交易，短期看涨买入 ETF，短期看跌卖出 ETF，赚取差价。

3. 从大额交易角度出发的投资策略

ETF 是由其追踪的标的指数成分股构成的组合，因此增减 ETF 相当于增减了股票仓

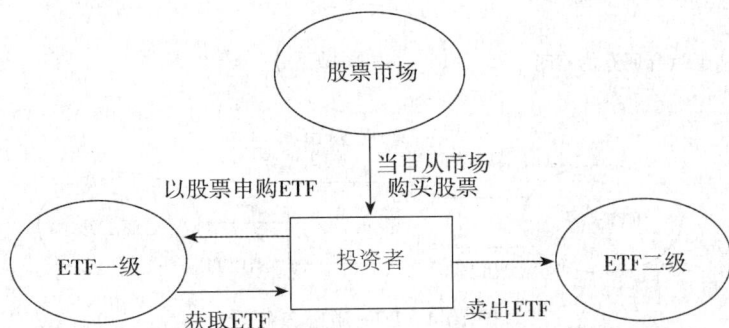

图 10.3　变相 T+0 交易

位。对于在行情发生变化，需要大规模增减股票仓位的投资者而言，直接增减 ETF 可以避免多只股票交割的麻烦，减少对股票价格的冲击，迅速进出市场。ETF 特殊的套利机制也有助于提高流动性，降低大额交易的冲击成本。因此，ETF 可成为大额交易投资者高效的时机选择工具，快速实现大额投资布局而不造成过多的冲击成本。

4. 轮动投资策略

投资者可以积极地调整 ETF 组合，通过更新组合中 ETF 的权重、仓位以及买入卖出代表不同风格、不同板块的 ETF，构建各种市场敞口，以实现各种投资策略。有时候市场行情的到来有一定的顺序，对于某些能够敏锐捕捉到这种顺序的投资者而言，利用 ETF 实现投资的轮动也是一个非常不错的选择。例如，2014 年至 2015 年中国 A 股市场的牛市行情中，以券商股、银行股、其他板块股票为顺序的行情轮动非常明显，此时利用行业 ETF 可以比较稳定地实现轮动，因此对于那些想要做板块轮动的敏锐投资者而言，利用行业 ETF 同样也是一个不错的策略。

5. 套利策略

（1）基于折价/溢价套利

当 ETF 二级市场交易价格与基金份额净值偏离时，即出现折价/溢价时，投资者就可以在一级市场、二级市场以及股票现货市场之间进行套利，获取无风险收益。单个交易日内，投资者可以多次操作。由于市场瞬息万变，时机稍纵即逝，有可能观测到的套利机会在较短的时间内就会消失，因此在决定使用套利策略时必须注意几点：一是在套利空间尽量大的情况下实施套利操作；二是所使用的套利工具流动性一定要足够高；三是整个套利过程要尽量以最快速度完成。这样，就能确保在实施套利策略时把控风险，使保护区间不被击穿，持久地获得正向收益。具体的措施如下：

当 ETF 二级市场价格大于组合证券价格时，在二级市场买入组合证券并申购成 ETF 份额，随即再将申购的 ETF 份额卖出，这称为 ETF 溢价套利，如图 10.4 所示。当 ETF 二级市场价格小于组合证券价格时，在二级市场买入 ETF 份额并进行赎回，再将赎回获得的组合证券随即卖出，这称为 ETF 折价套利，如图 10.5 所示。

当ETF二级市场价格大
于组合证券价格时

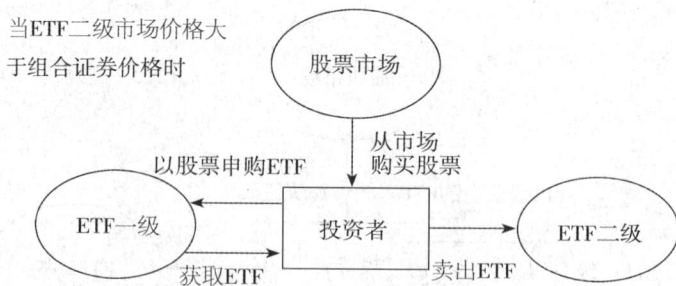

图 10.4　ETF 溢价套利

当ETF二级市场价格低
于组合证券价格时

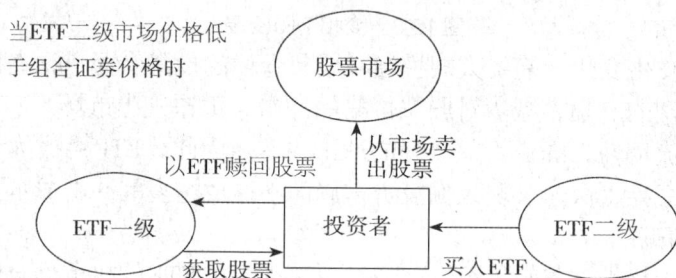

图 10.5　ETF 折价套利

（2）基于 ETF 的期现套利

股票类 ETF 以跟踪股票指数为主，如广发沪深 300ETF（510360）、广发中证 500ETF（510510）分别跟踪沪深 300 与中证 500 指数，这两只指数均是股指期货标的，ETF 即是期货对应的最佳现货。期货受市场情绪影响，难免相对基准出现升、贴水，尤其在极端行情下，会因为大幅升贴水出现一定的套利空间。比如，市场情绪极度乐观，沪深 300 期货大幅升水，套利者可以买入沪深 300ETF，同时卖出沪深 300 股指期货，套取期货到期时升水逐步收敛的价值。同理，期货大幅贴水时也可以通过卖空 ETF、买入期货来进行贴水套利，但目前境内 ETF 融券成本相对较高且很多 ETF 面临无券可融的情况，因此该策略的应用难度稍大。

（3）基于公司事件的套利

该策略主要针对停牌股，即在成分股因利好、利空公告而停牌时，投资者预估复牌后该成分股价格将发生大幅波动，而含有该成分股的某些 ETF（权重越大越好）未充分反映其复牌后的价格预期，此时投资者可以通过申购（预期上涨）、赎回（预期下跌）操作套取无风险收益。具体而言，当预期某成分股复牌后将大幅上涨，若某重仓该股的 ETF 未在 PCF 清单中设置必须现金替代标志，则套利者可通过二级市场买入 ETF，赎回得到一揽子股票，紧接着卖出除停牌股外的其他成分股，相当于实现变相买入因利好停牌的股票，待复牌后获利。

6.核心/卫星策略

利用 ETF 实现组合配置的核心/卫星策略。核心/卫星策略是资产配置的一个重要策略，即按照太阳系法则"一个中心，多个增长点"将组合中的资产分为两大类分别进行配置，其中核心资产跟踪复制所选定的市场指数进行指数化投资，以获得特定市场的平均收益；其他资产采用主动性投资策略，以捕捉市场各种各样的投资机会。

由于ETF具有上市交易的便利性，因此，通过核心/卫星资产配置法，投资者可以随时重新调配资产，无须进行多只股票的交割。跟踪蓝筹股指数的ETF通常作为核心资产，以保证核心投资部分不落后于大盘；而跟踪行业、风格、区域等指数的ETF通常作为机构投资者的辅助资产，或增持相对看好的资产类别，或者风险收益水平更高的资产类别，如能源类股票、成长型股票或基金等。此外，投资者还可以使用某种主动策略构造组合的核心，比如为避免错失其他投资机会，将各种类型的ETF作为卫星的策略。

7.在开放式基金中代替现金的策略

由于ETF变现力强，资金结算效率高，风险分散，因此，利用ETF实现组合中的现金管理，可以代替组合中的现金储备，避免在市场急涨中踏空。

开放式基金的基金经理在投资过程中常常会遇到这样的两难困境：在资产组合中的现金无法预支的情况下，既要保留一定比例的现金以备赎回之需（一般占组合资产总值的5%，这是为了避免开放式基金中的投资组合受到赎回的不利影响，考虑到出售股票的交易费用、税费以及对投资组合的改变），又要避免形成现金拖累影响组合收益。如果可以投资ETF，这一难题则将迎刃而解。基金可以用组合闲置的现金购买ETF，在面临赎回急需现金时，可以通过在市场上卖出ETF筹措所需的赎回资金，避免直接抛售组合中的基础股票。利用ETF管理组合中的现金，不会改变组合的投资目标，也不会增加组合的交易风险、交易成本和费用。

8.把ETF作为过渡时期的资产管理

在机构投资者更换投资经理时，资产可采用ETF作为过渡时期的资产管理形式。即在新的投资经理上任前，把资产转为ETF，维持投资增值机会，这在一定程度上降低了过渡期间投资组合因缺乏管理人而出现不合时宜的配置的情况；选定新的投资经理后变现ETF，或者将组合证券直接交给新投资经理处理。

9.基于融资融券的ETF杠杆交易策略

目前，沪深两市满足融资融券条件的ETF有24只，投资者可以通过融资、融券机制实现对ETF的杠杆交易效应，再叠加其特有的一、二级市场T+0机制，对于特别有把握的交易机会，投资者可通过融资融券迅速放大交易收益。使用杠杆策略很关键的点在于，对接下来的机会有非常大的把握，因为一旦判断失误就会造成很大的亏损。

● **本章小结**

证券市场指数的构造简单来说是两个维度的考虑，一是成分股的选择，二是成分股权重的设置。成分股的选择方法包括被动选股、过滤选股和数量选股三种，权重的设置方法包括固定权重、市值加权和基本面加权三类。

有效市场理论、投资组合理论与资本资产定价模型是指数基金的两大理论基础，体现了一种"无为而治"的道法魅力。被动管理的指数基金具有风险分散、成本低廉、策略透明等优点。

创建初始跟踪组合、维护跟踪组合、跟踪组合的再平衡构成了实施指数化投资的三个核心步骤。根据基本构造原理的不同，指数化构造方法一般可以分为完全复制法、优化选样法和抽样复制法。

交易所交易基金（ETF）是一种集中投资工具，像股票一样，可以在交易时间内以市价在股票交易所买卖。根据美国证券交易委员会（SEC）的规定，世界上第一支独立的指数追踪ETF——SPDR S&P 500 ETF（代码SPY，又称"蜘蛛"）于1993年问世。2008年以前，SEC只允许基金发起人成立指数追踪型ETF。2008年开始，一些符合规定、公开透明的积极管理型ETF才被批准成立，积极管理型ETF必须在每个工作日进行基金相关信息的披露。目前，市面上绝大多数的ETF都是被动式、以追踪某一特定指数为目标成立的，因而ETF也是被动投资的代名词。

ETF通过受托人与经授权的参与者签订交换协议来创设，其独特的创设方式使得其具有更高的透明度、更低的费率、更准确的资产配置以及更强的节税性。ETF的品种丰富，有权益型ETF、固收型ETF、货币ETF、商品ETF、外汇ETF、跨境ETF、分级ETF等。

基于ETF的投资策略既丰富也实用，包含了长期投资策略、短期投资策略、大额投资策略、轮动投资策略、套利策略、核心/卫星策略、替代现金策略、过渡时期资产管理策略以及基于融资融券的杠杆交易策略。

● **重要概念**

证券市场指数　被动选股　过滤选股　行业指数　风格指数　主题指数　策略指数　市值加权　基本面加权　有效市场理论　投资组合理论　资本资产定价模型　分层抽样　创设单位　经授权参与者　基金净值　跟踪误差　权益型ETF　固定收益型ETF　分级ETF　核心/卫星策略　融资融券　杠杆交易

● **思考题**

1.国内外市场上常见的股票指数、债券指数、基金指数、商品指数有哪些？

2.指数的开发过程有哪两个步骤？每个步骤有哪些可选择的方法？

3.指数基金或指数化投资的原理和优势有哪些？

4.复制指数时，完全复制法、优化选样法和抽样复制法各有怎样的优劣势？

5.ETF的创设程序是怎样的？相比于其他基金的设立过程有什么特别之处？

6.ETF分别按投资标的、市场区域可划分为哪些类型？

7.ETF相比于其他共同基金有哪些特点？

8.ETF的套利策略包含哪些？在套利过程中需要注意哪些问题？

第11章 对冲基金投资管理

◇学习目标
- 掌握对冲基金的基本概念以及其与共同基金的差别
- 了解对冲基金的分类方式
- 了解对冲基金投资管理的三类策略及其应用

对冲基金（Hedge Fund）起源于20世纪50年代的美国，世界上第一只对冲基金是艾尔弗雷德·温斯洛·琼斯（Alfred Winslow Jones）于1949年创办的。他在做多股票的同时，创新性地使用空头对冲来系统性地控制风险，并结合了杠杆投资，"通过投机的手段达到保守的目的"。琼斯创造的投资策略就是日后对冲基金最广泛使用的股票多空仓策略（Long/Short Equity Strategy）。经过几十年的发展和演变，对冲基金成功实现了资本增值，行业大幅扩张，成为金融市场上不可小觑的一支力量。

11.1 对冲基金概述

11.1.1 对冲基金的概念与特点

尽管受到了大量的媒体和监管的关注，对冲基金至今仍没有法律上的准确定义。对冲基金字面上的含义是"进行风险对冲的投资基金"，但这个定义具有一定的误导性，因为风险对冲只是对冲基金使用的投资技巧之一。从投资工具的角度看，一个更为贴切的定义是：对冲基金是一种另类投资工具（Alternative Investment Vehicle），它提供了与传统的股票和债券投资不同的风险与收益组合。从投资模式的角度看，它是采取有限合伙人制和激励性的管理费率，基于前沿的投资策略与复杂的投资技巧，充分利用杠杆效应，承担高风险、追求绝对收益的投资模式。

与共同基金相比，对冲基金具备以下特点（参见表11.1）：

（1）实施积极管理，追求绝对正回报。共同基金的业绩评价是相对于某个比较基准而言的，如市场指数，追求的是基金表现超越该比较基准。而对冲基金追求绝对正回报，无论市场整体情况如何。在下跌市场中，可以采取卖空和对冲策略，从而产生正的回报。对冲基金的业绩表现可以达到与整体金融市场的低相关性。这要求对冲基金实施积极管理，对基金经理人的能力有较高的要求。

（2）基金经理人收取业绩表现费，且通常投入自有资金。对冲基金除了收取管理费（通常是2%）外，为了激励基金经理人追求基金回报最大化，按照基金业绩的一定比例（通常是20%）加收业绩表现费。但对于投资者来说，超额投资回报更加重要，因而他们愿意支付更高的费用。基金经理通常投入部分自有资金作为基金资本，实现与投资者的利益一致，分享上涨收益和下跌风险，激励基金经理人在追求高额收益的同时谨慎控制风险。

表11.1 对冲基金与共同基金的区别（以美国市场为例）

	共同基金	对冲基金
监管	受严格的联邦证券监管和州证券监管，主管机关为证券交易委员会（SEC）	很少或不受监管
能否离岸设立	不允许	通常设立离岸基金
筹资方式	可通过传媒做广告公开招募投资者	不得利用任何传媒做广告
投资	在可投资品种和操作上受限制多	可投资品种和操作不受限制，灵活运用各种投资技术
信息披露程度	公开投资内容和政策等文件资料，定期披露资产状况	不公开
参与者资格	面向公众，无限制或限制很低	面向高净值个人和机构投资者，严格限制《证券法》(1933)规定：参与者不得超过99人。以个人名义参加，最近2年内个人年收入在20万美元以上；以家庭名义参加，夫妇2人最近2年的收入在30万美元以上；以机构名义参加，净资产在100万美元以上 1996年新规：参与者扩大到500人。参与条件是个人必须拥有价值500万美元以上的证券资产
最低投资额	低	高（一般为100万美元以上）
赎回	一般允许每日赎回	赎回有限制，时间间隔从数月到数年不等

（3）受到的监管较少，灵活性高，信息不透明。出于规避监管和避税目的，对冲基金通常采取有限合伙人制或有限责任公司制，并且进行境外投资时，在监管不严格、税收优惠地区设立离岸投资公司。因此，相比于共同基金，对冲基金受到的监管较少，在法律形式、组织结构、管理风格、投资策略和工具等方面都具有更高的灵活性。为了维持高额盈利水平，基金管理人通常会对其策略和头寸保密，至少不会及时公开。此外，监管缺乏也使得对冲基金无须对公众披露其表现情况和详细资产配置。对冲基金的超额收益和不透明性令其饱受争议，也为这个行业增添了一层神秘的色彩。

（4）设置较高的投资者准入门槛。与共同基金面向广大小额投资者不同，对冲基金主要面向高净值个人（可投资资产价值在100万美元以上）和机构投资者。基金的有限合伙人制度对合伙人有数量限制，因为投资人数有限，对每位投资者的最低资金投入要求较高，以保证基金募集到足够的资本金。

（5）对冲基金相对缺乏流动性。与许多允许投资者每日申赎的共同基金不同，对冲基金的流动性有限，为了保证投资收益，对冲基金通常对申购和赎回的时间设限，一般会设置一年的初始投资锁定期，之后每月或每季度允许投资者申购和赎回。如有必要，对冲基金可以独立设置更严格的申赎规则。这些要求使得对冲基金能够进行更长期限、更低流动性的投资，减少现金持有量，利于对冲基金专注于投资而非现金流管理。

11.1.2 对冲基金分类体系

从市场角度看，各对冲基金的主要区别在于其投资策略不同，由此导致收益与风险不同。为了分析对冲基金，人们将对冲基金划分出一系列标准化的投资风格。投资者、咨询公司和学者使用的分类方法可以是自己设计，或是从外部借鉴，至今仍不存在一个所谓"标准的"对冲基金策略分类方法。

我们在此列举一些学者以及对冲基金数据提供商的分类，供读者参考。

Fung and Hsieh（1997）提出矩阵式分类，即根据对冲基金的投资风格和标的资产对基金的投资策略进行分类。投资风格分为偏多头、偏空头、市场中性或事件驱动（Event Driven）；标的资产是指股票、债券或货币等，通过投资风格和标的资产的两两组合产生不同的投资策略类型。

Amenc、Martellini 和 Vaissié（2002）将对冲基金划分为收益增长型基金（Return Enhancers）和风险降低型基金（Risk Reducers）。前者主要投资于困境证券或与某新兴市场宏观表现相关的资产，追求高收益，但相应地，收益波动性也较大。后者则力图在获取超额收益的同时降低收益的波动性，可进一步分为可转换债券套利（Convertible Arbitrage）、固定收益套利（Fixed Income Arbitrage）、多空头交易等。

全球最重要的对冲基金数据库之一的对冲基金研究公司（Hedge Fund Research LLC，HFR）将对冲基金策略进行了详细的分类，共分为七大类：股票对冲（Equity Hedge）、事件驱动（Event Driven）、宏观策略（Macro）、相对价值（Relative Value）、对冲基金的基金（Fund of Hedge Funds）、风险平价（Risk Parity）以及区块链（Blockchain）策略，每个大类下又细分成不同的子策略，详见表11.2。

表11.2　　　　　　　　　　　HFR对冲基金策略的分类

股票对冲		事件驱动	宏观策略	
股票市场中性		积极参与型	商品	农产品
基本面	成长型	信用对冲		能源
	价值型	困境/重组证券		金属
定量方向性		兼并套利		多种商品
投资行业	能源/基础材料	非公开发行	货币	相机决策
	健康	特殊情况		系统性交易
	科技	多重策略	主题投资+相机决策	
偏空头			多元化投资+系统性交易	
多重策略			多重策略	

相对价值		对冲基金的基金	风险平价	
固定收益	资产支持证券	保守型	波动率目标	10%
	可转换债券套利	多元化		12%
	公司债券	市场防御性		15%
	主权债券	策略性		
波动率				
收益率替代	能源基础设施			
	不动产			
多重策略				

区块链	
加密货币	
区块链相关的其他资产	

瑞士信贷对冲基金指数公司（Credit Suisse Hedge Index LLC）编制的指数将对冲基金策略分为九类：可转换债券套利、固定收益套利、股票市场中性（Equity Market Neutral）、股票多空仓、事件驱动、管理期货（Managed Futures）、全球宏观（Global Macro）、新兴市场（Emerging Markets）以及多重策略（Multi-strategy），如图11.1所示。其中，事件驱动策略分为三个子策略：困境证券（Distressed）、风险套利（Risk Arbitrage）、多重策略。

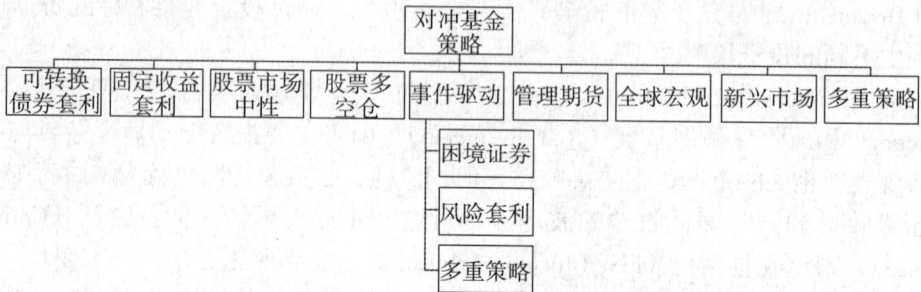

图 11.1　Credit Suisse Hedge Index 对冲基金策略分类

每一种分类本身都具有局限性，但它们为我们理解纷繁复杂的对冲基金世界提供了帮助。为了简单起见，本书借鉴王一鸣和王建卫（2013）的分类方法，将对冲基金的全部策略归为六大类：方向性策略（Directional Strategies）、相对价值、事件驱动、多重策略、对冲基金的基金以及其他创新策略。方向性策略构建的资产组合通常存在净多头或净空头敞口，其盈利基于对未来价格的方向性判断。相对价值策略本质上是套利策略，试图从多种证券间的价格异常中获利，与市场整体运行方向无关。事件驱动策略从公司发生的兼并、收购、重组等异常事件中寻求获利机会。上述三大类策略涵盖了对冲基金的主要策略，其细分情况详见图11.2。

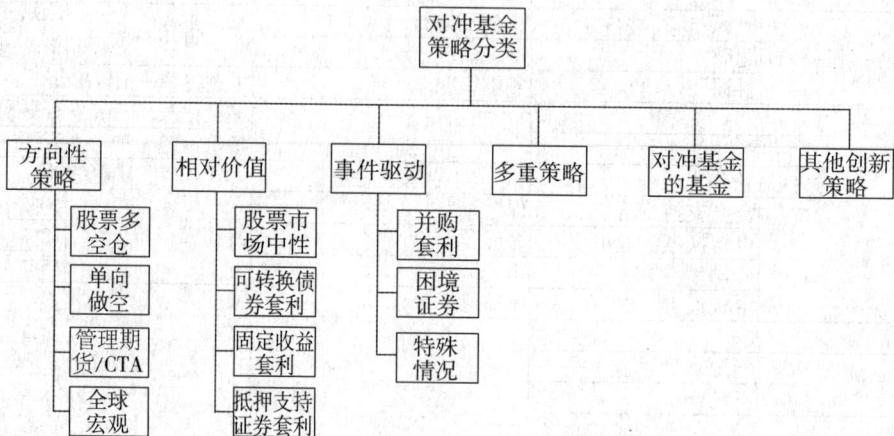

图 11.2　本书采用的对冲基金策略分类

11.2 对冲基金的方向性策略

11.2.1 股票多空仓策略

股票多空仓策略是对冲基金最常使用，也是目前管理资产规模最大的一种策略。根据Eurekahedge公布的数据，截至2017年6月，股票多空仓策略管理的资产规模在对冲基金所有策略中占比34%。在最近10年内，该策略占比一直高于30%。该策略通过股票多头和空头的组合减少组合的市场风险。

我们通过一个简化的例子来说明股票多空仓策略的操作步骤。假设一只对冲基金拥有资本金1 000美元。基金管理人认为股票A被低估，股票B被高估。资产组合的构建如下：

（1）使用资本金购买价值900美元的股票A，剩余现金100美元。这个过程没有使用杠杆，净多头风险敞口为90%，总风险敞口为权益资本的90%。

（2）向主要经纪商借入价值800美元的股票B并在市场上卖出，现金增加800美元。

该资产组合使用了杠杆。组合包括900美元的A股票多头、800美元的B股票空头和900美元的现金多头，累计资产2 600美元，对比1 000美元的权益资本，杠杆率为2.6。也可以说，该组合有90%多头敞口、80%空头敞口、170%的总敞口和10%的净多头敞口。

组合取得绝对收益主要取决于多头（空头）股票的业绩表现战胜空头（多头）股票的相对情况。最理想的情况是多头股票升值，空头股票贬值，组合的多空头都取得α（Alpha）收益，这就是股票多空仓策略也被称为双重α策略的原因。其中，α收益表示资产收益超过市场整体收益的部分。不过，即使基金经理人对多方或空方的绝对价值变动判断失误，只要组合的相对表现符合预期，组合依然可以获利。因此，股票多空型基金在牛市或熊市中都可能盈利。此外，对冲基金卖空的能力，即以低成本借入证券的能力也会影响盈利。

多空组合的风险低于纯多头组合，因为风险被更好地分散了。两只股票有较大的可能性呈正相关关系，因此多头组合分散风险的能力有限，而多空组合中，多头和空头股票呈负相关，增加了风险分散的有效性。单向做多基金经理则试图寻找相关性低或负相关的证券，以分散风险，而多空仓基金经理使用正相关性高的证券建立头寸。为了减少选股失误造成的损失，多空仓基金经理也会进行分散化投资，在多方和空方都分散头寸。投资组合可能包含100到200个头寸，并设定持仓集中度约束，如单个头寸不得超过组合总价值的5%。

11.2.2 单向做空策略

单向做空（Dedicated Short）基金与传统的单向做多策略相反，他们寻找被市场高估的公司，卖空其股票。曾经，单向做空基金是对冲基金中一个稳定的组成部分，但20世纪90年代的大牛市迫使他们退出市场，转而实施股票多空仓策略或具有净空头敞口的偏空头策略。如今，极少有对冲基金只使用单向做空策略。

事实上，大部分投资者集中于挖掘低估值的股票，但卖空机会还远远没有被完全挖掘。个人投资者不熟悉卖空流程或认为卖空的风险过高，而很多机构投资者不允许进行卖空交易。分析师和上市公司之间的利益关系决定了他们很难对公司作出强有力的负面评价。以上现象导致的结果是，好消息比坏消息传播得更广，并且更快地反映在股票价格之中，市场上存在着研究不足和被高估的股票。

虽然单向卖空策略看起来有更多的机会，但这个策略并不像理论上这么容易实施和有利可图。原因如下：

（1）在长期中，股票有升值的趋势，给予投资者正的风险溢价。单向做多的投资者可以长期持有股票，直到他认为该股票已不再被低估。在持有期间，他取得正的风险溢价，并定期收到股利。但对于单向做空者而言，在等待期间，做空者一方面面对股市整体的长期上涨趋势，另一方面必须向证券出借者支付股利。此外，他还面临着召回风险，即证券出借者随时有可能要求卖空者归还出借的股票，无论当时的市场价格是否合意。

（2）小盘股和低流动性的股票空头面临着滚雪球式的买入风险，或称为"轧空（Short Squeeze）"。轧空的触发时机通常是有正面消息表明股价会出现反转。尽管反转是暂时的，做空者可以选择持续等待以期股票价格下跌，但随着股票价格上升，越来越多的空头为了止损而购回做空股票，关闭空头头寸，这进一步加剧了股价上涨，引发更多的卖空者被挤出空头。这表明卖空者不仅要准确判断股票是否被高估，也需要考虑未来市场对这只股票的估值是不是会继续走高，而这通常是难以预测的。即使是最差的股票，在市场恢复理性之前，也可能出现一段时间的股价上涨，而在这期间，许多空头就已经爆仓了。

（3）单向做空策略的盈利空间有限，而亏损可能是无限的，因为从理论上来说，股价下跌的空间有限，上涨的空间无限。卖空者应当严格设定止损线并遵照执行，如设定每项投资的最高亏损为10%，即使卖空者购回股票的价格是过高的，也必须承担损失，关闭空头头寸。

卖空者在华尔街素来不受欢迎。他们与卖空的目标公司关系不和，可能引发矛盾冲突。一方面，公司可能实施种种举措增加卖空的难度，试图阻止卖空者，如实施特殊的红利分配制度，或者股票分割要求持有现实的股票份额，促使证券出借者召回股票。他们也可能起诉或秘密调查卖空者。另一方面，卖空者经常公开发布他们看空某家公司的消息，试图影响市场。尽管这种行为有利于增加市场有效性，但也存在不道德的卖空者为了自己的私利而散布不实谣言从而引起股价下降的情况。

11.2.3　管理期货和商品交易顾问

商品交易顾问（Commodity Trading Advisors，CTAs）是出于收费或获利目的，通过直接或间接地为他人提供是否买卖期货或期权合约的建议，或者代理客户进行交易，从而获取报酬的自然人或组织。商品交易顾问管理的基金称为CTA基金或管理期货（Managed Futures）基金，投资于全球期货或期权市场。CTA基金经理相信，市场价格并非完全随机游走，部分价格变化是可预测的。虽然大多数基金宣称具有独特的投资风格和交易方法，但我们仍可以按照一些特征将CTA基金加以分类，如图11.3所示。

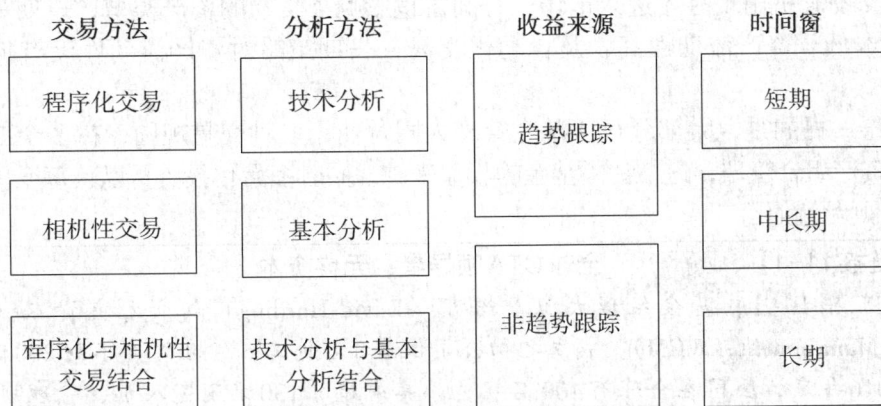

交易方法	分析方法	收益来源	时间窗
程序化交易	技术分析	趋势跟踪	短期
相机性交易	基本分析		中长期
程序化与相机性交易结合	技术分析与基本分析结合	非趋势跟踪	长期

图11.3　四种分类标准下的CTA策略划分

1.交易方法：相机性交易与程序化交易

CTA基金最早是由相机性交易者管理的，他们依据自己的知识和判断下达交易指令。在某种程度上，他们的决策过程与全球宏观策略相似，因为他们也试图预测商品价格的变化。然而，主观化的判断也成为他们扩张的限制。计算机技术的进步允许投资者获取和分析大量的金融数据，越来越多的CTA基金用系统性程序化交易取代了人的决策。如今，约80%的期货交易都是通过系统性的计算机化方法进行的。

2.分析方法：基本分析与技术分析

基本分析基于经济、政治环境和其他相关的基本面因子，确定市场和公司的公平价值，或称内在价值，从而确定未来的价格移动方向。目前股票价格低于内在价值的公司，其未来股价会上涨。技术分析试图通过研究历史交易数据如价格变动、交易量等，预测未来价格变动和市场趋势。技术分析者认为，市场更多地由投资者心理因素驱动，而非基本因素，而投资者的情绪模式不会改变，因此历史会不断重演。他们寻找可能存在的模式和相关性，采用系统的规则评估价格趋势、支撑位和阻力位等，从而形成买卖信号。

以上两种分析方法的具体阐述详见第8章的相关内容。

3.收益来源：趋势跟踪与非趋势跟踪

趋势跟踪是目前CTA基金运用得最广泛的交易策略。它与动量的概念紧密联系，若市场在某个时期内朝一个方向运动，则下个时期可能会延续该运动方向。通常，趋势跟踪者运用数量化模型进行技术分析，去除市场噪声，识别市场趋势。一旦趋势被识别，他们就跟随趋势进行对应的资产配置，直到模型显示趋势结束。

实施趋势跟踪以外策略的人统称为非趋势跟踪者，如反趋势交易者运用头肩形态、突破形态等反转指标来发现趋势的转折信号，短线系统化交易者进行非趋势的模式识别。

4.时间窗

不同的投资风格形成的时间窗长短也有所不同。对于趋势跟踪者，短期仅为几小时至几天，中期为几天至30天，长期为2~3个月。非趋势跟踪者倾向于偏短期的交易，只有在交易时机出现时才进入市场。时间窗也影响了交易的资产类型，短期策略要求交易成本低、资产流动性高以及自动化交易，长期策略对资产流动性没有那么高的要求。

值得一提的是，大部分CTA基金管理人同时使用多种交易规则，在多个期货市场上进行资产组合管理，这增加了基金的收益来源，同时多元化投资可以使每个单独的期货头寸风险分散化。

【知识链接11-1】　　　　全球CTA领导者：元盛资本

1997年10月，基金经理大卫·哈丁（David Harding）创立元盛资本（Winton Capital Management，WCM）。成立之初公司仅有3名员工，管理资产不到200万美元。截至2016年底，公司在全球有400名雇员，其中超过130名研究人员，管理规模高达326亿美元，是全球最大的CTA对冲基金公司。

元盛在全球运用的CTA旗舰策略被称作"全球多元化策略（WDP）"，成立20年来累计净回报高达932%（见下图）；2010年进入中国市场以来推出了"中国多元化策略"，成立7年来累计净回报130%，历史业绩亮眼，穿越牛熊。

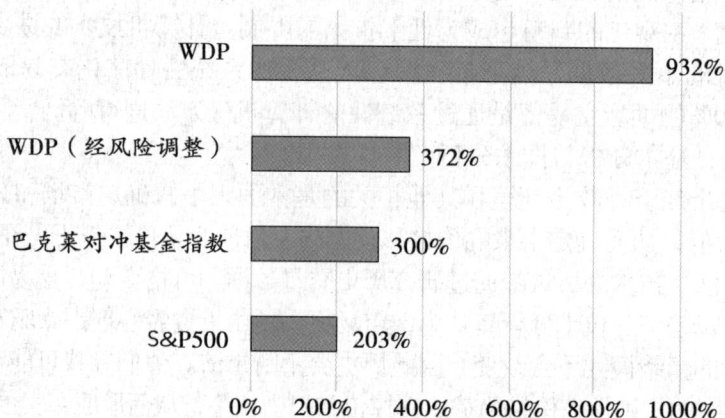

1997—2016年WDP累计净回报（扣除费用）

元盛在全球运用的WDP策略特点包括：

（1）投资多元化。参与全球各大交易所的投资，市场足够分散，涵盖全球100多家期货市场（品种包括基本金属、债券、汇率、商品、能源、利率等）和1 200多只世界各地股票。投资标的绝大多数是交易所交易的产品，透明度高、流动性好。

（2）风格保守，杠杆小，年化波动率远小于世界股票市场波动率。回报相对稳健，历史业绩优秀。成立20年来，有17年实现盈利，年化复合净收益率13.6%，平均年化净收益率47%，仅3年小亏，亏损小于5%，安然度过了市场1987年、1998年、2000年及2008年的重大危机。

元盛的投资理念是："相信基于推演的投资系统，金融市场可以像自然现象一样，通过科学的方法加以研究"，运用从实证中取得的统计参照进行投资决策，要比仅仅用经济原理进行演绎推理更可靠。元盛系统采用的是细小微弱的、经过清理过的且不易察觉的预测或信号，公司集中了大部分精力研究各种参数，并设立适当的风险和成本控制。

"元盛资本95%的交易是程序化交易，只有5%通过人工完成。其交易团队只有10名雇员，其中包括交易背景的人员和软件开发员。"由于大部分交易工作交给计算机完成，目前管理300多亿美元资产，比多年前管理2亿美元资产的时候反而来得更容易。此外，尽管运用程序化交易，但元盛资本主要采用趋势策略，高频交易在总体策略中只占到很小的一部分。

11.2.4 全球宏观策略

全球宏观策略起源于20世纪80年代，从股票多空仓和管理期货策略演变而来。当时，股票多空仓策略主要采用自下而上的分析方法，投资于未被充分研究的小盘股，取得了不错的业绩。随着管理的资产规模增长，他们寻找更高流动性的市场进行更大规模的投资。乔治·索罗斯（George Soros，成立量子基金（Quantum Fund））和朱利安·罗伯森（Julian Robertson，成立老虎基金（Tiger Fund））的情况就是如此。而另一方面，CTA投资于衍生品和期货市场，本身就需要全球宏观视野，如路易斯·摩尔·培根（Louis Moore Bacon，成立摩尔全球基金（Moore Global））和保罗·都铎·琼斯（Paul Tudor Jones，成立都铎基金（Tudor Investments））。逐渐地，这两类管理人的投资风格越来越接近，也就是全球投资和动态资产配置，在全球市场中寻求最佳投资机会。

我们很难准确地定义全球宏观策略，因为在此策略类别下，每个管理人的投资风格都可能各不相同。但是，他们普遍具有两个特征，一是全球性，二是关注经济趋势和结构性的宏观经济失衡。一般来说，全球宏观基金管理的资产规模较大，因而他们会选择在高流动性市场上投资，如外汇、大宗商品、国债市场等，以便灵活进出，及时把握投资机会。

与管理期货策略相比，全球宏观策略更注重基本分析，因而能够对未来进行合理预测，投资在趋势开始前进入、趋势结束前退出。管理期货策略的趋势跟踪更依赖于价格给出的趋势信号，因此时常滞后于趋势。全球宏观基金的管理人通常采用自上而下的分析范式，分析宏观经济的方法可被分为三类，分别是基于反馈的方法、基于模型的方法以及基于微观信息的方法。

（1）基于反馈的方法主要关注市场心理，发掘市场参与者偏离理性的情形。通常这样的机会并不常见，市场价格在大部分时间里最起码表面看来没有投资机会可言，但在少数情形下，市场参与者会变得非理性，市场价格则受到投资者行为偏差的影响。典型的例子是，牛市中赚钱变得过分容易，投资者易于过度自信，而某些情形下他们可能由于恐慌而急于卖出。基于反馈的全球宏观基金管理人往往会作出和这些非理性投资者相反的行为，他们试图发现市场中是否存在恐慌、贪婪或者骄傲自大的情绪，从而在复苏开始时进场、在泡沫即将破灭前退场。

（2）基于模型的方法将可观测的现实数据（如贸易平衡性、政府赤字、人口、汇率等）代入复杂的宏观经济学模型，得出模型理论预期，并将其与现实市场预期进行比较，两者的差异显示了现实市场的非均衡，就是投资的信号。为了维持盈利空间，他们需要时常阅读学术文献，学习新的宏观经济理论，更新和测试模型，因为一旦这些知识广为人知，他们的盈利空间就会缩小。

（3）基于微观信息的方法依赖于数据和计算机程序。市场参与者搜集、整合与分析大量的微观层面信息，例如，央行的公开文件、研究数据、信心指标、流动性指标、政治评论、机构和私人观点等，以此形成自己的观点。这种方式背后的逻辑是，他们认为官方宏观信息的发布常常具有时滞性，微观层面信息更具时效性。但微观层面的信息十分零散，需要进行大规模的数据挖掘和整理工作。大部分的市场参与者不愿也无法完成如此庞大的工作量，所以这种信息不对称也会带来盈利机会。

如今，全球宏观基金在对冲基金行业中仅占比7%，收益率水平也呈下降态势。但他们仍具有高度的灵活性，对宏观经济情况的变化反应迅速，呈现出一些新的特质，包括：高度重视风险管理和投资严谨性；形成了新兴市场等区域化投资格局；规模趋于中小型化，受到的市场容量和流动性限制减小，投资范围更加广泛；客户主体趋于机构化。

【知识链接11-2】　　　　桥水联合基金及其全球宏观策略

桥水联合基金（Bridgewater Associates，LP）成立于1975年，创始人为雷·达里奥（Ray Dalio）。公司成立之初至1990年间主要从事咨询与资金管理业务。20世纪90年代，公司开发了多种创新投资工具，如通货膨胀联动债券、货币管理外包、新兴市场债务、全球债券以及超长期债券。1991年，公司建立了自己的旗舰基金——"绝对α（Pure Alpha）"，1995年发行了"全天候（All Weather）"对冲基金。达里奥在长达40年的时间里为其投资者创造了巨大的财富，截至2015年底，桥水基金累计盈利接近500亿美元，超越金融大鳄索罗斯的量子基金，成为全球范围内最赚钱的基金。

桥水基金运用的投资策略主要是全球宏观策略，通过预测宏观经济走势，积极押注各种证券的方向，包括股票、债券、大宗商品和货币。在全球宏观策略下，桥水基金的主要投资理念有三种：α和β分离投资、系统风险高度分散化以及"D过程（D-Process，达里奥认为，经济体经历的经济周期也即债务周期，桥水基金据此预测市场的走势。感兴趣的读者可进入桥水基金官网 https://www.bridgewater.com/，观看相应视频）"。

（1）"绝对α"基金希望在获取市场超额收益的同时承受更低的风险。它进行积极的资产管理，在一系列不同资产中分散投资风险。建立最优的α组合的策略是可携α（Portable Alpha）策略，或称为α覆盖（Alpha Overlay）策略。在这种策略下，α收益与β收益完全分离。可携α是指零市场风险（β等于零）的投资组合的收益。它与市场表现以及运行方向是完全独立的，由基金经理的投资能力和技巧所决定，主要是通过运用期权、互换、期货等金融衍生工具对市场风险进行对冲而得到。

通常，基金经理会建立一个高度分散化的α组合，如下图中的 Alpha Portfolio 2。图中两个α组合的每种资产的信息比率（衡量超额风险所带来的超额收益）相同，均为 0.35，但组合 2 的整体信息比率达到了 1.4，是组合 1 的 2.5 倍。因此，通过建立高α收益的资产组合，且大量分散化投资，可以实现更优的风险调整α组合。

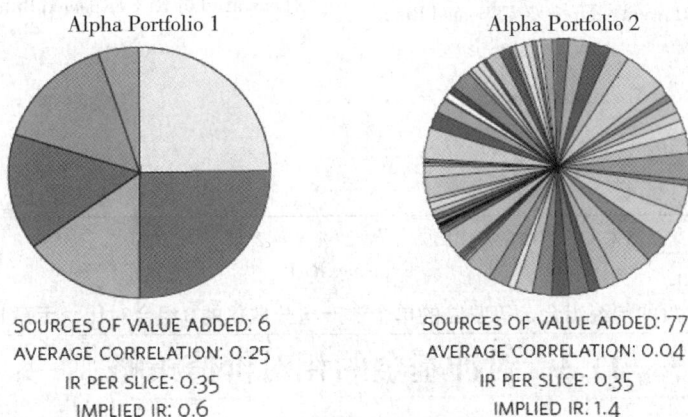

Alpha Portfolio 1

Alpha Portfolio 2

SOURCES OF VALUE ADDED: 6
AVERAGE CORRELATION: 0.25
IR PER SLICE: 0.35
IMPLIED IR: 0.6

SOURCES OF VALUE ADDED: 77
AVERAGE CORRELATION: 0.04
IR PER SLICE: 0.35
IMPLIED IR: 1.4

低分散化α组合与高分散化α组合对比（示意）

（2）类似于"绝对α"基金试图建立最优的α组合，"全天候"基金的目标是建立最优的β资产组合，以获得更高的市场收益。"全天候"意味着，无论在什么市场环境下，基金都可以获得稳定的收益。与"绝对α"基金不同的是，"全天候"基金强调低投资费用，更多地投资于全球通货膨胀联动债券以及全球固定收益产品。它的核心投资理念是风险平价。风险平价是指，平衡多种收益资产的风险暴露，以在未来任何环境下都可取得稳定回报。

风险平价的实现需要以下两个步骤：

第一，通过使用杠杆，降低或增加资产的风险水平，使每种资产拥有相近的预期收益和风险。对低风险资产运用更高的杠杆，例如，借款购买更多的低风险（低β）、低收益资产，如债券，使其达到与股票类似的风险和收益水平。同时，如有必要，通过去杠杆化，降低高风险（高β）资产的风险和收益水平。这样就形成了经济相关性不同，同时预期收益和风险都接近相同的投资收益流。

第二，在以上风险水平类似的资产中选出相关性小的资产，构建最优β组合，使其产生的收益在任何经济环境下都不会偏离预期收益。达里奥将经济环境划分为四宫格，即（相对于预期的）高通胀、低通胀、高增长、低增长的通胀−增长两两组合，并为每个情景分配了相同的风险。

这种资产配置的方法可以形成更优的收益风险比率，因为分散化投资降低的风险比杠杆运用增加的风险更多。如下图所示，相对于传统投资组合，最优β组合在承担相同风险（10%）的同时收益率更高；而相比于单个使用杠杆后的资产，最优β组合在享有相同收益率（10%）的同时风险更低。

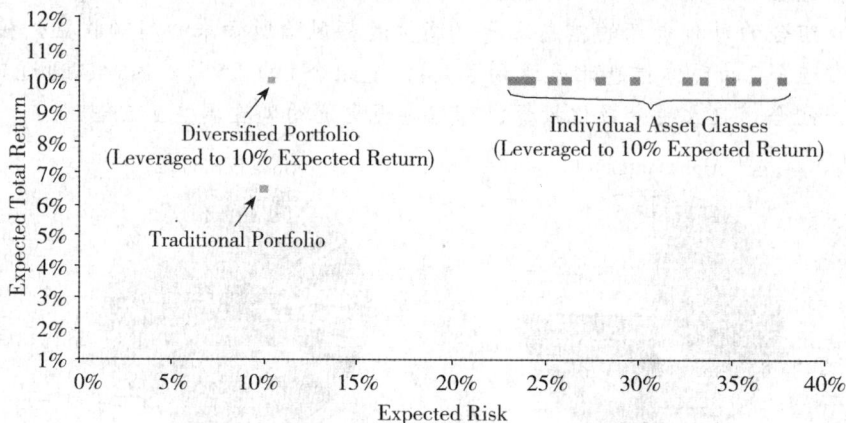

等风险的传统组合、等收益的单个资产与分散化的β组合对比（示意）

11.3 对冲基金的相对价值策略

相对价值策略是基于两种证券价差的套利交易，其获利情况与市场整体运行情况无关。相对价值策略包括股票市场中性策略、可转换债券套利、固定收益套利、抵押支持证券套利（Mortgage-Backed Securities Arbitrage）、资本结构套利、指数套利、结构化产品套利等。

11.3.1 股票市场中性策略

实施股票多空仓策略的基金管理人独立地挑选多仓和空仓的股票，不考虑多空头股票之间的联系，因此资产组合通常存在净多头或净空头风险暴露，组合回报依赖于市场整体的运行方向。股票市场中性策略则旨在避免资产组合的净市场风险暴露。若完全实施市场中性策略，组合的回报将与市场情况无关，即可达到绝对收益（α），而无须承担市场风险（β）。因此，该策略被许多投资者认为是典型的对冲基金策略。在这种策略下，股票的买卖不再是相互独立的，而是相互联系的，甚至可能是同时发生的。基金管理人需要根据资产的现实情况，及时调整多头和空头头寸，以达到市场中性。

"市场中性"有四层含义。

第一层含义是美元中性（Dollar Neutrality），指多头和空头头寸的资产价值（用美元来衡量）相等。

第二层含义是β中性（Beta Neutrality），指资产组合的回报与市场指数无关。根据马科维茨的现代资产组合理论（Modern Portfolio Theory，MPT，详见本书第5章），证券面临的风险分为市场风险（又称系统性风险）和特质风险（即非系统性风险），β衡量了资产对市场风险的敏感程度。β中性意味着资产组合的β等于零。

第三层含义是行业中性（Sector Neutrality）。资产组合β等于零，并不意味着组合是风险免疫的，例如，多头股票所在的行业不景气，而空头股票所在的行业整体上行。此外，组合中的股票存在价值型或成长型的偏向（Biase），或者组合资产存在资本结构的偏向，也可能导致组合表现不符合预期。为避免上述风险，有必要平衡多头和空头的行业属性、价值或成长属性，或资本结构属性，保证组合不存在偏向。

第四层含义是因素中性（Factor Neutrality）。因素模型（Factor Model，又称指数模型）可用于分析证券收益率的影响因素，以及各因素的敏感度，进而将资产组合风险按照风险来源进行区分，最终达到风险中性的目标。理论上，若所有的风险因素全部实现对冲，则该资产组合成为无风险资产，收益率等于无风险利率减去交易成本。因此，市场中性策略是在减少不合意的风险来源和取得超额收益之间权衡。对于基金管理人而言，他们可以将自己不擅长的领域的风险对冲掉，保留自己优势领域的风险暴露。

股票市场中性策略的具体应用包括：配对交易（Pairs Trading）、统计套利（Statistical Arbitrage）、高频交易（Very-High-Frequency Trading）以及其他相关策略。

1.配对交易

配对交易，又称价差交易（Spread Trading），可以说是股票市场中性策略最基础的形式。这种策略的执行者认为，两只具有相似特征的证券，其价格变动趋势相同。它们的相对价格形成某种均衡，现实相对价格对该均衡的偏离是暂时性的。因此，当它们的价差偏离长期平均水平达到某种程度，以至于预期将会发生均值回复（Mean-Reverting），据此构建一对多头和空头头寸，取得价差缩小的收益。例如，通过两只处于同行业的股票的一个多头头寸和一个空头头寸进行匹配，创造出一个组合对冲掉这两只股票的行业和市场风险。如果行业或市场朝某个方向变动，则多头头寸的收益（或损失）与空头头寸的损失（或收益）相互抵消，而该组合的收益则来源于二者利差的变动。

配对交易策略的成功依赖于对配对股票的选择，或者说，对两只相互联系的股票的价差进行建模、预测和动态追踪。不同的基金经理人可能采取不同的选股方法。重视公司基本面和股票价值评估的经理人可能采取的配对选股方式为：对某个特定行业，买入被严重低估的股票，卖出被严重高估的股票。偏重统计分析的经理人可能使用纯粹的统计模型来筛选价格充分偏离的证券进行配对交易。大多数模型使用某种距离函数（Distance Function）来衡量一对证券价格变动的协同性，最简单的距离函数是跟踪方差（Tracking Variance），即两只证券的标准化价格序列差异的平方之和。更复杂的衡量两只证券距离的方法包括协整法（Cointegration Approach）、随机价差法（Stochastic Spread Approach）、正交回归法（Orthogonal Regression Approach）等。

2.统计套利

在应用相对价格法方面，统计套利策略可被视为配对交易策略的延伸。相对价格法的前提假设是，具有相似特征的不同股票组合，其定价方式应大致相同。但由于市场非理性或历史原因等，偏差可能暂时存在。配对交易策略中，交易者寻找偏离历史价格关系的几对证券，而统计套利策略则将整个股票市场按照某种标准划分为股票群组，分析群组之间的价格协同关系，通过同时买卖不同群组的大量股票构建投资组合。例如，买入股市中最被低估的20%股票，卖空市场最被高估的20%股票，从而捕捉市场上股票群组之间存在的错误定价。

在此策略中，最重要的一步是制定划分市场的标准和对应的选股规则。套利者试图找出对历史股票价格有较高解释力，同时具有一定预测能力的因素，避免解释力低或对价格只有偶然性影响的因素。确定标准后，套利者按此标准计算市场上股票的得分，并按照得分高低分组。买入分数较高组的股票，卖出分数较低组的股票，并通过匹配多空头中的股票，尽量减少组合的不合意风险暴露。例如，常见的规则是价格的动量效应规则和均值回复规则。通常认为，短期内股价存在动量效应，表现较好的股票的价格会继续上行，而长期中股价具有均值回复的特征。随着市场环境的变化，需要经常对规则进行回测和修正。例如，在趋势性明显的市场中，动量交易规则效果较好；反之，则根据均值回复规则建立组合头寸。

3.高频交易

得益于计算机技术的发展，由电脑执行的自动化套利交易能够突破市场、时间和人力的限制。高频交易由强大的计算机系统和复杂的运算所主导，能在毫秒之内自动完成大量买卖交易以及取消指令，从而捕捉极为短暂的市场套利机会，如仅持续几分钟乃至几秒钟的价格动量效应。

实施高频交易需要四个要素：智慧（设计交易规则和算法）、历史高频数据（用于检验交易规则）、强大的计算机算力以及交易执行力（做到交易指令的实时执行，同时尽可能减小交易成本）。能同时做到以上四点的基金并不多，文艺复兴科技公司（Renaissance Technologies LLC）的"大奖章基金（Medallion）"就是其一。

【知识链接11-3】　　**詹姆斯·西蒙斯和大奖章基金**

文艺复兴科技公司是少数几家仅使用数学和统计模型来设计和执行其投资计划而获得丰厚回报的公司之一。文艺复兴科技公司成立于1982年，由詹姆斯·西蒙斯（James H.Simmons）创立，专注于数学方法的使用。西蒙斯毕业于麻省理工学院数学系，1962年取得加州大学伯克利分校的数学博士学位，并且在几何和拓扑领域研究多年。他曾是普林斯顿国防分析研究所的密码分析师，曾任教于麻省理工学院、哈佛大学和纽约州立大学石溪分校。1976年，他获得了美国数学学会的范布伦奖。

1978年，西蒙斯转入金融界，开始创立私人投资基金，5年后创立文艺复兴科技公司，1988年3月推出公司旗舰产品——大奖章基金。该基金的记录是惊人的，年收益率见下表。从1989年起，大奖章基金的年回报率平均高达35%，被誉为最成功的对冲基金。它在1998年亚洲金融危机中保持了41.5%的高增长率，在2008年的全球金融危机中更是保持了80.0%的惊人增长率。尽管大奖章基金的管理费和业绩费是业内最高的（5%的资产管理费和44%的投资收益分成），但在收费之后，每年的回报率仍超过30%。2009年，大奖章基金名列获利最高的对冲基金之首，获利超过10亿美金。西蒙斯从一个天才数学家变身成为华尔街亿万富翁，被誉为"地球上最好的基金经纪人"。

1998年3月—2009年大奖章基金的年收益率（与标准普尔500指数对比）

年份	大奖章基金年收益率	S&P500年收益率
1988.03	49.4%	16.6%
1989	-4.1%	31.5%
1990	55.9%	-3.1%
1991	39.4%	30.5%
1992	34.0%	7.6%
1993	39.1%	10.1%
1994	70.7%	1.3%
1995	38.3%	37.6%
1996	31.5%	23.0%
1997	21.2%	33.4%
1998	41.5%	28.6%
1999	24.5%	21.0%
2000	98.5%	-9.1%
2001	31.2%	-11.9%
2002	29.1%	-22.1%
2003	25.3%	28.7%
2004	27.8%	10.9%
2005	29.5%	4.9%
2006	44.3%	15.8%
2007	73.0%	5.5%
2008	80.0%	-37.2%
2009	39.0%	27.1%

　　骄人的业绩为大奖章基金带来了大量资金，产品规模不断扩大。至1993年基金规模达到2.7亿美元后，基金公司终止了产品认购。凭借持续的业绩增长，基金资产在2005年达到了50亿美元。为了维持50亿美元的基金规模，基金将资本定期返还给最初的非雇员投资者。2005年12月，该基金将最后一批外部投资者的资金挤出，只运行内部人员的资本。

　　文艺复兴科技公司的员工主要分为三类：电脑和系统专家、研究人员以及交易人员。为了实现自己的目标，西蒙斯雇用了大批一流的科学家，在公司的200多名员工中，将近1/2都是数学、物理学、统计学等领域顶尖的科学家。西蒙斯每周都要和研究团队见一次面，和他们共同探讨交易细节以及如何使交易策略更加完善。而且，公司几乎从不雇用商学院毕业生，也不雇用华尔街人士，这在美国的投资公司中堪称绝无仅有。西蒙斯从不雇用数学逻辑不好的职员，因为在他看来，好的数学家需要直觉，对很多事情的发展总是有很强的好奇心，这对于赢得市场非常重要。

　　　现在，大奖章基金的投资组合包含了全球上千种股票以及其他市场的投资标的，模型对国债、期货、货币、股票等主要投资标的的价格进行不间断的监控，并作出买入或卖出的指令。当指令下达后，交易员会通过数千次快速的日内短线交易来捕捉稍纵即逝的机会，交易量之大甚至有时能占到整个纳斯达克市场交易量的10%。不过，当市场处于极端波动等特殊时刻，交易会切换到人工决策状态。

11.3.2　可转换债券套利策略

　　可转换债券，简称可转债，是指持有者可以在一定时期内按一定比例或价格转换成一定数量的另一种证券（通常是普通股）的特殊企业债券。可转债可视为普通的企业债券和股票看涨期权的复合。在转换期内，债券持有人可按照发行时约定的价格将债券转换成发行方的股票，若持有人不想转换，则可继续持有债券，期满时收取利息和本金，或在流通市场出售变现。

　　若认为可转债的市场价格未能反映其真实价值，则存在套利机会。若可转债的市场价格低于公平价值，则买入可转债，并进行风险对冲，直至错误定价消失。基于可转债的组成成分，可转债的风险来源可分解为债券价值波动和股票期权价值波动。前者包括利率风险与发行人信用价差风险（Credit Spread Risk），后者主要是标的股票价格下降风险。一般情况下，债券相对价值波动偏小，期权价值波动对可转债价值的影响较大。根据对冲的风险不同，发展出不同的可转债套利策略。债券的利率风险可通过利率远期或利率互换实现对冲。卖空标的股票，对冲股价变动风险的策略称为可转债Delta套利。进一步，发行人信用价差风险可通过资产互换对冲。

　　1.可转债Delta套利

　　通过卖空一定数量的标的股票，可实现可转债的股价变动风险对冲。卖空股票数量的确定与可转债的Delta值有关。可转债期权价值与标的股票价格呈非线性的正相关关系。Delta值衡量可转债的理论价格变化相对于标的股票价格变化的比率，如果标的股票价格上升1元，则可转债价格上升Delta元。Delta值通常介于0到1之间。当股价处于低位，期权是虚值期权时，随着股价变动，期权价值变动不大。随着股价上升，期权成为实值期权，期权价值和股价近似于同步增长，Delta值上升并接近于1（见图11.4）。为了实现组合对股价变动免疫，应买入1单位的可转债，同时卖空"Delta×可转债的转股数量"[1]单位的标的股票，使组合的净Delta值等于零。随着股价的变化，Delta值改变，套利者需及时调整卖空的股票数量（再平衡），使得组合回归股价风险中性，这个过程即称为动态Delta对冲。

　　一个自然的问题是，套利者应以何种频率调整组合？

　　理论上，假设组合可以随时动态调整至风险中性，股票可以无限细分，且交易成本不存在。但实际中，套利者对组合的调整是非连续的，通常是根据某个固定的时间间隔，如每日或每小时调整一次，或者价格变动，如每1%股价变动。如果这个间隔足够小，组合面临的股价变动风险也较小。

1　可转债的转股数量=可转债票面金额/转换比率。

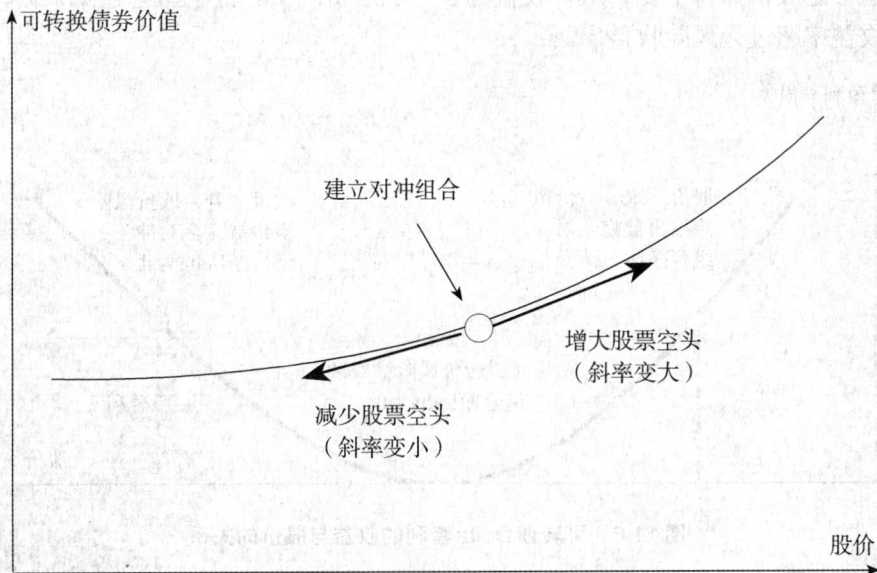

图11.4 可转换债券Delta套利

【例11-1】此处以图11.5展示组合的调整。

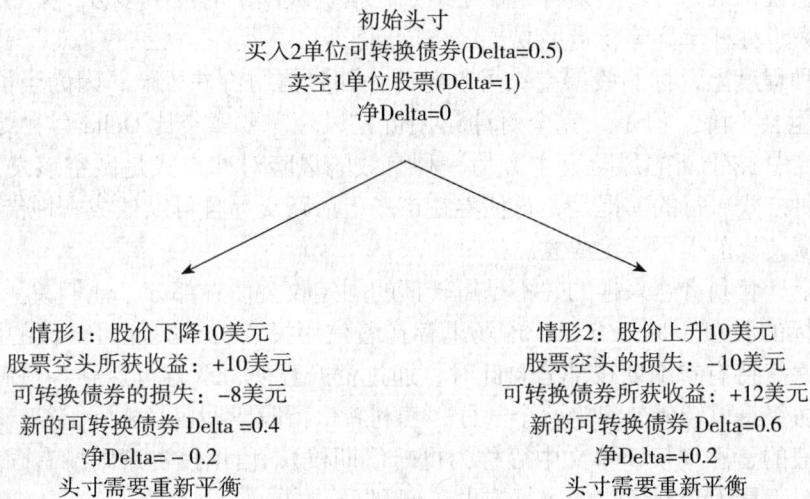

初始头寸
买入2单位可转换债券(Delta=0.5)
卖空1单位股票(Delta=1)
净Delta=0

情形1：股价下降10美元
股票空头所获收益：+10美元
可转换债券的损失：-8美元
新的可转换债券 Delta =0.4
净Delta= - 0.2
头寸需要重新平衡

情形2：股价上升10美元
股票空头的损失：-10美元
可转换债券所获收益：+12美元
新的可转换债券 Delta =0.6
净Delta=+0.2
头寸需要重新平衡

图11.5 投资组合的调整

从例11-1中，我们可以发现，若股价发生变化，无论是上涨还是下跌，组合总能取得正的回报，这是由于期权价值是标的股票价格的凸函数。如图11.4所示，股价上升，期权价值增幅大于股价增幅；股价下降，期权价值跌幅小于股价跌幅。因此，股价波动性越强，组合取得的预期收益越大，如图11.6所示。在不考虑交易成本的前提下，最差的情形是股价保持不变，组合收益为零。若股价的实际波动率超过隐含波动率，则策略的收益率超过无风险收益率。

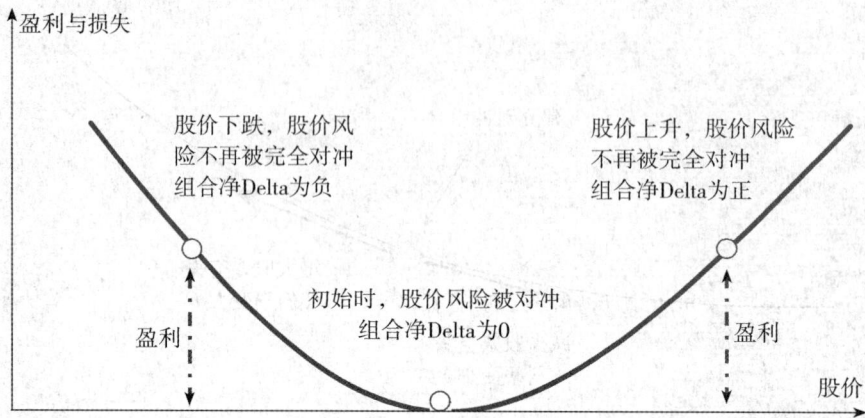

图11.6　可转债Delta套利的收益与股价的关系

2.资产互换

将利率风险和标的股票风险对冲后，套利者仍面临发行人信用价差风险，即发行人信用水平下降，债券风险溢价上升，价格下降，甚至发行人破产。在美国市场中，这种风险不容忽视，因为可转债发行人信用级别在投资级以下的占了多数，发行公司具有收入波动性大、杠杆率高等特点，易受经济周期影响。

在某种程度上，标的股票空头可以对冲一部分信用价差风险，因为当价差扩大时，股价通常也会下降。但是，完全对冲信用价差风险需要卖空比Delta套利更多的股票，反而将组合暴露于新的风险之中。另一种有效的风险对冲方式是做空该发行公司的债券，但这种方式可行的前提是，该债券在市场上活跃交易且可以低成本地借入。对于所有的可转债，该前提不一定成立。

实际上，套利者感兴趣的并不是可转债的固定收益债券部分，他们关注于股票看涨期权及其标的股票。另一方面，市场上存在着信用投资者只关注可转债的固定收益部分，而不愿意持有看涨期权部分。此时，通过资产互换，双方可达到各自满意的结果。资产互换协议将可转债分离为两个部分，套利者保留股票期权（实际上相当于持有关于可转债价值的看涨期权，下文中简称为可转债期权），信用投资者则持有固定收益债券部分。这一工具为套利策略的执行提供了便利。

如图11.7所示，资产互换协议具体内容为：套利者买入被低估的可转债后，将该可转债出售给信用投资者。售价等于可转债的债券部分的理论价值，即债券部分的未来现金流按照无风险利率加上一个风险溢价后的折现值，低于可转债的市场价值。同时，信用投资者给予套利者一个看涨期权，允许套利者未来以某个固定的执行价买回可转债。该执行价也是按照未来现金流的折现值确定的，但此时的折现率包含的风险溢价低于售价中的风险溢价。

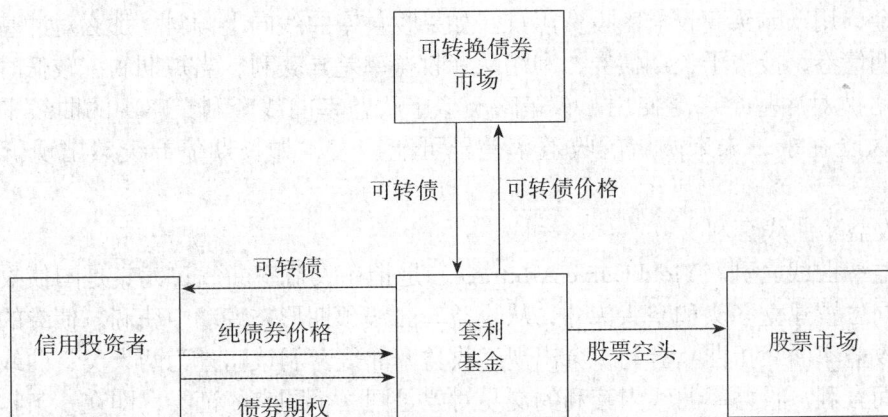

图11.7　资产互换中的资产流动

通过资产互换，债券的利率风险和信用价差风险由套利者转移给了信用投资者。在到期日，若可转债期权为实值期权，套利者将执行该期权；反之，套利者不会行权，最大损失是期权费。信用投资者则认为发行人不会破产，从而获得期权费收入。此间，可能出现以下五种情形：

（1）如果可转债期权是虚值的，则基金经理选择不行权，放任期权到期。信用投资者继续持有可转债至到期，取得发行人支付的纯债券利息和票面价值。

（2）如果可转债期权是实值的，则基金经理从信用投资者手中买回可转债，并向其支付约定价格。然后，基金经理行使可转债的转股权利，并取得对应价值（这比他向信贷投资者支付的金额要高）。

（3）如果可转债期权在虚值时，可转债被发行人召回，则基金经理选择不行权，放任期权到期。信用投资者取得发行人支付的召回价格。

（4）如果可转债期权在实值时，可转债被发行人召回，则基金经理从信用投资者手中买回可转债，并向其支付约定价格。然后，对冲基金经理取得发行人支付的召回价格（这比他向信贷投资者支付的金额要高）。

（5）如果发行人违约，则基金经理选择不行权，放任期权到期。信贷投资者从发行人处获得可转债的回收价值（如有）。

11.3.3　固定收益套利策略

由于某些固定收益证券的构成复杂，缺乏一个标准的定价模型，且其价格受到多种因素影响，再加上各种固定收益投资工具之间存在着多种相对价格，因此，价格异常现象时有出现，固定收益市场存在着丰富的投资机会。对冲基金可以发掘不同固定收益证券的估价差异和错误定价，并开设多头和空头头寸控制组合的利率风险，实现套利。以下列举了一些常见的固定收益套利策略和对应的组合构建方法。

1.套息交易

固定收益证券的套息交易，又称息差策略，是指卖空低收益率投资工具，借入低成本的资金，用以购买高收益率投资工具。如果收益率曲线向上倾斜，那么对冲基金可以借入短期债券，投资于长期债券，利用两者收益率差异获利。当短期利率较低时，套息交易策略被对冲基金广泛使用。该策略类似于收益率曲线套利策略中的曲线平坦化交易，其风险在于，未来两者的收益率差异可能扩大，如长期债券突然出现价格大幅下跌。

2.收益率曲线套利

收益率曲线套利（Yield Curve Arbitrage）是指在收益率曲线，尤其是国债收益率曲线的不同位置建立多头和空头头寸，从收益率曲线预期形态变动中获利。债券的错误定价导致收益率曲线扭曲，套利机会出现。收益率曲线套利策略分为两大类：曲线内套利和曲线间套利。收益率曲线内套利的交易对象是同一个国家的证券，即在一条收益率曲线上建立组合，曲线间套利则交易的是不同国家的证券，即在不同货币的收益率曲线上建立头寸。接下来我们主要分析收益率曲线内套利。

根据收益率曲线形态的预期变动情况，可将收益率曲线内套利分为两类：

（1）曲线平坦/陡峭化交易：若预期收益率曲线变得更平坦，短期债券相对于长期债券的收益率变动更小，则短期债券的相对价值下降，对应做空曲线短端、做多曲线长端（见图11.8）。反之，若预期收益率曲线变得更陡峭，短期债券相对于长期债券的收益率变动更大，则短期债券的相对价值上升，对应做多曲线短端、做空曲线长端（见图11.9）。

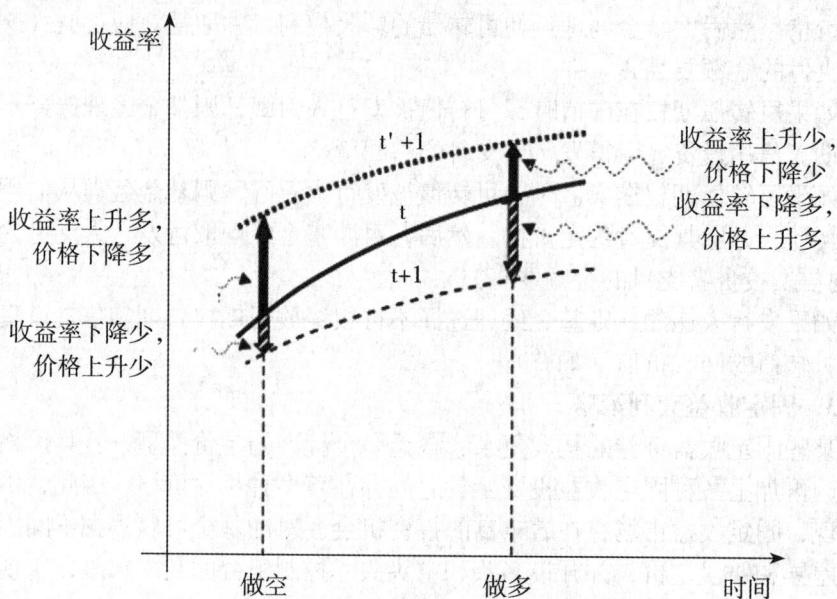

图11.8　收益率曲线平坦化交易

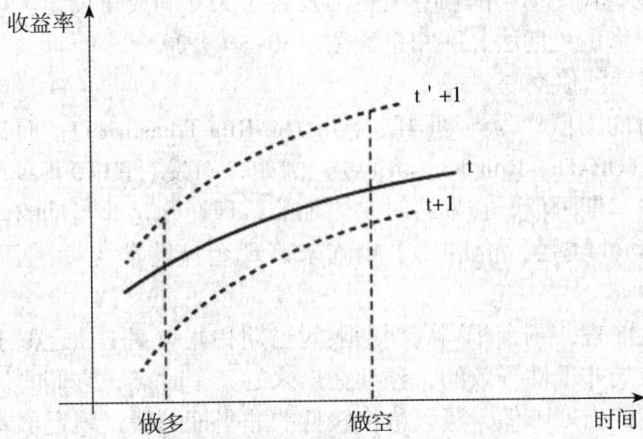

图11.9 收益率曲线陡峭化交易

（2）曲线蝶式交易：蝶式交易是指基于曲线中端相对于长短端变化的交易策略。收益率曲线应当是平滑的，若当前的曲线中端凹陷，则预期该部分将上凸至曲线恢复平滑，对应做空中期债券（躯干），做多短期和长期债券（蝶翼）；反之，若当前的曲线中端上凸，则对应做多中期债券，做空短期和长期债券（见图11.10）。

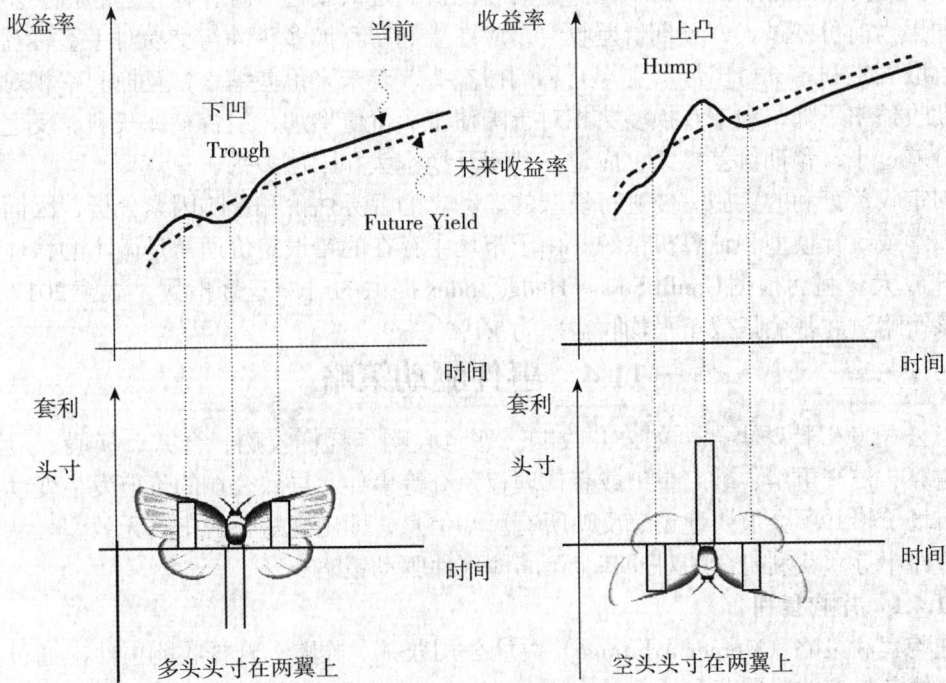

图11.10 收益率曲线蝶式交易

由于收益率曲线蝶式交易的组合构建相对复杂，需建立三个头寸，"一多两空"或

"一空两多"，曲线蝶式交易中的债券免疫涉及各个头寸的权重设定。权重设定的方法有很多种：BPV法、修正久期法、回归系数法、50-50法等。

3.当期和非当期国债交易

人们将新发行的国债称为当期国债（On-The-Run Treasuries），而将之前发行的国债称为非当期国债（Off-The-Run Treasuries）。例如，新发行的10年期国债就是当期的，而5年前发行的15年期国债，在发行时是当期的，现在则是非当期的。当期国债通常交易比较活跃，流动性较强，价格高于相同未来现金流的非当期国债，即到期收益率更低。

对于对冲基金而言，剩余相同到期期限的当期和非当期国债近似于完全替代品。它们之间的价差是市场非理性导致的，预期在未来的某个时点，它们的价格会收敛。套利者会卖空价格较高的当期国债，买入价格较低的非当期国债，锁定价差，同时实现组合对利率风险免疫，待两者价格收敛时结平头寸。

4.互换价差套利

互换价差套利（Swap-Spread Arbitrage）常被简称为利率互换，是投资者进行利率风险管理的重要手段。利率互换市场是固定收益市场的重要组成部分。投资于利率互换比投资国债的风险更大，因而利率互换协议中的固定利率通常高于相同期限国债的到期收益率，但两者时常不能同步变化。当两者的价差过大或过小时，存在套利机会。

如果当前价差过大，预期价差收窄，应建立利率互换多头（与交易对手签订互换合约，收取固定利率，付出浮动利率）和国债空头。若未来价差缩小，互换利率相对于国债到期收益率下降，利率互换多头相对于国债空头价值增加，组合整体获利。反之，若当前价差过小，预期价差扩大，应建立利率互换空头和国债多头。

固定收益套利的实施需要进行复杂的、动态的证券估价和影响因素分析，因而高度依赖数学或统计模型和计算机系统。由于市场中存在的错误定价通常是微小的，他们使用杠杆放大获利。根据Credit Suisse Hedge Index提供的对冲基金指数，截至2017年12月，该策略对冲基金指数年平均收益率为5.19%。

11.4　事件驱动策略

当公司发生特殊事件，如公开收购、恶意收购、杠杆收购、合并、换股、股票回购、清算、资产重组、破产重组或者代理权争夺等事件，导致公司的价值发生变动，此时，市场价格并不会很快地正确反映所有可知信息，即出现短暂的市场无效率。从这些特殊事件中寻求获利机会的对冲基金策略即事件驱动策略。

11.4.1　并购套利

并购套利策略（Merger Arbitrage）关注公司兼并、收购、杠杆收购事件，通过买卖并购事件参与方的股票获利。

通常，在这些事件中，一方需要用持有的证券，如现金、普通股或现金与股票的某种组合，与另一方持有的证券进行交换，证券的预期价格与现有价格之间往往存在偏差。例如，当一家公司宣布收购另一家公司时，所给出的收购报价通常高于目标公司的现有市场价值；又如，在公司兼并情形中，双方理论上的股票交换比率（Exchange Ratio）与当前市场上的交换比率不一致。并购套利者预期当前市场上的价差（Spread）将会缩小，建立方向性头寸，获得套利收益。

并购套利策略也被称为风险套利策略，因为该策略存在风险，其结果完全依赖于并购交易结果。现实中，多种原因可能导致并购无法按时完成，甚至失败。如果并购失败，通常目标公司的股价会大幅下跌，造成套利者的损失。一般来说，并购价差的大小与交易失败的风险成正比。

并购套利通常发生在并购消息公布之后。但基金经理人也有可能在并购实施前就预测到并购的发生，并建立相应的组合头寸。这种提前预测只能根据小道消息来作出，具有很大的不确定性，或者甚至可能来源于非法的内幕交易。

公司并购可分为现金并购（Cash Merger）和换股并购（Stock-for-Stock Merger）两大类。下面将分别解释并购套利策略在每种情形下的运作方法：

1. 现金并购

在现金并购情形下，并购公司以固定数量的现金交换每一股目标公司的股票。通常并购公司提供的交换价格是并购前目标公司股票的市场价格加上正的溢价。当并购消息公布后，目标公司的股票价格有所上升，但仍然低于并购价格。并购公布后目标公司的股价与并购价格之间的差异称为现金并购价差（Cash Merger Spread），它随着并购失败风险的变化而变化。对冲基金经理的策略是，在并购完成前买入目标公司的股票，持有至并购完成，取得以收购价格计算的现金，赚取并购价差。若并购失败，则将股票卖出平仓，承担交易损失。准确地说，这种策略并不是套利，而是对于并购事件成败的投机行为。

2. 换股并购

采取换股并购方式时，并购公司按照一定的比率用其股份与目标公司股票进行交换。与现金并购不同的是，在换股并购中，并购价格并不是固定的，而是取决于双方的股票交换比率。此时，若采用现金并购时的策略，仅买入持有目标公司的股票，等待并购成功后转换成并购公司的股票，并不能保证基金的盈利。因为并购成功后，并购公司的股价往往会下跌，可能会跌至转换后的股份总价值，低于初始买入股票的成本。

在换股并购中，并购双方理论上的股票交换比率和现实市场中的交换比率形成价差。对冲基金经理预期，当并购交易完成时，该价差会缩小，即当前市场的股票交换比率会收敛于理论交换比率。基于此，基金经理的策略是构建一个方向性头寸，卖空两者之间的价差。一般地，并购公司的股价相对目标公司的股价会下降，目标公司的股价会相对上升。组合头寸为购买目标公司的股票，卖空并购公司的股票。当并购完成时，目标公司的股票已转换为并购公司的股票，以此结平组合中的空头头寸。

这样构造的组合头寸将市场风险分离出去，本质上是一种市场中性的策略，其能否盈利只取决于股价的相对变动。在特殊情形如大牛市中，并购公司的股价不会下降，反而上升，这会导致组合中的空头头寸遭受损失。但只要并购双方的相对价差缩小，组合整体上依然可以获利。

【例11-2】2003年9月1日，France Telecom宣布并购Orange，公布每11股France Telecom交换25股Orange。

Orange股票的理论价格等于11÷25×France Telecom现实股价。Orange股票的现实市场价格与理论价格存在差异，形成价差，在图11.11中用bp（基点，0.01%）表示。该价差在−20bp和+20bp之间波动，并购成功的风险越大，价差越大。若预期并购成功，则该价差会缩小至0。基金经理据此构建了动态组合头寸。当价差为负，买入25股Orange，卖出11股France Telecom；当价差为正，卖出25股Orange，买入11股France Telecom。

但是，由图11.11可知，在现实并购事件中，价差一直处于波动之中，并没有完全收敛至0。模型分析将问题简单化了。

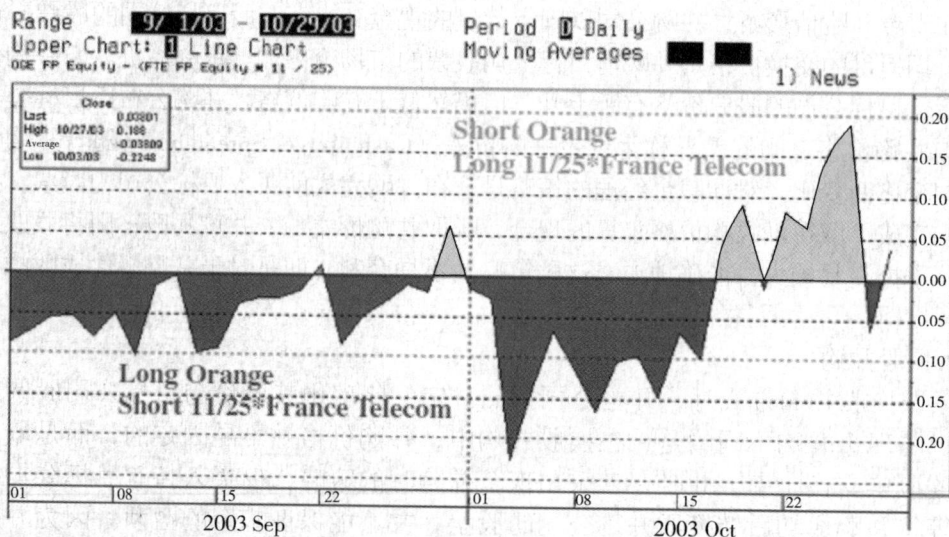

图11.11　Orange股票的现实价格与其理论价格的价差（示意）

随着参与并购套利的资金规模增加，并购价差逐渐缩小，该策略的盈利空间缩水。根据S&P Merger Arbitrage Index，无杠杆时的兼并套利年化收益率只有0.83%（截至2017年12月6日）。但是，考虑到并购所需的时间较短，且对冲基金通过增加杠杆的方式参与其中，取得的年化收益率依然可观。根据Credit Suisse Hedge Index提供的对冲基金指数，截至2017年12月，该策略对冲基金指数年平均收益率为5.80%。

现实生活中的并购交易可能非常复杂，受到许多因素的影响。实施并购套利策略并不像理论上那么简单。并购可能无法如期完成，投资期限的延长将压低投资回报。该策略最大的风险来自并购失败，财务困难、监管障碍、双方管理团队存在分歧、负面信息的披露等纷繁复杂的因素也都可能导致并购交易失败。因此，该策略对基金经理的专业知识和能力提出了很高的要求。基金经理人必须进行深入调查，准确地评估一系列因素：并购的战略意义和经济意义、并购与一体化过程中的困难、成功的可能性、并购完成所需的时间、失败可能导致的损失以及其他潜在的影响因素等。当基金经理决定基于某并购事件实施套利时，还需要考虑参与套利的时机、组合头寸的规模、组合持有过程中的动态调整以及风险控制等问题。分散化投资是一种有效控制风险的方式，即同时对多个不同公司间的并购事件实施套利，从而降低与单一并购事件相关的风险。另外，不容忽视的是，杠杆的使用虽然放大了收益，但同时带来了额外的风险，当组合的价格走向与预期相反时，基金经理可能因为无法及时补充保证金而导致组合头寸在不理想的情况下被强行平仓。

11.4.2 困境证券

对大部分普通投资者而言，证券发行方陷入经营困境、濒临破产不是一个好消息。然而，那些精通于投资困境公司证券的基金却将其视为绝佳的投资机会，他们认为，这些公司发行的证券价值被市场低估，此时低价买入持有，待其价格回弹时卖出即可获利。

困境证券（Distressed Securities）是指因为经营不善等各种原因将要陷入、已经处于或者即将脱离破产重组等财务困境的公司的股票、债券、银行贷款和贸易索赔权（Trade Claim）等。其划分标准为：公司的债券到期收益率高于国债利率1000bp（10%），或者评级被一家或多家权威评级机构，如标普、穆迪、惠誉等，下调至CCC级或以下。当公司难以偿还所欠债务、评级下降时，各方持有者纷纷出售其持有的证券。传统的机构投资者如银行、共同基金、保险和养老基金等，出于投资品种风险评级的规定，无法继续持有其证券。贷款银行出于保障资本充足率、降低不良贷款比率、回收现金等目的，以较低的价格出售该公司的贷款和证券。公司的供货方等债权人急于索回所欠款项，不惜低价卖出该公司的票据欠款。个人投资者由于风险厌恶，或缺乏专业的知识和技能，易受市场情绪影响，也卖出或拒绝持有该证券。出售者众多而购买者缺乏，导致市场上该证券价格大幅下跌，可能无法正确反映其内在价值。当证券的市场价格低于价值时，就是基金买入困境证券的时机。

被动式不加挑选地投资于困境证券的回报并不理想，基金经理必须主动筛选，投资于那些真正能够脱困的公司证券，即价值被市场低估的证券，才可能实现高额回报。然而，鉴别一家困境公司的证券是否具有投资价值并非易事。基金经理和研究团队需要具备综合的法律、财务、管理知识，并对公司进行深入的基本面研究，对公司战略投资者、债权人、供应商等利益相关方进行全面分析。具体来说，需要了解和分析公司的基本面、历史业绩、困境产生的原因、资本结构、资产状况、债权特征和债务条款；要解决的法律问题包括破产程序、税务问题、各级别债权人的权利、资产分配、不良资产剥离等；需要密切关注事件和市场最新动态、估计潜在的收益和风险、设计整体投资战略、进行风险管控和交易流动性管理等等。正因为每一种情形都有其特殊性，对应着一个独一无二的投资方案，故困境证券投资策略没有一个标准的模式。

按照困境证券投资策略的主动程度不同，可将其划分为三类，从被动到主动依次是：

（1）被动持有型。基金经理买入折价的证券，预期它未来的价值会超过购买价格。例如认为当前市场过度悲观，公司不至于破产，或低价买入即将破产的公司债券，期望公司申请破产之前收到的债券息票收益加上破产后的资产清算价值高于买入价格，或者寄希望于公司重组后，由能力强的管理者经营，使公司走出危机，实现价值增值，其证券重新回到传统的固定收益市场或债券市场交易。这种策略下的资金退出时间大约需要6个月至1年，目标收益率为12%～20%。

（2）积极的非控制型。投资于高级别证券。此时投资者没有公司控制权，却能在公司重组中处于主动地位，对重组过程施加影响。投资者在公司资本结构中的地位是高级别债权人，而非股东。与私募股权基金相比，采取这种策略的对冲基金具有优势。私募股权基金以股权投资的方式出资接手困境公司，从理论上来说，可能的收益是无限的，承担的向下风险（Downside Risk）也是无限的。考虑到某些困境证券在重组后可以转换成股票，采取这种策略的对冲基金投资者一般可以分享大部分收益，可能的损失却是有限的。这种策略的退出机制是在公司重组后实施，将所持证券在市场上卖出，过程大约需要1～2年，目标收益率为15%～20%。

（3）积极的控制型。购买公司的股票或债权，取得控制权。采取这种策略时，对冲基金和私募股权基金的差别实际已变得模糊。当基金取得困境公司的单独或联合控制权后，他们积极参与困境公司的破产重组和经营管理，通过完善公司的治理结构、调整经营战略、重新配置资源或削减成本等方式，实现公司盈利，最终通过重新上市或者并购实现高额回报。这个过程需要长期的资本投入，而且通常要花费大量的时间和精力，执行成本较高，投资资金退出大约需要2～3年，目标收益率为20%～25%。

困境证券投资是一种风险较高的激进型投资策略。通常，采用该策略的基金经理不会大规模地使用杠杆，因为困境证券的买入价格一般远低于其面值，实质上相当于带有较高的隐藏杠杆。必须注意到，和其他资产不同的是，一旦公司被认为处于困境之中，其证券会遭到投资者抛售。由于缺乏良好的交易环境，困境证券的估值比较困难。此外，做空该公司不同资本结构的证券或通过购买信用违约掉期、股票看跌期权等对冲风险变得十分困难或者代价高昂。做空高收益证券（High Yield Security）或做多相关指数（如CDX 100 High Yield Index、iTRAXX Europe）的风险对冲作用也是有限的，因为它只能对冲高收益率证券的市场风险，无法对冲特定公司的风险。根据Credit Suisse对冲基金数据库的资料显示，困境证券策略收益率和高收益债的相关性仅为-0.01（2017年12月数据），几乎零相关。因此，投资者实际暴露在一个多头头寸中，若证券的信用价差持续扩大，投资者将遭受损失。一旦公司破产，投资者原先持有的某些证券，如股票，可能会变得一文不值。而且，公司的破产重组过程是错综复杂的，充满了不确定性，其中涉及复杂的法律条款以及各方的协商博弈。

● **本章小结**

对冲基金没有法律上的准确定义。从投资模式的角度看，对冲基金是采取有限合伙人制和激励性的管理费率，基于前沿的投资策略与复杂的投资技巧，充分利用杠杆效应，承担高风险，追求绝对收益的投资模式。

对冲基金的投资策略可以有多种分类方法，不存在所谓标准的分类方法。本书将对冲基金全部策略归为六大类：方向性策略、相对价值、事件驱动、多重策略、对冲基金的基金以及其他创新。

对冲基金有两种常用工具，一是杠杆，二是卖空交易。杠杆意味着基金的头寸或资产价值超过权益资本。杠杆具有双刃剑的作用，在放大收益的同时，也会放大亏损。对冲基金可以通过四种方式创造杠杆，分别是：无抵押贷款、抵押贷款、保证金账户以及部分金融工具（远期合约、期货、回购协议等其他衍生品）。卖空是指卖出自己并不拥有的资产，其获利依赖于资产价格的下降。卖空者向证券出借者借入一定数量的证券，并约定将来归还等量的证券，并支付一定的利息费用。

方向性策略构建的资产组合通常存在净多头或净空头敞口，其盈利基于对未来价格的方向性判断。方向性策略分为股票多空仓、单向做空、管理期货和商品交易顾问（CTA）以及全球宏观策略。

相对价值策略试图从多种证券间的价格异常中获利，本质上是基于两种证券价差的套利策略，其获利情况与市场整体运行方向无关。相对价值策略分为股票市场中性策略、可转换债券套利、固定收益套利等。其中，股票市场中性策略的具体应用包括：配对交易、统计套利、高频交易以及其他相关策略。可转换债券套利一般指可转债Delta套利。固定收益套利策略包括：套息交易、收益率曲线套利、当期和非当期国债交易以及互换价差套利。

事件驱动策略从公司发生的兼并、收购、重组等异常事件中寻求获利机会。事件驱动策略主要分为并购套利和困境证券策略。其中，并购套利可分为现金并购套利和换股并购套利。

● **重要概念**

对冲基金　杠杆　方向性策略　股票多空仓　α收益　单向做空　轧空　商品交易顾问　管理期货　相机性交易　程序化交易　基本分析　技术分析　趋势跟踪　时间窗　全球宏观策略　相对价值策略　股票市场中性　美元中性　β中性　行业中性　因素中性　配对交易　均值回复　统计套利　动量效应　高频交易　可转换债券　信用价差风险　可转债Delta套利　资产互换　固定收益套利　套息交易　收益率曲线套利　收益率曲线平坦/陡峭化交易　债券免疫　收益率曲线蝶式交易　当期和非当期国债交

易　互换价差套利　事件驱动策略　并购套利　现金并购　换股并购　困境证券

● **思考题**

1.与共同基金相比，对冲基金具有哪些特点？什么样的投资者适合进行对冲基金投资？

2.我国是否存在对冲基金或者类似对冲基金的投资模式？其发展现状如何？

3.请读者自行搜集资料，了解全球宏观基金的其他交易案例，如1992年索罗斯狙击英镑与里拉、1998年索罗斯狙击泰铢、1995—1997年利用欧洲货币联盟成立带来的利差缩小获利、1995—1998年日元和美元的套息交易（Carry Trade）等。

4."市场中性"的四层含义分别是什么？它们之间有什么联系？

5.收益率曲线内套利分为哪两种类型？请说明每种类型的具体套利操作以及对应的债券免疫方法。

6.我国业界实施的事件驱动策略采取了什么形式？与国外对冲基金的事件驱动策略有什么不同？

第4篇

运营管理篇

第12章　证券投资基金运营管理概述

◇学习目标
- 掌握证券投资基金各参与者之间的关系
- 掌握证券投资基金运营的组织结构
- 了解证券投资基金的内控制度

明确证券投资基金市场中有哪些参与者，以及各方的关系如何，有助于建立起证券投资基金的网络系统，从而对运营管理形成更完整全面的认识。证券投资基金的组织结构则是其运营管理的主体，了解证券投资基金的组织结构是学习证券投资基金运营管理的一个重要前提。另外，学习证券投资基金内控制度，对深入了解证券投资基金的运营管理也有十分重要的意义。

12.1　证券投资基金的参与者

证券投资基金的参与者有基金的当事人、基金市场的中介服务机构，以及监管机构和自律组织，其中主要当事人又包括基金管理人、基金托管人、基金份额持有人三者。它们之间的关系是既相互合作，又相互制衡、相互监督。

12.1.1　基金管理人

基金管理人是指根据法律、法规及基金章程或基金契约的规定，凭借专业的知识和经验，运用所管理基金的资产，按照科学的投资组合原理进行投资决策，谋求基金资产的不断增值，并为投资者带来更多收益的机构。基金管理人是负责基金的具体投资操作和日常管理的基金管理机构。我国《基金法》第十二条规定，基金管理人由依法设立的公司或者合伙企业担任。公开募集基金的基金管理人，由基金管理公司或者经国务院证券监督管理机构按照规定核准的其他机构担任。基金管理公司在不同的国家和地区有着不同的称谓，英国将其称为"投资管理公司"，美国将其称为"投资顾问公司"或者"资产管理公司"，日本将其称为"投资信托公司"或者"证券投资信托委托公司"，我国台湾地区则将其称为"证券投资信托公司"。

我国基金管理公司的职责主要有以下几方面：

（1）依法募集基金，办理基金份额的发售和登记事宜。

（2）办理基金备案手续。

（3）对所管理的不同基金财产分别管理、分别记账，进行证券投资。

（4）按照基金合同的约定确定基金收益分配方案，及时向基金份额持有人分配收益。

（5）进行基金会计核算并编制基金财务会计报告。

（6）编制中期和年度基金报告。

（7）计算并公告基金资产净值，确定基金份额申购、赎回价格。

（8）办理与基金财产管理业务活动有关的信息披露事项。

（9）按照规定召集基金份额持有人大会。

（10）保存基金财产管理业务活动的记录、账册、报表和其他相关资料。

（11）以基金管理人名义，代表基金份额持有人利益行使诉讼权利或者实施其他法律行为。

（12）承担国务院证券监督管理机构规定的其他职责。

我国《基金法》规定，设立管理公开募集基金的基金管理公司应符合以下要求：

（1）符合《中华人民共和国证券投资基金法》和《中华人民共和国公司法》规定的章程。

（2）注册资本不低于1亿元人民币，且必须为实缴货币资本。

（3）主要股东应当具有经营金融业务或者管理金融机构的良好业绩、良好的财务状况和社会信誉，资产规模达到国务院规定的标准，最近3年没有违法记录。

（4）取得基金从业资格的人员达到法定人数。

（5）董事、监事、高级管理人员具备相应的任职条件。

（6）有符合要求的营业场所、安全防范设施和与基金管理业务有关的其他设施。

（7）有良好的内部治理结构、完善的内部稽核监控制度、风险控制制度。

（8）法律、行政法规规定的和经国务院批准的国务院证券监督管理机构规定的其他条件等。

申请设立基金管理公司一般应向证券管理部门提交有关文件，由证券管理部门审核。符合条件的基金管理公司，只有经证券管理部门予以批准、注册后，才能开始营业。

我国申请设立基金管理公司的程序如下：

（1）由申请人负责，向中国证监会申请设立基金管理公司。申请人应当按照中国证监会的规定报送设立申请材料。审核材料包括申请报告、商业计划书、股东情况、发起协议、设立准备情况说明材料、公司章程（草案）、基金管理公司内部机构设置及职能和内部管理制度等。其中，主要股东应当组织、协调设立基金管理公司的相关事宜，对申请材料的真实性、准确性、完整性和合规性负主要责任。此外，申请期间申请材料涉及的事项发生重大变化的，申请人应当自变化发生之日起5个工作日内向中国证监会提交更新材料；股东发生变动的，应当重新报送申请材料。

（2）中国证监会依照《中华人民共和国行政许可法》和《基金法》的规定，受理基金管理公司的设立申请，并进行审查，然后作出决定。中国证监会应当自受理基金管理公司设立申请之日起六个月内依照法定条件和审慎监管原则进行审查，作出批准或者不予批准的决定，并通知申请人；不予批准的，应当说明理由。审查时，证监会可以征求相关机构和部门关于股东条件等方面的意见，或采取专家评审、核查等方式对申请材料的内容进行审查。具体审核流程分为：接收申请材料、材料补正、受理通知、第一次反馈、反馈回复、第二次反馈、反馈回复、审查决定及公告、现场检查和高管谈话、许可开业等主要环节，如图12.1[1]所示。

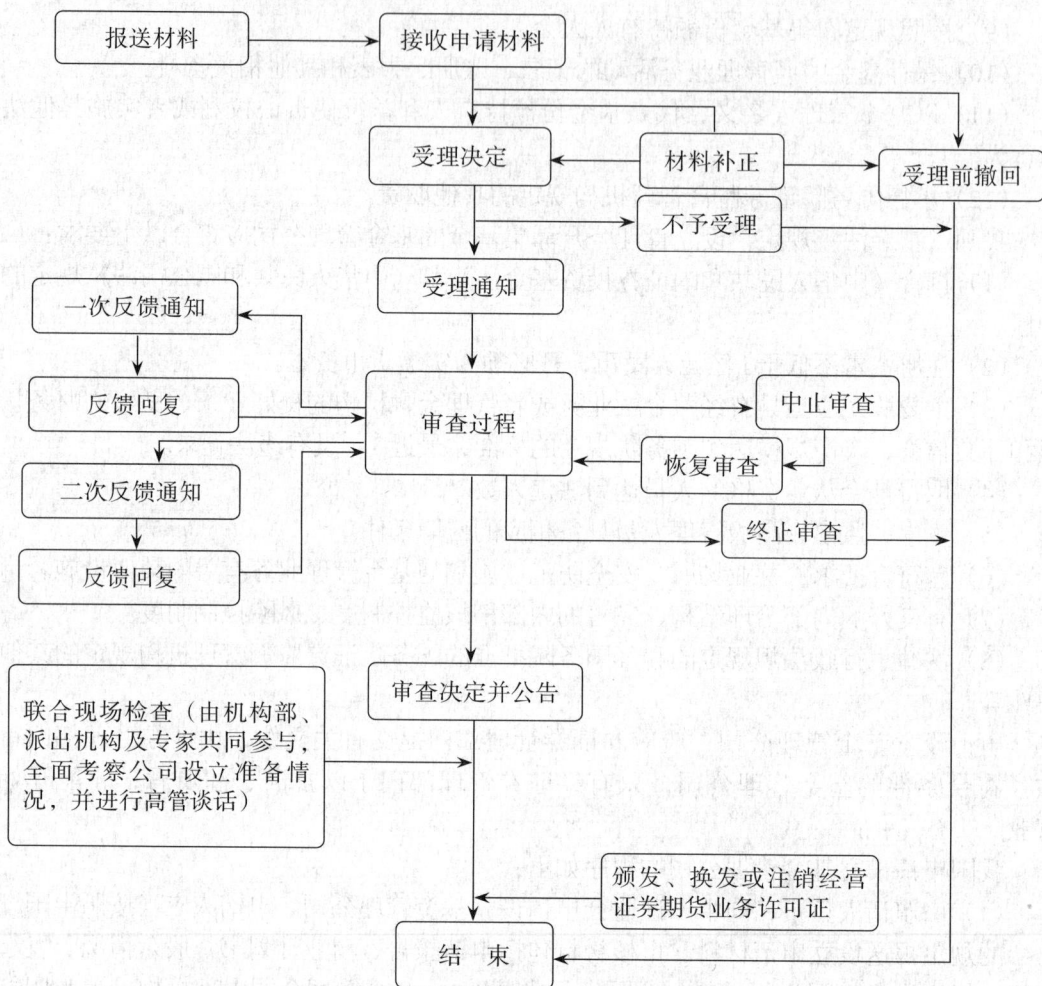

图12.1 基金公司设立申请审核流程图

（3）中国证监会批准设立基金管理公司的，申请人应当自收到批准文件之日起30日内到工商行政管理机关办理注册登记手续；凭工商行政管理机关核发的《企业法人营业执照》到中国证监会领取《基金管理资格证书》。此外，中外合资基金管理公司还应当按照法律、行政法规的规定，申领《中华人民共和国外商投资企业批准证书》，并开设外汇资本金账户。

（4）基金管理公司应当自工商注册登记手续办理完毕之日起10日内，在中国证监

1　该图引自中国证监会发布的《公募基金管理公司设立、公募基金管理人资格审批指南》。

会指定的报刊上将公司成立事项予以公告。

基金在运作过程中可以更换及退任基金管理人。在我国，更换基金管理人需要符合以下条件：

（1）被依法取消基金管理资格。

（2）被基金份额持有人大会解任。

（3）被依法解散、被依法撤销或者被依法宣告破产。

（4）基金合同约定的其他情形。

公开募集基金的基金管理人更换后，基金份额持有人大会应当在6个月内选任新基金管理人。新基金管理人产生前，由国务院证券监督管理机构指定临时基金管理人。

【知识链接12-1】　　基金管理公司设立子公司的相关规定

证券投资基金管理公司的子公司是指依照《公司法》设立，由基金管理公司控股，进行特定客户资产管理、基金销售以及中国证监会许可的其他业务的有限责任公司或股份有限公司。

为了适应证券投资基金管理公司（以下简称基金管理公司）专业化经营管理的需要，规范证券投资基金管理公司子公司（以下简称子公司）的行为，保护基金份额持有人及相关当事人的合法权益，证监会制定了《基金管理公司子公司管理规定》，并于2016年12月施行。此规定对基金管理公司子公司的设立、控股基金管理公司的管控职责、子公司自身的治理与内控以及监督检查各方面作出了全面的说明。以下仅对子公司设立的相关规定作出说明，其他部分的内容可参阅《基金管理公司子公司管理规定》。

1.设立条件

（1）基金管理公司应当全资设立子公司。

（2）法律、行政法规或中国证监会另有规定的，基金管理公司可以与符合条件的其他投资人共同出资设立子公司，但持有子公司的股权比例应当持续不低于51%。

（3）子公司的股东不得为其他机构或者个人代持子公司的股权，任何机构或者个人不得委托其他机构或者个人代持子公司的股权。

2.设立流程

（1）设立子公司，首先应当由控股基金管理公司向中国证监会提交下列申请材料：

①各股东对符合法定条件及提交申请材料真实、准确、完整、合规的承诺函。

②申请报告，内容至少包括设立子公司的目的、子公司的名称、经营范围、设立方案、股东资格条件等，应由股东签字并盖章。

③可行性研究报告，内容至少包括设立子公司的必要性和可行性、股东的基本情况及具备的优势条件、子公司的组织管理架构、子公司的业务发展规划等。

④各股东设立子公司的决议、决定及发起协议。

⑤在基金行业任职的自然人股东，其任职机构对该自然人参股子公司出具的无异议函。

⑥各股东之间的关联关系说明及子公司的股权结构图。

⑦基金管理公司防范与其子公司之间出现风险传递和利益冲突的制度安排。

⑧子公司拟任高级管理人员的简历（参照证券投资基金行业高级管理人员任职情况申请表填写）、身份证明复印件及基金从业资格证明文件复印件。

⑨子公司章程草案和主要管理制度。

⑩设立子公司准备情况的说明材料，内容至少包括主要业务人员的资格条件和到位情况，办公场所购置、租赁及相关设备购置方案，工商名称预核准情况等。

⑪基金管理公司出具的不与子公司进行损害投资人利益或者非公平的关联交易，经营行为不与子公司存在利益冲突的承诺函，以及其他股东对子公司的持续规范发展提供支持的安排。

⑫基金管理公司出具的子公司发展方向、经营范围符合公司整体发展战略，以及不存在同业竞争的说明文件。

⑬合法可行的风险处置、清算计划。

⑭中国证监会根据审慎监管原则规定的其他文件。

此外，设立子公司拟开展特定客户资产管理业务、基金销售业务、私募股权投资基金管理业务等单项业务的，还应当同时按照相关法律法规履行业务资格申请程序。

（2）中国证监会依照法律、行政法规、中国证监会的规定和审慎监管原则对申请人的申请进行审查，并自受理申请之日起60日内作出批准或者不予批准的决定。

（3）未经中国证监会批准，基金管理公司不得设立或者变相设立子公司。

12.1.2　基金托管人

为了保证基金资产的安全，防止基金资产被挪作他用，按照资产管理和资产保管分开的原则运作基金，资产管理由基金管理公司负责，而资产的托管则由基金托管人负责。基金托管人是投资者权益的代表，是基金资产名义持有人或机构。

基金托管人通常由有实力的商业银行或证券公司等其他金融机构担任，基金托管人和基金管理人本着平等自愿、诚实信用的原则签订托管协议，在协议范围内履行职责并收取一定的报酬。

担任基金托管人，应当具备下列条件：

（1）净资产和资本充足率符合有关规定。

（2）设有专门的基金托管部门。

（3）取得基金从业资格的专职人员达到法定人数。

（4）有安全保管基金财产的条件。

（5）有安全高效的清算、交割系统。

（6）有符合要求的营业场所、安全防范设施和与基金托管业务有关的其他设施。

（7）有完善的内部稽核监控制度和风险控制制度。

（8）法律、行政法规规定的和经国务院批准的国务院证券监督管理机构、国务院银行业监督管理机构规定的其他条件。

此外，《证券投资基金托管资格管理办法》（2004）对托管业务准入有更详细的规定，如最近3个会计年度的年末净资产均不低于20亿元人民币，资本充足率等风险控制指标符合监管部门的有关规定。基金托管部门拟任高级管理人员应符合法定条件，基金托管部门取得基金从业资格的人员应不低于部门员工人数的1/2，拟从事基金清算、核算、投资监督、信息披露、内部稽核监控等业务的执业人员不少于8人，并具有基金从业资格。其中，核算、监督等核心业务岗位人员应具备2年以上托管业务从业经验。商业银行作为基金托管人，必须经过中国证监会和当时的中国银监会的核准；其他金融机构担任基金托管人的，由中国证监会核准。截至2017年10月，我国符合上述条件的基金托管人有工行、农行、建行、中行、交行、华夏银行等31家商业银行和广发证券、国泰君安证券、银河证券、证券金融股份有限公司等12家其他金融机构。

需要指出的是，《基金法》第四十条规定：国务院证券监督管理机构、国务院银行业监督管理机构对有下列情形之一的基金托管人，可以取消其基金托管资格：

（1）连续3年没有开展基金托管业务。

（2）违反本法规定，情节严重。

（3）法律、行政法规规定的其他情形。

我国基金托管人的主要职责是保管基金资产，执行投资指令并办理资金往来，监督基金管理人的投资运作，复核、审查基金资产净值及基金财务报告。具体的职责主要有以下几方面：

（1）安全保管基金财产。

（2）按照规定开设基金财产的资金账户和证券账户。

（3）对所托管的不同基金财产分别设置账户，确保基金财产的完整与独立。

（4）保存基金托管业务活动的记录、账册、报表和其他相关资料。

（5）按照基金合同的约定，根据基金管理人的投资指令，及时办理清算、交割事宜。

（6）办理与基金托管业务活动有关的信息披露事项。

（7）对基金财务会计报告、中期和年度基金报告出具意见。

（8）复核、审查基金管理人计算的基金资产净值和基金份额申购、赎回价格。

（9）按照规定召集基金份额持有人大会。

（10）按照规定监督基金管理人的投资运作。

（11）国务院证券监督管理机构规定的其他职责。

基金在运作过程中可以更换及退任基金托管人。在我国，更换基金托管人需要符合以下条件：

（1）被依法取消基金托管资格。

（2）被基金份额持有人大会解任。

（3）被依法解散、被依法撤销或者被依法宣告破产。

（4）基金合同约定的其他情形。

原基金托管人职责终止的，基金份额持有人大会应当在6个月内选任新基金托管人。新基金托管人产生前，由国务院证券监督管理机构指定临时基金托管人。

12.1.3　基金份额持有人

基金份额持有人即基金投资者和基金受益人，他们是基金单位的出资者、基金资产的最终拥有者。基金份额持有人享有基金资产的一切权益，但也承担着基金资产的投资风险。目前，我国的基金份额持有人主要有机构投资者和个人投资者，机构投资者主要包括保险资金、券商等，个人投资者主要是指普通公民。

基金份额持有人享有的权利包括：

（1）分享基金财产收益。

（2）参与分配清算后的剩余基金财产。

（3）依法转让或者申请赎回其持有的基金份额。

（4）按照规定要求召开基金份额持有人大会或者召集基金份额持有人大会。

（5）对基金份额持有人大会审议事项行使表决权。

（6）对基金管理人、基金托管人、基金份额发售机构损害其合法权益的行为依法提起诉讼。

（7）基金合同约定的其他权利。

公开募集基金的基金份额持有人有权查阅或者复制公开披露的基金信息资料；非公开募集基金的基金份额持有人对涉及自身利益的情况，有权查阅基金的财务会计账簿等财务资料。

基金份额持有人的权利主要是通过基金份额持有人大会上的表决权来行使的。基金份额持有人大会是基金的最高权力机构。对于公司型基金而言，基金份额持有人大会相当于基金股东大会，与基金份额持有人大会有关的条款可参照《公司法》等在基金公司章程中作出的规定。对于契约型基金而言，则应在基金契约中加以明确。

基金份额持有人大会一般由基金管理人召集。基金份额持有人大会设立日常机构的，由该日常机构召集；该日常机构未召集的，优先由基金管理人召集，其次是基金托管人。若前述三者均不召集，代表基金份额10%以上的基金份额持有人有权就同一事项自行召集基金份额持有人大会，召集人应当至少提前30日公告基金份额持有人大会的召开时间、会议形式、审议事项、议事程序和表决方式等事项。

在基金份额持有人大会上，每一基金份额具有一票表决权，基金份额持有人可委托代理人出席大会并行使表决权。基金份额持有人大会应当有具有50%以上基金份额的持有人参加方可召开。若不足一半以上，召集人可以在原公告的基金份额持有人大会召开时间的3个月以后、6个月之内，就原定审议事项重新召集基金份额持有人大会。重新召集的基金份额持有人大会应当有代表1/3以上基金份额的持有人参加方可召开。

基金份额持有人大会就审议事项作出决定,应当经参加大会的基金份额持有人所持表决权的1/2以上通过。但是,转换基金的运作方式、更换基金管理人或者基金托管人、提前终止基金合同、与其他基金合并,应当经参加大会的基金份额持有人所持表决权的2/3以上通过。基金份额持有人大会决定的事项,应当依法报国务院证券监督管理机构备案,并予以公告。

12.1.4 其他证券投资基金参与者

除基金当事人三方外,各服务机构、监管和自律机构也是证券投资基金生态环境的重要构成部分。

证券投资基金的投资标的为各类证券,自身也是一种受益凭证,自然受到证监会的监督管理。其下设基金管理部,负责草拟监管证券投资基金的规则、实施细则等。

基金业协会是基金行业相关机构自愿结成的全国性、行业性、非营利性社会组织,属于证监会的会管单位,接受证监会的业务指导。

基金服务机构是指依法设立的从事基金服务业的法人机构,主要包括基金销售机构、基金销售支付机构、基金份额登记机构、基金估值机构、基金投资顾问机构、基金评价机构、基金信息技术系统服务机构,以及会计、律师事务所等。以下仅简单介绍基金销售机构和基金注册登记机构。

1.基金销售机构

开放式基金的发行和交易涉及基金销售机构和基金份额登记机构。而对于封闭式基金而言,不涉及基金销售机构,只涉及基金份额登记机构。

《基金法》第六十五条规定,开放式基金的基金份额的申购、赎回、登记,由基金管理人或者其委托的基金服务机构办理。

《证券投资基金销售管理办法》(2013)第九条规定,商业银行、证券公司、期货公司、保险机构、证券投资咨询机构、独立基金销售机构以及中国证监会认定的其他机构申请注册基金销售业务资格,应当具备下列条件:

(1)具有健全的治理结构、完善的内部控制和风险管理制度,并得到有效执行。

(2)财务状况良好,运作规范、稳定。

(3)有与基金销售业务相适应的营业场所、安全防范设施和其他设施。

(4)有安全、高效的办理基金发售、申购和赎回等业务的技术设施,且符合中国证监会对基金销售业务信息管理平台的有关要求,基金销售业务的技术系统已与基金管理人、中国证券登记结算公司相应的技术系统进行了联网测试,测试结果符合国家规定的标准。

(5)制定了完善的资金清算流程,资金管理符合中国证监会对基金销售结算资金管理的有关要求。

(6)有评价基金投资人风险承受能力和基金产品风险等级的方法体系。

(7)制定了完善的业务流程、销售人员执业操守、应急处理措施等基金销售业务管理制度,符合中国证监会对基金销售机构内部控制的有关要求。

（8）有符合法律法规要求的反洗钱内部控制制度。

（9）中国证监会规定的其他条件。

其中商业银行申请基金代销业务资格的，除具备上述一般性条件之外，在第十条中规定，还应当具备下列条件：

（1）有专门负责基金销售业务的部门。

（2）资本充足率符合国务院银行业监督管理机构的有关规定。

（3）最近3年内没有受到重大行政处罚或者刑事处罚。

（4）公司负责基金销售业务的部门取得基金从业资格的人员不低于该部门员工人数的1/2，负责基金销售业务的部门管理人员取得基金从业资格，熟悉基金销售业务，并具备从事基金业务2年以上或者在其他金融相关机构5年以上的工作经历。公司主要分支机构基金销售业务负责人均已取得基金从业资格。

（5）国有商业银行、股份制商业银行以及邮政储蓄银行等取得基金从业资格的人员不少于30人；城市商业银行、农村商业银行、在华外资法人银行等取得基金从业资格的人员不少于20人。

不言自明，基金销售机构从事基金销售活动，必须遵守法律、行政法规和其他相关规定，遵循公开、公平、公正的原则，不得损害国家利益、社会公共利益和投资人的合法权益。

2.基金份额登记机构

基金份额登记机构负责投资者账户的管理和服务，负责基金单位的注册登记以及红利发放等具体的投资者服务内容。

我国《基金法》第一百零三条规定，基金份额登记机构应当妥善保存登记数据，并将基金份额持有人名称、身份信息及基金份额明细等数据备份至国务院证券监督管理机构认定的机构。其保存期限自基金账户销户之日起不得少于20年。基金份额登记机构应当保证登记数据的真实、准确、完整，不得隐匿、伪造、篡改或者毁损。

对于基金的注册登记机构，《基金法》没有明确规定，通常由基金管理人或其委托的商业银行以及中国证券登记结算责任有限公司等其他机构担任。我国的法律法规对注册登记机构有如下规定：开放式基金单位的注册登记业务可以由基金管理人办理，也可以委托商业银行或者中国证监会认定的其他机构办理。商业银行办理开放式基金的注册登记业务，应当经中国证监会和中国人民银行审查批准。

开放式基金的登记业务可以由基金管理人办理，也可委托证监会认定的其他机构代办，基金份额登记机构的主要职责是：

（1）建立并管理投资者基金份额账户。

（2）负责基金份额登记，确认基金交易。

（3）发放红利。

（4）建立并保管基金投资者名册。

（5）基金合同或者登记代理协议规定的其他职责。

12.1.5 证券投资基金参与者的关系

在基金的运作中，各参与者之间的关系是一种既相互合作，又相互制衡、相互监督的关系。见图12.2。

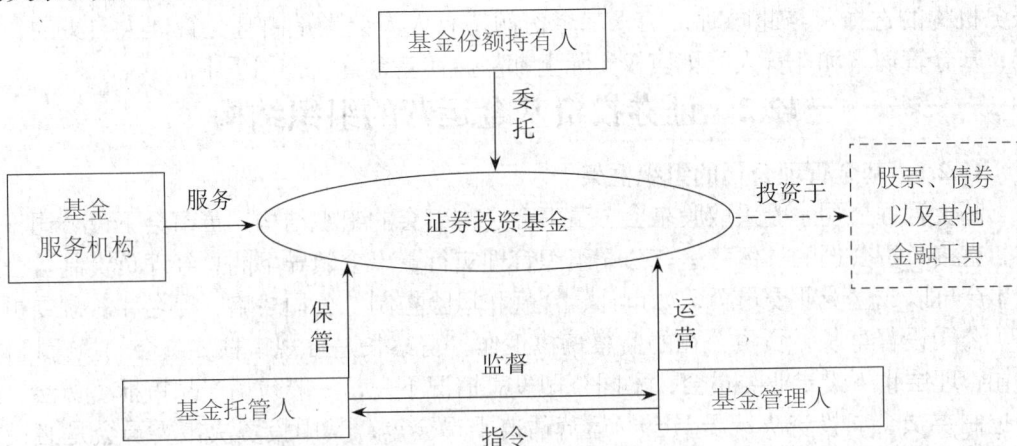

图12.2 基金参与者之间的关系

1.基金管理人与基金份额持有人之间的关系

基金份额持有人即基金投资者和基金的受益人，而基金管理人是负责基金的具体投资操作和日常管理的基金管理机构，他们之间实际上是所有者和经营者之间的关系。在契约型基金中，基金管理人依据有关信托契约的规定文件，获得基金份额持有人所赋予的委托权，对基金资产进行运营，他们之间的关系又是委托人、受益人与受托人之间的关系。

2.基金管理人与基金托管人之间的关系

基金管理人由投资专家组成，负责基金资产的经营，本身不拥有和接触基金资产，而资产基金的保管和清算则由基金托管人完成。两个当事人严格分开，由不具有任何关联的不同机构或公司担任，这符合资产管理和资产保管分开的原则，也能对基金资产实行有效的监管，保证基金资产的安全和资金运用的高效。因此，基金管理人与基金托管人的关系是经营和监管的关系。在契约型基金中，基金托管人依据有关信托契约的规定文件与基金管理人签订托管协议，因此他们之间的关系又是委托人与受托人之间的关系。

3.基金管理人与其他参与者之间的关系

证监会与基金业协会并不是完全意义上的证券投资基金参与者，严格来说属于"裁判员"，即规则的制定者。基金管理人、托管人，以及基金各服务机构，都受到其监管，是监督与被监督的关系。

基金管理人与基金各服务机构依然是委托与受托的关系。《基金法》第一百零二条规定："基金管理人可以委托基金服务机构代为办理基金的份额登记、核算、估值、投资顾问等事项，基金托管人可以委托基金服务机构代为办理基金的核算、估值、复核等事项，但基金管理人、基金托管人依法应当承担的责任不因委托而免除。"第一百零七条规定，律师事务所、会计师事务所可接受基金管理人、基金托管人的委托，为有关基金业务活动出具法律意见书、审计报告、内部控制评价报告等文件。

现阶段，证券投资基金治理结构基本以基金管理公司为核心。在实践中，基金管理公司无一例外地成为所发起基金的基金管理人，负责基金资产的运作，包括托管人和各服务机构的选择。与此同时，由于基金份额持有人大会又是由基金管理人召集的，所以，基金管理人和托管人的更换权实际上都掌握在基金管理公司手中。

12.2　证券投资基金运营的组织结构

12.2.1　基金管理公司的组织框架

基金管理公司一般采取股东会、董事会、监事会的组织结构。董事会下设公司管理层，直接负责公司的具体营运。公司组织管理实行董事会领导下的总经理负责制。公司董事会可以成立专业委员会，如审计、合规和风险控制、公司战略、提名和薪酬委员会等。公司设督察长，负责公司的监察稽核工作。督察长是合规审核委员会的执行机构。公司管理层也下设专业委员会，不同公司设立情况不一，一般包括产品审批委员会、风险控制委员会、投资决策委员会、运营估值委员会等，其中投资决策委员会是必设机构。基金管理公司根据自身规模、经营模式的不同设置职能部门，一般包括投资管理、市场营销、基金运营、风险管理四大职能部门，基金的投资则由基金经理执行。基金管理公司具体的组织结构如图12.3所示。

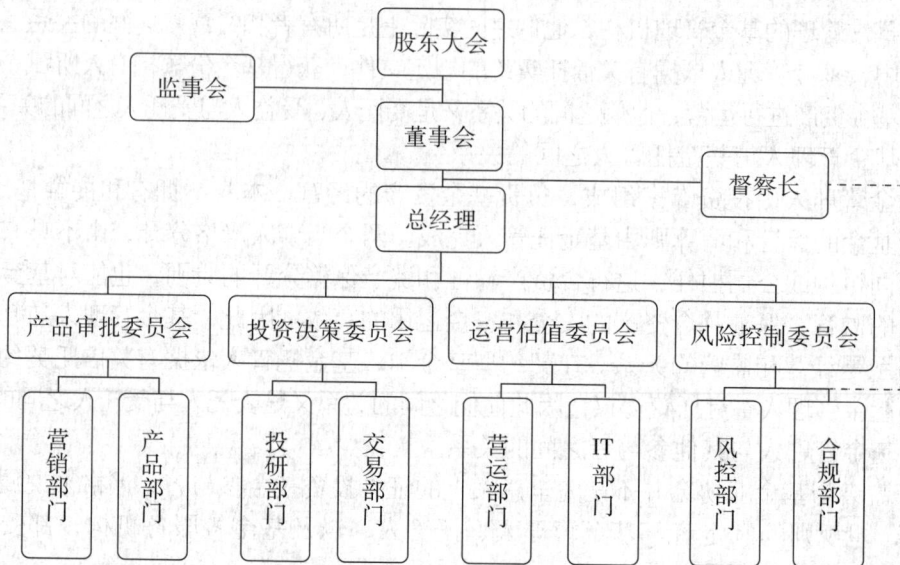

图12.3　基金管理公司的组织结构

1.投资决策委员会

投资决策委员会是公司的投资决策机构。公司投资决策委员会由总经理、分管投资的副总经理、投资总监、研究部经理、投资部经理及其他相关人员组成，督察长可列席会议。总经理为投资决策委员会主任委员，分管投资的副总经理为执行委员，会议由主任委员主持，或由主任委员授权执行委员主持。投资决策委员会的职能是：

（1）决定公司的投资决策程序及权限设置原则。

（2）决定基金的投资理念、投资原则和投资目标。

（3）决定基金的资产分配比例，制定并定期调整投资总体方案。

（4）审批基金经理提出的行业配置及超过基金净值某一比例重仓个股的投资方案。

（5）审批基金经理的年度投资计划并考核其执行情况。

（6）定期检讨并调整投资限制指标。

2.产品审批委员会

产品审批委员会负责公司所有产品的审核、决策和监督执行。产品审批委员会由公司总经理、主管产品开发的高管、副总经理/投资总监、督察长、副总经理/运营总监、产品开发部负责人等组成。所议事项具体包括：

（1）讨论、制定公司产品战略。

（2）审核具体产品方案，评估产品运作风险。

（3）根据销售适用性原则，确定发行产品的风险等级。

3.风险控制委员会

风险控制委员会负责对公司经营和管理中的所有风险，包括市场风险、信用风险、流动性风险、操作风险、法律合规风险等进行全面控制，确保公司风险控制战略与公司经营目标保持一致。主要职责包括：

（1）负责对公司运作的整体风险进行控制。

（2）审定公司内部控制制度并监督执行的有效性。

（3）听取基金投资运作报告和评估基金资产运作风险并作出决定。

（4）对公司运作中存在的风险问题和隐患进行研究并作出控制决策。

（5）审阅监察稽核报告及绩效与风险评估报告。

风险控制委员会下设组合风险评估小组，组合风险评估小组的职能是：基于一套数量化的风险管理系统，对基金资产进行日常性的和详细的技术性风险测量和监控，并在此基础上做进一步的分析研究，提出规避市场风险的投资策略建议。具体包括：

第一，制定对各项风险因素的识别、评估方法，选定或调整风险监测指标，指导各业务职能部门开展数量化风险识别及评估工作。

第二，负责风险控制计量模型的研究和开发，确定数量化风险控制模型，提出或调整风险限额建议。

第三，负责基金投资运作的业绩风险评估和基金投资组合风险的日常监控，及时向风险控制委员会和公司管理层提交基金资产组合的风险状况评估报告。

4.运营估值委员会

运营估值委员会包括IT治理委员会和估值委员会。

随着信息技术的飞速发展，企业治理信息化成为提高运营效率的重要手段。IT治理委员会负责制定公司IT规划，一般由负责IT的高管人员、IT部门负责人、相关业务负责人、财务负责人、内部控制负责人及部分技术骨干人员组成，其中IT人员的比例应在30%以上。所议事项具体包括：

（1）拟定公司IT治理目标和治理工作计划。

（2）审定公司IT发展规划。

（3）审议公司年度IT工作计划和预算。

（4）审议公司重大IT项目立项、投入和优先级。

（5）审议公司IT管理制度和重要流程。

（6）制订与IT治理相关的培训和教育工作计划。

（7）检查所拟定和审议事项的落实和执行情况。

（8）组织评估公司IT重大事项并提出处置意见。

（9）向公司管理层报告IT治理状况。

估值委员会负责公司资产估值相关决策及执行，保证资产估值的公平、合理，一般由主管基金运营的副总经理、督察长、投资/研究总监、合规风控部门、基金运营部等相关人员组成。所议事项主要包括：

（1）制定、修订公司的估值政策和程序。

（2）制定、修订估值流程及人员的分工和职责。

（3）制定、修订投资品种的估值方法。

（4）其他需要估值委员会审议的事项。

5.基金经理

基金经理在投资决策委员会的授权范围内，负责所管理基金的投资和运作，确保基金的保值和增值。基金经理的主要职责是：

（1）负责所管理基金的投资运作。

（2）按照投资决策委员会的投资总体方案，制订投资组合草案。

（3）投资决策委员会批准投资组合草案后，制订并实施投资组合方案。

（4）负责制定并下达日常交易指令。

（5）负责投资项目的研究分析和跟踪调查。

（6）定期对投资组合方案的执行情况进行检讨，并向基金投资部经理汇报。

（7）负责召集基金管理小组的晨会、例会以及其他工作会议。

（8）负责对本基金的运作作出阶段性总结。

（9）负责对基金经理助理的考核。

（10）完成领导交办的其他任务。

12.2.2　基金管理公司的职能部门

基金管理公司一般设有投资管理、市场营销、基金运营和风险管理四大部门。

1.投资管理部门

（1）投资部

投资部负责根据投资决策委员会制定的投资原则和计划进行股票选择和组合管理，

向交易部下达投资指令。同时，投资部还担负对投资项目进行跟踪调研和反馈的职能，并根据市场变化及时向投资决策委员会提供调整意见。基金投资部根据投资标的的不同，一般分为权益部、债券部、衍生投资部、国际投资部等子部门；根据客户来源的不同，又可细分为公募基金投资部、专户投资部、年金投资部、保险资金投资部、社保资金投资部等。

(2) 研究部

研究部负责对宏观经济、证券市场、行业与上市公司等进行分析，为基金投资决策提供投资策略、资产配置、投资组合、投资对象等全方位的研究支持。研究部是基金投资运作的支撑部门，主要职责是：通过对宏观经济形势和市场走势进行研究和论证，为投资决策委员会制定基金投资目标和投资策略提供依据；负责开展行业研究，为制订和调整基金投资总体方案提供依据；负责对行业内的重点上市公司进行调研，为基金经理制订和调整投资组合方案提供依据；及时完成基金经理委托的专题研究项目等。研究策划部根据研究分工被划分二级部门，基金公司规模不同，细分程度不同，一般分为宏观策略部、行业和个股研究部、金融工程部等子部门，分别负责宏观经济市场策略研究、行业和上市公司研究以及量化和衍生品研究。

(3) 交易部

交易部是基金投资运作的具体执行部门，负责组织、制订和执行交易计划。交易部的主要职能有：执行投资部的交易指令，记录并保存每日投资交易情况，保持与各证券交易商的联系并控制相应的交易额度，负责基金交易席位的安排、交易量管理等。目前，有些基金管理公司将交易部划归基金运营体系，加强了对投研部门的制衡。

2.市场营销部门

(1) 市场部

市场部负责基金新产品的研究开发、设计推广、持续营销与客户服务等。大基金公司可进一步细分为产品部、销售部、营销部、客服中心等；小基金公司则统称为市场部。市场部的主要职责是：负责基金新品种的开发、设计工作；负责开放式基金的准备工作，开展品种设计、市场推广和客户服务等各项工作；负责建立并管理开放式基金的客户服务体系；负责国际基金管理业务的合作与交流；负责海外市场的拓展。

(2) 机构理财部

机构理财部是基金管理公司为适应业务向受托资产管理方向发展的需要而设立的独立部门，它专门服务于提供该类型资金的机构。根据我国法律法规的要求，共同基金与受托资产管理在组织上、业务上必须进行适当隔离，以解决两块业务间的利益冲突问题。

3.基金运营部门

(1) 基金运营部

基金运营部负责基金的注册与过户登记和基金会计与结算，其工作职责主要包括基金清算和基金会计两部分。

基金运营部的主要职能是：负责与基金托管银行的业务联系，及时准确地做好基金的会计清算和相关的基金财务报表工作；及时向相关部门反映市场交易和基金清算中出现的问题；办理开户、资金调拨以及与交易席位租用相关的事务；定期编制向中国证监会报送的基金运作报告，包括基金投资组合报告、基金中期报告和年度报告等。

（2）行政管理部

行政管理部是基金运营的后勤部门，负责基金管理公司在日常运营中发生的文件管理、文字秘书、劳动保障、员工聘用、人力资源培训等行政事务。

（3）信息技术部

信息技术部是公司运营的支持部门，负责公司信息化平台的规划、建设。信息技术部的主要职责是：负责公司的交易系统和清算系统的建立、管理与维护，确保基金业务运行的安全平稳；负责公司办公信息系统的建立、管理和维护，确保公司内部信息交流高效顺畅；根据公司各部门业务需求，负责建立和管理其他信息系统；组织制定和审核系统运营和维护规程，监督系统运营管理状况，处理重大系统故障，确保公司业务及日常运作的顺畅；制定信息技术培训计划，对全体员工进行信息技术培训。

（4）财务部

财务部负责处理基金管理公司内部财务事务，其主要职责是：处理有关费用支付、管理费收缴、公司员工的薪酬发放等事务，制定公司年度财务预算和决算等。

4.风险管理部门

（1）监察稽核部

监察稽核部独立于公司各业务部门和各分支机构，就内部控制制度的执行情况独立地履行检查、评价、报告、建议职能，向总经理报告工作，并对董事会负责。监察稽核部的主要职责是：检查公司各部门执行国家有关法律、法规和政策的情况；制定公司风险控制制度；检查监督公司各项规章制度及基金投资决策和内部监控程序的执行情况；审查公司资产运作、财务收支的合法性、合规性、合理性；审查基金资产运作情况；调查公司内部的经济违法案件并向董事会和督察员报告；协助监管机关调查处理相关事项；负责员工的离任审计；负责法定的公司对外信息披露，包括公司年度报告和基金法定公开披露的信息等。

（2）风险管理部

风险管理部负责对公司运营过程中产生的或潜在的风险进行有效管理，其主要职责包括识别公司潜在风险，制定有效控制投资风险的方案，落实投资风险分析及控制，对基金组合进行业绩归因分析，分析投资运作过程的有效性，及时、准确地作出风险报告并提出有针对性的建议，与管理层及投资团队及时沟通。

12.3　证券投资基金的内部控制

12.3.1　内部控制概述

"内部控制"的概念源于1949年美国会计师协会发表的一份专门报告，是指公司出于保护资产、核查会计数据的准确性和可靠性、提高经营效率、促使遵循既定的管理方针而采取的方法和措施。美国注册会计师协会1958年将"内部控制"区分为两类：内部会计控制和内部管理控制。1988年，引入了内部控制结构的概念，第一次将内部控制引申为一种结构和环境，并认为内部控制的实质在于合理地评价和控制风险，因此可以称之为风险导向型的内部控制，从而将内部控制和风险管理有机地结合起来。

证券投资基金内部控制（即基金管理公司的内部控制）主要指公司为防范和化解风险，保证经营运作符合公司的发展规划，在充分考虑内、外部环境的基础上，通过建立组织机制、运用管理方法、实施操作程序与控制措施而形成的系统。公司内部控制制度有四个层次：第一个层次是公司章程；第二个层次是内部控制大纲；第三个层次是基本管理制度；第四个层次是部门管理制度。内部控制制度体系如图12.4所示。

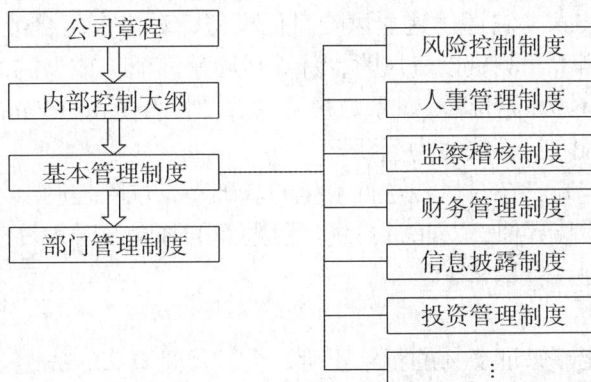

图12.4 内部控制制度体系图

公司章程是内部控制制度的最高原则，公司章程及基金份额持有人大会、董事会、监事会，以及有关专门委员会的议事规则是制定各项制度的基础和前提。内部控制大纲是制定基本管理制度和部门管理制度的纲领性文件，是公司经营运作和风险管理的核心制度。基本管理制度主要包括风险控制制度、投资管理制度、财务管理制度、信息技术管理制度、人事管理制度、监察稽核制度、信息披露制度、业绩评估考核制度及紧急应变制度等。部门管理制度是指各职能部门根据公司章程和本大纲等文件，结合各自业务特点和职能的不同而制定的各种业务操作办法、工作流程等规章制度。通过制定具体岗位职责、工作流程等实施细则，把内部控制落实到每个岗位、每个员工和每道程序。

目前，在发达国家证券投资基金管理人的基金管理业务中，管理投资风险的技术和防范操作风险的制度已经共同构成了内部控制制度的基本框架。这一框架的主要内容包括：

1.内部控制的法律、法规指引

内部控制是以相关的法律、法规为基础的。

在美国，基金业几十年的发展形成了完善的法律、法规体系，包括联邦证券法律、法规，如1933年《证券法》、1934年《证券交易法》、1940年《投资公司法》、1940年

《投资顾问法》，以及美国证券交易委员会在法律基础上制定的细化法规、行业自律组织的规定。各专业委员会颁布的技术性准则，如美国联邦储备体系、纽约证券交易所等部门和机构颁布的法规。

我国关于基金管理公司内部治理的法律、法规¹主要有《公司法》（2013）、《基金法》（2015）等一般性法规，以及《证券投资基金管理公司管理办法》（2012）、《证券投资基金管理公司高级管理人员任职管理办法》（2004）、《证券投资基金销售机构内部控制指导意见》（2007）、《基金经理注册登记规则》（2009）等。

2.投资风险管理制度

该制度是投资基金运作中风险控制的核心，主要是利用风险量化技术来计算风险值，然后通过风险限额对其进行控制。

（1）风险量化技术。它通过建立风险量化模型，对投资组合数据进行返回式测试、敏感性分析和压力测试，测量投资风险，计算风险暴露值。成型的风险控制技术包括方差风险计算法、LPMs风险计算法、系数风险计算法以及VaR（Value at Risk）风险计算法等，特别以VaR风险计算法最为重要。

（2）风险限额控制。在对风险进行量化的基础上，风险控制部门对每只基金的投资风险设定最大的风险临界值，对超过投资风险限额的基金及时地提出警告，并建议基金调整投资组合，控制风险暴露。

3.内部会计控制

内部会计控制能够保证交易的记录正确，会计信息真实、完整。

（1）基本的控制措施包括复核制度，即会计复核和业务复核。通过凭证设计、登录、传递、归档等凭证管理制度，确保正确记载经济业务，明确分清经济责任、账务组织和账务处理体系。

（2）合理的估值方法，即为保证基金资产净值的准确计算而采取的科学、明确的资产估值方法，力求公允地反映其在估值时点的价值。

（3）科学的估值程序，是保证基金资产净值准确计算的另一项会计控制措施，主要包括数据录入、价格核对、价格确定和净值发送等程序。

4.内部管理控制

内部管理控制是指内部会计控制以外的所有内部控制，包括组织结构控制、操作控制和报告制度。其中：

（1）组织结构控制指通过组织结构的合理设置，来加强部门之间的合作和制衡，充分体现职责分工、相互牵制的原则。

（2）操作控制的主要手段：一是投资限额控制。各基金都在招募说明书中公开披露其投资范围、投资策略和投资限制，据此，公司风险控制部门设定基金的投资限额。二是操作的标准化控制。主要手段有操作书面化、程序标准化、岗位职责明晰化等。三是

1　这里全部采用简写。

业务隔离的控制，主要是指各资产管理公司应将基金资产管理和机构投资者资产管理、个人客户保证金、自有资金等进行独立隔离运作。

（3）报告制度。在日常交易中，前、后台都必须分别编制每日交易情况的明细报告，分别向风险控制部门和上级部门报告。风险控制部门对于日常操作中发现的或认为具有潜在可能的问题应编制风险报告向上级汇报。

5. 违规行为的监察和控制

严格说来，违规行为的监察和控制属于内部管理控制的内容，然而因为其重要性，它一般被单独列为基金管理内控制度的重要组成部分，主要包括：

（1）对于操纵市场行为的实时防范。利用联网的电脑系统，在线实时监控基金的投资、交易活动，防止利用基金资产对敲做价等操纵市场的行为。

（2）股票投资限制表。为了防止基金介入内幕交易，或陷入不必要的关联交易调查，各证券投资基金管理公司内部都有明确的股票投资限制表，所管理的基金不得购买限制表中的股票，从而避免可能的违规行为。

（3）对员工行为的监察。这是为了防止员工涉及操纵市场、偷跑（Front-Running）获利、购买可能与基金资产存在利益冲突的证券等违规行为的出现而进行的监控。

12.3.2 内部控制的主要内容

基金管理公司内部控制的主要内容包括投资管理业务控制、销售业务控制、信息披露控制、会计系统控制、信息技术控制以及监察稽核控制六个部分。

1. 投资管理业务控制

投资管理业务控制包括研究业务、投资决策业务、交易业务三方面的内容。

（1）研究业务控制的主要内容：研究工作应保持独立、客观；建立严密的研究工作业务流程，形成科学、有效的研究方法；建立投资对象备选库制度，研究部门根据基金契约要求，在充分研究的基础上建立和维护备选库；建立研究与投资的业务交流制度，保持通畅的交流渠道；建立研究报告质量评价体系。

（2）投资决策业务控制的主要内容：投资决策应当严格遵守法律法规的有关规定，符合基金契约所规定的投资目标、投资范围、投资策略、投资组合和投资限制等要求；健全投资决策授权制度，明确界定投资权限，严格遵守投资限制，防止越权决策；投资决策应当有充分的投资依据，重要投资要有详细的研究报告和风险分析支持，并有决策记录；建立投资风险评估与管理制度，在设定的风险权限额度内进行投资决策；建立科学的投资管理业绩评价体系，包括投资组合情况、是否符合基金产品特征和决策程序、基金绩效分析等内容。

（3）交易业务控制的主要内容：基金交易应实行集中交易制度，基金经理不得直接向交易员下达投资指令或者直接进行交易；公司应当建立交易监测系统、预警系统和交易反馈系统，完善相关的安全设施；投资指令应当进行审核，确认其合法、合规与完整后方可执行，如出现指令违法违规或者其他异常情况，应当及时报告相应部门与人员；公司应当执行公平的交易分配制度，确保不同投资者的利益能够得到公平对待；建立完善的交易记录制度，每日投资组合列表等应当及时核对并存档保管；建立科学的交易绩效评价体系。

2.销售业务控制

销售业务是基金公司与客户交往最直接的一环，应建立起包括基金产品、投资人风险承受能力、运营操作等在内的科学严密的风险评估体系，以及时防范和化解销售业务风险，保证销售适用性原则的有效贯彻和投资人资金的安全。销售业务的控制包括销售决策、执行、推介材料等方方面面。

（1）宣传推介材料必须经过审核，不得有欺诈、误导投资人的行为。

（2）严格审核客户开户资料，符合反洗钱与销售适用性规定。

（3）遵循销售适用性原则，关注投资人的风险承受能力和基金产品风险收益特征的匹配性。同时做好投资者教育，向投资人提供《投资人权益须知》，保证投资人了解相关权益。

（4）申购、赎回和转换交易申请均经过客户的合理授权，并被准确、及时地执行。

（5）建立代销机构的尽职调查流程，严格选择合作的基金销售机构，审核销售协议，监督基金代销行为符合协议规定。

（6）制定销售行为规范，防止延时交易、商业贿赂以及误导、欺诈和不公平对待投资者等违法违规行为的发生。

（7）制定销售人员行为规范，保证会议费用、礼品费用规范得到遵守。

（8）制定相关政策，确保投资者信息得到保护。

（9）客户投诉得到及时、恰当的记录和处理。

3.信息披露控制

信息披露是基金管理人必须履行的一项义务。信息披露可能对证券市场价格和投资者行为产生重大影响，加强基金管理人信息披露的控制，是保障证券市场公开、公平和公正三原则的重要支持。信息披露的原则体现在内容和形式两方面。

公司的信息披露内容应遵循以下原则：

（1）真实性。公司保证对外披露信息的真实性和可靠性，并经固定程序确认，禁止任何形式的弄虚作假。

（2）准确性。信息披露的内容和有关数据必须尽可能地详尽、具体、准确，表达方式上不得使用模棱两可的语言。

（3）及时性。信息披露的程序严格按照主管机关及有关法律、法规的规定期限办理，不得无故推迟。

（4）完整性。信息披露的内容完整翔实、明确清晰，对要求解释的所有事项不得遗漏或回避。

（5）公平性。信息披露要求向市场上所有的投资者平等公开，而不是仅向个别机构或投资者披露。

信息披露的形式应遵循以下原则：

（1）规范性。信息披露必须按照法定的内容和格式进行，以保证披露信息的可比性。

（2）易解性。信息披露的表述应当简明扼要、通俗易懂，避免使用冗长、技术性用语。

（3）易得性。公开披露的信息应易于为一般公众投资者获取，如证监会指定报刊、基金管理人网站等。

4.会计系统控制

基金管理公司财务核算必须独立于基金会计核算系统。核算机制必须以基金为会计核算主体，单独建账、独立核算，不同基金在名册登记、账户设置、资金划拨、账簿记录等方面相互独立。公司必须依据会计法、会计准则等有关法律、法规制定公司的财务会计制度、操作流程和岗位工作手册，针对各个风险控制点建立严密的控制系统，建立严格的成本控制和业绩考核制度，强化会计的事前、事中和事后监督；制定完善的会计档案保管和财务交接制度，财会部门必须妥善保管密押、业务用章、空白支票等重要凭据和会计档案，严格实行会计资料的调阅手续，防止会计数据的损毁、散失和泄密。此外，基金管理公司必须按照有关法规所规定的要求，采取合理的估值方法和科学的估值程序，公允地反映基金在估值时点的净值。

（1）应当建立凭证制度，通过凭证设计、登录、传递、归档等一系列凭证管理制度，确保正确记载经济业务，明确经济责任。

（2）应当建立账务组织和账务处理体系，正确设置会计账簿，有效控制会计记账程序。

（3）应当建立复核制度，通过会计复核和业务复核防止会计差错的产生。

（4）应当采取合理的估值方法和科学的估值程序，公允地反映基金所投资的有价证券在估值时点的价值。

（5）应当规范基金清算交割工作，在授权范围内，及时准确地完成基金清算，确保基金资产的安全。

（6）应当建立严格的成本控制和业绩考核制度，强化会计的事前、事中和事后监督。

（7）应制定完善的会计档案保管和财务交接制度。

5.信息技术控制

基金管理公司应遵循安全性、实用性、可操作性原则，在内部建立完整的信息管理体系。

（1）基金管理信息技术系统的设计开发应符合国家、金融行业软件工程标准的要求，编写完整的技术资料；在实现业务电子化的同时，应设置保密系统和相应控制机制，并保证计算机系统的可稽性；信息技术系统投入运行前，应当经过业务、运营、监察稽核等部门的联合验收。

（2）应当通过严格的授权制度、岗位责任制度、门禁制度、内外网分离制度等管理措施，确保系统安全运行。

（3）公司软件的使用应充分考虑软件的安全性、可靠性、稳定性和可扩展性，应具备身份验证、访问控制、故障恢复、安全保护、分权制约等功能。

（4）应对信息数据实行严格的管理，保证信息数据的安全、真实和完整，并及时、准确地传递。此外，必须严格遵守计算机交易数据的授权修改程序，并坚持电子信息数据的定期查验制度

（5）应当建立电子信息数据的即时保存和备份制度，重要数据应当异地备份且长期保存。

（6）信息技术系统应当定期稽核检查，完善业务数据保管等安全措施，进行故障排除、灾难恢复的演习，确保系统可靠、稳定、安全地运行。

6.监察稽核控制

基金管理公司监察稽核控制主要由监察稽核部门来执行。公司应保证监察稽核部门的独立性和权威性。基金管理人应当设立督察长，对董事会负责，经董事会聘任报证券监督管理机构核准。根据公司监察稽核工作的需要和董事会授权，督察长可以列席公司相关会议，调阅公司相关档案，就内部控制制度的执行情况独立地履行检查、评价、报告、建议职能。

基金管理人应当强化内部检查制度，通过定期或不定期检查内部控制制度的执行情况，确保公司各项经营管理活动的有效运行。基金管理人董事会和管理层应当重视和支持监察稽核工作，对违反法律、法规和公司内部控制制度的，应当追究有关部门和人员的责任。

监督稽核在基金投资管理过程中的具体工作包括：

（1）就公司投资管理制度、投资决策程序和运作流程的合理性和有效性进行审查，对存在的问题及时提出改进意见。

（2）监督、检查公司投资管理制度、基金资产的运作、投资决策程序和运作流程的执行情况以及员工遵守有关规定的情况，揭示执行过程中存在的问题和风险。

（3）发现基金运作中有重大违规行为时，督察人员应及时向董事长和中国证监会报告，并通报总经理。

（4）根据董事会的授权，对基金发生的异常交易行为进行调查。

12.3.3　内部控制的流程

基金管理公司的内部控制流程分为事前防范、事中监控与事后完善三个步骤，可参见图12.5所示的兴业基金管理公司内部控制流程图。

事前防范主要是指内部控制的相关责任部门与责任人依照内部控制的原则，针对本部门和岗位可能发生的风险制定相应的制度规定和技术防范措施。其主要包括：

（1）明确所有有关法规与行业最佳操守。

（2）明文规定各项工作流程和员工行为规范。

（3）向员工宣传有关规定。

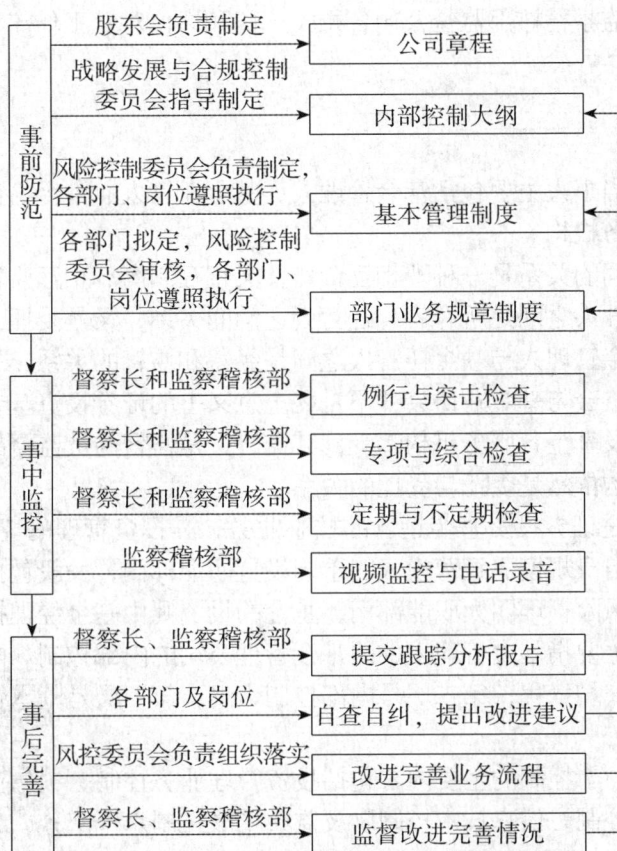

图 12.5 兴业基金管理公司内部控制流程图

（4）对常见的风险及对策进行分析。

事中监控主要指内部控制的相关职能部门依照适用的制度规定和防范措施进行全面的监督与检查，降低风险发生的可能性。事中监控的重点在于实施例行和突击检查、定期与不定期检查以及专项检查与综合检查等。公司督察长与监察稽核部在事中监控环节承担主要的监督与检查职责。

事后完善主要包括以下内容：

（1）督察长和监察稽核部对公司各业务流程中的风险点进行跟踪分析，对各部门、岗位、工作流程以及工作制度的合理性作出评估，形成相关报告，提交风险控制委员会。

（2）相关部门与业务人员应通过自查，自纠各项制度与业务流程的缺失和局限性，提出完善建议。

（3）风险控制委员会依据相关报告制定改进措施，组织对业务流程和部门规章制度进行完善与修订，并落实执行。

（4）相关部门和岗位严格遵照风险控制委员会的改进建议完善自身的业务流程。

（5）督察长和监察稽核部监督公司各相关部门和岗位对其工作流程和相关制度的改进情况。

● **本章小结**

证券投资基金当事人主要包括基金管理人、基金托管人、基金份额持有人，以及其他证券投资基金服务机构。

基金参与者之间的关系是一种既相互合作，又相互制衡、相互监督的关系。基金份额持有人与基金管理人之间是所有者和经营者之间的关系，又是委托人、受益人与受托人之间的关系。基金管理人与基金托管人之间是经营和监管的关系，又是委托人与受托人之间的关系。证监会与基金业协会并不是完全意义上的证券投资基金参与者，基金管理人、托管人，以及基金各服务机构都受到其监管，是监督与被监督的关系。基金管理人与基金各服务机构依然是委托与受托的关系。

基金投资管理是证券投资基金运营的核心业务，其投资管理的主体是基金管理人。基金管理公司根据自身规模、经营模式的不同设置职能部门，一般包括投资管理、市场营销、基金运营、风险管理四大职能部门，基金的投资则由基金经理执行。

基金内部控制主要指基金管理人，即基金管理公司的内部控制。内部控制制度有四个层次：第一层是公司章程；第二层是内部控制大纲；第三层是基本管理制度；第四层是部门管理制度。

基金管理公司内部控制的主要内容包括投资管理业务控制、销售业务控制、信息披露控制、会计系统控制、信息技术控制以及监察稽核控制六个部分。

● **重要概念**

基金管理人　基金托管人　基金份额持有人　基金份额持有人大会　督察长　风险控制委员会　投资决策委员会　投资部　研究部　交易部　市场部　机构理财部　基金运营部　行政管理部　信息技术部　财务部　监察稽核部　风险管理部　内部控制　事前防范　事中监督　事后完善

● **思考题**

1. 论述证券投资基金的当事人及其相互关系。
2. 简述基金管理公司的组织结构与一般的公司有何不同。
3. 什么是内部控制？内控制度在基金管理中具有什么样的重要意义？
4. 简述证券投资基金内控制度的主要内容。
5. 基金管理公司的内部控制流程有哪几个步骤？每个步骤的主要内容或措施有哪些？

第13章 证券投资基金财务管理

◇学习目标

- 了解证券投资基金财务会计的基本制度
- 了解证券投资基金会计的基本科目
- 了解证券投资基金的财务报表
- 了解证券投资基金的税收

中国证券业协会于2007年5月15日颁布了《证券投资基金会计核算业务指引》（简称《指引》），并于2012年11月进行了重新修订。这对规范证券投资基金会计核算业务，保证基金行业切实执行新会计准则，保护基金份额持有人的合法权益，无疑具有重大意义。证券投资基金的财务管理主要是对证券投资基金的会计信息进行进一步的分析、提炼，为基金的运作提供决策依据，以提高基金的运作效率。只有充分了解证券投资基金的会计核算，才能更准确理解证券投资基金所披露的信息，才能对证券投资基金的运作绩效作出更准确的评价。因此，证券投资基金的财务管理最重要的内容就是，对我国证券投资基金现行的会计核算作系统介绍和剖析。

13.1 证券投资基金财务会计概述

证券投资基金会计与基金管理公司会计是两个不同的概念。证券投资基金净资产的所有人是基金份额持有人，不是基金管理公司，基金管理公司只是接受基金份额持有人的委托管理证券投资基金资产，证券投资基金的本质是一种信托关系。因此，根据《指引》（2012）的规定，公司、基金托管人要保证基金资产的独立性，在会计上要实行分账管理、单独核算。不同基金在名册登记、账户设置、资金划拨、账簿记录等方面应当相互独立。

13.1.1 基金会计的目标与前提

会计理论体系以会计目标为起点，会计目标是整个会计理论体系的基础。会计目标主要明确为什么要提供会计信息，向谁提供会计信息，提供哪些会计信息等问题。证券投资基金会计是为了真实反映基金的运作绩效，以便投资者进行投资决策，基金管理人清楚管理绩效，监管部门了解基金运作状况等。由于基金是公众的基金，所以证券投资基金要尽可能地向投资者披露各种详尽的会计信息。

基金会计的基本前提是指会计人员为实现会计目标而对所面临的变化不定、错综复杂的会计环境作出的合乎情理的判断。依据这些前提，会计人员才能确定会计核算的范围，即会计信息的范围、会计核算的内容、加工会计信息的方法和程序。会计核算的基本前提包括：会计主体、持续经营、会计分期和货币计量四项。

1.会计主体

会计主体或会计实体，是指会计为其服务的特定单位或组织。证券投资基金会计是以基金管理公司所管理的基金为会计核算主体，单独建账、独立核算，单独编制财务会计报告，并要求保证不同基金之间在名册登记、账户设置、资金划拨、账簿记录等方面相互独立。

2.持续经营

持续经营是指会计主体的生产经营活动将无限期地延续下去，在可以预见的未来，会计主体不会因进行清算、解散、倒闭而不复存在。它是相对于非持续经营而言的。它要求会计人员以会计主体持续、正常的经营活动为前提，在此前提下选择确定会计程序及会计处理方法，进行会计核算。封闭式证券投资基金因有明确的存续期，因此，它必须在可预见的封闭期内进行费用摊销等会计核算，不适用持续经营假设。开放式证券基金如果经营得好，则可以无限期经营下去，所以可适用持续经营假设。

3.会计分期

会计分期是指将会计主体持续不断的经营活动分割为一定的期间。会计分期的目的在于通过会计期间的划分，据以结算账目，编制会计报表，从而及时地向有关方面提供反映经营成果和财务状况及其变动情况的会计信息，满足企业内部加强经营管理及其他有关方面进行决策的需要。证券投资基金的会计期间按年度划分，以日历年度为一个会计年度，从每年1月1日至12月31日为一个会计年度，每一个会计年度还具体划分为半年度、季度、月度。

4.货币计量

货币计量是指会计主体在会计核算过程中采用货币作为计量单位，记录、反映会计主体的经营情况。我国证券投资基金以人民币为计量单位。

13.1.2　基金资产、负债和所有者权益

1.基金资产

我国基金资产与一般企业资产相比存在两个明显的不同之处：

一是没有固定资产和流动资产之分，因为我国基金都是契约型基金，本身没有有形机构，不需要购置固定资产，而且基金资产是由信托资金形成的，只能投资于有价证券，所以不会产生固定资产投资，因此也就没有必要进行固定资产和流动资产的划分。

二是没有现金科目，这是因为我国规定，基金份额持有人在申购或者赎回基金单位时，必须通过银行账户或证券资金账户转账完成，不受理现金业务，同时基金也不需要以现金支付费用，所以，基金没有现金业务往来。基金资产主要由存款与有价证券组成，因此基金在资产方面的核算主要侧重于证券投资和资产估值方面的核算。基金资产业务通过下述14个资产会计科目核算，每个科目的具体核算内容如下：

（1）银行存款。本科目核算存入银行或其他金融机构的各种款项，包括活期存款、协议存款和定期存款等。

（2）结算备付金。本科目核算为证券交易的资金结算而存入证券登记结算机构的款项。我国自2001年起实行全国集中统一运营的证券登记结算体制，中国证券登记结算有限责任公司下设上海、深圳、北京三家分公司，进行股票、债券基金等有价证券的登记、过户、结算及交易的确认和价款的结算等业务。因此，基金从事证券买卖时，也必须在登记结算机构开立证券账户和资金账户，用以结算证券交易以及证券和资金的交割。

（3）存出保证金。本科目核算因办理业务需要存出或交纳的各种保证金款项，包括日常存出保证金、远期存出保证金、权证存出保证金等。这是由交易所规定的，因为基金是租用券商席位直接参与交易的，交易量很大，因此必须按交易量交纳一定的保证金来防止交易清算的出错。

（4）股票投资。本科目核算股票投资的实际成本和价值变动（估值增值或减值）。本科目期末借方余额，反映基金持有的各类股票的公允价值。

（5）债券投资。对非货币市场基金，本科目核算债券投资的实际成本和价值变动（估值增值或减值）。对货币市场基金或中国证监会规定的特定基金品种，本科目核算实际利率摊余成本估算的公允价值。本科目期末借方余额，反映持有各项债券的公允价值。

（6）资产支持证券投资。对非货币市场基金，本科目核算资产支持证券投资的实际成本和价值变动（估值增值或减值）。对货币市场基金或中国证监会规定的特定基金品种，本科目核算实际利率摊余成本估算的公允价值。本科目期末借方余额，反映持有各项资产支持证券的公允价值。

（7）基金投资。本科目核算基金投资的实际成本和价值变动（估值增值或减值）。本科目期末借方余额，反映持有各类基金的公允价值。

（8）权证投资。本科目核算权证投资的实际成本和价值变动（估值增值或减值）。本科目期末借方余额，反映持有权证的公允价值。

（9）买入返售金融资产。本科目核算按照返售协议约定先买入再按固定价格返售的证券等金融资产所融出的资金。本科目期末借方余额，反映基金融出资金的账面价值。

（10）应收股利。本科目核算因股票投资、基金投资等应收取的现金股利或现金红利。本科目期末借方余额，反映尚未收取的现金股利或现金红利。

（11）应收利息。本科目核算债券投资、资产支持证券投资、买入返售金融资产、银行存款、结算备付金、存出保证金等应收取的利息。本科目期末借方余额，反映尚未收到的各项利息。

（12）应收申购款。本科目核算应向办理申购业务的机构收取的申购款项和转换转入款项（不含申购费和转换费），本科目期末借方余额反映尚未收回的有效申购款和转换转入款。

（13）其他应收款。本科目核算除存出保证金、买入返售金融资产、应收证券清算款、应收股利、应收利息、应收申购款以外的其他各项应收及暂付款项。本科目期末借方余额反映尚未收回的其他应收款项。

（14）待摊费用。本科目核算已经发生的、影响基金份额净值小数点后第四位、应在受益期内分摊计入本期和以后各期的费用，如注册登记费、上市年费、账户服务费、信息披露费、审计费用和律师费用等。本科目期末借方余额，反映已发生尚未摊销完毕的待摊费用。

2.基金负债

由于证券投资基金的资金主要来自投资者的受托资金，而且我国规定基金不得融入长期资金用于证券投资，所以，基金负债主要是指应由基金支付的应付未付赎回款、费用、税收、利息等内容，因此，基金负债的总额一般较小。基金负债业务通过以下14个会计科目核算，每个科目具体核算内容如下：

（1）短期借款。本科目核算按规定向银行或其他金融机构等借入的期限在1年以下（含1年）的各种借款。本科目期末贷方余额，反映尚未偿还的短期借款。

（2）交易性金融负债。本科目核算基金承担的交易性金融负债的公允价值。基金持有的直接指定为以公允价值计量且其变动计入当期损益的金融负债，也在本科目核算。衍生金融负债不在本科目核算。本科目期末贷方余额，反映基金承担的交易性金融负债的公允价值。

（3）卖出回购金融资产款。本科目核算基金按照回购协议先卖出再按固定价格买入的票据、证券等金融资产所融入的资金。本科目期末贷方余额，反映卖出到期的回购金融资产款。

（4）应付赎回款。本科目核算按规定应付基金份额持有人的赎回款和转换转出款。本科目期末贷方余额，反映尚未支付的基金赎回款或转换转出款。

（5）应付赎回费。本科目核算按规定计算的、应支付给办理赎回业务或转换业务的机构的赎回费或转换转出费。本科目期末贷方余额，反映尚未支付的基金赎回费用或转换转出费用。

（6）应付管理人报酬。本科目核算按规定计提的，应支付给管理人的报酬。本科目期末贷方余额，反映尚未支付给管理人的报酬。

（7）应付托管费。本科目核算按规定计提的、应支付给托管人的托管费。本科目期末贷方余额，反映尚未支付给托管人的托管费。

（8）应付销售服务费。本科目核算按规定计提的、应支付的销售服务费。本科目期末贷方余额，反映尚未支付的销售服务费。

（9）应付交易费用。本科目核算因证券交易而应支付的交易费用。本科目期末贷方余额，反映尚未支付的交易费用。

（10）应交税费。本科目核算按规定应交纳的各项税费。本科目期末贷方余额，反映尚未缴纳的各项税费。

（11）应付利息。本科目核算基金按照合同约定应支付的利息，包括银行借款利息和卖出回购证券的利息支出等。本科目期末贷方余额，反映尚未支付的各项利息。

（12）应付利润。本科目核算应付基金份额持有人的利润。本科目期末贷方余额，反映尚未支付给基金份额持有人的利润。

（13）其他应付款。本科目核算除卖出回购金融资产款、应付赎回款、应付赎回费、应付管理人报酬、应付托管费、应付销售服务费、应付交易费用、应交税费、应付利息、应付利润等以外的其他各项应付款和暂收款。本科目期末贷方余额，反映尚未支付的其他应付的款项。

（14）预提费用。本科目核算预计将发生的、影响基金份额净值小数点后第四位、应在受益期内预提计入本期的费用，如注册登记费、上市年费、信息披露费、账户服务费、审计费用和律师费用等。本科目期末贷方余额，反映已提取但尚未支付的各项费用。

3.共同类科目

在基金的会计核算中还存在一部分既有资产性质、又有负债性质的科目，其被称为共同类科目，其特点是，需要依据期末余额所在的方向来界定其性质。证券投资基金共同类科目由证券清算款、远期投资、其他衍生工具、套期工具和被套期项目组成，通过该五个会计科目进行核算，每个科目具体核算内容如下：

（1）证券清算款。本科目核算因买卖证券、回购证券、申购新股、配售股票、ETF现金替代等业务而发生的，应与证券登记结算机构或证券交易对手方办理资金结算的款项。本科目所属明细科目期末借方余额，反映尚未收回的证券清算款。本科目所属明细科目贷方余额，反映尚未支付的证券清算款。

（2）远期投资。本科目核算约定于到期日结算证券等标的物的合约的公允价值。本科目应在远期合约的交易日开始按其公允价值进行初始确认，在远期合约有效期内对其进行估值、后续计量，在远期合约到期结算时终止确认。本科目所属明细科目的期末借方余额，反映远期买入证券的远期合约的估值增值或远期卖出证券的远期合约的估值减值。本科目所属明细科目的期末贷方余额，反映远期买入证券的远期合约的估值减值或远期卖出证券的远期合约的估值增值。

（3）其他衍生工具。本科目核算除权证投资、远期投资以外的其他衍生金融资产或衍生金融负债的公允价值。本科目期末借方余额，反映除权证投资、远期投资以外的其他衍生金融资产的公允价值。本科目期末贷方余额，反映除远期投资以外的其他衍生金融负债的公允价值。

（4）套期工具。本科目核算基金开展套期保值业务（如公允价值套期）中套期工具公允价值变动形成的资产或负债。本科目期末借方余额，反映基金套期工具形成资产的公允价值。本科目期末贷方余额，反映基金套期工具形成负债的公允价值。

（5）被套期项目。本科目核算基金开展的套期业务中被套期项目公允价值变动形成的资产或负债。本科目期末借方余额，反映基金被套期项目形成资产的公允价值。本科目期末贷方余额，反映基金被套期项目形成负债的公允价值。

4.所有者权益

所有者权益是指基金的资产减去负债后的余额，包括实收基金、未分配利润等。证券投资基金所有者权益主要由实收基金、未实现利得、未分配收益组成。所有者权益通过该四个会计科目核算，每个科目具体核算内容如下：

（1）实收基金。本科目核算对外发行基金份额所募集的总金额在扣除损益平准金分摊部分后的余额。本科目期末贷方余额，反映对外发行基金份额所对应的金额。

（2）损益平准金。本科目核算非利润转化而形成的损益平准项目，如申购、转换转入、赎回、转换转出款中所含的未分配利润和公允价值变动损益。期末，应将本科目已实现和未实现的余额分别转入"利润分配（未分配利润）"相应明细科目，结转后本科目应无余额。

（3）本期利润。本科目核算本期的基金净利润（或净亏损）。期末，将本科目相应的明细科目结转到"利润分配（未分配利润）"对应的明细科目，借记本科目，贷记"利润分配（未分配利润）"科目。如为净亏损，做相反的会计分录。结转后，本科目应无余额。

（4）利润分配。本科目核算利润的分配（或亏损的弥补）和历次分配（或弥补亏损）后的余额。本科目期末余额，反映未分配利润（或未弥补亏损）。

5.损益类科目

损益类账户是指按照损益类会计科目开设的，用以具体核算和监督基金运营过程中的收益和费用、损失，以便计算确定损益的账户，是那些核算内容与损益的计算、确定直接相关的账户。该类账户主要是指那些用来反映基金运营过程中收入和费用的账户。损益类账户通过以下会计科目核算，每个科目具体核算内容如下：

（1）利息收入。本科目核算因债券投资、资产支持证券投资、银行存款、结算备付金、存出保证金、按买入返售协议融出资金等而实现的利息收入。期末，应将本科目贷方余额全部转入"本期利润"科目，结转后本科目应无余额。

（2）公允价值变动损益。本科目核算基金持有的采用公允价值模式计量的交易性金融资产、交易性金融负债等公允价值变动形成的应计入当期损益的利得或损失。期末，应将本科目余额全部转入"本期利润"科目，结转后本科目应无余额。

（3）投资收益。本科目核算买卖股票、债券、资产支持证券、基金等实现的差价收益，股票、基金投资等获得的股利收益以及衍生工具投资产生的相关损益，如卖出或放弃权证、权证行权等实现的损益。期末，应将本科目的余额全部转入"本期利润"科目，结转后本科目应无余额。

（4）其他收入。本科目核算基金确认的除上述收入以外的其他各项收入，包括赎回费扣除基本手续费后的余额、手续费返还、ETF替代损益，以及基金管理人等机构为弥补基金财产损失而支付给基金的赔偿款项等。期末，应将本科目的余额全部转入"本期利润"科目，结转后本科目应无余额。

（5）管理人报酬。本科目核算按规定计提的基金管理人报酬，包括管理费和业绩报酬。期末，应将本科目的借方余额全部转入"本期利润"科目，结转后本科目应无余额。

（6）托管费。本科目核算按规定计提的托管费。计提托管费时，借记本科目，贷记"应付托管费"科目；支付托管费时，借记"应付托管费"科目，贷记"银行存款"科目。期末，应将本科目的借方余额全部转入"本期利润"科目，结转后本科目应无余额。

（7）销售服务费。本科目核算按规定计提的销售服务费。计提销售服务费时，借记本科目，贷记"应付销售服务费"科目；支付销售服务费时，借记"应付销售服务费"科目，贷记"银行存款"科目。期末，应将本科目的借方余额全部转入"本期利润"科目，结转后本科目应无余额。

（8）交易费用。本科目核算进行股票、债券、资产支持证券、基金、权证等交易过程中发生的交易费用。交易费用是指可直接归属于取得或处置某项基金资产或承担某项基金负债的新增外部成本，包括支付给交易代理机构的规费、佣金、代征的税金及其他必要的可以正确估算的支出。回购的交易费用和货币市场基金采用摊余成本法核算的投资交易所发生的交易费用应作为取得成本，计入相关基金资产或基金负债的价值。期末，应将本科目的借方余额全部转入"本期利润"科目，结转后本科目应无余额。

（9）利息支出。本科目核算基金运作过程中发生的银行借款利息支出、交易性金融负债利息支出、卖出回购金融资产支出等。期末，应将本科目的借方余额全部转入"本期利润"科目，结转后本科目应无余额。

（10）其他费用。本科目核算基金运作过程中发生的除上述费用支出以外的其他各项费用，如注册登记费、上市年费、信息披露费用、账户服务费、持有人大会费用、审计费用、律师费用等。期末，应将本科目的借方余额全部转入"本期利润"科目，结转后本科目应无余额。

（11）以前年度损益调整。本科目核算本年度发生的调整以前年度损益的事项。本年度资产负债表日至财务会计报告批准报出日之间发生的需要调整报告年度损益的事项也在本科目中核算。

【知识链接13-1】　　　　资产支持证券投资账务处理

1. 对非货币市场基金，本科目核算资产支持证券投资的实际成本和价值变动（估值增值或减值）；对货币市场基金或中国证监会规定的特定基金品种，本科目核算实际利率摊余成本估算的公允价值。

2. 对非货币市场基金，本科目可按资产支持证券投资的种类，分别"成本"和"估值增值"进行明细核算；对货币市场基金，本科目可按资产支持证券投资的种类，分别"面值"和"折溢价"进行明细核算。

3. 资产支持证券投资的主要账务处理。基金取得资产支持证券支付的款项时，应当区分属于资产支持证券投资本金部分和证券投资收益部分。对非货币市场基金，将收到的本金部分冲减本科目（成本）；对货币市场基金，将收到的本金部分冲减本科目（面值），并相应结转本科目（折溢价）。将收到的收益部分冲减应计利息（若有）后的差额，计入资产支持证券利息收入。对资产支持证券的付息延期，在确定其付息的可能性仍很大的情况下，可不调整已确认的利息收入。其他与资产支持证券投资相关业务的账务处理比照债券投资。

4.本科目期末借方余额，反映持有各项资产支持证券投资的公允价值。

资料来源　《证券投资基金会计核算业务指引》（2012）。

13.1.3　基金收入、费用和利润

基金利润也称基金收益，是基金收入减去基金费用后的余额。但要正确表示基金经营业绩时，还必须加上本期的未实现资本利得，因为开放式基金是按基金单位净值交易的。在基金单位净值中，既包含了基金收益，也包含了基金的未实现资本利得，即"本期的基金净值增长额=本期基金收益+未实现资本利得"。因此，考核基金经营业绩的更重要指标是基金单位净值增长额，而不是基金单位收益。当然，基金单位收益是影响基金单位净值变化的一个重要因素。

1.基金收入

基金收入主要由资本利得和当期收入两部分组成。

（1）资本利得

资本利得是指证券的卖价高于买价的差额。对于大部分证券投资基金特别是成长型基金而言，资本利得是其收益的最重要组成部分。资本利得主要由股票差价收入、债券差价收入两部分组成，并通过"股票投资估值增值"和"债券投资估值增值"（或"债券投资折溢价"）两个科目核算。

（2）当期收入

无论是开放式基金还是封闭式基金，银行存款都是基金资产的常见形式。固定收入证券是平衡型基金和债券基金的重要投资对象，它带来的利息收入是这些基金收益的重要组成部分。上市公司会定期向股东分配现金或股票形态的股息收入，成熟市场的上市公司通常会分配稳定的现金股利，我国的上市公司以股票分红居多，但近年来有向现金分红转变的趋势。

因此，基金当期收入主要包括两部分：利息收入和股息收入。其中，利息收入又可以分为三部分：债券利息收入、存款利息收入、买入返售金融资产收入。为核算基金的当期收入，我国基金会计核算办法指引设置了"股利收益"（包括股票投资、基金投资等应收取的现金股利或现金分红）、"应收利息"（包括债券投资、资产支持证券投资、买入返售金融资产、银行存款、结算备付金、存出保证金等应收取的利息）、"应收申购款"和"其他收入"四个会计科目进行核算。

2.基金费用

基金费用主要是指必须由基金资产支付的持续性费用和融资利息支出等，主要包

括：基金管理费用、基金托管费、证券交易费用、银行汇划费用以及信息披露费用、律师费、审计费等。基金费用通过"管理人报酬""基金托管费""卖出回购金融资产款""销售服务费""交易费用""利息支出""其他费用"七个科目进行核算。

3.基金利润

基金利润是指基金的当期收益，即上述各项收入减去各项费用后的余额。基金当期收益与可供分配收益是不同的，可供分配收益还包含上期留存的尚未分配的收益，即"可供分配收益=当期收益+未分配收益"，其中未分配收益会受因基金会计政策和处理方法的变化而产生的"以前年度损益调整"的影响。因此，在进行收益分配前，必须进行"以前年度损益调整"。

13.2 证券投资基金财务报告

会计核算的目的就是通过一定的会计方法和会计程序，将基金的经营成果以财务报告的形式反映出来。基金应当按照新准则的规定设置会计科目，并按照所附的报表格式定期编制财务报告。基金财务报告应当包括：资产负债表、利润表、所有者权益（基金净值）变动表、附注和其他应当在财务报告中披露的相关信息和资料。基金可以根据实际需要在不违反企业会计准则中确认、计量和报告规定的前提下自行设置相关会计科目。

13.2.1 基金财务报告编报的总体要求

由于基金是公开募集的，具有大众型特点，因此基金的财务报告必须通过指定的媒体向公众披露，接受公众及监管部门的检查监督。所以，一般来说，对基金的财务会计报告，各国都有较严格的规定。我国《证券投资基金会计核算业务指引》（2012）对基金财务会计报告的编报总体上有如下几条规定：

（1）基金管理人和基金托管人进行基金会计确认、计量和报告应以权责发生制为基础，并遵循实质重于形式原则、重要性原则、谨慎性原则和及时性原则，确保对外提供的财务会计报告的信息真实、可靠、完整、相关、明晰及可比。

（2）基金财务会计报告分为年度、半年度、季度和月度财务会计报告。季度、月度财务会计报告通常仅指会计报表，国家统一的会计制度另有规定的除外。半年度、年度财务会计报告至少应披露会计报表和会计报表附注的内容。

（3）财务会计报告包括会计报表、会计报表附注和其他应当在财务会计报告中披露的相关信息和资料。会计报表至少应包括资产负债表、利润表和所有者权益（基金净值）变动表。会计报表一般以人民币"元"为金额单位，"元"以下填至"分"。会计报表编报期的要求见表13.1。

（4）会计报表附注至少应披露重要会计政策和会计估计、会计政策和会计估计变更及差错更正的说明、报表重要项目的说明和关联方关系及其交易等内容。关联方关系及其交易应披露基金与基金管理人、基金托管人、能够控制或对基金管理人施加重大影响的股东等关联方在报告期内存在的关系与交易等。

表13.1 **会计报表的编报期**

编号	会计报表名称	编报期
会证基01表	资产负债表	中期报告、年度报告
会证基02表	利润表	中期报告、年度报告
会证基03表	所有者权益（基金净值）变动表	中期报告、年度报告

（5）向外提供的基金财务会计报告应依次编定页数，加具封面，装订成册，加盖公章。封面应注明：基金管理人和基金托管人名称、基金名称、基金合同生效日期，报告所属年度、月份、送出日期等，并由基金管理人单位负责人和主管会计工作的负责人、会计机构负责人（会计主管）签名并盖章。

13.2.2 基金资产负债表

资产负债表是反映基金某一特定日期财务状况的会计报表，它是根据资产、负债和所有者权益之间的相互关系，按照一定的分类标准和一定的顺序，把基金一定日期的资产、负债和所有者权益各项目进行适当排列，并对日常工作中形成的大量数据进行高度浓缩整理后编制而成的。它表明基金在某特定日期所拥有或控制的经济资源、所承担的现有义务和所有者对净资产的要求权。

资产负债表，可以提供某一日期资产的总额及其结构，表明基金拥有或控制的经济资源及其分布情况。资产负债表，可以反映某一日期负债的总额及其结构，表明基金未来需要用多少资产清偿债务。资产负债表，可以反映某一日期所有者权益的情况，表明基金份额持有人在基金资产中所占的份额，了解所有者权益的构成情况。表13.2列示了博时平衡配置混合型证券投资基金2017年半年报中所公布的资产负债表。

表13.2 **博时平衡配置混合型证券投资基金资产负债表**

2017年6月30日

单位：人民币元

	本期末 2017-06-30	上年度末 2016-12-31
资产		
银行存款	47 971 879.63	38 030 013.66
结算备付金	780 895.49	5 254 813.55
存出保证金	245 443.49	357 143.54
交易性金融资产	522 116 184.54	541 688 095.67
其中：股票投资	332 656 507.74	321 916 563.37
基金投资		
债券投资	189 459 676.80	219 771 532.30

	本期末 2017-06-30	上年度末 2016-12-31
资产支持证券投资	—	—
贵金属投资		
衍生金融资产	—	—
买入返售金融资产	—	—
应收证券清算款	992 871.00	
应收利息	4 514 681.85	3 717 328.34
应收股利	—	—
应收申购款	5 431.02	14 655.51
递延所得税资产	—	—
其他资产	—	—
资产总计	576 627 387.02	589 062 050.27
负债		
短期借款	—	—
交易性金融负债	—	—
衍生金融负债	—	—
卖出回购金融资产款	—	—
应付证券清算款	—	—
应付赎回款	625 305.89	512 155.96
应付管理人报酬	685 594.00	746 776.24
应付托管费	114 265.70	124 462.74
应付销售服务费	—	—
应付交易费用	1 817 068.64	3 519 909.60
应付税费	—	—
应付利息	—	—
应收利润	—	—
递延所得税负债	—	—

	本期末 2017-06-30	上年度末 2016-12-31
其他负债	434 003.45	420 500.19
负债总计	3 676 237.68	5 323 804.73
所有者权益		
实收基金	632 787 168.62	667 994 412.03
未分配利润	−59 836 019.28	−84 256 166.49
所有者权益总计	572 951 149.34	583 738 245.54
负债和所有者权益总计	576 627 387.02	589 062 050.27

注：所附附注为本会计报表的组成部分。

表13.2表示的是博时平衡配置混合型证券投资基金2017年6月30日这一时点的资产、负债及所有者权益的情况。本表2017年6月30日（即"年末数"）一栏根据相关科目的期末余额分析填列。基金资产与一般企业资产不同的是，基金必须经常性地进行资产估值，并把估值结果列入资产价值。基金资产估值的目的是客观、准确地反映每个基金单位的资产价值，使投资者了解基金资产是否做到保值、增值，以便作出投资决策。作为开放式基金，博时平衡配置混合型证券投资基金的基金单位的交易价格等于基金单位净值，因此基金估值是开放式基金申购、赎回业务的基础。如果基金单位资产净值不能得到合理评估，那么"稀释"效应将损害投资者的利益。例如，如果基金单位的价值被高估，那么当时进行赎回的股东将获得额外的收益，却"稀释"（损害）了未赎回股东的利益。类似地，当基金以低于其单位资产净值的价格出售基金股份时，这时新申购的股东将获得额外收益，而原股东的利益则会受到稀释。另外，当基金单位的价格被错定，进行短期套利的投资者增多时，基金的投资顾问将不得不保持高比例的现金或被迫将部分基金资产变现，这显然不利于基金的投资。同时，大规模的套利赎回还会导致经纪和管理成本增加。此外，对于封闭式基金而言，尽管基金单位的交易价格并不等于基金单位资产净值，但单位资产净值仍然是投资者在买卖封闭式基金单位时考虑的重要因素。

在资产负债表的编制中，如果本年度资产负债表规定的各个项目的名称和内容同上年度不一致，应对上年年末资产负债表各项目的名称和数字按照本年度的规定进行调整，填入资产负债表"年初余额"栏内。

13.2.3 基金利润表

利润表依据"收入−费用=利润"进行编制，反映一定期间内基金实现的利润情况。通过利润表，我们一般可以对上市公司的经营业绩、管理的成功程度作出评估，从而评价投资者的投资价值和报酬。表13.3列示了博时平衡配置混合型证券投资基金2017年半年报中所公布的利润表。

表13.3 　　　　　　　博时平衡配置混合型证券投资基金利润表

2017年1月1日至2017年6月30日　　　　　　　　　　单位：人民币元

项　目	本期 2017年1月1日至 2017年6月30日	上年度可比期间 2016年1月1日至 2016年6月30日
收入	27 759 867.10	-77 083 892.73
利息收入	5 046 594.98	6 174 422.65
其中：存款利息收入	167 083.90	383 012.94
债券利息收入	4 871 865.15	5 786 307.49
资产支持证券利息收入	—	—
买入返售金融资产收入	7 645.93	5 102.22
其他利息收入	—	—
投资收益（损失以"-"号填列）	12 145 948.86	-81 351 734.49
其中：股票投资收益	11 967 561.12	-88 318 989.12
基金投资收益	—	—
债券投资收益	-1 294 762.68	4 565 105.43
资产支持证券投资收益	—	—
贵金属投资收益	—	—
衍生工具收益	—	—
股利收益	1 473 150.42	2 402 149.20
公允价值变动收益（损失以"-"号填列）	10 559 809.94	-1 915 767.85
汇兑收益（损失以"-"号填列）	—	—
其他收入（损失以"-"号填列）	7 513.32	9 186.96
减：费用	7 480 469.07	12 808 025.17
管理人报酬	4 253 977.87	4 565 739.54
托管费	708 996.32	760 956.54
销售服务费		

续表

项　目	本期 2017年1月1日至 2017年6月30日	上年度可比期间 2016年1月1日至 2016年6月30日
交易费用	2 309 573.13	7 260 040.61
利息支出	2 828.80	1 904.44
其中：卖出回购金融资产支出	2 828.80	1 904.44
其他费用	205 092.95	219 384.04
利润总额（亏损总额以"-"号填列）	20 279 398.03	-89 891 917.90
减：所得税费用	—	—
净利润（净亏损以"-"号填列）	20 279 398.03	-89 891 917.90

　　利润表涵盖了一个特定期间，这个期间有时是1个月，或者6个月，或者1年。在本例中，该利润表涵盖的期间为6个月。本表"本期"栏反映各项目在2017年度上半年内的实际发生数。在编报年度报表时，"上年度可比期间"栏填列2016年度上半年的累计实际发生数。

　　针对利润表常用的两种评估方法是：

　　第一，透过基金在一定时期内的利润或亏损数额来分析公司的经济效益及盈利能力，评价公司的管理业绩。引用上例数据，博时平衡配置混合型证券投资基金在2017年度上半年的运营中净利润为0.2亿元，较上期增加了近1.1亿元。

　　第二，分析基金各种利润来源占利润总额的比重，了解推动基金利润增长或是亏损加剧的根源。通过对上例净利润来源的比较，我们可以看到：投资收益占利润总额的59.89%，说明投资收益是此次盈利的主因。另外，公允价值变动收益占利润总额的52.07%，是总盈利的第二个影响因素。通过本例的分析我们发现，利润金额不仅取决于收入和费用，还要考虑直接计入当期利润的利得和损失金额的计量。

【知识链接13-2】　　　　利润表（会证基02表）编制说明

　　1.本表反映一定期间内基金实现的利润情况。

　　2.本表"本期金额"栏反映各项目的本期实际发生数。在编报年度报表时，"上期金额"栏改为"上年金额"，填列上年全年累计实际发生数。如果上年度本表与本年度本表的项目名称和内容不一致，应对上年度报表项目的名称和数字按本年度的规定进行调整，并将其填入本表"上年金额"栏。

　　3.本表"本期金额"栏各项目的内容及其填列方法：

　　（1）"利息收入"项目，反映本期基金实现的利息收入，本项目应根据"利息收入"科目、期末结转"本期利润"科目的数额合计计算填列。

（2）"投资收益"项目，反映本期基金实现的证券投资收益、衍生工具收益和股利收益等。本项目应根据"投资收益"科目、期末结转"本期利润"科目的数额合计计算填列。

（3）"公允价值变动净收益"项目，反映本期产生的公允价值变动损益。本项目应根据"公允价值变动损益"科目、借贷方发生额分析计算填列。如为公允价值变动损失，应以"－"号填列。

（4）"其他收入"项目，反映除上述收入以外的其他各项收入。本项目应根据"其他收入"科目、期末结转"本期利润"科目的数额填列。如为其他损失，应以"－"号填列。

（5）"管理人报酬""托管费""销售服务费"项目分别反映按照基金合同和招募说明书的规定计提的基金管理人报酬、托管费、销售服务费。本项目应分别根据"管理人报酬""托管费""销售服务费"科目、期末结转"本期利润"科目的数额填列。

（6）"交易费用"项目，反映在非货币市场基金运作过程中发生的各项交易费用。本项目应根据"交易费用"科目、期末结转"本期利润"科目的数额填列。

（7）"利息支出"项目，反映基金运作过程中发生的各项利息支出。本项目应根据"利息支出"科目、期末结转"本期利润"科目的数额填列。其中，"卖出回购金融资产支出"项目，应根据"利息支出"明细科目、"卖出回购金融资产支出"、期末结转"本期利润"科目的数额填列。

（8）"其他费用"项目，反映在基金运作过程中发生的除上述费用支出之外的其他各项费用。本项目应根据"其他费用"科目、期末结转"本期利润"科目的数额填列。

（9）"利润总额"项目，反映本期基金利润总额，如为亏损总额，应以"－"号填列。

资料来源 《证券投资基金会计核算业务指引》（2012）。

13.2.4 所有者权益（基金净值）变动表

基金单位净值是开放式基金办理申购和赎回的唯一依据，也是决定封闭式基金交易价格的重要依据之一，因此，基金管理公司要定期向投资者披露基金净值及其变化情况。所有者权益（基金净值）变动表反映一定时期基金所有者权益增减变动的情况。表13.4显示了博时平衡配置混合型证券投资基金2017年半年报中所公布的所有者权益（基金净值）变动表。

基金净值变动表应披露下列项目产生的基金净值变动：

（1）经营活动产生的基金净值变动。

（2）基金单位交易产生的基金净值变动。

（3）向基金份额持有人分配收益产生的基金净值变动。

表13.4 博时平衡配置混合型证券投资基金所有者权益（基金净值）变动表

2017年1月1日至2017年6月30日 单位：人民币元

项目	本期 2017年1月1日至2017年6月30日			上年度可比期间 2016年1月1日至2016年6月30日		
	实收基金	未分配利润	所有者权益合计	实收基金	未分配利润	所有者权益合计
一、期初所有者权益（基金净值）	667 994 412.03	-84 256 166.49	583 738 245.54	696 684 845.29	23 750 588.97	720 435 434.26
二、本期经营活动产生的基金净值变动数（本期利润）	-	20 279 398.03	20 279 398.03	-	-89 891 917.90	-89 891 917.90
三、本期基金份额交易产生的基金净值变动数（净值减少以"-"号填列）	-35 207 243.41	4 140 749.18	-31 066 494.23	-68 268.33	52 099.39	-16 168.94
其中：1.基金申购款	10 283 827.89	-1 266 484.71	9 017 343.18	28 003 482.03	-3 319 558.92	24 683 923.11
2.基金赎回款	-45 491 071.30	5 407 233.89	-40 083 837.41	-28 071 750.36	3 371 658.31	-24 700 092.05
四、本期向基金份额持有人分配利润产生的基金净值变动数（净值减少以"-"号填列）	-	-	-	-	-14 592 947.58	-14 592 947.58
五、期末所有者权益（基金净值）	632 787 168.62	-59 836 019.28	572 951 149.34	696 616 576.96	-80 682 177.12	615 934 399.84

故博时平衡配置混合型证券投资基金的所有者权益变动表中的各项目根据期初所有者权益（基金净值）构成、本期基金经营活动产生的基金净值变动（基金净利润）、本期基金份额交易产生的基金净值变动、本期向基金份额持有人分配利润产生的基金净值变动、期末所有者权益（基金净值）构成等情况列示。本表"未分配利润"栏反映当期基金的利润分配情况，包括期初基金未分配利润、当期利润总额、当期损益平准金、当期已分配利润以及期末未分配利润等信息。

13.2.5 基金资产净值周报表

我国封闭式基金单位资产净值主要通过三大证券报（《中国证券报》、《上海证券报》和《证券时报》）以及各主要财经网站对外发布。封闭式基金单位资产净值在各大证券报上主要以表格形式披露。从2001年3月13日起，10家基金管理公司和5家托管银行就基金净值公告的格式及内容等问题达成共识，一直沿用至今。基金净值公告的格式和内容规定如下：

（1）建议有关媒体在公告证券投资基金资产净值时，所列基金按基金设立时间先后排序。

（2）封闭式基金每周六公告本周五单位资产净值一次（节假日顺延）。

（3）证券投资基金资产净值周报表内容及格式。见表13.5。

表13.5　　　　　　　　　　证券投资基金资产净值周报表

截止时间：　　年　月　日　　　　　　　　　　　　单位：人民币元

序号	1	2	3	4
基金代码				
基金名称				
基金资产净值				
基金份额净值				
基金规模				
设立时间				
管理人				
托管人				
未经审计的单位拟分配收益				

注：（1）本表所列某月某日的数据由有关基金管理公司计算，基金托管银行复核后提供。

（2）基金资产净值按照基金所持有的股票的当日平均价计算。

（3）累计净值=单位净值+基金建立以来累计派息金额。

（4）未经审计的单位拟分配收益由基金管理人根据基金上年度单位可分配收益，按照《证券投资基金管理暂行办法》规定的收益分配比例（至少90%）计算、基金托管人复核后得出，未经会计师事务所审计，在有关财务数据经过会计师事务所审计后，基金单位净收益、单位分配收益及其权益登记日、红利派发日等收益分配有关事项，以基金年报和基金分红派息公告为准。

封闭式基金的交易价格也可以通过交易所的行情系统或互联网进行查询。封闭式基金的代码共有6位，其中在上海交易所上市的封闭式基金代码的前两位是50，如基金金泰的代码为500001，在深圳交易所上市的封闭式基金代码的前两位是18，如基金开元的代码为184688。通过交易所的封闭式基金行情系统，投资者可以获得封闭式基金交易的详细情况，如价格、成交量、价格走势、最近几周单位资产净值、基金报表和基金投资组合概况等。

华安创新、南方稳健成长、华夏成长等开放式基金在进入日常申购和赎回期后，其单位资产净值每天都进行公布，公布途径包括三大报、托管银行（也是基金单位的代销银行）网站和基金管理公司自身网站。从2002年8月15日起，深圳证券交易所利用交易所行情发布系统向广大投资者揭示基金管理人提供的前一交易日开放式基金份额净值，首只利用该系统发布单位资产净值的开放式基金是融通新蓝筹。深圳证券交易所行情系统中的"前收盘"一栏揭示了每百份开放式基金单位在前一交易日收盘后的单位资产净值。由于我国开放式基金的申购和赎回采用"全额申购、份额赎回"原则，如果投资者在T日向基金提出申购或赎回要求，那么在T+1日，他可以通过交易所的开放式基金查询系统查知他购买时基金的单位资产净值。如果开放式基金尚未进入申购和赎回期，交易所行情系统揭示的是该基金的认购价格加上认购费用。如融通新蓝筹在发行期间通过交易所揭示的价格为101元，即每百份融通新蓝筹的认购价格为100元加上1元的认购费用。

利用交易所系统查询开放式基金单位资产净值时，投资者要使用深交所编制的开放式基金净值代码。开放式基金净值揭示代码由6位阿拉伯数字组成，前两位"16"或"15"表示开放式基金，中间两位为基金管理公司的代码，后两位为该基金管理公司发行的全部开放式基金的顺序号。开放式基金的简称由4个汉字字符串或长度不超过4个汉字的字符串构成。例如，融通新蓝筹开放式基金，其基金净值揭示代码为"161601"，简称"新蓝筹"。

单位初值是指基金在每一个会计年度第一个交易日的单位净值，扣除每基金单位实际分红后的余额，它等于基金在上一个会计年度最后一个交易日的单位净值，减去其每单位实际派发的红利金额。对于已公布年度报告和分红派息公告的基金，增长率=（单位净值−单位初值）÷单位初值。

调整后单位初值、调整后单位净值，是专门针对拟进行分红派息的基金而言的，它们指的是在现有单位净值、单位初值基础上，扣除单位拟分配收益后的余额。如果某基金拟在某个时间进行年度收益分配而尚未公布年报和分红派息估告，则调整后单位初值是指单位初值扣除未经审计的单位拟分配收益后的余额。调整后单位净值是指单位净值扣除未经审计的单位拟分配收益后的余额。对于拟进行年度收益分配而尚未公布年报和分红派息估告的基金，增长率=（调整后净值−调整后初值）÷调整后初值。

累计净值是指基金自设立以来，在不考虑历次分红派息情况的基础上的单位资产净额，它等于基金目前的单位净值，加上基金自设立以来累计派发的红利金额。它反映了基金从设立之日起，一个连续时段上的资产增值情况。

"最新净值"指上个周五的收盘后的净值，"上次净值"是指再上个周五收盘后的净值，"增减"是指前者与后者之差，"增减比例"是指增减与上次净值之比。

另外一个与基金净值相联系的概念是升贴水率，它只与封闭式基金相联系，因为封闭式基金在交易所上市交易，并且交易价格与基金单位资产净值并不吻合。升贴水率等于基金单位市场价格与基金单位资产净值之差除以基金单位资产净值。

13.3 证券投资基金的税收

广义的基金税收包括了基金本身的税收、基金投资者的税收、基金管理公司的税收和基金托管人的税收等；狭义的基金税收仅包括基金本身的税收和基金投资者的税收。我们在这里所说的基金税收是指狭义的基金税收。

13.3.1 美国的基金税收

美国为避免对基金收入进行重复征税，原则上规定基金的股息收入、利息收入和资本利得免税。股息、利息来源于基金组合中证券分配的利息和红利，它们必须在投资者的收益分配中列为红利（Dividend）。资本利得分配代表了基金出售组合中持有期超过一年的证券获得的价差收入。对共同基金的收入和资本利得的特殊税收待遇由1936年《收入法案》（Revenue Act of 1936）确立。另外，根据1942年颁布的税法，投资公司从基金资产中获得的利息、股息和资本利得在满足一定条件的情况下可以免税。1986年的《国内收入法典》的M子章对共同基金的收入和资本利得作出进一步规定，要想获得1986年《国内税收法案》的优惠税收待遇，基金必须满足不同的投资分散化标准，并且证明基金收益的来源。具体要满足以下两个方面的要求：第一，它必须是经过证券管理部门登记注册的合法公司；第二，该公司属"受控投资公司"。

所谓"受控投资公司"需满足以下条件：

（1）公司90%以上的总收入来自股息、利息和销售证券所得，且总收入中短期资本增值的收益不能超过30%。

（2）投资必须分散化，来自3个月之内的证券销售总收入不得高于70%，至少有50%的资产是现金、证券债券或多样化证券。

（3）在任何一个纳税年度，其应税股息、利息等的分配不得低于总投资收入（股息和利息收入减去费用）和短期资本收益的90%，其中已实现的长期证券利润可以保留，但必须纳税。而"非受控"公司则必须缴纳正常的营业税和所得税。

从2001年开始，基金出售组合中持有期超过5年的证券获得的资本利得，可以享受"合格的5年资本利得"税收待遇，税率为8%，而不是传统的10%。事实上，大部分投资基金管理公司都享有免税的权利。作出这样的规定，主要是为了保护投资者的利益，限制基金管理人的不当操作及其他行业兼营投资基金业务。

1986年修订后的新税法规定：基金受益人的所有利息、股利收入和资本利得都视同普通收入，报收入时列入综合税项。对非美国受益人的投资收益，课征30%的所得税。

投资专家认为，由于多数基金在年末分配收益，为避税，投资者应避免在11月和12月大规模地购买基金股份，可将购买时间推迟到下年的1月份。投资者在购买基金股份时应采取"时机"策略。其他重要因素如基金类型和预期收益的数量在购买基金股份之前应予以考虑。如购买货币市场基金的时机与课税无关，则因为货币市场基金每天公布收益分配，投资者每天都要计算应缴税款。

13.3.2 英国的基金税收

从1997年开始，英国引入了一种新的UCITS形式——开放式投资公司（The Open-ended Investment Company，OEIC）。OEIC的课税方式与经认可的单位信托基本一致，它们可以合称为"经认可的投资基金"（Authorized Investment Funds，AIF）。

AIF的总体税收原则如下：

如果AIF是英国公司（即在英国注册的公司型基金），其收入（股息和利息）必须课税，公司所得税税率为20%。已实现和未实现的资本利得免税。期货和期权交易的资本利得免税。

在对AIF的股息和利息征税时，AIF可以将课税对象视作英国的公司居民。但AIF

的课税仍然与一般公司不同。例如，债券型证券是根据所得税法（The Income Tax）而不是公司所得税法征税的。AIF的收入如何课税依赖于收入的来源。AIF从英国公司居民收到的红利收入免税。此类红利收入和10%的可归结抵免统称为免税的（Franked）投资收入。非免税（Unfranked）收入包括英国债券和银行存款利息、外国存款利息和红利等，非免税的收入受公司税法的辖制。从2001年4月1日起，英国AIF从英国公司获得的利息收入将按20%的税率课税。通过英国与其他国家的税收协定，AIF可以要求通过被征收的外国预提所得税进行双边税收抵免。

前面提到，AIF已实现和未实现的资本利得免税，这项免除意味着只有在进行分配时，资本利得才被课税。这项免除只与英国税法有关，如果某AIF投资于外国证券，其获得的资本利得将受到该国关于资本利得的税法的辖制。在分配期间里，AIF必须将其所有的净收入予以分配。大部分的基金每6个月分配一次，还有部分基金每1个月分配一次。红利获得10%的税收减免，AIF获得的利息通常缴纳20%的所得税。

针对基金持有者的税收原则基本如下：

（1）来自英国公司的红利和利息收入须纳税。

（2）基金持有者处置基金单位的资本利得将被征收资本利得税。如果基金持有者是个人，则适用个人所得税；如果是公司，则适用公司所得税。但公司处置持有的债券基金获得的资本利得可免除资本利得税。

（3）AIF的收益分配方式（红利或利息）决定了分配的税收待遇。

（4）基金的公司投资者获得的红利分配与个人投资者获得的红利分配的课税方式不同。

（5）从累积基金获得的收入在还未分配的情况下仍然要课税。

13.3.3 我国的基金税收

在我国，证券投资基金的税收问题主要涉及管理人和投资人的增值税、所得税、印花税。

1.增值税

根据《关于全面推开营业税改征增值税试点的通知》（财税〔2016〕36号）、《关于明确金融、房地产开发、教育辅助服务等增值税政策的通知》（财税〔2016〕140号）、《关于资管产品增值税政策有关问题的补充通知》（财税〔2017〕2号）、《关于资管产品增值税有关问题的通知》（财税〔2017〕56号）、《基金法》等法律法规、各类监管文件的规定，基金财产投资的相关税收，由基金份额持有人承担。管理人自2018年1月1日起（含）将对存续及新增产品发生的增值税应税行为按照相关规定以及税务机关的要求计算和缴纳增值税税款及附加税费。前述税款及附加税费是产品管理、运作和处分过程中发生的，将由产品资产承担，从产品资产中提取缴纳，可能会使相关产品净值或实际收益降低。

（1）基金管理人

基金管理人因管理投资基金而取得的管理费，按"直接收费金融服务"缴纳增值税。税法规定，从2017年7月1日起，资管产品运营过程中发生的增值税应税行为，以资管产品管理人（公司型或合伙型）为增值税纳税人。即管理人以自己的名义用投资基金对外投资取得的收益由管理人缴纳增值税，并区分持有收益与转让收益分别确定纳税义务：

对于持有期间取得的分配（含持有至到期），凡合同中明确承诺到期本金可全部收回的，其取得的收益（固定收益或浮动收益）按"贷款服务"缴纳增值税；反之，投资于非保本产品，持有收益不征增值税。

对于转让收益，按照"金融商品转让"缴纳增值税，其中管理人运用基金买卖股票、债券的差价收入可享受免征增值税优惠。

（2）证券投资基金投资人

投资人（包括单位和个人）取得的持有收益（含持有至到期）若属于保本型基金，按"贷款服务"缴纳增值税。其中，小规模纳税人（含自然人）2017年12月31日前，月销售额不足3万元的，免征增值税；非保本型基金，不征增值税。

个人投资者转让基金份额（含通过基金互认买卖香港基金）以及对香港市场投资者（包括单位和个人）通过基金互认买卖内地基金份额免征增值税。境内单位投资者买卖基金（含通过基金互认买卖香港基金）取得的价差收入按"金融商品转让"缴纳增值税。

2. 企业所得税

基金管理人有公司型和合伙型两类，公司型管理人缴纳企业所得税，管理人为合伙企业的，合伙企业的经营所得采取"先分后税"原则，以每一个合伙人为纳税义务人，合伙企业合伙人是自然人的，缴纳个人所得税；合伙人是法人和其他组织的，缴纳企业所得税。

企业投资者的企业所得税纳税义务如下：

（1）分配环节

①对投资者从证券投资基金分配中取得的收入，暂不征收企业所得税。

②内地企业投资者通过基金互认从香港基金分配取得的收益，计入其收入总额，依法征收企业所得税。

③对香港市场投资者通过基金互认从内地基金分配取得的收益，由内地上市公司向该内地基金分配股息红利时，对香港市场投资者按照10%的税率代扣所得税；或发行债券的企业向该内地基金分配利息时，对香港市场投资者按照7%的税率代扣所得税，并由内地上市公司或发行债券的企业向其主管税务机关办理扣缴申报。该内地基金向投资者分配收益时，不再扣缴预提所得税。

（2）买卖环节

①企业投资者买卖基金（含通过基金互认买卖香港基金份额）取得的价差所得应并入所得总额征收企业所得税。

②香港市场的企业投资者通过基金互认买卖内地基金份额取得的转让差价所得，暂

免征收企业所得税。

3.个人所得税

合伙型管理人的合伙人为自然人的，按照"个体工商户的生产经营所得"计征个人所得税。投资者为自然人的，个人所得税纳税义务如下：

（1）分配环节

①对基金取得股票的股息、红利收入，债券的利息收入、储蓄存款利息收入，由上市公司、新三板企业、发行债券的企业和银行在向基金支付上述收入时代扣代缴个人所得税，其中股息红利所得可适用股息红利差别化待遇。对个人投资者从基金分配中取得的收入，暂不征收个人所得税。

②对个人投资者从基金分配中获得的企业债券差价收入，应按税法规定对个人投资者征收个人所得税，税款由基金在分配时依法代扣代缴。

③内地个人投资者通过基金互认从香港基金分配取得的收益，由该香港基金在内地的代理人按照20%的税率代扣代缴个人所得税。

④对香港市场的个人投资者通过基金互认从内地基金分配取得的收益，由内地上市公司向该内地基金分配股息红利时，对香港市场投资者按照10%的税率代扣所得税；或发行债券的企业向该内地基金分配利息时，对香港市场投资者按照7%的税率代扣所得税，并由内地上市公司或发行债券的企业向其主管税务机关办理扣缴申报。该内地基金向投资者分配收益时，不再扣缴所得税。

（2）买卖环节

①对个人投资者买卖基金份额取得的差价收入，在对个人买卖股票的差价收入未恢复征收个人所得税以前，暂不征收个人所得税。

②对内地个人投资者通过基金互认买卖香港基金份额取得的转让差价所得，自2015年12月18日起至2018年12月17日止，3年内暂免征收个人所得税。

③对香港市场的个人投资者通过基金互认买卖内地基金份额取得的转让差价所得，暂免征收个人所得税。

4.印花税

基金运营过程中，管理人买卖股票（含新三板股票）在卖出环节按照1‰的税率征收印花税，买入时不征印花税。

（1）对企业或个人投资者买卖（申购与赎回、交易）基金单位，暂不征收印花税。

（2）对香港市场投资者通过基金互认买卖、继承、赠与内地基金份额，按照内地现行税制规定，暂不征收印花税。

（3）对内地投资者通过基金互认买卖、继承、赠与香港基金份额，按照香港特别行政区现行印花税税法规定执行。

【知识链接13-3】　　　财税56号文关于资管产品增值税有关问题的通知

根据财税〔2017〕56号文件的规定，几乎所有境内金融机构的资管产品都要缴纳运营过程中发生的增值税。不同机构、资管产品对于增值税的缴纳情况如下：

持有品种	金融自营机构		证券投资基金		其他资管产品	
	利息收入	转让价差	利息收入	转让价差	利息收入	转让价差
国债、地方政府债、政策金融债、金融债、同业存单、质押式回购、买断式回购、同业借款、同业存款、同业代付	无	可抵扣6%	无	无	无	简易3%
非金融信用债	可抵扣6%	可抵扣6%	简易3%	无	简易3%	简易3%
保本理财/基金	可抵扣6%	可抵扣6%	简易3%	简易3%	简易3%	简易3%持有到期无
非保本资管产品	无	可抵扣6%	无	简易3%	无	简易3%持有到期无
股票	无	可抵扣6%	无	无	无	简易3%
其他非保本金融投资品种	无	可抵扣6%	无	简易3%	无	简易3%

附加税为缴纳部分的12%，只要缴纳增值税均需缴纳

值得注意的是，表格中的证券投资基金主要是指公募基金，不包括基金公司的专户和私募基金。公募基金明确可以免去股票、债券的价差收入增值税，是各类资管产品（不考虑社保账户）中唯一具有"优势"的产品，再叠加公募基金可免所得税的条款，使得公募基金在税收上是优势最为明显的资管品种。

资料来源　《关于资管产品增值税有关问题的通知》。

● **本章小结**

证券投资基金的财务管理主要是对证券投资基金的会计信息进行进一步的分析、提炼，为基金的运作提供决策依据，以提高基金的运作效率。因此，证券投资基金的会计核算是其财务管理的基础。只有充分了解证券投资基金会计核算，才能更准确地理解证券投资基金所披露的信息，才能对证券投资基金的运作绩效作出更准确的评价。

证券投资基金净资产的所有人是基金份额持有人，不是基金管理公司，基金管理公司只是接受基金份额持有人的委托管理证券投资基金资产，证券投资基金的本质是一种信托关系。因此，有关法律法规都规定，基金管理公司、基金托管人要保证基金资产的

独立性，在会计上要实行分账管理，单独核算。

证券投资基金会计是为了真实反映基金的运作绩效，以便投资者进行投资决策，基金管理人把握管理绩效，监管部门了解基金运作状况等。由于基金是公众的基金，所以证券投资基金要尽可能地向投资者披露各种详尽的会计信息。

会计核算的目的就是通过一定的会计方法和会计程序，将基金的经营成果以财务报告的形式反映出来。基金财务会计报告主要由资产负债表、基金利润表、基金所有者权益（基金净值）变动表和基金资产净值周报表组成。

● **重要概念**

　　财务管理　会计信息　独立核算　基金资产　基金负债　基金所有者权益　基金收益　基金费用　基金利润　基金资产负债表　基金利润表　基金所有者权益（基金净值）变动表　基金资产净值周报表　基金税收

● **思考题**

　　1.基金会计的基本前提有哪些？开放式基金和封闭式基金在这些前提的哪个方面具有差异？

　　2.谈一谈基金会计与基金管理公司会计的区别。

　　3.谈一谈基金会计信息的作用。试根据我国某一基金公司的年度财务报表对基金运营情况进行分析。

　　4.我国证券投资基金的财务报表主要有哪些？各财务报表的作用分别是什么？

　　5.了解并比较我国新、旧会计准则的差别及新会计准则对基金财务报表的影响。

　　6.我国证券投资基金的税收与美国和英国有何差异？

第14章　证券投资基金风险管理

◇学习目标

- 了解证券投资基金风险管理的理念和组织结构
- 了解证券投资基金风险管理的目标和流程
- 了解证券投资基金面临的各种风险以及主要的防范手段
- 掌握股票价格波动风险的各种度量方法

　　证券投资基金是一种利益共存、风险共担的集合证券投资方式，即通过发行基金单位，集中投资者的资金，由基金托管人托管，由基金管理人管理和运用资金，从事股票、债券等金融工具投资，并将投资收益按基金投资者的投资比例进行分配的一种间接投资方式。本章从分析我国证券投资基金业风险管理现状入手，通过分析证券投资基金风险管理理念、组织结构、目标原则流程和面对的主要风险，并结合当前主流的风险管理工具，对我国证券投资基金的风险管理提出了相应的风险管理方法。

14.1　证券投资基金风险管理概述

14.1.1　风险管理的理念及组织结构

　　风险管理是证券投资基金的核心功能之一，它是指为了构建风险与回应风险所采用的各类方法与过程的统称。风险并不总是需要避免的，有些风险需要避免，有些风险则需要加以监控和管理，因为这些风险是产生收益的"源泉"。风险本质上并不可怕，恰恰相反，风险是现代商业管理以及基金管理的一个重要组成部分。只有合理地承担和管理风险，基金才能获得超过平均水平的收益。风险管理是一个复杂的系统工程，投资对象的价格风险仅仅是我们要关注的风险中的一小部分。整个投资和运作过程中出现的风险都可能导致损失甚至危机。而且，不完善的公司风险日常监控和报告机制可能会比单个股票的价格下降导致更为严重的问题。所以，成功实现风险管理最重要的因素是建立一个科学的风险管理体系并将其严格、一致地应用到基金管理中去。

　　为了达到这个目标，证券投资基金应该致力于建立一套各个部门都能充分认同和理解的、思路清晰的风险管理理念，并使每一个员工都抱持这个理念。风险管理并不是基金中某一个或某几个人的责任，进行基金管理的每一个人都应该承担风险管理的责任。每一种绝对的和相对的风险都应该被考虑到，证券投资基金中的每一个部门甚至每一个人都应该是风险管理环节中的一部分。

一个有效的风险管理结构要求采用"自上而下"的模式，这意味着风险管理首先要得到高层管理者的理解和支持。高层管理者必须具有明确的风险意识，并将这种意识传达给基金内部的各个部门，建立企业良好的风险管理氛围。同时，领导层还必须具有明确的风险管理态度，制定包括风险偏好、责任分配等多方面的政策性内容，并委派专人监督风险政策的执行情况。承担具体风险管理的部门必须独立于其他业务部门，独立地行使风险监控的职能。在风险管理过程中，风险管理部门必须遵循统一的风险管理标准。基于以上原则，证券投资基金进行风险管理的组织结构如图14.1所示。

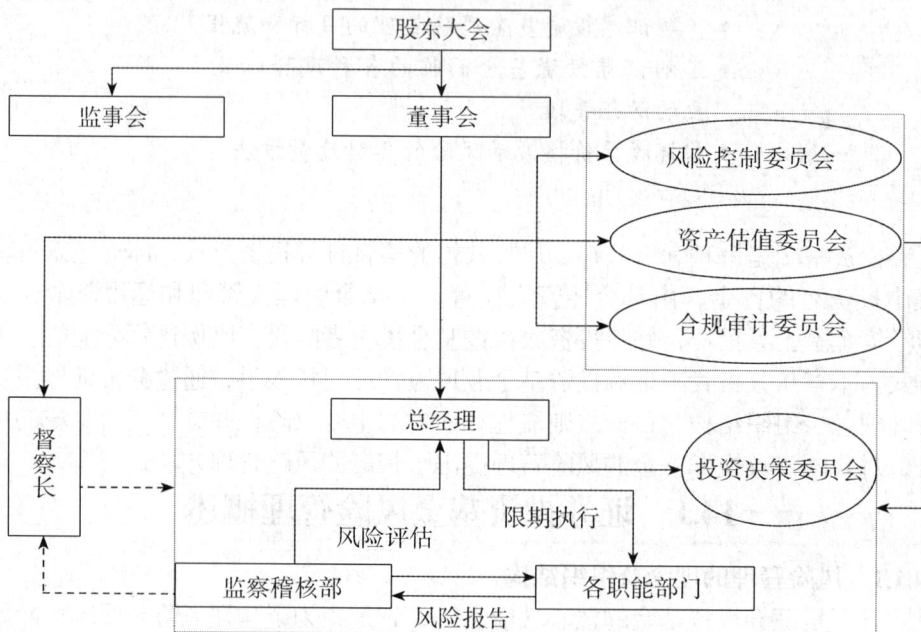

图14.1 证券投资基金的风险管理组织结构

与基金风险管理有关的部门和岗位如下：

公司董事会确定公司的风险偏好水平和公司的风险政策，对风险管理承担最终责任。

公司董事会下设合规审计委员会，负责检查公司遵守法律法规、章程情况。公司董事会下还设立风险控制委员会，负责公司风险管理战略和协调突发性重大风险的处理等。

风险控制委员会由董事长、独立董事、非独立董事、督察员组成。董事长为委员会的主任委员。风险控制委员会会议分为定期会议和不定期会议。定期会议由风险控制委员会主任委员召集，其他任一委员均可提议召开临时会议。该委员会对基金的风险进行评估，向管理层汇报，并向投资决策委员会提出风险警示。

公司管理层向董事会或董事会下设的专门委员会提交风险管理报告，对有效的风险管理承担直接责任。为协助管理层履行风险管理职能，公司管理层可以下设操作风险委员会、股票投资风险委员会、信用风险委员会等，对各类风险进行全面管控。

公司应设立独于业务体系汇报路径的风险管理职能部门或岗位，并配备有效的风险管理系统和足够的专业人员。公司督察员和监察稽核部负责检查公司内部风险控制制度的日常执行情况，并对公司内部风险控制制度的合理性、有效性进行分析，提出改进意见。对检查中出现的问题，及时报风险控制委员会和有关领导进行处理。

在研究部下设立绩效与风险评估小组，绩效与风险评估小组运用数量化的风险管理工具分析风险状况并定期提供风险评估报告，建立风险管理模型并提出降低风险的建议。

各业务部门是公司风险控制的具体实施单位。各部门应在公司各项基本管理制度的基础上，根据具体情况制定本部门的业务管理规定、操作流程及风险控制规定，加强对业务风险的控制，实现本部门具体的风险控制目标。

在风险管理责任的划分上，各业务部门负责人是其部门风险管理的第一责任人，基金经理是相应投资组合风险管理的第一责任人。公司所有员工是本岗位风险管理的直接责任人，负责具体风险管理职责的实施。

【知识链接14-1】 **《基金法》中对基金风险管理的要求**

《中华人民共和国证券投资基金法》中对基金风险管理有如下规定：

第一章第九条中：

基金管理人运用基金财产进行证券投资，应当遵守审慎经营规则，制定科学合理的投资策略和风险管理制度，有效防范和控制风险。

第二章第十三条中：

设立管理公开募集基金的基金管理公司应当具备良好的内部治理结构、完善的内部稽核监控制度、风险控制制度。

第二章第二十二条中：

公开募集基金的基金管理人应当从管理基金的报酬中计提风险准备金。

第二章第二十四条中：

公开募集基金的基金管理人违法违规，或者其内部治理结构、稽核监控和风险控制管理不符合规定的，国务院证券监督管理机构应当责令其限期改正。

第二章第二十六条中：

公开募集基金的基金管理人违法经营或者出现重大风险，严重危害证券市场秩序、损害基金份额持有人利益的，国务院证券监督管理机构可以对该基金管理人采取责令停业整顿、指定其他机构托管、接管、取消基金管理资格或者撤销等监管措施。

14.1.2 风险管理的目标、原则和流程

基金公司风险管理的目标是通过建立健全公司风险管理体系，确保经营管理合法合规，受托资产安全，财务报告相关信息真实、准确、完整，不断提高经营效率，促进公司实现发展战略。基金公司的风险管理应遵循以下基本原则：

（1）全面性原则。公司风险管理必须覆盖公司的所有部门和岗位，涵盖所有风险类型，并贯穿于所有业务流程和业务环节。

（2）独立性原则。公司应设立相对独立的风险管理职能部门或岗位，负责评估、监控、检查和报告公司风险管理状况，并具有相对独立的汇报路线。

（3）权责匹配原则。公司的董事会、管理层和各个部门应当明确各自在风险管理体系中享有的职权及承担的责任，做到权责分明、权责对等。

（4）一致性原则。公司在建立全面风险管理体系时，应确保风险管理目标与战略发展目标的一致性。

（5）适时有效原则。公司应当根据公司经营战略方针等内部环境和国家法律法规、市场环境等外部环境的变化及时对风险进行评估，并对其管理政策和措施进行相应调整。

基于以上目标和原则，证券投资基金在实施风险管理时主要应以业务流程为主导，按风险识别、风险评估、风险应对、风险报告和监控及风险管理体系的评价五个步骤进行。如图14.2所示。

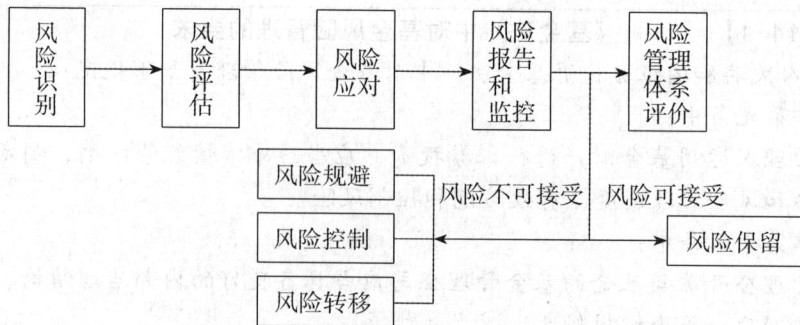

图14.2　证券投资基金风险管理流程图

图中的五个步骤在证券投资基金中的具体运作如下：

（1）风险识别是指对所有可能存在的、对基金运作有重大影响的潜在风险点进行考察和识别，它是有效实施风险管理的前提和基础。风险识别应当覆盖公司各个业务环节，涵盖所有风险类型。公司应当对已识别的风险进行定期回顾，并针对新法规、新业务、新产品、新的金融工具等及时进行了解和研究。风险识别可采用"由下至上""由上至下"或两者相结合的方法。在这个过程中，保持一种客观和怀疑的态度是非常必要的。

（2）风险评估是对上一步中已识别的风险进行定性或定量分析，或者采用定性和定量相结合的方法，确定风险发生的概率和程度，从而确定风险的等级。定性是经验和制度的总结，定量分析则有助于风险评估的准确性。风险评估应保持方法的一致性，协调好整体风险和单个风险、长期风险和中短期风险的关系。

（3）风险应对是根据已识别风险的性质和级别，建立相应的控制措施，明确相应的控制人员，不断完善业务流程的过程。基金公司应当建立清晰的风险事件登记制度和风险应对考评管理制度，明确风险事件的等级、责任追究机制和跟踪整改要求。

（4）风险报告和监控是风险管理的核心环节。基金公司应当建立清晰的报告监测体系，对风险指标进行系统和有效的监控，根据风险事件发生的频率和事件的影响来确定风险报告的频率和路径。风险报告应明确风险等级、关键风险点、风险后果及相关责任、责任部门、责任人、风险处理建议和责任部门反馈意见等，确保公司管理层能够及时获得真实、准确、完整的风险动态监控信息，明确并落实各相关部门的监控职责。

（5）风险管理体系评价不是风险管理的最后一步，而是发挥风险管理持续性的关键一步。基金公司应当对风险管理体系进行定期评价，对风险管理系统的安全性、合理性、适用性和成本与效益进行分析、检查、评估和修正，以提高风险管理的有效性，并根据检验结果、外部环境的变化和公司新业务的开展情况进行调整、补充、完善或重建。

管理层在接到风险管理部门的风险报告后，要对基金的风险状况做一个整体评估，确认目前基金所承担的风险是否可以接受。如果目前的风险属于可接受的范围，则对风险进行保留；如果目前的风险不属于可接受的范围，则需要降低风险。降低风险的方法主要有：

（1）风险规避：简单地放弃可能引发风险的业务和头寸，从而完全规避风险。

（2）风险控制：部分放弃可能引发风险的业务，减少可能引发风险的头寸，使风险降低到可以接受的范围之内。

（3）风险转移：进行对冲或投资组合保险，利用别的头寸降低现有头寸的风险。

【知识链接14-2】 **富国基金管理公司风险管理体系**

一、风险类型

1.投资风险

（1）市场风险

（2）信用风险

（3）流动风险

2.合规操作风险

（1）业务风险

（2）运作风险

（3）危机管理

二、风险管理系统工具

1.投资风险

（1）Barra Aegis 风险控制系统

（2）Wind组合风险和业绩归因系统

（3）KM 系统

（4）晨星风格和基金分析系统

298

（5）恒生系统

2. 合规操作风险

（1）法律法规、业务制度和流程

（2）合规手册

（3）应急计划

（4）监察点项目核查表、风险控制 KPI

（5）内部审计政策和程序

三、风险控制四道防线

（1）风险控制委员会评估

（2）监察稽核部独立稽核

（3）部门一线自控和互控

（4）岗位自律、自控和互控

四、风险管理目标和成效

（1）在既定的风险承受范围内，实现风险调整后的收益最大化

（2）公司管理的资产除个别操作失误外，从未发生违规

资料来源　富国基金实名网站，http://www.fullgoal.com.cn。

14.1.3　证券投资基金主要风险揭示

对风险的分类是一项复杂的工作，基金投资过程中可能出现的风险可以粗略地划分为投资风险和合规操作风险两大类（图14.3）。每一种类型的风险都不是完全相互独立和隔绝的，它们之间或多或少存在着一些联系。所以，我们在对风险进行揭示和衡量的过程中，应该把不同类型的风险看成一个整体来考虑。

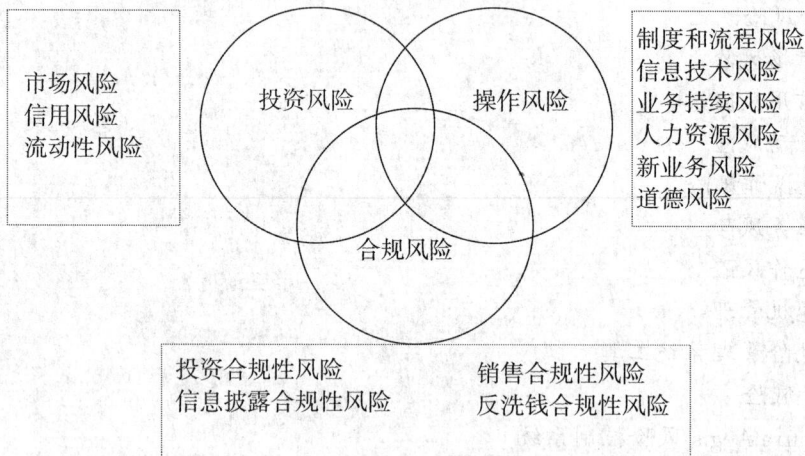

图14.3　证券投资基金风险的分类示意图

在图中所列明的各类风险中，证券投资基金重点关注的风险及其衡量方法如下：

1.投资风险

（1）市场风险。指因受各种因素影响而引起的证券及其衍生品市场价格不利波动，使投资组合资产、公司资产面临损失的风险，包括政策风险、经济周期风险、利率风险、汇率风险、购买力风险等。

①政策风险。因财政政策、货币政策、产业政策、地区发展政策等国家宏观政策发生变化，导致市场波动而影响基金收益所产生的风险是政策风险。如区域概念型基金，对国家的区域、产业政策比较敏感。所以，政策风险是市场风险中一个需要重点关注的风险。

②经济周期风险。随着经济运行的周期性变化，各个行业及上市公司的盈利水平也呈周期性变化，从而影响到整个股票市场二级市场的走势。

③利率风险。指因利率的变动导致资产价格或收益率产生波动的风险。简单来说，一是直接影响资产价值变化，二是通过利差间接影响收益率。

④汇率风险。又称外汇风险，指经济主体持有或运用外汇的经济活动中，因汇率变动而蒙受损失的可能性。显然，QDII基金投资受汇率影响较普通基金更大。

⑤购买力风险。也就是通货膨胀风险。基金份额持有人的收益将主要通过现金形式来分配，而现金可能因为通货膨胀因素导致购买力下降。

（2）信用风险。指包括债券发行人出现拒绝支付利息或到期时拒绝支付本息的违约风险，或由于债券发行人信用质量降低导致债券价格下跌的风险，及因交易对手违约而产生的交割风险。

（3）流动性风险。影响资产流动性的因素主要有三个：交易量、交易价格和交易时间。简单来说，能在交易市场以较低成本及时地进行大量买卖并且不会对价格产生巨大影响的资产即为流动性好的资产。证券投资基金面临的流动性风险包括，因市场交易量不足导致不能以合理价格及时进行证券交易的风险，或投资组合无法应付客户赎回要求所引起的违约风险。

2.操作风险

操作风险是指由于内部程序、人员和系统的不完备或失效，或外部事件而导致的直接或间接损失的风险。

（1）制度和流程风险。指由于日常运作，尤其是关键业务操作缺乏制度、操作流程和授权，或制度流程设计不合理带来的风险，或由于上述制度、操作流程和授权没有得到有效执行带来的风险，及业务操作的差错率超过可承受的范围带来的风险。

（2）信息技术风险。指信息技术系统不能提供正常服务，影响公司正常运行的风险；信息技术系统和关键数据的保护、备份措施不足，影响公司业务持续性的风险；重要信息技术系统不使用监管机构或市场通行的数据交互接口影响公司业务正常运行的风险；重要信息技术系统提供商不能提供技术系统生命周期内持续支持和服务的风险。

（3）业务持续风险。指由于公司危机处理机制、备份机制准备不足，导致危机发生时公司不能持续运作的风险。

（4）人力资源风险。指缺少符合岗位专业素质要求的员工、过高的关键人员流失率、关键岗位缺乏适用的储备人员和激励机制不当带来的风险。

（5）新业务风险。指由于对新产品、新系统、新项目和新机构等论证不充分或资源配置不足导致的风险。

（6）道德风险。指员工违背法律法规、公司制度和职业道德，通过不法手段谋取利益所带来的风险。

3.合规风险

合规风险是指因公司及员工违反法律法规、基金合同和公司内部规章制度等而导致公司可能遭受法律制裁、监管处罚、重大财务损失和声誉损失的风险。合规风险主要包括投资合规性风险、销售合规性风险、信息披露合规性风险和反洗钱合规性风险。

除上述风险外，声誉风险、子公司管控风险也是基金面临的重要风险之一。前者是指由公司经营和管理、员工个人违法违规行为或外部事件导致利益相关方对公司产生负面评价的风险，而这又容易导致流动性风险或信用风险。后者是指由于子公司违法违规或重大经营失误，造成母公司财产、声誉等受到损失和影响的风险。基金公司应加强对子公司的管控，避免出现母子公司之间的风险传递和利益冲突。

14.2　证券投资基金投资风险管理

14.2.1　投资风险管理系统与指标

对投资风险进行防范与管理最重要的是建立一套从风险识别到风险测量再到风险报告最后到风险控制的规范系统，并要求各个部门严格按照这个系统进行投资活动。证券投资基金将建立相关的计算机网络系统、数据库、应用软件工具来实现系统化的风险管理，该管理系统的结构可见图14.4。

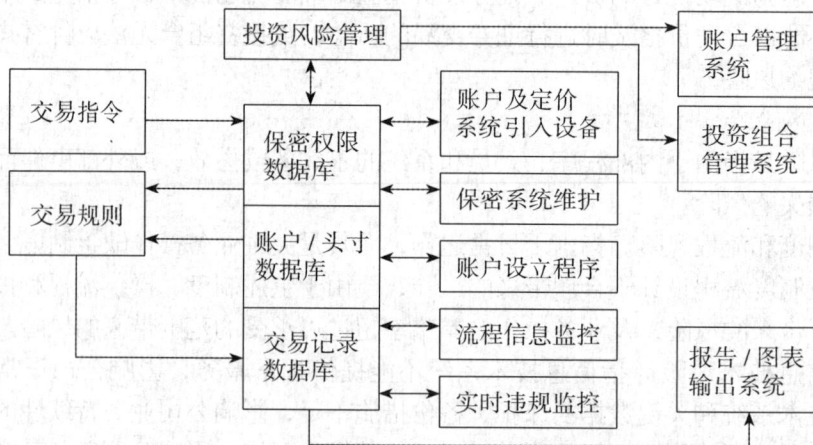

图14.4　证券投资基金投资风险管理系统示意图

有了这样的系统，证券投资基金就可以对投资风险进行完整的防范与管理。在具体的管理过程中，证券投资基金一般都设定了自己关注程度不同的指标体系，采用定量和定性相结合的方法确定各种投资行为的风险水平。表14.1是一个典型的证券投资基金风险监控表。

表14.1 证券投资基金风险监控表

	指标名称	定义 指标的 标准定义	量度 指标 计算公式	绿灯 达到 控制标准	黄灯 未达到 控制标准， 需修正	红灯 严重未达到 控制标准， 立刻采取行动
重点关注指标	1.合规指标：股票比例					
	债券比例					
	单一股票持有量占其总股本比例					
	单一股票持有市值占基金总值比例					
	2.市场风险：标准差					
	beta系数					
	跟踪误差（TE）					
	3.流动性指标：个股集中度					
	单日变现力					
	出清率					
	4.行业配置指标：行业集中度					
	5.债券的利率风险：调整久期					
参考指标	1.市场风险：LPM_0					
	LPM_2					
	VaR					
	2.行业风险：行业偏离度					
	3.个股风险：beta系数					
	一定期限内累计涨跌幅					
	一定期限内累计涨跌幅与市场同期涨跌幅比例					
	4.流动性风险：大盘股持有市值占基金股票市值比例					
	小盘股持有市值占基金股票市值比例					
	5.债券的利率风险：凸性					
	6.宏观指标：经济发展速度					
	通货膨胀率					

14.2.2　投资风险管理工具

利用科学的方法能够优化风险管理的效率，特别是可通过定性和定量的技术对风险识别和评估作出更全面直观的判断。在风险识别的过程中，常用的方法有德尔菲法、头脑风暴法和情境分析法等，层次分析法、因子分析法、蒙特卡罗法等方法则常常用于风险评价。

在金融领域，正如基金组合管理理论一章中提过的，现代风险管理的基础是马科维茨的均值-方差模型和资产定价模型。而在随后的发展中，风险调整收益（RAROC）、VaR模型、压力测试，以及全面风险管理（ERM）都受到了很多关注与应用。以下主要对VaR、压力测试和一些风险度量指标做简单介绍。

1.VaR模型

VaR又称在险价值，自20世纪90年代被引入风险管理，已成为国内外金融机构和监管当局广泛应用的风险管理工具，它是指在一定的概率水平（置信度）下，投资组合在未来一定时期内可能遭受的最大损失。其数学定义如下：

$$P\{V_{\Delta t} \geqslant VaR\} = 1 - c$$

其中：c——置信度；

$V_{\Delta t}$——投资组合在Δt时间内的价值损失量。

上式表示投资组合在Δt时间内的价值损失量大于等于VaR的概率为（$1-c$）。按投资组合价值损失的比较基准的不同，VaR又分为绝对VaR和相对VaR。如果以投资组合的绝对价值来衡量损失，就称为绝对VaR；如果以投资组合的收益率来衡量损失，就称为相对VaR。VaR一个很重要的优点就是直观，它将风险转化为人们易于理解的在一定概率保证程度下的损失的最大可能绝对（或相对）数量。VaR模型不仅适用于市场风险评估，其扩展模型后来也被应用到信用风险和流动性风险的度量中。

尽管VaR风险管理技术在对风险进行定量计算上发挥着不可或缺的作用，但它也有明显的局限性：最基本的，VaR是基于金融资产的客观概率，也就是依据过去的收益特征进行统计分析来预测其价格的波动性和相关性，从而估计可能的最大损失。参量法、历史数据法、历史模拟法和随机模拟法（蒙特卡罗法）都是遵循这一思路进行的。由于完整的金融风险管理包括风险的识别、测定和控制三个过程，而且对一定量风险进行控制是金融风险管理的最终目的，这必然要涉及风险管理者的风险偏好和风险价格因素。所以，单纯依据风险可能造成损失的客观概率，只关注风险的统计特征，并不是系统的风险管理的全部。因为概率不能反映经济主体本身对于面临的风险的意愿或态度，它不能决定经济主体在面临一定量的风险时愿意承受和应该规避的风险的份额。而完整的风险管理不但要能计量出所面临风险的客观的量，而且应该考虑风险承担主体对风险的偏好，这样才能真正实现风险管理中的最优均衡。更重要的，VaR模型只能用于正常情况下的风险估算，它的本质是回望型的，那些在未来将会发生但无法体现在历史数据中的情况无法在VaR中体现。一旦市场出现极端情况，历史数据变得稀少，资产价格的关联性被切断，或是因为金融市场不够规范，金融市场的风险来自人为因素、市场外因素的情况下，此时的市场风险便很难估算，必须结合压力测试等方法进行全面分析。

2.压力测试

压力测试衡量的是资产损失分布超过风险价值的部分，可以发现金融机构和系统在极端市场情形下的风险传导机制和风险承受力，被视为VaR等模型方法的重要补充，也是金融系统稳定性分析中的关键因素。

压力测试包括敏感性测试和情境测试等具体方法。敏感性测试旨在测量单个重要风险因素或少数几项关系密切的因素由于假设变动对基金风险暴露和承受风险能力的影响。情境测试是假设分析多个风险因素同时发生变化以及某些极端不利事件发生对基金风险暴露和承受风险能力的影响。

压力测试的优点是显而易见的，它关注那些极少发生的可能性事件，能一定程度上预防厚尾（Fat Tails）风险。更进一步，加总的压力测试结果可暴露出许多在单个经营中并不严重的风险，全面体现风险。但压力测试的质量依赖合理、清晰、全面的情境，这些小概率情境的提出又十分考验管理者的专业判断。更多时候，这种极端小概率事件甚至不能引起管理层的重视。

当压力测试的结果超过管理者的可接受范围时，可以采取如下手段进行风险控制：购买保险合约、信用违约互换以及采用其他衍生品来提供保护，但须注意这样可能将市场风险转化为对手风险；修正投资组合以减少风险敞口或分散化；制订触发事件出现时的或有计划；保证流动性压力出现时的融资能力等。

3.其他风险度量指标

（1）方差（标准差）

金融资产价格的波动是投资活动最重要的风险来源。波动性的最常用的度量方法就是用金融资产价格的标准差来表示：

$$\sigma_i = \sqrt{\frac{1}{T-1}\sum_{t=1}^{T}(r_t - \mu)^2}$$

其中：r_t——投资组合在t时期的收益率；

μ——投资组合的收益率均值。

以上σ_i的平方称为该金融资产总风险，它又可以分解为系统风险和非系统风险：

系统风险$=\beta^2\sigma_m^2$（σ_m^2为市场指数的方差）

非系统风险$=\sigma_i^2-\beta^2\sigma_m^2$

以上两式中的β系数由以下单指数模型获得：

$$R_i = \alpha + \beta R_m + \varepsilon_i$$

单个金融资产的系统风险是指其价格波动随市场总体波动的情况，它的大小受其β系数和市场波动两个因素的影响，而市场的波动则主要受宏观经济以及政策的影响，这一点我们将在宏观风险中介绍。非系统风险则是单个金融资产价格波动中与市场无关的部分，它主要来源于公司的经营风险。

近几十年来，随着人们对风险管理的日益重视，衡量资产价格波动性的指标层出不穷。除了 σ_i 和 β 以外，还有其他许多度量波动性风险的指标，比如 LPM（Lower Partial Moment）、TE（Tracking Error）、Semi-Volatility、Downside Volatility、VaR 等。下面我们介绍几种比较常用的指标。

（2）LPM

$$LPM_m = \sum_{r_i = -\infty}^{TH} P_i (TH - r_i)^m$$

其中：P_i——组合回报率等于 r_i 的概率；

　　　TH——组合的目标回报率。

该指标指的是组合回报率低于目标回报率的概率。当 $m=0$ 时，LPM_0 表示组合回报率低于目标回报率的概率；当 $m=1$ 时，LPM_1 表示组合回报率低于目标回报率的预期偏差；当 $m=2$ 时，LPM_2 表示组合回报率低于目标回报率的预期平方偏差。将其取平方根就是 Downside Volatility 指标，该指标还有如下计算公式：

$$\sigma = \sqrt{\frac{1}{T-1} \sum_{t=1}^{T} (r_t^{<TH} - \mu)^2}$$

若 $m=2$ 且 TH 取组合期望收益率 μ 时，LPM_2 就为半方差，将其取平方根就是 Semi-Volatility 指标，该指标还有如下计算公式：

$$\sigma = \sqrt{\frac{1}{T-1} \sum_{t=1}^{T} (r_t^{<\mu} - \mu)^2}$$

LPM 是一个衡量风险的组合指标，它的每一种变化都能从一个方面体现资产（组合）的波动性风险。它还原了人们对风险的直观理解，即达不到目标回报率的收益率波动，只关注 Downside 这一边是目前风险测量的新理念。另外，它对组合的回报率分布没有特别的要求，而且比较适合于中长期投资组合整体风险的评估。

（3）TE

Tracking Error 称为跟踪误差，它是反映特定投资组合的收益率与其业绩比较基准之间的偏离度波动的指标。跟踪误差的计算方法有很多种，最常用的两种计算方法是：

$$TE1 = \sqrt{\frac{\sum_{t=1}^{n} (R_{pt} - R_{bt})^2}{n-1}}$$

其中：R_{pt}——指投资组合在 t 时期的收益率；

　　　R_{bt}——市场比较基准在 t 时期的收益率。

$$TE2 = \sigma(\varepsilon_p) = \sigma(R_p)\sqrt{1 - P_{pb}^2}$$

其中：$\sigma(\varepsilon_p)$——投资组合单因素模型残差的标准差；

　　　P_{pb}^2——投资组合收益率与比较基准收益率的相关系数。

（4）ES

ES（Expected Shortfall）称为期望损失，它是投资组合在给定置信水平决定的左尾概率区间内可能发生的平均损失。Expected Shortfall 的计算方法如下：

$$ES_\alpha = \frac{1}{\alpha} \int_0^2 VaR_{1-x}\,dx$$

其中：VaR_{1-x}——指投资组合的VaR；

　　　α——显著性水平或置信系数。

Expected Shortfall 对于损失的分布没有任何要求，这使得它可以用来衡量任何类型和任何分布的风险。适用性广泛是 Expected Shortfall 的最大优点。

14.2.3　具体风险的防范与管理

在前述证券投资基金的主要风险揭示中，我们知道基金公司在投资管理投资组合中主要面临市场风险、信用风险和流动性风险三类投资风险。《基金管理公司风险管理指引（试行）》（2017）中对三类主要投资风险给出了管理建议。

1.市场风险

市场风险管理要求对所有可能引起投资品价格变化的不利因子进行识别、防范与控制，主要措施有：密切关注宏观经济指标和趋势、重大经济政策动向、重大市场行动、评估宏观因素变化可能给投资带来的系统风险，定期监测投资组合的风险控制指标，提出投资调整应对策略；密切关注行业的周期性、市场竞争、价格、政策环境和个股的基本面变化，构造股票投资组合，分散非系统风险。公司应特别加强禁止投资证券的管理，对于市场风险较大的股票建立内部监督、快速评估机制和定期跟踪机制；投资组合的收益质量风险，可以采用夏普（Sharp）比率、特雷诺（Treynor）比率和约翰逊（Jensen）比率等指标衡量；加强对场外交易（包括价格、对手、品种、交易量、其他交易条件）的监控，确保所有交易在公司的管理范围之内；加强对重大投资的监测，对基金重仓股、单日个股交易量占该股票持仓显著比例、个股交易量占该股流通值显著比例等进行跟踪分析；可运用定量风险模型和优化技术，分析各投资组合市场风险的来源和暴露。可利用敏感性分析，找出影响投资组合收益的关键因素。可运用情境分析和压力测试技术，评估投资组合对于大幅和极端市场波动的承受能力。

2.信用风险

信用风险有两个维度，一是履约意愿，二是履约能力。管理信用风险，要对交易对手和投资品种的履约做全面的风险评估与防范，主要的措施包括：建立针对债券发行人的内部信用评级制度，结合外部信用评级，进行发行人信用风险管理；建立交易对手信用评级制度，根据交易对手的资质、交易记录、信用记录和交收违约记录等因素对交易对手进行信用评级，并定期更新；建立严格的信用风险监控体系，对信用风险及时发现、汇报和处理。公司可对其管理的所有投资组合与同一交易对手的交易集中度进行限制和监控。

3.流动性风险

流动性风险是现阶段我国公募基金行业稳健发展所面临的突出问题，对防御系统风险和促进行业持续健康发展有重要意义。针对流动性风险的主要管理措施有：制定流动性风险管理制度，平衡资产的流动性与盈利性，以适应投资组合日常运作需要；及时对投资组合资产进行流动性分析和跟踪，包括计算各类证券的历史平均交易量、换手率和相应的变现周期，关注投资组合内的资产流动性结构、投资组合持有人结构和投资组合品种类型等因素的流动性匹配情况；建立流动性预警机制。当流动性风险指标达到或超出预警阈值时，应启动流动性风险预警机制，按照既定投资策略调整投资组合资产结构或剔除个别流动性差的证券，以使组合的流动性维持在安全水平；进行流动性压力测试，分析投资者的申赎行为，测算当面临外部市场环境的重大变化或巨额赎回压力时，冲击成本对投资组合资产流动性的影响，并相应调整资产配置和投资组合。

【知识链接14-3】 公开募集开放式证券投资基金流动性风险管理规定

　　为深入贯彻落实全国金融工作会议精神的具体举措，以强化金融监管为重点，以防范系统性金融风险为底线，以问题为导向，着力防范化解当前基金行业所面临的突出风险，证监会于2017年10月1日施行了证券投资基金流动性风险管理新规。该管理规定涵盖基金管理人内部控制以及基金产品设计、投资限制、申购赎回管理、估值与信息披露等业务环节的规范，并针对货币市场基金的流动性风险管控作出了专门规定。主要更新如下：

　　1.事前

　　第十四条　基金管理人新设基金，拟允许单一投资者持有基金份额超过基金总份额50%的，应当采用封闭或定期开放运作方式且定期开放周期不得低于3个月（货币市场基金除外），并采用发起式基金形式，在基金合同、招募说明书等文件中进行充分披露及标识，且不得向个人投资者公开发售。

　　2.事中

　　第七条　基金管理人应当全覆盖、多维度建立以压力测试为核心的开放式基金流动性风险监测与预警制度，区分不同类型开放式基金制定健全有效的流动性风险指标预警监测体系，结合自身风险管理水平与市场情况建立常态化的压力测试工作机制。

　　第十五条　同一基金管理人管理的全部开放式基金持有一家上市公司发行的可流通股票，不得超过该上市公司可流通股票的15%；同一基金管理人管理的全部投资组合持有一家上市公司发行的可流通股票，不得超过该上市公司可流通股票的30%。

　　第十六条　单只开放式基金主动投资于流动性受限资产的市值合计不得超过该基金资产净值的15%。

　　3.事后

　　第二十条　基金管理人应当对基金组合资产中7个工作日可变现资产的可变现价值进行审慎评估测算，确保每日确认的净赎回申请不得超过7个工作日可变现资产的可变现价值。

　　第二十七条　基金运作期间，如报告期内出现单一投资者持有基金份额达到或超过基金总份额20%的情形，为保障其他投资者的权益，基金管理人至少应当在基金定期报告"影响投资者决策的其他重要信息"项下披露该投资者的类别、报告期末持有份额及占比、报告期内持有份额变化情况及产品的特有风险。

　　资料来源　《公开募集开放式证券投资基金流动性风险管理规定》（2017）。

14.3　证券投资基金合规及操作风险管理

14.3.1　操作风险的防范与管理

根据操作风险的定义，其风险因素可以大致分为员工、内部流程、IT系统以及外部事件四大类。操作风险管理的控制目标是建立有效的内部控制机制，尽量减少因人为错误、系统失灵和内部控制的缺陷所产生的操作风险，保障内控体系有序规范运行。

内部制度和流程的风险管理是环境控制的第一步，可将业务操作的差错率限定在可承受的范围，主要措施包括：建立合规、适用、清晰的日常运作制度体系，包括制度、日常操作流程，尤其是关键业务操作的制约机制；制定严格的投资工作流程、授权机制、制约机制，明确投资决策委员会、投资总监和基金经理的职责权限，建立健全绩效考核机制；加强公司印章使用、合同签署及印章和合同保管的管理，投资部门所有交易合同签署与印章使用都要经过后台部门并交由后台备案；加强对员工业务操作技巧的培训，加强程序的控制，以确保日常操作的差错率能在预先设定的、可以承受的范围内；建立前、后台或关键岗位间职责分工和制约机制。

员工方面的风险控制主要在于管理道德风险，主要措施有：制定员工守则，使员工行为规范有所依据；防范员工利用内幕信息或其他非公开信息牟利，防范商业贿赂，通过制度流程、系统监控、核查检查等控制措施加强员工管理；倡导良好的职业道德文化，定期开展员工职业道德培训。同时，为了防止优秀人员的流失影响基金的运行，基金公司应建立关键岗位人员的储备机制和权责匹配、科学长效的考核和激励约束机制。

信息技术系统风险管理是保证公司运营效率的关键，主要措施包括：信息技术系统尤其是重要信息技术系统具有确保各种情况下业务持续运作的冗余能力，包括电力及通信系统的持续供应、系统和重要数据的本地备份、异地备份和关键设备的备份等；信息技术人员具有及时判断、处理各种信息技术事故、恢复系统运行的专业能力，信息技术部门应建立各种紧急情况下的信息技术应急预案，并定期演练；系统程序变更、新系统上线前应经过严格的业务测试和审批，确保系统的功能性、安全性符合公司风险管理要求；对网络、重要系统、核心数据库的安全保护、访问和登录进行严格的控制，关键业务需要双人操作或相互复核，应有多种备份措施来确保数据安全和对备份数据准确性的验证措施；以权限最小化和集中化为原则，严格公司投研、交易、客户等各类核心数据的管理，防止数据泄露；选择核心信息技术系统服务商应将服务商在系统生命周期内的长期支持和服务能力、应急响应能力和与公司运行相关的其他系统兼容性列为重点考核内容，特别是在大数据、云计算技术高速发展的今天，信息技术系统的持续更新也成为风险管理的重点之一。

外部事件可能产生的操作风险集中体现在业务持续风险管理上，特别是危机情况下的风险处置，主要措施有：建立危机处理决策、执行及责任机构，制定各种可预期极端情况的危机处理制度，包括危机的认定、授权和责任、业务恢复顺序、事后检讨和完善等内容，并根据严重程度对危机进行分级归类和管理；建立危机预警机制，包括信息监测及反馈机制；危机处理与业务持续制度应重点保证危机情况下公司业务的持续；业务持续管理机制演习至少每年进行一次。当针对环境变化准备开发新业务时，基金公司应该制定严密的论证和决策程序，对新业务进行全方位的风险评估，并对主要操作和支持部门的员工进行充分的培训。

14.3.2　合规风险的防范与管理

1.合规管理的目标与原则

不管是基金的设立还是投资过程中的投资管理与信息披露等，只要出现违规行为，就可能给基金带来风险损失与名誉损害，从设立之初就认识合规管理的目标与原则，将合规管理落到实处对基金有非常积极的现实意义。

合规管理的目标首要的是建立基金管理人合规管理风险体系，从而能对合规风险进行有效识别与控制，最终确保基金合规有序运营。具体来说：基金管理人应当建立良好的内部治理结构，明确股东会、董事会和高级管理人员的职责权限，确保基金管理人各部门的合规运作。公司组织结构应当体现职责明确、相互制约的原则，各部门有明确的授权分工，操作相互独立。公司应当建立科学决策、规范运营、高效管理的运行机制，包括民主、透明的决策程序和管理议事规则，高效、严谨的业务执行系统，以及健全、有效的内部监督和反馈系统。此外，基金管理人可以开展合规自律的探讨和合规的文化活动，提高全体员工对合规重要性的认识，有效实现合规管理的目标。

在合规管理过程中，要遵循独立性、客观性、公正性、专业性和协调性原则。独立性原则主要指合规部门和督察长在基金公司组织体系中应当有独立地位，合规管理应当独立于其他各项业务经营活动。客观性原则是指合规人员应当依照相关法规对违规事实进行客观评价，避免出现合规人员自身与业务人员合谋的违规行为。在合规人员对业务部门进行检查时应以公正性为原则，按统一标准对违规风险进行评估与报告。专业性原则要求合规人员应当熟悉业务制度，了解基金管理人各种业务的运作流程，并准确理解和把握法律法规的规定和变动趋势。另外，协调性原则要求合规人员应正确处理与公司其他部门及监管部门的关系，努力形成公司的合规合力，避免内部消耗。

2.合规风险管理的具体措施

合规风险在绝大多数情况下发生于基金管理人的制度决策层面和各级管理人员身上，往往带有制度缺陷和治理结构缺失。根据《基金管理公司风险管理指引（试行）》（2017），基金管理公司面临的合规风险主要包括投资合规性风险、销售合规性风险、信息披露合规性风险和反洗钱合规性风险四类。

投资业务是基金管理人的核心业务，投资合规性风险是投资业务人员违反相关法律法规和公司内部规章带来的处罚或损失的可能。主要的风险管理措施包括：建立有效的投资流程和投资授权制度；通过在交易系统中设置风险参数，对投资的合规风险进行自动控制，对于无法在交易系统自动控制的投资合规限制，应通过加强手工监控、多人复核等措施予以控制；重点监控投资组合投资中是否存在内幕交易、利益输送和不公平对待不同投资者等行为；对交易异常行为进行定义，并通过事后评估对基金经理、交易员和其他人员的交易行为进行监控，加强对异常交易的跟踪、监测和分析；每日跟踪评估投资比例、投资范围等合规性指标执行情况，确保投资组合投资的合规性指标符合法律法规和基金合同的规定；关注估值政策和估值方法隐含的风险，定期评估第三方估值服务机构的估值质量，对于以摊余成本法估值的资产，应特别关注影子价格及两者的偏差带来的风险，进行情境压力测试并及时制定风险管理情境应对方案。

销售业务同样是基金公司极具竞争性的业务，为避免不合法合规的销售行为影响投资者利益或出现恶意竞争。销售合规性风险管理的措施主要有：对宣传推介材料进行合规审核，不应出现如"百分百保证""欲购从速"等不当用语；对销售协议的签订进行合规审核，签约前对销售机构进行审慎调查，严格选择合作的基金销售机构；制定适当的销售政策和监督措施，防范销售人员违法违规和违反职业操守；加强对销售行为的规范和监督，防止延时交易、商业贿赂、误导、欺诈和不公平对待投资者等违法违规行为的发生。

信息披露是市场投资者了解基金业绩的主要通道，为避免基金管理公司披露的信息对投资者产生误导或对行业造成不良影响，需要对其合规性进行规范。该风险管理的措施主要包括：建立信息披露风险责任制，将应披露的信息落实到各相关部门，并明确其对提供的信息的真实、准确、完整和及时性负全部责任；信息披露前应经过必要的合规性审查。

基金管理人是我国资本市场反洗钱的主要金融机构。为了更好地履行反洗钱义务，避免不法人员利用不同身份账户进行非法资金转移，致使投资者或基金公司利益受损，基金管理公司需要对其合规性风险进行管理，主要措施有：建立风险导向的反洗钱防控体系，合理配置资源；制定严格有效的开户流程，规范对客户的身份认证和授权资格的认定，对有关客户身份证明材料予以保存；从严监控客户核心资料的信息修改、非交易过户和异户资金划转；严格遵守资金清算制度，对现金支付进行控制和监控；建立符合行业特征的客户风险识别和可疑交易分析机制。

● **本章小结**

风险管理是证券投资基金的核心功能之一，它是指为了构建风险与回应风险所采用的各类方法与过程的统称。

一个有效的风险管理结构要求采用"自上而下"的模式，这意味着风险管理首先要得到高层管理者的理解和支持。

基金投资过程中可能出现的风险可以粗略地划分为投资风险、操作风险和合规风险三类。投资风险又可分为市场风险、信用风险和流动性风险。操作风险可以分为制度和流程风险、信息技术风险、业务持续风险、人力资源风险、新业务风险和道德风险等。合规风险可以分为投资合规性风险、销售合规性风险、信息披露合规性风险和反洗钱合规性风险。

目前比较常用的管理投资风险的方法有 VaR 模型和压力测试，其他风险度量指标主要有：方差、LPM、TE 和 ES，它们各有特点。

● **重要概念**

　　风险　风险管理　风险控制委员会　投资风险　操作风险　合规风险　市场风险　信用风险　流动性风险　VaR（在险价值）　压力测试　LPM　TE（跟踪误差）　ES　风险识别　风险评估　风险应对　风险报告和监控　风险管理体系评价

● **思考题**

　　1. 风险和风险管理应该如何定义？

　　2. 证券投资基金面临的风险一定要加以回避吗？为什么？

　　3. 证券投资基金风险管理的目标是什么？持有人应该了解基金的风险状况吗？

　　4. 证券投资基金面临的风险主要有哪些？它们各自都有什么特点？

　　5. 用VaR（在险价值）度量股票价格波动风险有什么优缺点？试了解和讨论VaR模型在我国证券投资基金风险管理的运用。

　　6. 试了解基金销售机构开展的投资者风险教育情况。你认为我国加大对投资者的教育工作力度对基金行业的发展有哪些影响？

　　7. 某基金公司准备选择一只股票进行投资，现有A、B两只股票可供选择，经预测，A、B两只股票的期望报酬率见下表：

市场状况	概率	A预期收益率	B预期收益率
繁荣	0.3	30%	40%
一般	0.5	15%	15%
衰退	0.2	−5%	−15%

　　（1）计算A、B两只股票的期望值。

　　（2）计算A、B两只股票的标准差和方差。

　　8. 某基金经理的公告阐明，其管理基金1个月展望期的95%VaR等于资产组合价值的6%，你在基金中有10万美元投资，你将如何理解基金经理的公告？

　　9. 假设某两项投资中的任何一项都有0.9%的可能触发损失1 000万美元，有99.1%的可能触发损失100万美元，并且有正收益的概率为0，这两项投资相互独立。

　　（1）对应于99%的置信水平，任意一项投资的VaR是多少？

　　（2）选定99%的置信水平，任意一项投资的预期亏损是多少？

　　（3）将两项投资迭加在一起所产生的投资组合对应于99%的置信水平的VaR是多少？

　　（4）将两项投资迭加在一起所产生的投资组合在99%的置信水平下的预期亏损是多少？

　　（5）请说明此例的VaR不满足次可加性条件，但是预期亏损满足次可加性条件。

第15章 证券投资基金营销管理

◇ **学习目标**
- 了解证券投资基金的主要客户类型及其特征
- 掌握证券投资基金的销售方式和销售渠道
- 了解证券投资基金的市场服务类型
- 掌握证券投资基金的费率结构

证券投资基金营销是证券投资基金管理运作的重要环节之一，包括基金销售机构宣传推介基金、发售基金份额、办理基金份额申购及赎回等一系列活动。证券投资基金的营销管理，首先应了解其客户的特征并对主要客户类型进行研究，才能设计出满足客户需要的基金产品，即产品策略；其次应掌握我国基金的销售方式和渠道，努力建立多元化、多层次的基金销售渠道使投资者享受更加完善的市场服务，这是渠道策略；最后，对我国基金的费率设置结构及其改革方向应有较全面的了解，可以归为价格或促销策略，因为费率结构决定了基金的投资成本，较低的费率设置对基金规模的扩大有着积极影响。

15.1 证券投资基金的客户研究

基金作为资产管理业务的一类，本质是一种金融服务，只有通过自身的服务来适应客户性质，满足客户需求，才能获得自身的发展。甚至可以这样说，资产管理者的职责不是主导开发和决策的过程，而是协助客户作出投资决定之后保证它的实施，因为承担最终投资结果的不是资产管理人而是客户，也只有客户清楚其资金的经济目标和各种制约因素。从这一意义上来说，决策中的共有因素是在市场上公开存在的各种信息，客户特征与客户信息是投资管理过程的独有信息，它决定了不同客户采用不同的投资管理方式并享有不同的投资结果。

因此，基金管理人的任何活动都不可能脱离客户基础，相反，必须在了解客户的基本特征、需求与所受限制的基础上才能够构造满足客户需求的投资组合。同时，资产管理过程又需要与客户之间建立良好的沟通与反馈机制，一方面对客户需求的变化作出及时反应，另一方面也通过良好的沟通取得客户的信任，在市场不利时仍能继续执行既定政策。

15.1.1 证券投资基金的客户特征

对客户特征的研究是基金资产管理的起点。不同的投资人具有不同的客户特征和客户需求，这是判断投资管理是否成功的标准所在。对证券投资基金的客户特征进行研究，可以从风险承受能力、投资限制和税收状况三个方面来考虑。

1.风险承受能力

同一金融资产所带来的风险是相同的，但客户的风险承受能力却是千差万别的，它受到投资人的财务状况和非财务状况两个方面的影响，因而其衡量也较为困难。

（1）投资人的财务状况

投资人的财务状况主要是指投资人的资产负债性质。对于包括保险公司、养老金机构在内的存在债务压力的投资人来说，负债的性质决定了投资人对未来现金流的最低要求。在投资人设定投资目标时必须考虑自身的负债性质，因而资产管理人在选择包括在其投资组合中的资产类型时，负债的性质也就成为主要的考虑因素。投资人需要在未来的某个确定或不确定的时间支付一个确定或不确定的金额。例如，银行定期存款属于负债金额与偿还时间均确定的金融资产。人寿保险合同的负债金额确定但偿还时间不确定。

与此同时，由于一些特殊安排的存在，即使是确定了支付金额或支付时间的负债，也有可能在某些情况下变为不确定的，如定期存款的提前支取，这使得投资人在正常的负债管理之外，还需要准备一定数量的现金储备以应付不确定性的赎回。同时，用于投资的资金来源与资金性质同样也影响着投资人的风险承受能力。例如，当个人投资者用于证券投资的资金只是其财产中的较小部分，其正常生活不会因投资的短期失败而遭到重大打击时，投资人的风险承受能力自然高于那些把全部资产都集中在高风险的股票投资上的投资人。

（2）投资人的非财务状况

投资人的非财务状况主要是指投资人的心理因素，其中尤其是投资人的风险偏好。如果投资人属于风险偏好类型，则其风险承受能力也将较高，基金经理可考虑将基金资产投资于高风险高收益的证券，比如提高股票资产的占比。反之，如果投资人属于风险回避类型，则其风险承受能力必然较低，那么投资组合就应偏向更为稳健的债券或货币市场。心理因素对风险承受能力的影响在个人投资者中表现得较为明显，这可能与投资经验的多少有关。投资者是否属于风险回避类型，其程度如何，这些因素都将影响投资人的风险偏好。在机构投资者方面，机构的行为方式与风格，其主要决策者的个人心理因素等，也将同样影响投资人的风险偏好，进而影响其风险承受能力。此外，投资者的投资目的也是设计投资组合的基础之一，追求保值增值，还是主营之外的投资收益，抑或是对冲风险，不同的投资目的决定了基金产品的风险等级和具体的投资策略。

2.投资限制

投资限制是指客户由于自身的某种特性而在某些领域的投资受到限制。这种限制可能来自法律法规的限制，也可能来自诸如外汇管制、股东要求等具体因素。了解客户所面临的投资限制，可以帮助客户与资产管理人划定投资范围，更为准确地界定投资目标与参照系。

例如，法律法规可能对养老金的投资范围进行了较为严格的限制，不允许其投资于高风险的期货市场，因此，资产管理者不可能在包含期货市场在内的市场范围内提出资产管理方案。又如，企业年金基金财产限于境内投资，国际股票投资或债券投资都将受到限制，因而也不能把这一市场纳入其资产配置的范畴之内。在某些情况下，公司股东还将对投资范围进行明确限定。资产管理人必须充分了解客户在短期、中期和长期投资时所受到的金融和非金融制约因素，在此基础之上的资产管理方案才是对投资人有针对性的、个性化的专业服务方案。

3.税收状况

相同的资产管理方案对于税收负担不同的投资人而言意味着不同的结果。例如，在累进式所得税制[1]下，收益型的股票与债券组合更适合目前税收负担较轻的投资人，而不适合那些目前正处于高税收等级而将来税收等级将随着现期收入的减少而下降的投资人。相反，投资于高增长低收益的股票或将投资所得用于再投资的方式则只适合后者而不适合前者。因此，投资人目前及将来的税收负担水平也是资产管理人必须考虑的因素之一。

15.1.2　证券投资基金的主要客户类型

证券投资基金的客户类型包括机构投资者和个人投资者。机构投资者主要有保险公司、养老基金、QFII、证券公司、基金公司、信托公司和投资公司等。在2006年以前，机构投资者持有开放式基金的比例在50%左右。随着资本市场的迅速发展，2007年末我国个人投资者持有基金的比例达到87%，我国证券投资基金的投资者结构已悄然发生了质的变化。但2010年以来，受我国A股市场持续下滑行情影响，基金业整体损失惨重，个人投资者赎回增加，其持有份额比例也随之下降。与之形成对比的是，更注重长期回报的机构投资者反而逆势增持，持有比例连年上升。据证券投资基金业协会统计，继2015年机构账户持有开放式基金资产净值占比首次超过半数之后，2016年又小幅增长至57.59%。

下面将对基金主要机构投资者客户的特点及其风险偏好进行研究，从而有助于证券投资基金了解其潜在的客户，使其能够根据自身基金的特点选择自己的目标客户，并采用合适的营销手段。

1.保险公司

保险公司作为一种金融中介机构，以投保人缴纳一定金额的保费为条件，当某特定事件发生时向约定的受益人进行一定金额的给付。这一约定使保险公司负有在未来某个特定或不特定的时间支付特定或不特定金额的义务。保险公司是目前基金最大的机构客户，它们投入的资金量大、投资期限长，风险承受能力较小，要求比较长期稳定的收益。截至2017年6月底，业外受托机构管理的保险资金中公募基金公司受托规模2 517.30亿元，增长率为60.22%，占比达81.70%。

出于防范风险的考虑，某些国家和地区的保险公司在投资上受到法律法规所规定的

1　累进所得税是指税率随着个人应纳税款的增加而上升（直至达到某一点为止）的所得税制度。具体而言，就是根据收入的高低确定不同的税率，对高收入者按高税率征税，对低收入者按低税率征税。

更为严格的限制，其中部分限制性条款还在不断变化之中。因此，了解保险公司在投资方面所受的法律法规限制及其变化是基金管理人的重要工作。例如，根据2015年修订的《中华人民共和国保险法》第一百零六条的规定，保险公司的资金运用形式包括银行存款，买卖债券、股票、证券投资基金份额等有价证券，投资不动产以及国务院规定的其他资金运用形式。在2016年3月发布的《保险资金运用管理暂行办法》（征求意见稿）中，增加了保险资金可以投资资产证券化产品、创业投资基金等私募基金，以及设立不动产、基础设施、养老等专业保险资产管理机构等条例。监管部门逐步放宽对保险公司投资的限制旨在增强中资保险公司的竞争实力。但保险公司的资金运用必须稳健、遵循安全性原则，并保证资产的保值增值。

2.养老金

我国的养老保障体系有三个层次：第一层是国家规定强制缴纳的基本养老保险，以保障离退休人员的基本生活为原则，称为养老基金或社保基金；第二层是用人单位根据自身条件，自愿为职工建立的补充养老保险，目标是提高离退休人员的基本生活水平，分为一般企业的企业年金和机关事业单位的职业年金；第三层是个人储蓄型养老保险，属于职工个人自愿参加、自愿选择经办机构的行为，大多为商业养老保险。其中，基本养老保险呈现"一枝独秀"的局面，企业年金次之，第三支柱储蓄型养老保险则亟待发展。下面主要对养老基金做相应分析。

国际上，养老基金的投资对象除股票、固定收益证券等一般投资品种外，还有可能作为投保人向商业保险公司购买某种特定的年金产品，将投资风险转移给商业保险公司从而获得长期固定收益。养老基金的投资期限一般较长，对利率较为敏感，其投资对象一般也由固定收益证券和一部分股票构成。一般来说，养老基金能够享受所在国家和地区给予的包括税收优惠在内的一定鼓励措施，但由于养老基金承担着为退休雇员提供长期基本生活保障的重要职责，其也要求长期稳定的收益，较偏好于风险较小的基金。因此，国家法律法规、养老金计划的规则等各方面对养老基金的投资也进行了较为明确而严格的限制。

由于我国养老保险体制改革较晚，在2000年初，我国养老金的投资工具仅限于银行存款和国债，后来我国社会保障部等相关部门认识到旧有投资模式已无法满足新的养老体制下养老金保值增值的要求，逐步放宽了养老金的投资范围，走向市场化。2015年8月23日，国务院发布《基本养老保险基金投资管理办法》（下称《办法》）。《办法》明确，养老基金实行中央集中运营、市场化投资运作，可以投资于信用等级在投资级以上的金融债、企业（公司）债、资产支持证券，上市流通的证券投资基金、股票、股权、股指期货等一系列产品，还包括国家重大工程和重大项目建设。由于养老基金对安全性的超高要求，市场化过程必须审慎对待，《办法》还对养老基金的投资比例作出了上限限制，比如投资股票、股票基金、混合基金、股票型养老金产品的比例，合计不得高于养老基金资产净值的30%。养老基金管理不但要对抗通胀率的波动，还要与工资增长率相适应，为保证养老金的支付能力，"拥抱市场"是其发展的必然方向。

3. 证券公司和基金公司

在我国，证券公司也是基金的一个比较重要的客户。证券公司作为机构投资者持有证券投资基金主要有三种方式，一是通过自营业务投资持有，二是通过券商理财产品持有，三是通过融券或约定回购式专用账户被动持有。券商集合理财产品是证券公司针对高端客户开发的理财服务创新产品，其规模近几年一直保持高速扩张，曾是证券公司持有基金的最主要方式。但随着"去通道、降杠杆、回归主动管理"政策的提出，2017年券商资管产品规模首次出现回落。其中，券商集合理财产品市场规模由4.39万亿元的高点落至2.19万亿元，基金作为其资产配置品种之一，市值占比也日益萎缩。2017年第三季度数据显示，全部券商集合理财产品持有基金市值524亿元，占总资产比例仅为3.13%。随着资管新规的即将落地，靠规模取胜的时代也将过去，对证券公司主动管理下的产品业绩要求将越来越高，证券投资基金稳定而突出的业绩表现将成为吸引包括证券公司在内的资管计划机构投资者的核心竞争力。

基金管理公司本身对基金的投资一般是作为发起人的投资，其对基金的主动投资极少。基金公司旗下的各类基金产品也可将基金作为资产配置品种之一，促进了机构投资者投资品种的多元化。近年来，我国私募基金市场发展迅速，随着2014年《私募投资基金监督管理暂行办法》的出台，登记注册的私募基金日益增长。截至2017年底，中国证券投资基金业协会已登记私募管理人22 446家，同比增长28.76%；已备案私募基金66 418只，同比增长42.82%；管理基金规模11.10万亿元，同比增长40.68%。更引人注目的是，证监会于2016年9月发布了《公开募集证券投资基金运作指引第2号——基金中基金指引》（下称《指引》），拉开了公募基金FOF的新时代序幕。ETF联接基金作为一种特殊的基金中基金，是被动管理方式的代表，对于主动型FOF而言，底层基金的配置与筛选则变得十分关键。FOF注重稳定的长期收益，经其筛选配置的公募基金可能引起更多投资者的关注，细分品类基金有望借助FOF投资的引流作用实现规模的快速增长。

4. 信托公司和财务公司

随着国家经济的发展和国民收入的提高，财富管理和资产管理的需求增多，信托工具和信托观念逐渐深入人心，自2012年以7.47万亿元的资产规模一跃成为仅次于银行业的第二大金融部门，信托业近几年依然态势不减，保持着20%以上的规模增长。截至2017年第三季度末，证券投资信托资产余额共计34 403.47亿元，其中投资于基金的资金余额为641.39亿元，占比为1.86%，与私募基金合作的信托资产余额为4 603.55亿元，占比为13.38%。虽然近年来随着信托产品的大量丰富，运用于证券投资基金的产品比例呈现下滑趋势，但凭借信托行业庞大的资产规模，信托公司仍在证券投资基金的机构投资者中占有一席之地。信托公司的投资优势在于其资产投资渠道多，投资限制较少，投资经验和水平远远高于保险公司，故对基金投资收益的要求比较高，风险承受能力也较强。

另外，企业财务公司和其他投资公司也是证券投资基金的机构投资者之一。由于对这类公司的资金使用途径有一定的限制，而且其投资经验和投资能力相对较差，因而基金是其投资组合的一个重要部分。

5.QFII和RQFII投资者

QFII作为我国资本市场逐步放开、走向国际化的过渡性举措，自瑞士银行在2003年发出第一笔投资以来发展迅速。截至2017年7月，中国证监会共批准307家境外机构QFII资格，获批额度累计达932.74亿美元。QFII法规进一步完善，如降低了QFII资格门槛、允许同一集团多家机构申请QFII资格、允许已发行结构性产品的QFII申请增加额度等多项措施，加速了机构投资者的多元化进程。

与此同时，RQFII作为加速人民币国际化进程的举措之一，于2011年12月登陆我国证券市场。截至2017年7月，国家外汇管理局共批准222家RQFII机构，累计投资额度增至5 482.41亿元人民币。RQFII试点机构范围不断扩大，对RQFII股债配置比例的限制逐步取消，增加股指期货、中小企业私募债等投资产品。境外机构投资者有很强的专业性，被普遍认为是价值投资的代表，注重中长线的投资，其对基金品种的长期收益性和稳定性都提出了更高要求。

15.2　证券投资基金的销售与市场服务

15.2.1　国际证券投资基金销售渠道

基金销售是证券投资基金管理运作的重要环节之一。从发达国家基金销售情况来看，其市场竞争十分激烈，基金销售状况已成为影响基金公司经营的关键因素之一。我们这里讲的基金销售一般是指开放式基金的销售，对于开放式基金来说基金销售是一个持续的过程。一个好的销售制度可促进基金的市场营销工作。海外基金销售基本上可分为两大途径：一是通过邮寄、电话、互联网或在基金公司直属的分支机构网点直接购买；二是通过证券公司、财务顾问、人寿保险公司、银行、会员制组织的销售代理来购买。这两种途径分别被称为直接销售与代理销售。此外，基金也可以通过职工福利计划销售。直销与代销各有特点，见表15.1。

发达金融市场的基金市场比较成熟，其基金销售的渠道是充分多元化的。以美国为例，2016年美国开放式基金净资产规模约占全球开放式基金净资产的47%，其中共同基金市场的资产规模达到16.3万亿美元，活跃着8 066支基金。其共同基金的销售渠道十分丰富，既可通过商业银行、折扣经纪商、全能经纪商、保险代理商、投资顾问等代理销售渠道进行销售，也可通过基金管理公司的直销渠道进行销售。下面将对海外基金的直销、代销渠道分别作出介绍。

1.直接销售

直接销售是不通过中间人而把基金单位或股份直接出售给投资者，不利用承销商或其他销售网络。因此，直销所产生的销售费用平均优惠幅度最大。如果一个开放式的公司型基金直接出售股份，不收取销售费用，则称这种基金为"无附加费基金"（No-Load Fund）。不过，出于技术原因，这些直接销售的基金一般也有承销人，即该基金组织的销售机构，该基金的基金单位销售都必须通过它。

表15.1　　　　　　　　　　　　　　直销及代销特点对比

	直销渠道	代销渠道
渠道构成	直属的销售队伍	独立的投资顾问
	直属的分支机构网点	银行、券商、保险公司等机构的销售网络
	直接推销	基金超市
	通过邮寄、电话、互联网	折扣经纪人
渠道特点	对客户财务状况更了解，对客户控制力较强	对客户的控制力弱，但有广泛的客户基础
	更容易发现产品或服务方面的不足	客户可得到独立的顾问服务
	易于建立双向持久的联系，提高忠诚度	代销机构有业绩才有佣金，基金公司不承担固定成本
	推销新产品更容易	商业对手对渠道的竞争提高了代销成本

随着互联网的普及，线上销售成为基金直销的重要渠道之一。根据2016年年中的统计，拥有共同基金的美国家庭中有92%使用互联网，较2000年的68%有显著提高。基金公司通过网上销售平台可以降低基金销售费用、简化交易程序，吸引广大投资者开立网上账户进行基金买卖活动。

直接销售在国外的积极成长基金和国际基金中比较流行。在海外，为了吸引投资者，规模较大的基金管理公司都有专业化、高素质的市场营销队伍，专门负责市场营销、投资咨询，通常利用广告、邮件、动人宣传与教育以及提供各类投资与信息服务来吸引投资者。

2.代理销售

代理销售是一种通过代销机构销售基金的方法。大多数基金都有一个附属的销售商，负责向全国销售。该承销商拥有独家销售权，利用不同的渠道销售基金单位。

代理销售有两种方式：一是包销，即销售机构先买入基金，再将基金公开销售给投资者。二是集团销售，即包销人牵头组成销售集团，由包销人向其他代理机构支付销售费用。代理机构通常是多家证券公司及其经纪人，这些经纪人直接与公众，即基金单位的潜在购买者进行交易。在包销过程中，销售机构所承担的风险较大，相应所收取的费用也较高。在代销过程中则经纪人所承担的责任有限，代理费也较低，且如果预测销售的数量达不到一定规模，可能会取消发行。

在美国，大多数基金在发行基金单位时，都以代销或包销的方式批发给当地的投资银行，再由它们分售给投资者，基金上市或进行基金赎回时，则委托投资银行办理买卖和交割手续。在日本，基金承销由指定的证券公司，主要是野村、日兴、山一等几家证券公司受理。在新加坡和我国台湾省，基金受益凭证的募集和销售一般由管理机构或其附属机构及其他指定的承销机构办理。

15.2.2　我国证券投资基金销售渠道

我国自2000年引入开放式基金，基金销售行业维持了十多年以商业银行为主，证券公司、基金管理公司为辅的竞争格局，基金销售渠道单一化问题一定程度上阻碍了基金行业的发展。2013年，基金销售渠道进入"扩容"时代，新修订的《证券投资基金销售管理办法》规定除了商业银行、证券公司之外，还将期货公司、保险机构以及证券投资咨询机构、独立基金销售机构等第三方基金销售机构纳入允许开展基金销售业务的机构范围。我国基金销售行业变革的序幕由此拉开。

近年来，得益于各类货币市场基金的迅速增长，基金公司直销渠道的销售量大幅增长，在2015年首次超过银行渠道，成为销售保有量最高的渠道。截至2016年末，基金管理公司直销渠道的销售保有量占比仍最高，为67.66%，其次是银行的24.64%和券商渠道的6.30%，第三方专业销售机构和证券投资咨询机构销售保有量占比仅为1.06%和0.35%。与成熟市场相比，我国的销售渠道和服务方式仍需完善。只有优化了基金的前端销售与相应的服务，投资者才有望获得更合适的基金产品、更全面的基金服务以及更多样化的基金费率。下面将分别对我国商业银行、证券公司、基金公司、证券投资咨询机构、独立基金销售机构、保险公司、期货公司以及基金超市等基金销售渠道的现状和特点进行分析。

1.商业银行

我国商业银行由于拥有丰富的客户资源，一直在基金销售上占据有利地位，但其在基金销售中依然存在一些不足。一是过去银行对销售渠道的垄断引发尾随佣金过高的问题，这严重损害了投资者、基金公司的利益并阻碍了行业的健康发展。二是银行业与基金业的利益并不统一，银行理财产品与基金产品存在一定冲突，因此在基金销售过程中，银行主要从自身的利益出发，在推荐基金产品时无法保证客观中立。

由于商业银行固有的缺陷，同时伴随着销售渠道多元化的推进，近年来银行渠道的优势地位逐渐被其他销售方式追赶并超越。截至2017年12月，在证监会公布的基金销售名录中，共有基金代销机构451家，其中商业银行156家，证券公司123家，后起的独立基金销售机构达到126家。但考虑到我国银行业在金融体系中的重要地位和独特优势，在未来一段较长时间内银行渠道仍将是基金销售的重要渠道之一。

2.证券公司

证券公司基金销售的客户对象是证券公司的客户资源，这些客户资源对于证券市场已经有了一定的了解，对于基金通常有不同程度的了解，投资意识较强，利用证券公司网点销售基金是争取这类客户的有效手段。证券公司要保证基金代销业务的持续健康发展，应建立起以服务为中心、客户至上的运营模式，首发销售与持续销售并重，向客户提供能帮助其更好地实现理财目标的一系列服务。

证券公司的基金销售优势在于：一是拥有庞大且专业的基金销售队伍，相关管理与培训都较为完善，推荐的基金易被客户接受；二是证券公司的营销基金或理财能力在市场低迷时能彰显优势；三是在ETF和LOF等上市基金产品的销售方面，证券公司有天然的交易服务优势，能够在该类基金市场竞争中占据优势地位。

3.基金公司直销

一直以来，我国基金公司直销形式大致可分为三种：第一种是各基金公司普遍开通的网络电子直销业务，主要面向个人普通投资者，其申购费率普遍比银行等代销渠道要低很多；第二种是设置一定资金门槛的理财中心和直销柜台形式，主要面向大额的个人投资者；第三种则是主要面向机构投资者的理财中心或者理财团队，提供理财咨询和规划、基金买卖和转换等各类业务。

2013年3月，中国证监会正式出台《证券投资基金销售机构通过第三方电子商务平台开展业务管理暂行规定》，明确了基金销售机构通过第三方电子商务平台开展基金销售业务的监管要求。基金产品的网上直销具有交易方式更便捷、费率更优惠以及资金到账更及时等优点，有利于帮助扩大基金直销业务的市场份额。2013年余额宝等货币市场基金的流行使基金直销份额实现快速增长，并最终赶超银行巨头的基金销售保有量。

4.证券投资咨询机构及独立基金销售机构

由于早期市场条件不够成熟，缺乏统一的基金销售资金结算平台，我国第三方基金销售机构[1]发展缓慢。直至2012年2月22日，监管层迈出基金销售渠道全面放开的第一步，首批4只独立基金销售牌照正式发放，在此之前，仅有天相投资顾问公司一家第三方基金销售机构。第三方基金销售的进入，推动了整个基金销售行业的变革。Wind数据显示，截至2017年底，我国已有证券投资咨询机构8家，独立基金销售机构126家。但从目前的行业发展来看，独立基金销售机构的分化明显，几大巨头占据市场绝大部分份额，中小机构未来或难以为继，行业的集中度将不断提高并逐渐走向成熟。

第三方销售机构的优势体现在：第一，其与基金销售专业化的特征吻合，基金销售是一项知识密集型的行为，涉及大量专业知识和技巧，普通投资者需要专业的基金投资咨询来帮助其作出理性的投资决策；第二，第三方机构还扮演着理财顾问的角色，不仅是简单的基金销售，更重要的是帮助投资者挑选适合其风险水平的理财产品，为其提供完整的资产配置建议；第三，独立、专业的第三方机构可避免基金业中存在的共同利益机制等问题，避免银行系、券商系基金通过银行、券商渠道销售时的关联问题。

5.保险公司及期货公司

当基金销售进入混业经营时代，保险机构和期货公司凭借其深厚的客户资源优势，可能成为未来基金销售的重要渠道。对于保险公司来说，高速发展的保险市场已经培育了相当高效率的保险销售网络和销售渠道，通过保险公司的销售渠道来销售基金，与保险公司销售其他保险类的金融产品并没有明显的差异。对于期货公司，取得基金的代销资格，有可能通过帮助期货客户盘活其闲置资金而直接受益。与此同时，期货公司拥有的高端客户资源对于基金行业来说同样值得挖掘，因为高端客户也需要低风险的投资

1　这里定义的我国基金行业的第三方销售机构是证券投资咨询机构及独立基金销售机构，是与银行及券商渠道相对而言的。我国基金管理公司的股东主要为券商、银行、信托机构等，因此，当券商和银行进行基金销售时，可能会遇到由其参股的基金管理公司管理的"关联基金"，难以保证其客观中立性。第三方销售机构则有效避免了这一问题。

标的。

截至2017年底，共有10家保险公司和23家期货公司取得了基金销售牌照。但从市场表现来看，期货公司代销基金数量超过百只的有8家，而保险公司仅有2家，这可能与公司的业务发展规划有关。若想在基金销售市场真正站住脚，保险公司和期货公司需在基金的专业销售上更上一层楼，不断提高自身的社会信誉度。

6.基金超市

基金超市就是将发行的开放式基金汇聚在一起，由投资者根据需要自由选择，并对其提供投资指导服务的场所。基金超市以其简便的手续、优惠的费率、齐全的品种以及安全的交易支付为投资者提供了便利。目前我国基金超市主要由商业银行、证券公司和第三方基金销售机构的网上代销平台演变而来，品种相对齐全，基金公司的基金超市则几乎只销售本公司旗下的基金产品。

与美国基金超市相比，国内大多数基金超市的基金品种不够丰富，针对投资者的信息整合、咨询、评价、诊断等互动性功能也较弱，在专业性上仍有较大提升和发展空间。未来随着基金行业的发展，基于互联网的基金超市与线下基金销售渠道将愈来愈有相互补充、融合的趋势，基金代销机构的核心竞争力亦将随之大大提高。

综合以上内容，可以看出我国开放式证券投资基金的发行主要通过代销和直销途径。代销机构主要有商业银行、证券公司、保险公司、证券投资咨询机构、独立基金销售机构以及期货公司。直销方面，主要是通过基金公司本身、基金公司的直销中心及其网上交易系统进行直销。而基金超市作为其他销售渠道的有益补充，也正处于蓬勃发展阶段。

15.2.3 我国证券投资基金的销售监管

2007年10月19日，中国证监会正式发布《证券投资基金销售机构内部控制指导意见》和《证券投资基金销售适用性指导意见》两项规章，这是继2007年3月21日《证券投资基金销售业务信息管理平台管理规定》出台之后，证监会在基金销售监管方面的又一重要举措。《证券投资基金销售业务信息管理平台管理规定》的主要目的是明确证券投资基金销售业务信息管理的各项技术标准，严格对基金销售机构的市场准入和日常行为进行监管，并设计出保证投资人资金安全性的三层监控架构。《证券投资基金管理公司内部控制指导意见》则从基金销售机构出发，要求建立有效的内部控制制度，内容至少应包括内部环境控制、业务流程控制、会计系统内部控制、信息技术内部控制和监察稽核控制等。这意味着，基金销售将从销售机构的决策程序、风险评估、授权控制、分支机构管理等方面得到实质性改善。《证券投资基金销售适用性指导意见》旨在建立健全基金销售适用性管理制度，做好销售人员的业务培训工作，加强对基金销售行为的管理，加大对基金投资人的风险提示，降低因销售过程中产品错配而导致的基金投资人投诉风险。随后关于证券投资基金宣传推介材料、销售资金结算以及开展第三方电子商务平台业务等事项，证监会也做了补充或暂行规定，直至2013年《证券投资基金销售管理办法》的修订完成，我国基金销售监管框架已基本形成，走向基金销售业务的规范化、专业化。

《证券投资基金销售管理办法》（2013）涵盖基金销售机构、基金销售支付结算、基金宣传推介材料、基金销售费用、销售业务规范等内容，自2013年6月1日起施行。总则首先明确了办法所称的基金销售包括基金销售机构宣传推介基金，发售基金份额，办理基金份额申购、赎回等活动，也界定了基金销售机构和销售结算资金的范围，指出基金销售活动不得损害国家利益、社会公共利益和基金投资人的合法权益，应遵守基金合同或销售协议的约定，遵循公开、公平、公正的原则。

对于商业银行、证券公司、期货公司、保险机构、证券投资咨询机构、独立基金销售机构以及中国证监会认定的其他机构申请注册基金销售业务资格的，基金销售机构一章分别提出了具体要求，主要包括内部治理制度与结构的健全、技术设施与系统的达标、历史营业记录的合规，以及销售人员的专业性等。

商业银行或者支付机构从事基金销售支付结算业务，应当有安全、高效的办理支付结算业务的信息系统并制定了有效的风险控制制度。该信息系统应当具有合法的知识产权，且与合作机构及监管机构完成联网测试，测试结果符合国家规定标准。另外，基金销售支付结算业务账户应当与公司其他业务账户有效隔离。

办法规定，基金宣传推介材料必须真实、准确，与基金合同、基金招募说明书相符，应当含有明确、醒目的风险提示和警示性文字，以提醒投资人注意投资风险。在推介货币市场基金和保本基金时，应当提示基金投资人这并不等于将资金作为存款存放在银行或者存款类金融机构，基金管理人不保证基金一定盈利，甚至在极端情况下依然存在本金损失的风险。

关于基金销售费用，基金管理人应当在基金合同、招募说明书或者公告中载明收取销售费用的项目、条件和方式，在招募说明书或者公告中载明费率标准及费用计算方法。另外，基金销售机构还可根据提供的增值服务向投资人收取增值服务费，或向管理人依据销售基金的保有量提取一定比例的客户维护费。

基金销售的核心原则是基金销售适用性。基金销售机构应恪守办法规定的业务规范，在销售基金和相关产品的过程中，坚持投资人利益优先原则，注重根据投资人的风险承受能力销售不同风险等级的产品，把合适的产品销售给合适的基金投资人。基金销售机构建立基金销售适用性管理制度，应当至少包括以下内容：

（1）对基金管理人进行审慎调查的方式和方法。

（2）对基金产品的风险等级进行设置、对基金产品进行风险评价的方式和方法。

（3）对基金投资人风险承受能力进行调查和评价的方式和方法。

（4）对基金产品和基金投资人进行匹配的方法。

我国监管层除完善基金销售监管框架外，还于2008年9月开始举办专门面向基金销售从业人员的考试，以进一步规范基金销售行为，提高基金销售人员业务水平和执业素质。2015年基金业协会实施从业资格管理后，将只针对销售业务的基金销售从业考试一并纳入基金从业资格考试，为我国不断壮大的基金销售队伍培养着更多合格的专业人才。

15.2.4　我国证券投资基金的市场服务

针对不同投资人和不同的基金管理形式，基金管理人需要提供不同内容、不同重点的市场服务，其核心在于加强与现有投资人之间的沟通和信任，同时吸引潜在投资人的新增投资。基金管理人所提供的市场服务主要包括以下几个方面的内容：

1. 信息披露

全面、及时、客观、公正的信息披露是基金管理人所提供的市场服务中最基本的一项，它可能采用公开和特定渠道进行，其内容包括历史业绩与风险状况、目前投资方向与投资内容、对市场的预期等，此外，包括基金管理人的重大变更等内容在内的可能影响投资人利益的信息也需要及时披露。在这里，客户需要了解短期和长期投资中每种投资项目和每个资产类别的收益预期，其中最重要的是将来与过去有多大差别。客户可以从历史数据中获知收益与风险的历史数据，但长期投资的平均收益率是多少，长期投资期限内风险事件发生的频率是多少，也就是说，投资的风险是什么，不确定因素是什么，历史数据对未来的预见作用有多大，这些信息也是客户需要了解的重要内容。

良好的信息披露对于基金管理人来说具有重要意义。一方面，现有客户可以从信息披露中获取关于投资的全部有关信息，了解目前状况，即使在不利的市场条件下，良好的信息披露也有助于帮助基金管理人获取投资人更多的信任和支持。另一方面，基金管理人可以通过一定的公开信息披露吸引更多潜在投资人的关注和信任，提升基金管理人的市场形象，扩大基金管理人的管理规模和管理范围。

《证券投资基金信息披露 XBRL 标引规范（Taxonomy）》由中国证监会于 2008 年 8 月发布。国际化的基金信息披露规范不仅利于提高内地证券投资基金的信息披露质量和行业规范运作的水平，更有力地推动了基金信息披露和相关信息服务的规范、有序发展，保证了投资人能够获得关于基金的全面客观的信息，有效防止了基金管理人利用自身优势损害投资人的利益。

2. 客户理财顾问服务

基金管理人在面对大型的机构客户时，需要针对客户特征进行深入研究并提出相应的投资理财方案，以适应客户需求。在以基金等形式面对一般的中小投资者时，同样需要提供一定的客户理财顾问服务。例如，协助客户分析自身的资产状况与风险承受能力，提供包括多种金融产品的综合性投资方案，并在实施过程中给予客户及时支持。一般来说，对于那些需要直接面对中小投资者的基金管理人来说，一个高效运转的客户服务中心对于其业务的发展和公司形象的树立是极为重要的，它将处理客户的投资咨询、申购与赎回、转换基金投资形式等各项日常工作，同时加工处理所获得的关于客户的全面信息，为基金管理人的产品设计、经营管理等方面提供信息支持。

3. 更广泛、更低成本的投资选择

基金管理人的市场服务还可以表现为向客户提供更广泛、更低成本的投资选择。例如，基金管理人可以提供多种不同风险与收益状况的基金产品，并允许投资人在不同基金产品之间实现无成本或低成本的转换，或者保险公司允许投保人选择个人账户准备金的投资方向等。投资人从更广泛、更低成本的投资选择中可以获得更好的财务保障，从而更有效率地满足自身的理财需求。

4.投资者教育活动

为了保护社会公众的投资热情，维护资本市场长期持续稳定发展，基金管理人开展投资者教育工作已成为基金业的重要部分。根据中国证监会于2007年3月1日发布的《关于证券投资基金行业开展投资者教育活动的通知》，开展投资者教育活动的主要内容包括：

（1）帮助投资者了解证券投资基金。基金管理公司和基金代销机构应说明基金份额与储蓄存款、债券等投资产品的差异，引导投资者充分认识基金产品的风险特征。

（2）帮助投资者了解自己。投资者应对自己的投资目的有清醒的认识，要从自己的年龄和收入、所能承担的风险和期待的收益等方面出发，权衡选择适合自己的产品。

（3）帮助投资者了解市场。明确基金的价值决定于其投资标的物的价值，是由其投资标的的基本面决定的。

（4）帮助投资者了解基金发展历史。

（5）帮助投资者了解基金管理公司。让广大投资者充分意识到公司所宣传的业绩一般不可能代表未来的收益，对那些片面宣传、不充分揭示风险、做误导广告的基金管理公司要保持高度的警惕。

值得重视的是，基金销售并不是简单的一次性买卖行为，销售机构应提供持续性的基金服务来满足客户的要求。比如，及时并持续向客户提供重要的市场资讯、持仓品种信息及最新的投资报告；当基金公司、基金产品发生变动时及时披露信息并通知客户；定期进行投资者回访，对回访中发现的异常情况进行持续跟踪等。与客户保持长时间的、主动的互动交流，有利于提高客户的忠诚度与密切客户关系，实现更为稳定深入的合作。

15.3 证券投资基金的费率设置

证券投资基金费用并没有确切的定义，其含义是投资者为获得基金投资服务而支付给相关服务提供者的费用，在英文中一般用Fees和Expenses表述基金费用。证券投资基金的费用一般用资产（或市值）的百分比表示，所以一般称为费用率（或费率）。证券投资基金的费率直接关系到投资者的投资成本，是基金销售过程中影响客户的重要因素。所以，费率设置是证券投资基金特别是开放式基金营销设计中一个非常核心的问题，直接关系到能否吸引到投资者以及相关各方面的收益状况。本节主要以开放式基金为主，介绍基金的费率设置情况。

15.3.1 证券投资基金的费率结构

开放式基金在存续和运作中发生的全部费用统称为基金持有成本，主要由基金份额持有人费用和年度运营费用构成。我们将所有一次性由投资人直接支付的费用划为基金份额持有人费用，将其余周期性按年支付的费用划为年度运营费用。

1.基金份额持有人费用

基金份额持有人费用是由基金投资者自己承担的费用，主要包括申购（认购）费、赎回费以及基金转换费等。这部分费用直接从投资者的申购（认购）、赎回或转换的金额中收取。

（1）申购（认购）费用

基金管理人发售基金份额、募集基金时向投资者收取的为认购费，办理基金份额的申购时收取的则为申购费。认购费和申购费可以采用在基金份额发售或者申购时收取的前端收费方式，也可以采用在赎回时从赎回金额中扣除的后端收费方式。后端收费佣金一般随持有期而递减。对某些基金而言，若持有期超出一定期限，后端收费佣金可免除。因此，后端收费佣金有时又称为或有延缓的销售费用。但对于持有期低于三年的投资人，基金管理人不得免收其后端收费佣金。另外，不能将后端收费与赎回费混为一谈。后端收费属于销售佣金，只不过在形式、时间上不是在申购或认购时而是在赎回时收取。赎回费是针对赎回行为本身而收取的一次性费用。后端收费由投资者支付给基金公司，赎回费是由投资者支付给基金本身。

各国基金市场的申购费率并不相同。在美国，已兴起许多无申购费基金（免收费基金），或者出于促销考虑，手续费也会有些优惠。我国基金的申购费率设置已进入市场化阶段，《证券投资基金销售管理办法》（2013）已取消了关于基金申购费率限额5%的规定。目前的申购费率一般不超过1.5%，并根据申购金额分档计算，申购费率按申购金额的增加而递减。通过网上银行、基金超市等网络渠道办理申购业务申购费率可享受更多的折扣优惠。预计未来随着市场的充分竞争，基金申购费率有望进一步降低。表15.2是华夏复兴混合型证券投资基金的申购费率。

表15.2   **华夏复兴混合型证券投资基金的申购费率**

申购金额（M，单位：万元）	前端申购费率
M<100	1.5%
100≤M<500	1.2%
500≤M<1 000	0.8%
M≥1 000	每笔1 000元

（2）赎回费

赎回费是在投资者赎回时向投资者收取的略带惩罚性质的费用。在国外，赎回费一般并不常见，多数基金并不收取赎回费，而最多象征性地收取手续费。若收取赎回费，一般不超过净资产值的1%，且在持有超过一定期限后（譬如2年或3年）可以免除。但在我国，由于可供基金进行对冲保值的衍生工具和做空机制相对缺乏，当股价指数在一个相对高位时，如果出现大量的回购而基金的现金持有不足，则必然要抛售股票才能满足回购所需现金，持仓股票价格势必受到影响，基金单位净资产也就会随之"缩水"，这对没有赎回基金的长期持有者是不公平的。所以，目前我国的开放式基金一般要收取一定的赎回费，而且费率比国外更高一些。

2013年6月新修订的《开放式证券投资基金销售费用管理规定》，对持续持有期少于6个月的赎回行为强制收取一定比例的赎回费，同时将该费用按照不同比例计入基金财产。考虑到不同基金产品的交易特性和收益特征，强制性惩罚性赎回费规定只适用于除ETF基金、LOF基金、分级基金、指数基金、短期理财产品基金等之外的股票基金或混合基金。此项调整虽然增加了短期投资人的交易成本，但所增成本主要用于补偿基金财产，是对长期投资人权益的有效保护。表15.3是长城优化升级混合型证券投资基金的赎回费率。

表15.3　　　　　　　　长城优化升级混合型证券投资基金赎回费率

持有期（Y，单位：年）	费率
Y<1	0.5%
1≤Y<2	0.25%
Y≥2	0

（3）转换费

转换费指投资者按基金管理人的规定在同一基金管理公司管理的不同开放式基金之间转换投资所需支付的费用。基金转换的费用实际上包含了赎回费补差和申购费补差。赎回费补差和申购费补差是转入和转出基金的赎回及申购费率差值。简单来说，就是由申购（赎回）费率低的基金转到申购（赎回）费率高的基金时，收取申购费差价；由申购（赎回）费率高的基金转到申购（赎回）费率低的基金时，不收取差价。

转换费也指投资者在同一伞形基金中转换基金品种时产生的转换费用。目前在我国，投资者在子基金之间的转换一般会收取一定的费用（包括转换费和转出基金的赎回费），即便是免费转换的伞形基金，对一定时间内转换的次数也有限制。

（4）红利再投资费用

若投资人选择红利再投资，则存在一个红利再投资费用问题。目前，绝大多数基金均不收取红利再投资费。我国已推出的开放式基金均不收取该费用。

2.基金运营费用

基金运营费用是基金运营过程中发生的费用，包括基金管理费、基金托管费、信息披露费等，由基金资产承担，其种类和计提标准一般都在基金合同及基金招募说明书明确规定。

（1）基金管理费

基金管理费通常与基金规模成反比，与风险成正比。各国（地区）收取比例不同，美国一般为1%左右，我国香港一般不超过2%，我国台湾一般不超过1.5%，而内地大部分开放式基金的管理费率也在1.5%左右，债券基金的管理费率一般低于1%，货币市场基金的管理费率为0.33%。浮动管理费在我国仍处于探索阶段。

（2）托管费

托管费是基金资产中支付给托管银行的费用，托管费收取的比例与基金规模、基金类型有一定关系。通常基金规模越大，基金托管费率越低，积极管理的偏股型基金托管费较高。我国开放式基金根据基金合同所规定的比例计提托管费，一般低于0.25%。

（3）或有业绩表现费

有的基金为了进一步激励基金管理人，在正常的基金管理费外又设置了与业绩挂钩的业绩表现费，这就称为或有业绩表现费。国内私募基金一般都收取业绩报酬，其计提模式主要有定期（高水位法）或不定期（赎回或清盘法）两种。如"紫晶一号"证券投资基金采用不定期方式，在基金分红权益登记日、投资者退出日或基金终止日，根据投资者的期间年化收益率，对期间年化收益率超过0%以上部分按照10%的比例收取管理人业绩报酬。

（4）销售服务费

销售服务费主要用于支付销售机构的佣金以及基金管理人的基金行销广告费、促销活动费、持有人服务费等。并不是所有基金都有销售服务费，通常是货币基金或申购费为零的债券基金收取销售服务费。收取方式一般是在基金资产中按日计提，通常收取的比例是每年0.25%，但也会因基金合同的规定而发生变化。

（5）基金交易费

基金交易费是进行证券买卖交易时所发生的相关费用。目前，我国证券投资基金的交易费用主要包括印花税、交易佣金、过户费、经手费、证管费。交易佣金由证券公司按成交金额的一定比例向基金收取，印花税、过户费、经手费、证管费等则按照登记公司和交易所的规定收取。

（6）基金运作费

基金运作费是基金正常运作而发生的应由基金承担的费用，包括审计费、律师费、上市年费、信息披露费、分红手续费、持有人大会费、开户费、银行汇划手续费等。按照有关规定，上述费用如果影响基金单位净值小数点后第四位的，即发生的其他费用大于或等于基金净值的1‰，应采用待摊或预提的方法，待摊或预提计入基金损益。发生的其他费用如果不影响基金单位净值小数点后第四位的，即发生的其他费用小于基金净值的1‰，应于发生时直接计入基金损益。

3.总费用率

由于我国现行的金融市场制度和环境不利于投资者树立长期投资理念，基金投资周期普遍偏短，因此在基金申购、持有以及赎回过程中产生的各种一次性费用在基金总体费用中占有相当比例。我们将各种一次性费用率，按投资年限年金化后，再加上基金运营费用率，就得出一个反映全部投资成本的指标——总费用率。其计算公式如下：

总费用率=基金运营费用率+（基金份额持有人费用率÷投资年限）

由公式可以看出，基金投资者的总费用率是随着其持有基金年限的增加而减少的，如果持有的年限足够长，则其总费用率就等于基金运营费用率。所以，对长期投资者而言，其最关心的是基金的年运营费用率。但对短期投资者而言，基金份额持有人费用率也是需要考虑的重要方面。

【知识链接15-1】　　华夏复兴混合型证券投资基金招募说明书节选——基金运作费用

1.基金费用的种类

基金运作过程中，从基金财产中支付的费用包括：

（1）基金管理人的管理费。

（2）基金托管人的托管费。

（3）因基金的证券交易或结算而产生的费用（包括但不限于经手费、印花税、证管费、过户费、手续费、券商佣金、权证交易的结算费及其他类似性质的费用等）。

（4）基金份额持有人大会费用。

（5）基金合同生效后与基金相关的会计师费、律师费和信息披露费用。

（6）基金的资金汇划费用。

（7）基金收益分配中发生的费用。

（8）按照有关法律法规规定或经中国证监会认定可以列入的其他费用。

在中国证监会允许的前提下，本基金可以从基金财产中计提销售服务费，具体计提方法、计提标准在招募说明书或相关公告中载明。

2.基金费用的费率、计提标准、计提方式与支付方式

（1）基金管理人的管理费

在通常情况下，基金管理费按前一日基金资产净值的1.5%年费率计提。计算方法如下：

H=E×1.5%÷当年天数

H 为每日应计提的基金管理费

E 为前一日基金资产净值

基金管理费每日计提，按月支付。由基金管理人向基金托管人发送基金管理费划付指令，基金托管人复核后于次月首日起5个工作日内从基金资产中一次性划付给基金管理人。

（2）基金托管人的托管费

在通常情况下，基金托管费按前一日基金资产净值的0.25%年费率计提。计算方法如下：

H=E×0.25%÷当年天数

H 为每日应计提的基金托管费

E 为前一日的基金资产净值

> 基金托管费每日计提，按月支付。由基金管理人向基金托管人发送基金托管费划付指令，基金托管人复核后于次月首日起5个工作日内从基金资产中一次性划付给基金托管人。
>
> （3）本条第（一）款第1项中第（3）至第（8）项费用由基金管理人和基金托管人根据有关法规及相应协议的规定，按费用实际支出金额支付，并列入或摊入当期基金费用。
>
> 3. 不列入基金费用的项目
>
> 基金管理人和基金托管人因未履行或未完全履行义务导致的费用支出或基金资产的损失，以及处理与基金运作无关事项发生的费用等不列入基金费用。
>
> 4. 基金管理费和基金托管费的调整
>
> 基金管理人和基金托管人可协商酌情调低基金管理费和基金托管费，无须召开基金份额持有人大会。
>
> 资料来源　《华夏复兴混合型证券投资基金招募说明书》（更新，2018年第1次）。

15.3.2　美国基金费率的变动趋势

我国证券投资基金的历史太短，不足以支撑研究其费率的变动趋势，在此利用美国的数据来分析基金费率在近几十年来的变动趋势。

上世纪八九十年代，美国家庭中持有共同基金的比例增长了8倍，该比例在2000年之后的16年间里亦稳定在45%左右。截至2016年中，持有共同基金的美国家庭数达到约9 400万。在此期间，美国共同基金资产发生爆炸性增长，但基金费用水平是否过高的争论一直伴随着共同基金资产规模的增长。投资者希望基金规模的扩大能够带来规模经济效益，使投资者从中获利。在此，我们就介绍基金费率在美国20多年来的变动趋势及现状。基金总费用率是评价基金运作效率的重要指标，在资产规模、基金类型等因素相同或相近的前提下，费用率越低说明基金的运作效率越高。

在过去的20多年间，美国共同基金的平均费用率[1]呈现显著下降趋势。从1990年到2016年，股票型基金的平均费用率从0.99%下降到0.63%，混合型基金从1.02%下降到0.74%，债券型基金则从0.88%下降到0.51%。1990—2016年间美国股票型基金、混合型基金以及债券型基金费用率变动趋势可见表15.4。

美国共同基金总费用率逐年下降的原因主要有：

（1）基金费用率与基金规模呈反向变化。美国基金规模的不断增大使基金的固定成本，如过户代理费用、会计及审计费用被摊薄，从而使基金费用比率下降。

（2）投资者购买的基金类别向无负担类型[2]转变，特别是那些机构投资者。无负担类型基金较其他类型基金有更低的平均总费用率。

1　如无特别说明，此小节所指的平均费用率是以基金资产比重为权数计算出的加权平均年费用率。
2　无负担类型基金是指投资者在认购和赎回时不需缴纳费用，只需每年以基金资产的0.25%或更少交纳12b-1费用（该费用是基金持有人为补偿在基金投资过程中证券经纪人或金融中介所提供的专业服务而缴纳的费用）。与无负担类型基金相对应的是有负担类型基金，后者不但要求交纳12b-1费用，还有认购或者赎回费用，因此后者的总费用率相对较高。

表15.4　　　　　美国股票型基金、混合型基金和债券型基金费用率变动趋势

年份	股票型基金（%）	混合型基金（%）	债券型基金（%）
1990	0.99	1.02	0.88
1995	1.06	0.97	0.84
2000	0.99	0.90	0.76
2001	0.99	0.89	0.75
2002	1.00	0.88	0.74
2003	1.00	0.90	0.75
2004	0.95	0.84	0.72
2005	0.91	0.80	0.69
2006	0.88	0.78	0.67
2007	0.86	0.76	0.64
2008	0.83	0.77	0.61
2009	0.86	0.84	0.64
2010	0.83	0.82	0.63
2011	0.79	0.80	0.62
2012	0.77	0.79	0.61
2013	0.74	0.80	0.61
2014	0.70	0.78	0.57
2015	0.67	0.77	0.54
2016	0.63	0.74	0.51

资料来源　美国投资公司协会 Fact Book 2017。

（3）规模经济和行业内的激烈竞争使基金总费用率减少。

（4）在选购基金时，投资者倾向于投资费用率较低的基金。

以2016年为例，资本市场上流通的股票型基金的简单平均费用率为1.28%，而按照规模加权平均的费用率仅0.63%。投资者购买股票型基金所支付的平均费用率（规模加权费用率）变化趋势可见表15.5。

与普通商品和服务的价格类似，共同基金费率也是千差万别。基金的费率是综合衡量多个因素而设定的，对共同基金而言费率的差别主要来自投资目标的不同，对指数基金而言则与资产类别和相关服务机构的费用更加相关。以共同基金2016年的数据为例，

表15.5　　　　　　投资者购买股票型基金所支付的平均费用率变化趋势

年份	投资者支付的平均费用率（%）	股票型基金简单平均费用率（%）
1998	0.95	1.57
1999	0.98	1.59
2000	0.99	1.60
2001	0.99	1.65
2002	1.00	1.66
2003	1.00	1.68
2004	0.95	1.59
2005	0.91	1.53
2006	0.88	1.51
2007	0.86	1.46
2008	0.83	1.46
2009	0.86	1.5
2010	0.83	1.46
2011	0.79	1.42
2012	0.77	1.40
2013	0.74	1.36
2014	0.70	1.33
2015	0.67	1.30
2016	0.63	1.28

资料来源　美国投资公司协会 Fact Book 2017。

若用资产加权平均费用率来衡量某类基金的总费用率，股票基金的费用率要高于债券基金和货币基金。而在股票基金中，专注于某一行业，如医疗保健或者房地产的特定投资方向基金，再或者是国际市场基金，由于管理成本较高，倾向于要求较高的总费用率。然而，即使在某一特定类型的基金中，基金费用率的差别也十分明显。例如，在成长型基金中，有10%的基金费用率低于0.71%，同时有10%的基金费用率高于1.97%。费率的显著波动，来源于有些基金投资的是管理成本较低的大盘股，而有些则投资于管理成本较高的中盘股或小盘股。参见表15.6。

表15.6 **不同类型基金的费用率（2016年）**

投资目标	10分位数值（%）	中值（%）	90分位数值（%）	资产加权平均（%）	简单平均（%）
股票型基金[1]	0.68	1.21	2.04	0.63	1.28
成长	0.71	1.15	1.97	0.77	1.23
行业	0.77	1.33	2.15	0.78	1.38
价值	0.70	1.13	1.92	0.74	1.20
混合策略	0.41	1.01	1.83	0.39	1.06
全球	0.83	1.33	2.15	0.78	1.41
混合型基金[1]	0.65	1.19	2.01	0.74	1.29
债券型基金[1]	0.45	0.83	1.63	0.51	0.94
投资级	0.35	0.70	1.51	0.37	0.79
全球	0.62	1.01	1.84	0.65	1.11
应税债券	0.49	0.90	1.75	0.65	1.01
市政债券	0.48	0.78	1.58	0.54	0.91
货币市场基金[1]	0.09	0.22	0.39	0.18	0.23
注：目标日期基金[2]	0.37	0.84	1.52	0.51	0.89
股票指数基金[1]	0.06	0.35	1.51	0.09	0.63

按照全部基金份额类别计算10%分位数、中位数和90%分位数，数据包括普通指数基金但不包括ETF基金。

资料来源 美国投资公司协会Fact Book 2017。

综上所述，美国基金业整体费用率从20世纪90年代以来呈下降趋势。但就单个基金而言，其规模和费率又将呈现怎样的关系？下面就中美基金展现出的资产规模及其费率的变动关系进行介绍与比较。

15.3.3 基金资产规模与费率变动关系

一般来说，基金资产规模的增长可以为投资顾问的基金管理工作带来规模经济效益，从而降低基金运营的费用率。当基金资产规模扩大时，投资顾问的收入也同比例增加，因为其收入是基金平均净资产的某一比例（假设管理费用比例不变）。在管理基金

---

1 统计时剔除了由可变年金持有的基金及基金中基金。
2 统计时包含了基金中基金，但剔除了由可变年金持有的基金。97%的目标日期基金为基金中基金。

资产的过程中，基金经理提供了多种服务，如研究各种证券的预期收益、风险，管理股东账户、处理账户交易以及提高基金的吸引力，这些服务都需要付出成本。基金向投资顾问支付的管理费用与投资顾问的成本之间的差额是投资顾问的利润。如果投资顾问的收入增长速度超过其成本的增长速度，说明投资顾问的管理行为具有规模经济效益。

根据学者的研究以及美国国家审计署（GAO）对基金行业人士的调查，在美国，基金投资顾问在基金资产规模增加的过程中确实提高了运作效率或规模经济效益。基金资产规模的增加当然会带来管理成本绝对额的增加，但毋庸置疑的是单位管理成本却呈下降趋势，效率提高所节省的管理成本超过了规模增加带来的管理成本上涨。

推销费用也是费用率的重要组成部分。基金有许多分销渠道，如通过电话和信件销售，也可以通过专门的销售机构如证券商、经纪商等，当基金的资产规模增长时，基金的平均推销成本会下降。例如，如果基金目前雇用10个顾客服务代表，当基金资产增加1倍时，基金需要增加的顾客服务代表可能只是2个、5个或8个，而不是需要同样增加2倍，因而可以降低平均推销费用。

基金业资产规模的增长来源于两部分：一是投资组合价值的增长，如组合中某些证券市场价格的上升；二是原有和新的投资者向基金注入新的资金。如果基金投资组合的证券价格上升，基金资产随之增加，投资顾问的收入也会增加。但投资顾问并没有为增加的收入多支付成本。如果是新流入的资金导致基金资产增加，投资顾问的收入也会增加，但他必须为这笔流入的资金选择投资对象，从而付出成本。这个理由也可以解释为何投资顾问的管理会产生规模经济效益，事实也是如此。在美国20世纪90年代基金业规模急速膨胀的过程中，各类证券价格的升高作出了巨大的贡献。根据GAO的统计，从1990年到1998年，基金规模的增长56.1%来源于组合的增值，43.9%来源于新资金的流入。参见表15.7。

表15.7 股票和债券基金规模增长的来源

基金类型	组合价值增长（%）	投资者认购新的股份（%）	合计（%）
股票基金	56.5	43.5	100
债券基金	54.2	45.8	100
合计	56.1	43.9	100

但是，Lipper Analytical Services，Inc.的一份研究报告[1]指出，基金业作为一个整体并不存在规模经济效益，只是个别基金才具备。其中的原因有很多，如新基金的运作费用通常较高。如果行业增长只是由于很多新基金的进入造成的，那么事实上将不会有规模经济出现。因此，基金管理是否存在规模经济效益与基金的增长速度和增长方式有很大关系。

自开放式基金在2001年9月首次在我国面世以来，由于其可随时申赎的特点，其数

---

1 Lipper Analytical Services Inc. The Third White Paper: Are Mutual Fund Fees Reasonable? Sep 1998 Update. (Sep.1998).

量与种类都得到了飞速的发展，受到公众关注。不少学者也开始对我国开放式基金的费率影响因素展开研究。多数学者以为，开放式基金在我国最初发展的十年间并未表现出明显的规模经济，费率的差别仅与基金类型与投资区域有关。其主要原因是我国开放式基金在发展之初呈现出费率结构单一、缺乏弹性的明显缺陷，而随着费率制度的改革与行业竞争的加剧，同类型基金中出现了差异化费率，规模经济逐步显现。

但是，基金规模的过度增长也未必带来成本的持续下降，主要原因是超大型基金在调整投资组合时缺乏灵活性，所谓牵一发而动全身，为超规模的资金寻找投资方向时带来的管理成本上升可能使费率不降反升。一般而言，证券投资基金有一个适度规模，规模过大或过小都会导致总费用率的上升，进而影响基金业绩。

在适度竞争中，规模经济的优势比较明显，但在竞争过度激烈时，投资顾问的成本可能不会因为基金规模的增加而下降，反倒呈现出上升趋势，原因在于激烈的竞争迫使基金提供越来越多的新服务项目。为了在激烈竞争中取得优势，基金公司往往提供新的或价格昂贵的服务，并提高原有服务的水平，这必然带来管理费用的增加。这些昂贵的服务包括：24小时电话服务、语音识别系统和Internet在线服务等，它们在为投资者带来方便、快捷的同时，也增加了管理费用。根据GAO的调查，投资顾问的成本上升是以间断、跳跃的方式进行的，并不是以人们通常认为的连续、平缓的方式进行。这是因为基金资产规模在一定区间变化时，基金不需要增加相关的人力成本，只有当基金规模突破某一临界点时，基金才不得不增加人力成本。

推销费用也在加剧的竞争中逐渐增长。在美国，许多经纪商（交易商）的销售代表减少了他们销售的基金股份种类，或者是将不同基金发行的份额排列优先级别，级别高的将被重点、优先向投资者推销。当一家基金的份额被标明高级别时，该基金就必须向销售代表付出更高的推销费用。目前来看，投资顾问公司的数目远远超过推销公司的数目，后者在决定销售基金股份佣金的水平上居于主动地位。当基金股份通过基金超市销售时，也会增加基金的推销费用。大部分（包括与基金顾问有关联关系的）经纪商（交易商）允许其客户通过经纪账户购买基金股份，同时也要求基金根据投资者的投资额支付一定比例的推销费用。

在我国，基金公司层面的推销费用主要指客户维护费，它是基金管理人与代销机构在销售协议中约定好的，按基金销售保有量的一定比例提取的费用，与销售服务费不同，它由基金公司从管理费中而非基金财产中列支。客户维护费占管理费之比能在一定程度上反映基金公司对代销渠道的依赖性，其从2010年前的17%以上降至近5年的15%左右（见表15.8）。根据Wind数据统计，2017年年报中，基金客户维护费占比管理费最高达78%，最低不足1%，高维护费占比多出现在新基金公司或小基金公司，因为它们竞争力稍弱，面对银行、券商等缺乏议价能力，只有以高维护费获得代销机构的支持。

基金管理人员的成本支出也是竞争中不可忽视的因素。投资者往往愿意为业绩好的基金支付更高的费率，而作出好的业绩需要高水平的投资管理人才。为了吸引和留住高

表15.8　　　　　　　　　　　公募基金客户维护费占管理费比的变化趋势

年份	管理费（万元）	客户维护费（万元）	客户维护费占管理费之比
2008	5 519 479.54	987 528.98	17.89%
2009	4 984 374.94	877 902.26	17.61%
2010	4 745 999.15	873 275.25	18.40%
2011	2 942 388.98	498 752.18	16.95%
2012	2 781 732.14	491 734.76	17.68%
2013	2 602 492.35	437 048.71	16.79%
2014	2 884 630.39	473 968.84	16.43%
2015	3 022 855.68	460 223.30	15.22%
2016	2 857 329.62	414 842.53	14.52%
2017	3 073 388.43	438 968.72	14.28%

资料来源　Wind数据。

水平的基金经理，投资顾问公司付出的成本越来越高。在美国，基金经理和职员居于金融业中薪水最高的人士之列。共同基金高级投资管理人员的工资水平也在逐年上涨，高素质的投资人才缺乏并且大量流向对冲基金。为了留住人才，共同基金不得不提供更高水平的薪酬。

　　另外，如果投资者新开账户资金额（或投资额）较小，将会使得投资顾问的平均账户管理费用升高，这是因为无论账户的规模有多小，基金一定要保证一定的服务水平。但这只是对部分基金而言，因为整个基金业平均账户规模呈现上升趋势。

　　综上所述，存在规模经济的基金可采纳成本领先的竞争策略，通过适当降低管理费率来获取投资者青睐。但竞争的激烈可能使规模经济带来的成本下降显得微乎其微，基金公司需在压缩利润率和扩大规模之间作出有效权衡，力争在控制成本的条件下设定符合自身实际情况的费率水平。

15.3.4　我国基金费率设置的改革

　　我国基金行业经历了20年的发展，规模不断扩大，正逐步迈入一个更加成熟、规范的发展阶段。与美国相同，我国基金规模不断扩大的同时，基金费率总体呈现出下降态势。根据基金业协会发布的2016基金年报，我国开放式基金资产总规模从2004年的2 436.63亿元上升到90 117.00亿元，但管理费除股票型基金外均有不同程度的下降。其中，债券型基金的管理费率由本世纪初的0.65%降至0.55%，混合型基金由1.5%左右降至1.14%，货币市场型基金由0.32%左右降至0.28%，指数型基金由1.2%以上降至0.84%。

整体来看，除了赎回费呈现上升趋势外，其他如管理费、托管费、销售服务费和认（申）购费率都稳中有降。高赎回费与鼓励投资者长期持有相关，而总体费率的下降则是市场化程度加深的体现，也利于投资者成本的降低。

在基金行业的发展过程中，基金费率结构的设计尤为重要。如果基金费率结构设计得当，可在充分保障基金份额持有人平等权益的基础上，起到鼓励长期投资、遏制频繁进出等投机行为的作用，同时可满足不同投资者的需求。

基金费用结构的设计是由基金发起人（在我国，一般是指基金管理公司）进行的，其初衷是为了获取最大化的管理费等收入。因此，就必须考虑两个因素：一是尽可能多地募集资金；二是尽可能高的费率结构。显然，这两个因素是相互矛盾的，低费率结构容易吸收到资金，高费率结构难以募集资金，所以，就必须在这两者之间寻求平衡点。同时，这里还涉及投资者费率结构偏好和基金管理公司管理基金的成本。

从基金管理公司来说，偏好于前收费，因为，这可增加其即期现金流量，减少资金占用，弥补成本支出，风险较小。而从投资者角度来说，则更喜欢于后收费，即"先干活，后付钱"的模式，因为这样心理上舒服，而且资金的利用率最高，但对基金管理公司的经营压力较大。因此，从理论角度来说，前收费方式的费率应较低，后收费方式的费率应较高。另外，不宜所有的费用都采用单一费率，随着持有期延长或投资额加大，有些费率（如赎回费、申购费等）应该相应递减。主要的应收费用包括申购费、管理费、托管费和持续性销售费用等。其他诸如红利再投资费、账户保管费、转换费等一般建议不收或仅象征性收取手续费，赎回费也不应过高。

费用结构必须与基金收益波动水平挂钩。不同种类的基金其收益波动水平是不一样的，如货币市场基金和债券基金的收益波动水平较低，管理容易，费率应较低。股票基金、对冲基金的收益波动水平较高，管理难度大，费率应较高。

费用结构还与市场竞争程度有关。在基金供不应求的情况下，较高费率的费用结构，投资者也会接受。在投资者对基金投资热情不高的情况下，费率就应设计得较低。

当然，基金费率水平与基金业整体收益水平有很大关系。如基金业整体收益水平高于同期银行存款或国债利率水平时，基金费率高一些，投资者也乐于接受。当基金业整体收益水平低于银行同期存款利率时，投资者对基金费率就会比较敏感。

自新版《开放式证券投资基金销售费用管理规定》（2013）颁布以来，进一步放宽了基金公司和基金代销机构在基金费率设定方面的管制。基金公司可以在产品设计时自主采用多种收费模式和收费水平，基金代销机构也可以根据自身服务进行差异化收费。费率设置的自主化、差异化将促进基金行业的市场化，为实现投资者利益最大化营造更好的环境。

目前，我国基金管理费收取模式仍以固定模式为主，对浮动模式的尝试仍处于探索阶段。2017年6月，监管层下发《公开募集证券投资基金收取浮动管理费指引（初稿）》，就收取浮动管理费的公募基金在基金经理、基金类型、跟投机制、计提方法、浮动空间、业绩基准等方面给出了细致的规范。浮动模式的提出旨在一定程度上消除基金经理与投资者间的代理问题，将业绩表现与管理费收入挂钩，增强基金管理人与基金份额持有人利益的一致性，但从实际操作来看仍存在几点瑕疵：一是对于不定期提取附加管理费的基金而言，其计提起始日和计提日的设置相对复杂，透明度不高，同时计提方法对基金管理人的清算水平也提出了较高要求，易造成基金份额持有人预期所得与实际所得的差异。二是对于定期计算浮动费率的基金而言，存在收益水平与管理费收入水平的错位，即未来的管理费率由过去的业绩表现来决定，并不受未来当期业绩表现的影响。同时，从已成立的采用浮动管理费机制的基金业绩来看，并未有显著超越市场水平的表现。由此，浮动管理基金仍有很长一段路要走，固定费率模式应该仍是未来一段时间基金市场的主流。

为保护基金投资者利益，从管理费、托管费、交易佣金等多方面对基金运营费用进行"减负"的过程涉及了基金管理公司、银行、券商等多方利益，需要共同作出协商和努力，因此我国基金费率的改革从开始便注定不可能是一蹴而就的。

【知识链接15-2】　开放式证券投资基金销售费用管理规定（2013）（节选）

第一章　总　则

第一条　为维护开放式证券投资基金销售的市场秩序，保护开放式证券投资基金投资人的合法权益，促进证券投资基金业的健康发展，根据《证券投资基金法》、《证券投资基金销售管理办法》（证监会令第91号），制定本规定。

第二条　本规定所称基金是指依据《证券投资基金法》并经中国证监会注册的公开募集开放式证券投资基金。

本规定所称基金销售机构是指办理基金销售业务的基金管理人以及经中国证监会注册取得基金销售业务资格的其他机构。

本规定所称基金销售费用，是指基金销售机构在中华人民共和国境内，发售基金份额以及办理基金份额的申购、赎回等销售活动中收取的费用。

创新型封闭式基金以及中国证监会规定的其他基金品种，参照本规定执行。

第三条　基金管理人应当依据有关法律法规及本规定，设定科学合理、简单清晰的基金销售费用结构和费率水平，不断完善基金销售信息披露，防止不正当竞争。

第四条　基金销售机构应当依据有关法律法规及本规定，建立健全对基金销售费用的监督和控制机制，持续提高对基金投资人的服务质量，保证公平、有序、规范地开展基金销售业务。

第二章　基金销售费用结构和费率水平

第五条　基金销售费用包括基金的申购（认购）费、赎回费和销售服务费。

第六条　基金管理人发售基金份额、募集基金，可以收取认购费。

基金管理人办理基金份额的申购，可以收取申购费。

认购费和申购费可以采用在基金份额发售或者申购时收取的前端收费方式，也可以采用在赎回时从赎回金额中扣除的后端收费方式。

基金管理人可以对选择前端收费方式的投资人根据其申购（认购）金额的数量适用不同的前端申购（认购）费率标准。

基金管理人可以对选择后端收费方式的投资人根据其持有期限适用不同的后端申购（认购）费率标准。对于持有期低于3年的投资人，基金管理人不得免收其后端申购（认购）费用。

第七条 基金管理人办理开放式基金份额的赎回应当收取赎回费。

对于除本条第三款规定之外的股票基金和混合基金，基金管理人应当在基金合同、招募说明书中约定按照以下费用标准收取赎回费：

（一）收取销售服务费的，对持续持有期少于30日的投资人收取不低于0.5%的赎回费，并将上述赎回费全额计入基金财产；

（二）不收取销售服务费的，对持续持有期少于7日的投资人收取不低于1.5%的赎回费，对持续持有期少于30日的投资人收取不低于0.75%的赎回费，并将上述赎回费全额计入基金财产；对持续持有期少于3个月的投资人收取不低于0.5%的赎回费，并将不低于赎回费总额的75%计入基金财产；对持续持有期长于3个月但少于6个月的投资人收取不低于0.5%的赎回费，并将不低于赎回费总额的50%计入基金财产；对持续持有期长于6个月的投资人，应当将不低于赎回费总额的25%计入基金财产。

对于交易型开放式指数基金（ETF）、上市开放式基金（LOF）、分级基金、指数基金、短期理财产品基金等股票基金、混合基金以及其他类别基金，基金管理人可以参照上述标准在基金合同、招募说明书中约定赎回费的收取标准和计入基金财产的比例。

第八条 基金管理人可以从基金财产中计提一定的销售服务费，专门用于基金的销售与基金持有人的服务。

第九条 基金销售机构可以对基金销售费用实行一定的优惠。

资料来源 《开放式证券投资基金销售费用管理规定》（2013）。

● **本章小结**

基金销售是证券投资基金管理运作的重要环节之一，在目前基金市场销售竞争激烈的情况下，基金销售状况甚至成为影响基金公司经营的最为关键性的因素。

不同的投资人具有不同的风险承受能力、投资限制和税收状况，进而具有不同的客户特征和客户需求，这是判断投资管理是否成功的标准所在。基金管理人应面向现有与潜在客户提供全方位的市场服务，获取客户信息，满足客户需求。

证券投资基金的客户类型包括机构投资者和个人投资者。机构投资者主要包括保险公司、养老基金、证券公司、基金公司、信托公司、财务公司和上市公司等。另外，随着资本市场的逐步开放，QFII和RQFII 等合格境外投资者也加入了机构投资者行列。

针对不同投资人和不同的基金管理形式，基金管理人需要提供不同内容、不同重点的市场服务，其核心在于加强与现有投资人之间的沟通和互信，同时吸引潜在投资人的新增投资。基金管理人所提供的市场服务主要包括信息披露，客户理财顾问，更广泛、更低成本的投资选择和投资者教育活动。

证券投资基金的费率直接关系到投资者的投资成本，是基金销售过程中影响客户的重要因素。所以，费率设置是证券投资基金特别是开放式基金营销设计中一个非常核心的问题，直接关系到能否吸引到投资者以及相关各方的收益状况。

开放式基金在存续和运作中发生的全部费用统称为基金持有成本，主要由基金份额持有人费用和年度运作费用构成。

● **重要概念**

基金销售　客户服务　客户类型　客户特征　直接销售　代理销售　销售渠道　基金超市　基金费率　持有人费用　运营费用　申购费　赎回费　管理费　托管费　基金交易费　基金运作费　规模经济效益

● **思考题**

1. 为什么目前我国证券投资基金对基金营销空前重视？

2. 证券投资基金的主要机构投资人有哪些？你认为它们中的哪几个在未来应该成为基金关注的重点？

3. 证券投资基金的主要销售方式有哪些？它们各有什么特点？你认为我国开放式基金的销售方式在未来将会有什么转变？

4. 投资者投资证券投资基金需交纳哪些费用？

5. 结合美国共同基金费率的变化，你认为我国基金费率今后将会有怎样的发展变化趋势？

第5篇

发展展望篇

第16章 国内外证券投资基金监管

◇学习目标

- 掌握证券投资基金监管的内涵、目标与原则
- 了解证券投资基金监管的对象和机构
- 了解中国证券投资基金监管的主要内容
- 掌握三种证券投资基金监管体制模式并比较其优劣
- 了解美、英、德、日与我国的基金监管法律体系

证券投资基金市场是证券市场的一个子市场，因而证券投资基金的监管，无论是其监管模式、监管内容、监管机构，还是监管的法律体系，都属于证券市场监管的范畴，这在各个国家对证券投资基金的监管实践中都有充分的体现。各个国家基金行业的发展轨迹也造就了不同的基金监管体制。本章主要回答什么是证券投资基金监管，为什么要监管，如何监管以及监管什么的问题，同时对证券投资基金的监管体制和法律体系进行国际比较。

16.1 证券投资基金监管概述

16.1.1 证券投资基金监管的内涵

顾名思义，监管指的就是监督和管理。监督是指监视和督察，主要是对市场经济运行过程中的行为、数据、现象进行跟踪、分析、揭露，以尽早发现违反市场运行规则、规律的行为和事项，为市场管理提供依据，并督促有关行为主体按市场规则履行自己的权利和义务。因此，监督又分为行政监督、法律监督、新闻媒体监督、大众监督等。管理是指控制与理顺，如制定市场运行规章制度、法律法规，并根据监督检查结果，对有关当事人进行处罚等，以保证市场能够更加稳定、有序、公平地运转。所以，能够履行市场管理职能的只能是行政授权机构。这也就是说，能履行监管职能的也只能是行政授权机构，实质就是政府机构。

证券投资基金市场是证券市场的一个子市场。因此，证券投资基金监管也就是证券监管的一个子范畴。但由于证券投资基金是证券市场中最主要的投资者之一，对证券市场的影响很大，本身又是涉及多方利益的公共复杂体，如不加强监管，不理顺各当事主体的关系，很可能会动摇社会诚信基础，从而给市场带来巨大风险。因此，有必要将其

作为一个单独的市场来研究和监管。

由于证券投资基金是集中众多中小投资者资金而成立的，并委托基金管理公司或是投资顾问进行证券投资的大型机构投资者，所以，在证券投资基金运行过程中存在着很长的委托代理链。由于在每一个代理链节中都可能存在道德风险，如基金管理公司、基金托管人或其内部人侵害证券投资基金持有人利益，基金管理公司经理层和基金经理侵害基金管理公司利益，证券投资基金大投资者侵害小投资者利益等，这就要求政府必须制定法律法规来规范各证券投资基金主体的行为，并督促各证券投资基金主体按规定履行自己的权利和义务，以促进基金市场公平、有序运行，这就是证券投资基金监管的主要内涵。因此，所谓证券投资基金的监管就是对证券投资基金行为的监督管理，是指基金的相关管理部门运用法律的、经济的以及必要的行政手段，对基金的发起设立、基金单位的发行、基金资金的募集、基金的上市交易、基金的申购与赎回、基金清算等行为及基金管理人、托管人等与基金运作相关的机构的行为进行监督和管理。

16.1.2 证券投资基金监管的目标

证券投资基金监管是一种行政行为。行政必须依法，依据的是国家和监管部门制定的法律法规，而法律的制定必须明确其目的，因此，在证券投资基金相关法律中一般都规定了明确的目的，这种目的一般就构成了监管的主要目标。我国《基金法》第一条规定："为了规范证券投资基金活动，保护投资人及相关当事人的合法权益，促进证券投资基金和资本市场的健康发展，制定本法。"结合国际证监会组织（IOSCO）提出的证券市场三项监管目标——保护投资者，保证市场的公平、有效和透明，减少系统风险（Systemic Risk），可以得出证券投资基金监管的最终目标：建立公平、高效的证券市场，促进证券投资基金和证券市场健康发展。为了达到上述目标，必须规范证券投资基金活动，保护投资人及相关当事人的合法权益。

在基金市场上，公平和效率具有统一性，是不能相互替代的。公平是指法律地位的平等，是效率的前提和基础。效率是公平的最终体现和归宿。基金监管既要保证参与者有平等的法律地位，又要兼顾基金市场最首要的经济功能，即提高优化资源配置效率。

这里所说的公平是指规则的公平，是市场机会平等、交易平等、竞争平等，是指市场主体的权利、地位和机会平等，而不是结果的公平。实现公平这一目标，要求所有证券投资基金活动的参与者法律地位平等，合法权益受到公平保护，在市场中有公平的市场规则、均等的市场机会、平等的主体地位和待遇，以及以价值规律为交易基础。

要实现规则的公平，关键在于规则制定者和执行者是否按平等的原则对待市场中的每一个参与主体，并坚持规则执行的一致性原则。前者指的是规则制定的公平性，后者则是指规则执行的公平性。而能否实现公平，与规则制定者和执行者的地位是否超脱有很大的关系。如果规则制定者也是利益的某一方，则规则制定的时候就可能出现不公平；如果规则执行者也是利益的某一方，则其执行规则时就会有倾向性，出现既是"裁判员"又是"运动员"的难以保证"公平"的现象。以往，这种现象在我国的经济生活中、在我国的证券投资业中，是存在的。例如，部分政府部门制定有关经济政策时倾向国企，使得大量国有企业占有了诸多优势资源，而民营企业的发展却步履维艰；在证券市场发展初期，存在以助力国有企业从市场中融资为重心的现象，即着重于证券市场的融资功能，将其作为融资市场来发展，而非定位为投资者的投资市场。这使得融资者与投资者之间的地位出现了明显的不对等，带来了证券市场不规范、发展不健康等诸多问题。

只有政府从市场参与者的角色中解脱出来，使国有经济股份化、民营化，政府站在超脱的地位来管理经济事务，才能从一个单纯的"裁判员"的角度大大促进交易效率的提高，加快证券投资基金业法制化、市场化的深入发展，从而使基金市场运行得更加"公平"，最终建立起一个高效的、稳步发展的基金运行市场。

16.1.3　证券投资基金监管的原则

为了实现证券投资基金监管的目标，证券投资基金监管必须坚持以下几个方面的原则：

1.依法监管原则

依法监管是指基金监管主体必须严格依法对基金市场本身及其参与者的各项活动进行有效的监督和管理，即法制原则。前面已述，基金监管职能只能由行政管理部门执行，是行政权力的体现，而行政力量应该在市场"失灵"时对其进行干预。因此，监管部门只能在法律法规的框架内进行依法监管，市场能自我调节的应尽量由市场调节，否则将损害市场的效率，降低市场的公平性。

2.保护投资者合法权益原则

投资者的合法权益必须得到有效保护，否则，证券投资基金就会失去资金来源，基金市场就会不断萎缩，更不用谈发展和完善了。由于基金投资者和基金管理公司之间存在信息不对称，引发委托-代理关系，并且多数投资者缺乏证券投资的知识和技巧，使得投资者在参与基金活动的各主体中处于最弱势的地位。因此，证券投资基金监管的方式方法及法律法规的制定必须从维护投资者合法权益角度出发，让投资者得到公平的对待，使投资者放心地参与基金市场的投资，最终保证整个基金市场的有序、健康发展。

3.公开、公平、公正原则

基金是证券市场的重要参与者之一，证券市场的"公开、公平、公正"的原则同样适用于基金市场。公开原则就是要求基金市场具有充分的透明度，要实现市场信息的公开化，且监管机构要保证信息的真实性。公平原则是指市场中不存在歧视，参与市场的主体具有完全平等的权利、地位和机会。公正原则要求基金市场的监管部门和执法者在公开、公平原则的基础上，公正地实行各种法律法规。根据公正原则，证券立法机构应当制定体现公平精神的法律法规和政策。证券监管部门应当根据法律法规授予的权限履行监管职责，要在法律的基础上，予以市场参与者公正的待遇。我国《基金法》第四条明确规定："从事证券投资基金活动，应当遵循自愿、公平、诚实信用的原则，不得损害国家利益和社会公共利益。"而为了保证公正，《基金法》第一百一十八条规定："国务院证券监督管理机构工作人员在任职期间，或者离职后在《中华人民共和国公务员法》规定的期限内，不得在被监管的机构中担任职务。"

4.诚信原则

诚实信用原则要求证券投资基金市场的活动主体应该诚实履行义务，不得滥用权力。诚信原则要求基金的发起人、管理公司和信托公司必须真实、完整、准确地披露基金的相关信息，按确定的投资范围和投资方式进行投资，最终实现其所承诺的投资目标。中介机构在向投资者提供投资服务和市场信息时，不得有隐瞒事实、欺诈或误导的行为。投资者不得散布虚假信息，不得垄断或操纵市场价格，扰乱正常的市场秩序。在一个诚信的市场环境中进行交易，可以减少许多道德风险的防范成本，实现高效的、以信用为基础的交易。

5.监管与自律并重原则

政府对基金市场的监管是市场发展的保证，但基金从业者的自律是市场发展的基础。因此，在加强政府、证券主管机构对基金市场监管的同时，也要加强从业者的自我约束、自我教育和自我管理，这是世界各国共同奉行的原则。

16.1.4　证券投资基金监管的对象

基金监管的对象其实就是基金的行为，而产生基金行为的主体主要有基金管理人、基金托管机构以及基金投资者。因此，基金监管部门主要对上述三方面的机构和个人进行监督管理。

我国基金的监管对象包括：基金管理公司、基金托管人、基金承销人、基金选择的券商、基金投资者等。在上述监管对象中，基金管理公司是监管的重点。因为，基金管理公司是基金运作的核心，基金的投资、发行、赎回以及基金的内控制度都在基金管理公司的控制之下，如果基金发生违法或不正当交易行为，最可能的直接责任方就是基金管理公司。因此，基金管理公司是基金监管的核心对象。

16.1.5　证券投资基金监管的主要方式

行政监管和自律监管是证券投资基金监管的两种主要方式。

行政监管是指证券监管部门根据法律法规的相关规定对证券投资基金市场进行干预性监管。但法律法规也并非万能，诸多方面（如道德范畴内的事项）还需法律体系之外的标准辅助，因此，自律监管便应运而生，通过行业自律组织来规范证券投资基金的运作。法律法规与自律要求相辅相成，构成了更完善健全的监管体系。我国《基金法》第十条明确规定："基金管理人、基金托管人和基金服务机构，应当依照本法成立证券投资基金行业协会，进行行业自律，协调行业关系，提供行业服务，促进行业发展。"行政监管部门一般由证券监管部门、中央银行等有关机构组成。

尽管中国证券投资基金发展时间较短，证券投资基金业协会成立也不久，但是近些年来中国证券投资基金业的自律监管方式正在逐步发挥应有的作用。我国《基金法》第十一条明确规定："国务院证券监督管理机构依法对证券投资基金活动实施监督管理；其派出机构依照授权履行职责。"我国证监会一般会授权其派出机构对当地的基金市场履行监管职责，授权证券交易所对在交易所上市的基金履行一线监管的职责。

16.2　我国证券投资基金监管的主要内容

证券投资基金是基于"委托-代理"的信托原理建立起来的。在这样的信托关系中，一般来说委托者将资金交付后即基本履行完了义务，接下来就是要求代理者履行契约协议约定的义务。因而，代理人是否有能力履行义务和如何履行义务成了基金监管的核心内容，即基金监管的主要内容是对基金管理人、托管人的设立及其从业人员的资格进行监管和对证券投资基金的运行（代理人的行为）进行监管。

16.2.1　对基金管理公司设立及其从业人员的监管

1.基金管理公司设立监管的主要内容

基金管理公司的设立是否经国务院证券监督管理机构核准；基金管理公司的设立变更或解散、主要股东以及中外合资基金管理公司的境外股东的设立、基金管理公司股东的出资比例等是否符合《基金法》、《证券投资基金管理公司管理办法》（2012）、《公司法》（2013）及证监会规定的章程；是否具备条件设立分支机构、修改章程或者变更其他重大事项，是否报经国务院证券监督管理机构批准；基金管理公司的业务范围是否符合《基金法》及《证券投资基金管理公司管理办法》（2012）的规定；基金管理公司是否有完善的内部稽核监控制度和风险控制制度等。

2.对基金管理公司从业人员监管的主要内容

从业人员是否存在违反禁业的规定；基金管理公司的经理和其他高级管理人员是否符合《基金法》有关任职资格的规定；基金管理公司的经理和其他高级管理人员的选任或者改任，是否报经国务院证券监督管理机构依照《基金法》和其他有关法律、行政法规规定的任职条件进行审核；基金管理人的董事、监事、经理和其他从业人员，有否担任基金托管人或者其他基金管理人的任何职务和从事损害基金财产和基金份额持有人利益的证券交易及其他活动；基金管理公司投资管理人员的职业行为是否符合《基金管理公司投资管理人员管理指导意见》（2009）等。

3.对基金管理公司行为的监管

是否依法募集基金，办理或者委托经国务院证券监督管理机构认定的其他机构代为办理基金份额的发售、申购、赎回和登记事宜；有否办理基金备案手续；对所管理的不同基金财产有否分别管理、分别记账，进行证券投资；是否按照基金合同的约定确定基金收益分配方案，及时向基金份额持有人分配收益；有否进行基金会计核算并编制基金财务会计报告；有否编制中期和年度基金报告；有否正确计算并公告基金资产净值，确定基金份额申购、赎回价格；有否办理与基金财产管理业务活动有关的信息披露事项；有否按规定召集基金份额持有人大会；基金财产管理业务活动的记录、账册、报表和其他相关资料有没有按规定保存；有没有将其固有财产或者他人财产混同于基金财产从事证券投资；有没有不公平地对待其管理的不同基金财产；是否存在利用基金财产或职务之便为基金份额持有人以外的人牟取利益的行为；有没有向基金份额持有人违规承诺收益或者承担损失；有无侵占、挪用基金财产；是否泄露因职务便利获取的未公开信息、利用该信息从事或者明示、暗示他人从事相关的交易活动等。

16.2.2　对基金托管人及其从业人员的监管

我国《基金法》规定，基金托管人由依法设立的商业银行或者其他金融机构担任。取得基金托管人资格应符合法定条件，担任基金托管人应履行相关职责。

1.基金托管人设立监管的主要内容

基金托管人若为商业银行，应满足：经中国证监会及中国银监会[1]核准并依法取得基金托管资格；设有专门的基金托管部门，净资产和资本充足率符合有关规定；取得基金从业资格的专职人员达到法定人数；具备安全保管基金财产的条件。安全高效的清算、交割系统已经建立；具备符合要求的营业场所、安全防范设施和与基金托管业务有关的其他设施；具备完善的内部稽核监控制度和风险控制制度等。

基金托管人若为非银行金融机构，应满足：经中国证监会核准并依法取得其基金托管资格；净资产及风险控制指标符合监督部门的有关规定；设有基金托管部门，并保证托管业务运营完整与独立；从事相关岗位的专职人员及取得基金从业资格的专职人员达到法定人数；具备安全保管基金财产、确保基金财产完整与独立的条件；已建立安全高效的清算、交割系统；具备完善的内部稽核监控制度和风险控制制度等。

2.基金托管人托管部从业人员监管的主要内容

与基金管理公司从业人员监管的主要内容基本一致。

3.对基金托管人行为的监管

基金托管人应满足：基金托管人与基金管理人不为同一人，不存在相互出资或者持有股份的问题；基金财产安全保管；按照规定开设基金财产的资金账户和证券账户；对所托管的不同基金财产分别设置账户，确保基金财产的完整与独立；基金托管业务活动的记录、账册、报表和其他相关资料完整保存；按照基金合同的约定，根据基金管理人的投资指令，及时办理清算、交割事宜；及时办理与基金托管业务活动有关的信息披露事项；对基金财务会计报告、中期和年度基金报告出具意见；履行复核、审查基金管理人计算的基金资产净值和基金份额申购、赎回价格的职责；按照规定召集基金份额持有人大会；按照规定监督基金管理人的投资运作；不将其固有财产或者他人财产混同于基金财产从事证券投资；无不公平地对待其管理的不同基金财产的行为；不存在利用基金财产为基金份额持有人以外的第三人牟取利益的行为；不向基金份额持有人违规承诺收益或者约定承担损失等。

> 【知识链接16-1】　《非银行金融机构开展证券投资基金托管业务暂行规定》（节选）
>
> 　　为进一步提升基金托管人服务水平与能力，培育开放、包容、多元的基金托管市场，2013年6月起施行的《基金法》放开了关于基金托管人仅限于商业银行的有关规定，允许符合条件的非银行金融机构开展基金托管业务。为落实《基金法》（2015）

1　2018年3月，根据第十三届全国人民代表大会第一次会议批准的国务院机构改革方案，已将中国银行业监督管理委员会与中国保险监督管理委员会的职责整合，组建中国银行保险监督管理委员会。

的修订精神，中国证监会于2017年12月发布了修正版的《非银行金融机构开展证券投资基金托管业务暂行规定》。该规定对非银行金融机构开展基金托管业务的法定条件与行为准则作出了具体规定，对促进基金行业的持续创新发展具有积极意义。

《非银行金融机构开展证券投资基金托管业务暂行规定》于2013年3月15日由中国证监会〔2013〕15号公告公布，而后根据中国证监会〔2017〕16号公告《中国证监会关于修改、废止〈证券公司次级债管理规定〉等十三部规范性文件的决定》修改。

下面是节选的该规定的主要内容，供读者参考。

第五条　非银行金融机构申请开展基金托管业务，应当具备下列条件：

（一）最近3个会计年度的年末净资产均不低于20亿元人民币，风险控制指标持续符合监管部门的有关规定。

（二）设有专门的基金托管部门，部门设置能够保证托管业务运营的完整与独立，部门有满足营业需要的固定场所，并配备独立的安全监控系统和托管业务技术系统。

（三）基金托管部门拟任高级管理人员符合法定条件，基金托管部门取得基金从业资格的人员不低于部门员工人数的1/2；拟从事基金清算、核算、投资监督、信息披露、内部稽核监控等业务的执业人员不少于8人，并具有基金从业资格，其中，核算、监督等核心业务岗位人员应当具备2年以上托管业务从业经验。

（四）具备安全保管基金财产、确保基金财产完整与独立的条件，不从事与托管业务潜在重大利益冲突的其他业务，具备安全高效的清算、交割系统，能够为基金办理证券与资金的集中清算、交割。

（五）具备完善的内部稽核监控制度和风险控制制度。

（六）最近3年无重大违法违规记录。

（七）法律、行政法规以及中国证监会规定的其他条件。

第七条　取得基金托管资格的非银行金融机构为基金托管人。基金托管人应当及时办理基金托管部门高级管理人员的任职手续。

第八条　非银行金融机构开展基金托管业务，应当遵守法律法规的规定、基金合同和基金托管协议的约定，恪守职业道德和行为规范，诚实信用、谨慎勤勉，为基金份额持有人利益履行基金托管职责。

非银行金融机构基金托管部门的高级管理人员及其他从业人员应当遵守法律法规及基金从业人员的各项行为规范，忠实、勤勉地履行职责，不得从事损害基金财产和基金份额持有人利益的证券交易及其他活动。

第九条　非银行金融机构开展基金托管业务，应当依法履行各项基金托管法定职责，并针对基金托管业务建立科学合理、控制严密、运行高效的内部控制体系。

第十条　非银行金融机构开展基金托管业务，应当将所托管的基金财产与其固有财产及其受托管理的各类财产严格分开保管，不得将所托管的基金财产归入其固有财产或其受托管理的各类财产。

第十一条 非银行金融机构开展基金托管业务，应当与本机构其他业务运作保持独立，建立严格的防火墙制度，隔离业务风险，有效执行信息隔离等内部控制制度，切实防范利益冲突和利益输送。

第十二条 非银行金融机构开展基金托管业务，应当对所托管基金财产投资运作的相关信息严格履行保密义务，不得向任何机构或个人泄露相关信息和资料，法律、行政法规和中国证监会另有规定或者基金合同另有约定的除外。

第十三条 非银行金融机构开展基金托管业务，应当为其托管的基金选定具有基金托管资格的商业银行作为资金存管银行，并开立托管资金专门账户，用于托管基金现金资产的归集、存放与支付，该账户不得存放其他性质资金。

第十四条 非银行金融机构开展基金托管业务，应当依法承担作为市场结算参与人的相关职责，为基金办理证券与资金的清算与交割，并与基金管理人签订结算协议或在基金托管协议中约定结算条款，明确双方在基金清算、交割及相关风险控制方面的职责。

第十五条 非银行金融机构开展公开募集基金托管业务，应当从托管费收入中计提风险准备金，用于弥补因其违法违规、违反基金合同、技术故障、操作错误等原因给基金财产或基金份额持有人造成的损失。风险准备金不足以赔偿上述损失的，应当使用其他固有财产进行赔偿。

16.2.3 对证券投资基金运行的监管

对证券投资基金运行的监管实际上指的是对证券投资基金代理人行为的监管，是对基金运行程序的监管。中国证监会及其派出机构根据《基金法》和《公开募集证券投资基金运作管理办法》（2014）对证券投资基金资金的募集、设立、交易、基金份额的申购和赎回、基金财产的投资、基金收益的分配、运作与信息披露、变更与清算以及其他基金运作活动进行监管。

1.基金募集监管的主要内容

基金管理人发售基金份额，募集基金时向国务院证券监督管理机构提交的文件资料是否齐全并获得批准；基金合同、招募说明书的内容是否完整；是否在基金募集申请经允许注册后发售基金份额；基金管理人有没有在基金份额发售的3日前公布招募说明书、基金合同及其他有关文件；所提交的文件内容是否真实、准确、完整；基金募集所进行的宣传推介活动，是否存在虚假记载、误导性陈述或者重大遗漏，对证券投资业绩进行预测，违规承诺收益或者承担损失，诋毁其他基金管理人、基金托管人或者基金份额发售机构的行为；基金管理人是否自收到准予注册文件之日起6个月内进行基金募集，超过6个月开始募集，原注册事项未发生实质性变化的，有否报国务院证券监督管理机构备案；发生实质性变化的，有没有向国务院证券监督管理机构重新提交注册申请；基金募集期限是否超过国务院证券监督管理机构核准的基金募集期限等。

2.基金设立监管的主要内容

封闭式基金募集的基金份额总额达到准予注册规模的80%以上；开放式基金募集的基金份额总额超过准予注册的最低募集份额总额，并且基金份额持有人人数符合国务院证券监督管理机构规定。上述条件达到后，基金管理人是否自募集期限届满之日起10日内聘请法定验资机构验资，自收到验资报告之日起10日内，向国务院证券监督管理机构提交验资报告，办理基金备案手续，并予以公告；基金募集期间募集的资金是否存入专门账户，在基金募集行为结束前有没有动用等。

3.基金份额交易监管的主要内容

基金管理人申请基金份额上市交易，应当向证券交易所提出申请，证券交易所依法审核同意的，双方应签订上市协议。基金份额上市交易应当符合下列条件：基金的募集符合《基金法》规定；基金合同期限为5年以上；基金募集金额不低于2亿元人民币；基金份额持有人不少于1 000人等。

4.基金份额申购与赎回监管的主要内容

我国规定，开放式基金的基金份额的申购、赎回、登记，由基金管理人或者其委托的基金服务机构办理。证监会对开放式基金的申购与赎回业务主要进行以下几个方面的监管：基金管理人是否在每个工作日办理基金份额的申购、赎回业务；基金管理人是否按规定按时支付赎回款项；开放式基金是否保持足够的现金或者政府债券，以备支付基金份额持有人的赎回款项；基金份额的申购、赎回价格是否被正确计算，如计价出现错误时，基金管理人是否立即纠正，并采取合理的措施防止损失进一步扩大，错误超过0.5%时，是否公告并报国务院证券监督管理机构备案等。

5.基金的投资和收益分配监管的主要内容

基金合同和基金招募说明书是否按照《公开募集证券投资基金运作管理办法》（2014）载明基金的类别；基金名称显示投资方向的，是否有80%以上的非现金基金资产属于投资方向确定的内容；基金管理人运用基金财产进行证券投资时是否违反基金合同关于投资范围、投资策略和投资比例等的约定；持有1家上市公司的股票的市值是否超过基金资产净值的10%；封闭式基金的收益分配每年是否少于1次，年度收益分配比例是否低于基金年度已实现收益的90%；基金收益分配是否采用现金方式等。

6.基金运作与信息披露监管的主要内容

基金运作与信息披露是基金监管的核心内容，主要包括：基金管理人运用基金财产进行证券投资时，是否按合同约定资产组合方式和投资比例进行资产配置；基金财产是否用于上市交易的股票、债券及国务院证券监督管理机构规定的其他证券及衍生品种的投资；有否存在利用基金财产承销证券，向他人贷款或者提供担保，从事承担无限责任的投资，买卖国务院证券监督管理机构允许外的其他基金份额，向其基金管理人、基金托管人出资或者从事内幕交易、操纵证券交易价格及其他不正当的证券交易活动，运用基金财产买卖基金管理人、基金托管人及其控股股东、实际控制人或者与其有其他重大利害关系的公司发行的证券或承销期内承销的证券；基金管理人、基金托管人和其他基金信息披露义务人有没有依法披露基金信息，并保证所披露信息的真实性、准确性和完整性；基金信息披露义务人有没有确保应予披露的基金信息在国务院证券监督管理机构规定时间内披露，并保证投资人能够按照基金合同约定的时间和方式查阅或者复制公开披露的信息资料；公开披露的基金信息是否存在虚假记载、误导性陈述或者重大遗漏，对证券投资业绩进行预测，违规承诺收益或者承担损失，诋毁其他基金管理人、基金托管人或者基金销售机构等违法行为及依照法律、行政法规有关规定，由国务院证券监督管理机构规定禁止的其他行为。

7.基金合同变更、终止与基金财产清算监管的主要内容

基金转换运作方式或与其他基金合并时有否按照基金合同的约定或者基金份额持有人大会的决议；封闭式基金扩募或者延长基金合同期限，是否符合法定条件，并报国务院证券监督管理机构备案；基金合同终止是否符合法定情形；基金合同终止时，基金管理人有否组织清算组对基金财产进行清算；清算组组成人员、清算程序及清算后的剩余基金财产分配是否符合法律规定、清算报告是否有报国务院证券监督管理机构备案并公告等。

16.3　证券投资基金监管体制的国际比较

综观世界各国投资基金市场的发展史可以看出，投资基金市场之所以能够成为世界金融市场中不可缺少的组成部分，一方面是由于投资基金作为一种投资工具所固有的特点和独特优势；另一方面也是各国加强对投资基金市场监管的结果。投资基金市场由小到大，由不规范走向规范化发展，并非一帆风顺，曾经有过因监管不力而带来的沉痛教训。目前投资基金市场较为发达的英、美、日、德等国无不得益于基金监管水平的不断提高，而监管水平的高低在很大程度上又取决于其基金监管体制的建立和完善程度。

由于各国的国情及所处的具体条件和状况以及对投资基金市场发展的目标要求不同，基金市场监管主体的选择和监管手段的运用也存在明显的差异，因而在实践中形成了各具特色的投资基金市场监管体制模式，概括起来可分为三种监管体制模式：一是以英国为代表的"基金行业自律"模式，是分散型监管体制的典型，没有专门的基金管理机构，也不制定单行法律，以市场参与者的自律管理为主；二是以美国为代表的"法律约束下的企业自律管理"模式，是集中监管体制与分散监管体制相结合的中间型监管体制的典型，政府注重立法，通过制定专门的法律法规对市场进行管理；三是以日本为代表的"政府严格管制"模式，是集中监管体制的典型，政府的基金管理部门对基金市场采取严格的管理。英、美、日三国是世界上投资基金市场发展相对较早，效果也较为显著的国家，他们在长期的实践中形成了相对较为成熟和完善的基金市场监管体制模式，并成为其他国家仿效的对象。

16.3.1　美国证券投资基金业的监管体制

美国是实行集中监管体制和分散监管体制相结合的中间型监管体制的典型。它既强调中央政府的统一监管，又强调各州政府对证券市场的监管和行业自律组织的管理，美

国的各大证券交易所既受美国证券交易委员会的统一监管，相互之间又存在着激烈的竞争。这种集中与分散适度统一的监管理体制使得美国的证券市场和投资基金市场成为世界上最大、最发达的证券市场，也有人认为美国证券市场既是运行最为自由的市场，同时也是监管最为严格的市场。

美国证券投资基金业的监管体制由两级机构组成，第一级是证券交易委员会（SEC）作为美国证券主管机关对基金业的行政监管；第二级是联邦级的证券交易所、投资公司协会（ICI）、投资管理和研究协会（AIMR）以及全美证券交易商协会（NASD）等行业自律性组织在维护基金行业的职业道德，督促会员机构及基金从业人员规范经营方面进行监管。

1.证券交易委员会

美国证券交易委员会是美国联邦政府的一个独立的金融管理机构，管理和控制着联邦级的证券交易所，是美国管理证券市场活动的最高机构。根据1934年《证券交易法》，证券交易委员会具有一定的立法权和司法权，其主要职责是：管理、监督全国证券发行与交易活动；检查投资银行、投资顾问、证券发行公司和大股东的经营活动；作为全国证券发行和证券交易的信息中心，组织并监督证券市场收集和输送各种有关证券发行和证券交易的信息。该委员会建立的目的，旨在监督执行美国《证券法》《证券交易法》《信托条款法》《投资公司法》《投资顾问法》《公用事业持股公司法》，以维护证券发行者、投资者和交易者的正当权益，防止证券活动中的过度冒险、投机和欺诈活动，维护稳定的物价水平，配合联邦储备委员会以及其他金融管理机构，建立一个公平、公开、公正的投资信息系统，形成一个明确、灵活、有效的金融体系。

2.联邦证券交易所

证券交易委员会下属的联邦证券交易所是一个半管理半经营的机构。它要执行证券交易委员会的部分管理职能，它管理的主要对象是全国各证券交易所，即各交易所市场。同时，它作为有形证券市场，要维持、组织证券市场活动，独立核算、自主经营，因此它也是一个以股份企业形式存在的经营机构。美国共有18个联邦级的证券交易所，其中纽约证券交易所是规模最大的一个。

3.全美证券交易商协会

全美证券交易商协会是根据1938年美国国会在《证券交易法》中增加的新条款（15A）以及1939年全国证券交易委员会的建议成立的。它是一个半官方半民间的非营利行业自律性组织，依法在美国证券交易委员会注册，全权管理全国场外交易市场上的所有证券交易（包括基金交易）活动，已于2007年7月30日与纽约证券交易所中有关会员监管、执行和仲裁的部门合并成为美国金融业监管局（FINRA）。

4.投资公司协会

投资公司协会是美国共同基金的行业组织，成立于1940年，成立时称作投资公司全国委员会，1941年10月更名为全国投资公司协会，1961年又改为现在的名称。目前，投资公司协会不但参与有关投资公司的立法，监督州和联邦有关的立法，充当基金业与证券交易委员会的联系人，而且还有广泛的行业自律任务和推广基金业的职能。在行业自律方面，投资公司协会通过组织和宣传手段，严格执行法规，以保持和提高基金业的良好发展势头；在推广基金业方面，该协会主要是向公众传播基金方面的知识，介绍投资于共同基金的方法，宣传投资基金的好处。

在这些监管机构中，证券交易委员会拥有最大的权威和影响，它直属美国政府，其主席由美国总统任命，直接对国会负责，独立行使职权。该委员会对全国和各州的证券发行、证券交易所、证券商、投资公司等拥有法定的行使全国证券交易管理和监督的权力，不受总统和其他政府部门的干涉。与此同时，证券交易委员会把全国分为九个证券交易区，每个区设一个地区证券交易委员会，协助联邦证券交易委员会完成对证券交易所、证券发行公司、投资银行的注册，财务公布等方面的管理事宜，并负责对该地区的证券活动的具体调查、检查工作。

证券交易委员会管理和控制着联邦级证券交易所（即经过申请在证券交易委员会注册的，可以进行全国性的以及世界性证券交易的证券市场），这些证券交易所在管理、组织证券交易、制定各自的证券交易所规章制度，提供证券交易的通信、服务设施等方面，必须无条件地服从联邦证券交易委员会的管理。证券交易委员会还通过对全国证券商交易协会、投资公司协会的控制、监督和管理场外证券市场和基金市场。委员会有权审核检查并修改，乃至废除全国证券交易商协会所做的各种管理规定，有权指导管理政策，有权取消注册，从而形成以证券交易委员会为核心，以若干证券交易所为基础的双层次管理证券活动的组织体系。由此可见，美国的基金监管体系是"法律约束下的企业自律管理"双层监管模式，是集中监管与分散监管相结合的一种典型。

16.3.2　英国证券投资基金业的监管体制

英国是自律型监管体制的典型代表，其他一些资本主义发展较早的欧洲国家，如意大利、爱尔兰、荷兰、芬兰、挪威等也都采取了自律型的监管体制。英国基金业的监管形式有两种：自律机制和立法管制。

1.自律机制

英国的证券市场更倾向于非政府管理，就是交给懂市场规律的专业人士来进行管理。英国对投资基金业的管理以自律为主，实行"自我管理""自我约束""自我规范"的三自政策。政府除了适当的宏观调控外不干预基金的具体业务，基金行业自己制定运行规则进行监管。英国的自律监管系统包括两个层面：其一是证券交易所的监管，它是非官方的证券市场监管核心，证券交易所同时具备证券管理和证券交易运行的双重职能；其二是由证券交易商协会、证券业理事会、企业收购和合并专门研究小组三个非政府管理机构组成。

证券交易商协会是由证券市场的4 200名会员直接选举产生，委员总数46名，每年改选其中1/3，主要管理伦敦及其交易所内的业务，它所制定的《证券交易所管制条例和规则》是各种交易的主要依据，也是基金交易应遵循的依据。

证券业理事会是1978年由英格兰银行提议成立的一个新的自我管理机构，是一个私人组织，由10个以上的专业协会的代表组成，这一机构在英国证券业自我管制体系中占中心地位。它成立后，对《伦敦城准则》《公司法》进行了修改，并推行了一些新的规则，如《证券交易商行为准则》《基金经理人交易指南》《大规模收购股权准则》等，这些规则不仅由它制定推行，而且由它负责解释和监督实施。

英国的三个自我管理机构与政府机构是相对独立的，它们在一定程度上进行非正式合作。政府机构参与基金管理越来越多地采用立法手段，而自我管理机构是以非立法方式实施其行为准则，但当后者发现基金违法时，也可报告贸易部等政府部门进行调查和提出诉讼。

2.立法管制

尽管英国对基金实行与其他西方国家（如美国）所不同的自我管理制度，但政府的作用也不容忽视。政府的管理主要体现为立法管制，一系列不同的证券法案和与基金相关的法案既是自我管制的指导，又是自我管制的补充。

英国资本市场的放松管制自1986年"Big Bang"得到进一步加强。此前英国资本市场的一个重要特点是伦敦交易所控制着英国资本市场。此次金融革命后，降低了交易所的地位，并诞生了新的管理体制。放松的管制极大地促进了英国证券市场的发展和效率的提高，也促进了英国国际股权市场的发展，使得英国的国际金融中心地位得到了成功维护，但也带来了投资顾问、经纪人为了自身的利益会丧失开展业务的客观性和独立性的潜在问题。1997年，英国证券与投资委员会更名为英国金融服务管理局（FSA），并逐渐接管了原属自律性机构的证券经营管理组织、个人投资管理局以及证券与期货管理局的部分监管局，基金业监管的集中性有所加强。根据《金融服务与市场法》的规定，从2001年起，英国证券和期货局、投资管理监管组织、个人投资局等机构的职能并入英国金融服务管理局。

16.3.3 日本证券投资基金业的监管体制

日本基金业的监管体制是"政府严格管制"模式，是集中监管的典型，政府机构通过行政手段对基金发展的方向及基金的运行和管理进行引导和调节。参与基金监管的机构主要有四个：

（1）大藏省证券局。它是日本主管全国证券业务的政府机构。以前担任这一职能的机构是证券管理委员会，1950年修改法案，改由大藏省证券局负责。它对基金及证券经营事项进行注册登记、批准、认可、检查以及对一切证券法令的执行情况进行监督管理。

（2）证券交易审议会。该机构于1962年由大藏省设立，是主要负责对基金及有关证券的发行、买卖及其他交易等重要事项进行调查审议的最高行政机构。

（3）日本银行。它是日本的中央银行。日本银行代表国家对证券市场进行直接或间接的行政指导和干预，对基金托管银行进行监督管理。

（4）证券投资信托协会。该协会成立于1957年7月，是为促进证券投资信托业的发展而经大藏省许可成立的，该协会致力于制定有关证券投资信托营运的自律规范。为防止证券投资信托的募集和信托财产的运用越出常规而影响股市，1966 年证券投资信托协会进行改组，改组后的协会由 10 家经理公司及 6 家专业办理受益凭证买卖及其他交易的证券公司组成。协会设有董事会为其决策机构，其下还有 6 个常设委员会，另外还成立了对会员违规给予纪律处置的公正交易委员会。协会的主要任务和职能是：防止在信托财产运用上违反受益人利益的事件发生，对公正恰当地运用信托财产进行调查、指导及劝告；防止投资信托公司对其他同业的诽谤或违法行为；为实现协会其他目的而进行调查、劝说与指导等。

16.3.4　三种监管体制的比较和发展趋势

集中型监管体制、自律型监管体制、集中与分散相结合的中间型监管体制是世界上证券投资基金监管的三种典型体制，但由于中间型监管体制具有的特殊优势，现在各国的监管体制都开始向中间型监管体制发展。

1.集中型监管体制的特点和优缺点

（1）集中型监管体制的特点

①具有一整套互相配合的全国性的证券投资基金市场管理法规。

②设有全国性的管理机构负责监督、管理证券投资基金市场，这类机构由于政府充分授权，通常具有足够的权威来维护证券投资基金市场的正常运行。

（2）集中型监管体制的优点

①充分发挥政府在证券投资基金发展初期的特别推动作用。

②具有专门的证券投资基金市场管理法规，统一了管理口径，使市场行为有法可依，并提高了证券投资基金监管的权威性。

③具有超脱地位的管理者，能够更好地体现和维护证券投资基金市场管理的公开、公平和公正原则，更注重保护投资者的利益，并起到协调全国证券投资基金市场的作用。

④能使基金的发展与国家经济发展的宏观目标保持一致，基金能有效地为国家亟待发展的行业融资。

（3）集中型监管体制的缺点

①容易产生对证券投资基金市场过多的行政干预，政府部门不仅制定基金发展的总体方针，而且还监管具体的实施细节，使行业自律组织难以发挥作用。

②政府行政干预过多使基金市场得不到充分的竞争，也不利于证券投资基金的国际化发展进程。

③当市场行为发生变化时，有时不能作出迅速反应，并采取有效措施。

2.自律型监管体制的特点和优缺点

（1）自律型监管体制的特点

①没有制定单行的证券投资基金市场法规，而靠一些相关的法规来制约证券投资基金市场的行为。

②一般不设立全国性的证券管理机构，而以市场参与者的自我管理和专家管理

为主。

（2）自律型监管体制的优点

①它允许基金管理公司、券商等参与制定证券投资基金市场管理条例，使市场管理更切合实际，并且有利于促进基金管理公司、券商等机构自觉遵守和维护这些条例。

②由市场参与者制定和修订证券管理条例，比政府制定证券法规具有更大的灵活性、针对性。

③自律组织能对市场违规行为迅速作出反应，并及时采取有效措施，保证市场的有效运转。

④自律协会实施会员制，能够保证从事基金业务的机构和个人的业务素质，同时，协会对会员实施严格的约束，有助于消除行业内的无序竞争。

（3）自律监管体制的缺点

①自律组织通常把管理的重点放在市场的有效运转和保护会员的利益上，对投资者往往不能提供充分的保障。

②管理者的非超脱地位，使市场的公正原则难以得到充分体现。

③缺少强有力的立法作后盾，管理手段软弱，导致基金管理公司等市场参与者违规行为时有发生。

④没有专门的管理机构协调全国证券投资基金市场的发展，区域市场之间很容易互相产生摩擦，导致不必要的混乱局面。

⑤行业协会权限过多，容易导致垄断和较高的市场进入壁垒，导致市场开放程度较低，不利于吸引外资和基金市场的国际化发展。

3.中间型监管体制的优越性

中间型监管体制既强调立法管理又强调自律管理，可以说是集中型监管体制和自律型监管体制互相协调、渗透的产物，它是中央政府和地方政府及自律机构相结合的管理体制。

考察了美、英、日三国的三种监管体制模式后可以发现，它们现在都在向中间型监管体制发展，这说明中间型监管体制是证券投资基金监管体制的发展趋势。那么，中间型监管体制的优点体现在哪些方面呢？

（1）有利于更好地保证证券投资基金市场运行的效率和公平目标。因为由政府出面成立全国统一的证券投资基金监管组织，并颁布专门的有关基金的法律，既使证券投资基金市场监管具有更高的权威性，又使证券参与者在同一条起跑线上进行公平的竞争。

（2）比自律组织更有利于保护投资者利益。因为中间型监管体制强调以中央政府授权的全国性证券监管部门对证券投资基金市场进行全面监管，因而其更注重从整体利益出发，从市场可持续健康发展出发，而不是从某个行业组织出发来进行证券投资基金市场的管理，因而有利于加强对中小投资者的利益保护。

（3）可避免完全集中型监管下的"竞争失灵"。美国证券交易委员会虽然有很高的权威性，但它的权力范围仍受到许多因素的制约。这就避免了集中型监管对证券投资基金市场的过多干预，使得各证券交易所等之间的竞争仍能充分地进行，促使证券投资基金在竞争中不断改进和完善。

（4）充分发挥地方政府和行业自律组织对证券投资基金市场实行监管的积极性，加强了证券投资基金市场的一线监管。在美国，由于州政府和行业自律组织更接近于证券投资基金市场的第一线，因而一旦证券投资基金市场暴露问题，它们往往更能迅速作出反应，采取有效措施制止问题扩散，保护更多的市场参与者。而在完全集中的监管模式下，从问题的暴露、汇报到反馈的反应链长，时滞性大，显然不及各一线监管主体灵活迅速。

正因为中间型监管体制较好地结合了集中型监管体制和分散型监管体制的优点，避免了两者的缺陷，因此，除了美国、德国、泰国较早地实行了中间型监管体制外，更多的国家也逐渐地放弃了单一型的证券监管体制而向中间型监管体制过渡，如英国、法国、意大利等。而一些新兴的证券市场国家，往往一开始就倾向于采取集中与分散适度统一的中间型监管体制。但是，在集中与分散的问题上，到底多大程度上实行集中监管，多大程度上实行分散，还是要结合各国的具体情况，根据监管的成本-效益比确定一个集中和分散度不尽一致的监管体制。

16.3.5 我国基金业的监管体制及其发展趋势

在我国，基金的整个运作流程涵盖了基金管理公司、证券公司、银行、保险、信托投资公司、证券交易所、证券登记公司等金融机构以及股票市场、债券市场、银行间同业拆借市场、国债回购市场、票据市场等。而目前我国执行的是分业经营、分业监管的金融体制，所以基金的运行过程就要接受证监会、银保监会等机构的监管。由于中国基金业自律组织相对较弱，因此就目前而言，中国基金业的监管体制主要是由中国证监会、中国银保监会、证券交易所、证券业协会等机构组成的集中型的监管体制。

1.中国证监会

中国证监会下设基金监管部和各地的派出机构，专门行使对基金市场的监管。证监会在各地的派出机构（如证券监督办公室、证券监管特派员办事处和直属证券监管办事处等）也对基金的一线监管负有责任。基金监管部于1997年10月开始运作，1998年9月正式成立，其主要职责是：草拟监管证券投资基金的规则、实施细则；审核证券投资基金、证券投资基金管理公司的设立，监管证券投资基金管理公司的业务活动；按规定与有关部门共同审批证券投资基金托管机构的基金托管业务资格，监管其基金托管业务；按规定监管中外合资的证券投资基金、证券投资基金管理公司。

各派出机构按属地原则对基金管理公司进行监管。对注册地和主要办公地不在同一城市的基金管理公司，以基金管理公司主要办公场所所在地派出机构监管为主，注册地派出机构协助监管的原则进行分工。在监管的工作中，各派出机构相互配合并及时沟通信息。

2.中国银保监会

银保监会主要负责对银行、信托投资公司、保险公司等金融机构以及银行间同业拆借市场、银行间国债回购市场、票据市场等进行监管。

3.证券交易所

证券交易所直接隶属于证监会管理，可视同证监会的派出机构。我国证券交易所主要分为上海和深圳两大交易所。证券交易所的监管职责是对基金的交易行为进行监控。交易所在日常交易监控中，将单个基金视为单一投资人，将单个基金管理公司视为持有不同账户的单一投资人，比照同一投资人进行监控。当单个基金或基金管理公司管理的不同基金出现异常交易行为时，证券交易所应视情节轻重作出如下处理：一是电话提示，要求基金管理公司或有关基金经理作出解释；二是书面警告；三是公开谴责；四是对异常交易程度和性质的认定有争议的，报告中国证监会。

4.行业协会自律机构——证券业协会

2002年12月4日，我国在深圳成立了中国证券业协会证券投资基金业委员会，负责行业的自律管理职能，如组织基金从业人员资格考试、维护会员合法权益等。

为建立集中但非集权的基金业监管体制，避免监管权限分散、监管主体不明、监管混乱的局面，提高监管效率，本书提出以下建议：

1.政府行政监管

中国证监会履行着监督管理证券投资基金的职能，但银保监会也代表政府对基金业实施监管。因此，要对两大机构的职能进行认真梳理，明确各自责任，还要建立一种协调机制，对一些职能交叉的地带共同协调监管。可以考虑由两大机构派员共同成立一个基金监管协调委员会，委员会的成员由专职委员和兼职委员共同组成，主要职责是根据金融市场和基金市场的发展，适时调整各监管机构的监管职责，共同制定涉及两者监管职责的政策、法规等。

2.行业自律监管

由于法律法规具有滞后性，基金市场主体的自律性也是非常重要的。2002年成立的中国证券业协会证券投资基金业委员会，标志着我国证券投资基金业在自律方面迈出了一大步。但在中国证券业协会下设立证券投资基金业委员会应只是个权宜之计。如今，中国基金管理公司的主发起人基本为证券公司或信托投资公司，而且成立的都是投资于证券市场的证券投资基金，因此，当前将基金业归入证券业协会管理是合理的。但未来随着成立基金管理公司准入条件的放宽，其主要发起人结构就会发生变化；同时，投资于其他方向的基金如产业基金也会发展起来，这些就不再是证券业协会所能协调的了；而基金业规模扩张到一定程度时，由现行证券投资基金业委员会来全揽基金管理行业自律事务可能会力不从心。

3.证券交易所监管

证券交易所监管是第一道闸门，作为证券市场的组织者为投资者和筹资者提供与证券发行和交易相关的各项服务。基金是证券交易所内的投资人，因此能够及时发现和查处基金交易活动中出现的问题，并防止风险和危害的扩大。

4.完善社会监督机制

作为第三方监管的社会监督机制可以有效地规范基金管理人和托管人的行为。首先，完善审计、会计报告体系有助于基金信息披露的准确性和规范性。其次，媒体报道能够强化对信息披露的监督。最后，建立权威的基金业绩评级体系不仅有助于投资者选择基金，而且可以对基金管理人形成一种外在的约束。

16.4　证券投资基金监管法律体系的国际比较

法律是指反映统治阶级意志的、由国家制定或认可并以国家强制力保证实施的行为规范的总和。法律规范、法律概念、法律原则和法律技术性规定是法律的四个构成要素，法律原则虽非法律规范，但有助于理解和适用法律规范。按照一般意义的划分，一国法律的形式主要有宪法、法律、行政法规和部门规章、地方性法规和地方政府规章等。具体到证券投资基金的法律体系框架，主要分为法律和行政法规、部门规章两个层次。证券投资基金监管机构必须依照法律法规的规定对证券投资基金市场进行有效监管，也就是说，证券投资基金的法律框架是基金监管的基础和前提。随着基金市场的发展，各国都不断推出多层次的基金监管法律框架，以促进基金市场的有序发展。

16.4.1　国际基金监管的法律体系

1.美国基金监管法律体系

美国投资基金法律包括两个类型：联邦法律和州法律。联邦法律主要包括：《证券法》（1933）、《证券交易法》（1934）、《投资公司法案》（1940）和《投资顾问法》（1940）。州法律主要是各州制定的《蓝天法》（Blue Sky Law），因此美国的共同基金是由州和联邦双重监管。

20世纪30年代，美国的共同基金业损害投资者利益的事件频出，投资者丧失了对共同基金的信心，并导致了共同基金业的萎缩。基金管理公司在管理基金时不遵守职业操守，严重损害投资者利益。投资者在对基金进行投资前后没有获得充分的信息披露。尽管基金有特定投资目标和策略，投资顾问经常短期内严重偏离原有的投资目标和策略，在这段时间内使得基金资产暴露在投资者未预期的风险水平内。

《投资公司法案》和《投资顾问法》是两个直接对共同基金进行监管的法律，构成了美国共同基金法律的主体。从法律渊源上看，它们起源于《公共事业持股公司法案》（1935），该法案授权SEC对当时投资公司在运作中暴露出来的问题进行调查和研究。SEC的调查报告《投资信托研究》表明，当时美国共同基金的管理人不是从投资者的利益出发管理基金，管理人通过损害投资者利益的行为为自身或关联公司牟取利益。同时，基金管理公司向投资者的信息披露往往是不充分和不真实的。

正是根据SEC的这份研究报告，美国国会在1940年通过了《投资公司法案》和《投资顾问法》，开始以强有力的法律手段对基金业进行监管，并为共同基金的监管构建了基本框架。另外，SEC根据基金业出现的新情况，对这两个法律提出了许多修正案

（Amendments）和新规则（Rules），也可以列入这两个法律的范围。

《证券法》（1933）和《证券交易法》（1934）构成了基金法律体系的第二个层次，这两项法律对基金股份发行的资格认证、信息披露和交易作出了详细规定。基金在公开发行股份之前必须满足《证券法》的信息披露要求，基金股份如果要在交易所上市必须满足《证券交易法》的定期信息披露要求（年报、中报等）。

根据1940年《投资公司法案》，美国的共同基金都采取公司制形式，因此各州关于公司的法律也适用于在该州注册的共同基金。各州的公司法对共同基金的各方当事人的权利和义务进行了规定。另外，1996年之前各州的《蓝天法》对基金股份的发行进行了详细规定，《蓝天法》对共同基金的监管发挥着重要作用。1996年，美国国会通过了《全国证券市场改善法案》（National Securities Market Improvement Act）。该法案规定，根据1940年《投资公司法案》注册的共同基金在许多方面可以只受联邦法律的监管，同时在这些方面可以免受州的监管。例如，该法案规定联邦法律在监管基金股份时，其权限优先于各州的《蓝天法》，但是在处理与经纪商-交易商相关联的基金股份欺诈案件和欺骗行为时，各州仍然拥有调查和强制实施的权力。现在，共同基金受各州法律的监管较少，各州的法律构成了共同基金监管的第三个层次。

以上的基金法律都是成文法，作为典型的英美法系国家，美国的基金法律还包括许多判例法（由已发生的基金法律诉讼判例组成）。事实上，成文法主要是规定基金禁止的违法行为，判例法则是规定基金发生法律诉讼后应如何判决。这些判例法构成了美国基金法律的第四个层次。

2.英国基金监管法律体系

英国对证券市场的监管以自律为主，因而英国投资基金法律监管体系较美国宽松。但随着经济不断发展变化，为规范市场和保护广大中小投资者的利益，英国政府意识到单靠市场这只"看不见的手"来调节经济也有缺陷，因此加大了对证券市场和基金市场的监管，出台了第一部全国性的投资基金法律监管的核心法规——《金融服务法》，全方位地规范投资基金市场运作，使英国投资基金业更趋法制化。

英国有关的证券投资基金法案主要有：1939年和1958年的《反欺诈（投资）法》，1944年的《投资业务管理办法》，1948年、1967年和1985年的《公司法》，1973年的《公平交易法》，1976年的《限制交易实践法》，1986年的《破产法》，1987年实施的《金融服务法》，1991年的《金融服务条例》，2000年的《金融服务与市场法》以及2004年的《威尔士东京证交所条例》等。

3.德国基金监管法律体系

德国虽是联邦制国家，但同大多数英美法系国家的法律制度相反，其民事和商事法律，根据宪法，是属于联邦政府立法权的部分，与投资基金有关的法律也如此。

由于德国一直实施的是金融混业经营制度，因此与美国、日本及其他分业经营的国家不同，德国没有建立起统一的证券法，也没有建立起对证券市场进行全面广泛管理的联邦机构和州权力机构。德国关于证券市场的法律，除1896年制定的《证券交易法》

外，散见于《股份公司法》《德国商典法》《银行法》《证券交易所法》《贸易法》《关于一些公司与分公司的财务报表及其公布的法律》《有限责任公司法》《对外贸易法》中，关于投资基金的专门立法主要有《投资公司法》和《外国投资公司法》。

德国银行法规定了对投资公司业务的一般性要求。《投资公司法》于1957年实施，是规范德国基金业的主要法律，对投资公司的设立条件、基金类型、投资行为、投资限制、信息披露等进行了明确规定。20世纪60年代，境外基金在德国的崩溃使成千上万的德国投资人遭受损失，《外国投资公司法》因此应运而生，以规范国外基金销售业务。除以上三大法律外，德国基金业还要遵守欧洲共同体法律（UCITS）中有关基金业务的原则规定。

4. 日本基金监管的法律体系

日本对证券投资基金的法律监管框架体现为三个层次：一是专门规范证券投资基金业务的法律，如《证券交易法》《证券投资信托法》《担保债券信托法》；二是其他法律中涉及基金的法律，如《商法典》《民法典》《外汇和外贸管理法》；三是行政法规或规章，如关于基金上市的政府条例，关于基金募集、发行和登记的政府条例，关于基金认购要约的登记等事项的政府条例，关于信托投资公司、证券公司的政府条例等。

16.4.2　我国基金监管的法律体系

按层次分，我国证券投资基金的法律监管框架主要分为两个层次，即法律层次和行政法规、部门规章层次。

1. 法律层次

从法律层次上说，主要包括《证券法》《公司法》《刑法》《合同法》《信托法》《民法通则》《会计法》《基金法》和有关税收方面的法律。

《证券法》对证券发行、上市、交易、清算、信息公开、禁止的交易行为、法律责任的有关规定，同样适用于基金管理公司。

《公司法》对有限责任公司的设立、组织机构、财务、会计，公司合并、分立、破产、解散和清算及法律责任的规定对基金管理公司具有法律约束力。

《刑法》中有关证券犯罪的规定主要涉及破坏社会主义市场经济秩序罪。

《合同法》《信托法》《民法通则》则调节基金当事人之间形成的信托、合同关系。

《会计法》从内控制度和会计处理的角度对基金管理公司作出规范。

《基金法》将散落在上述有关法律中和一些专门性的部门规章中的有关条款，以法律形式进行了专门的约定。

2. 行政法规和部门规章层次

在国务院证券委员会并入证监会后，证监会相继以通知、指导意见、实施细则等法规、规章和规范性文件的方式制定并颁布了一系列关于基金方面的法规。从证券投资基金运行的行政法规和部门规章来说，分为总体性和特定性两个层次：

总体性层次的行政法规和部门规章主要包括《证券投资基金管理公司管理办法》《深圳证券交易所证券投资基金上市规则》《上海证券交易所证券投资基金上市规则》

《证券投资基金行业高级管理人员任职管理办法》《证券投资基金运作管理办法》《证券投资基金销售管理办法》《证券投资基金信息披露管理办法》《证券投资基金托管业务管理办法》等，它们分别对基金的设立、募集、交易、上市、当事人职责、基金运作、监管以及违规处罚作出了相应规定。

特定性层次主要指涉及基金税收、基金公司内部控制等方面的规章制度，如《基金管理公司法人许可证管理》《证券公司内部控制指引》等。

综上所述，包括我国在内的各国基金的法律框架都是随着市场经济和基金市场发展而不断完善的，并呈现出法律和行政法规、部门规章两个层次。在基金市场高度发达的国家如美、英、日、德，对基金都在法律层面上作出了专门的规定，而不是融合在其他法律中，美国尤其明显。如美国就制定了《证券交易法》、《投资公司法》和《投资顾问法》以及《蓝天法》来规范证券投资基金的行为，具有极强的约束力，为基金市场的诚信奠定了良好的基础，也正是有了上述法律的约束，投资者的权益得到了较好的保护，从事证券投资基金业务的个人和机构都相当自律。所以，美国证券投资基金得到了长足发展，成为世界上证券投资基金最发达的国家，基金的市值超过了银行的资产，推动了经济的快速发展。

从我国证券投资基金的法律层次看，《基金法》的出台标志着我国也完成了类似于上述发达国家在基金监管方面的法律体系的建设，对我国证券投资基金的健康发展起到了保驾护航的作用。

【知识链接16-2】　　美国1940年《投资公司法案》与基金监管

美国是世界上证券投资基金最发达的国家，它的法律基础是基金市场快速发展的助动力，因此美国在基金法律监管方面的经验和知识是值得我国学习和借鉴的。《美国投资公司法案》对我国基金监管具有一定的借鉴意义，至少可以明确从哪些方面来规范证券投资基金的行为，同时也可借鉴其运作的方法。1940年《投资公司法案》是与1940年《投资顾问法案》同等重要的基金法律，它对投资公司（即基金）提出了严格的监管要求。

1.基金的注册

依据联邦和州法律设立的基金都应向SEC提交注册通知书进行注册，SEC在收到注册通知书时，基金的注册生效。SEC还规定，为避免基金名字对投资者的误导，基金的名字应表明其重点投资对象，并将至少80%的资金投资于这些对象。如某基金是ABC免税债券基金，则它必须将80%以上的资产投资于免税债券。

2.基金投资组合的分散性

1940年《投资公司法案》的第5条对基金投资分散性进行了规定：如果基金在注册时为"多样性"投资公司，那么至少其总资产的75%投资于现金、现金等价物、政府债券、股票以及其他投资公司的证券。任何一个发行人的证券不得超过基金资产的5%，并且不得超过该发行人发行在外的有投票权证券的10%。"非多样性公司"不受此限制。

3. 基金的信息披露

（1）基金广告

1933年《证券法》和NASD（National Association of Securities Dealers）制定的广告规则对基金广告施加严厉的管制。1933年《证券法》的规则482规定，在正式公布招募说明书之前，基金广告中出现的信息仅限于招募说明书和SAI中的信息。在广告发布前的10天内，基金应在NASD登记备案。NASD负责监督基金的广告活动，防止基金广告宣传出现误导性和夸张的内容。

（2）对基金潜在投资者的披露

为了使基金的潜在投资者了解基金的目标、风险以及费用等，以及便于潜在投资者比较不同的基金，基金必须依据1933年《证券法》第5部分的规定以及SEC规定的招募说明书的NA-1格式制定发行文件。

（3）对正式投资者和监管部门的信息披露

在全国性证券交易所注册的基金，应在每年度向SEC提供1934年《证券交易法》13（a）部分以及之后相关规则要求的文件和信息。

注册基金应每半年或每季度按注册登记表的格式向SEC提供最新的信息。如果表中的某项内容有变化，应填写最新的信息。同时，注册基金还必须将发送给投资者的定期报告或临时报告的副本提交给SEC。

注册基金应每半年向股东提供包括下列信息的报告：资产负债表、利润表、基金支付的报酬表以及报告期内基金购买和出售证券（政府证券除外）的总金额表。报告还应阐明可能在未来对基金投资有重大影响的事件。

4. 投资顾问的受托人责任

1940年《投资公司法案》的36-（b）部分规定，投资顾问在管理基金时要承担"受托人"的责任，如果违反了该责任，投资顾问应承担相应的民事责任。从投资顾问的"受托人"责任看，它具有相当大的弹性。SEC要从主观出发判断投资顾问是否违反了"受托人"责任。SEC的投资管理部门有权对基金违反"受托人"责任的行为进行处罚。

5. 关联交易

基金与其关联人（基金的投资顾问、主承销商以及投资顾问和主承销商的关联人）之间的"自我交易"是被禁止的，但事先取得SEC的同意除外。这意味着基金的投资顾问及其他关联人不能作为委托人，从基金买进或向基金卖出证券或某项资产。这意味着除非得到SEC的同意，否则投资顾问等关联方不能作为基金从事证券买卖时的交易对手。

自我交易包括双方有意买卖某种证券、基金向关联方借出款项以及双方联合买卖某种证券等。我国基金中曾出现的"倒仓"行为可以看作是"自我交易"的一种形式。

6. 单位资产净值

在投资公司法案出台之前，投资顾问及其关联方可以低于单位资产净值的价格购买基金股份，这样严重损害了基金股东的利益。固定价格规则要求各方当事人必须以相同的价格买进基金股份。另外，投资者还有要求投资顾问赎回基金股份的权利。对投资顾问或基金业绩不满的投资者有权利以单位资产净值（NAV）赎回基金股份并进行其他投资。

基金在确定 NAV 时，投资组合中交易活跃的证券应采用市场报价，不活跃的证券应采用"公允价值"。基金股份在申购和赎回时还应该遵循"未知价"原则，即基金在 T 日收到的申购或赎回请求以 T+1 日计算的 NAV 成交（以第二天计算的 NAV 作为成交价格称为"forward Pricing"），这样可以防止某些投机者利用已知的历史 NAV 稀释股东的基金资产。另外，为确保投资者可随时赎回基金单位，基金必须至少每天计算一次 NAV。

从上面我们可以看出，1940 年《投资公司法案》注重规定投资顾问与基金之间的关系、基金的内控制度以及基金的信息披露等内容。而 1933 年《证券法》规定了基金在注册和定期报告中应披露的信息，如投资目标、风险和其他信息。基金股份的承销商受到 1934 年《证券交易法》中的"经纪商–交易商"条款的限制，对承销商的资格条件、最低资本要求和 NASD 的自我监管规则作出了规定。

● **本章小结**

所谓证券投资基金的监管就是对证券投资基金行为的监督管理，是证券监管的一个子范畴，是指基金的相关管理部门运用法律的、经济的以及必要的行政手段，对基金的发起设立、基金单位的发行、基金资金的募集、基金的上市交易、基金的申购与赎回、基金清算等行为及基金管理人、托管人等与基金运作相关的机构的行为进行监督和管理。

证券投资基金监管的目标是促进证券投资基金和证券市场的健康发展。而为了达到上述目标，则必须规范证券投资基金活动和保护投资人及相关当事人的合法权益，最主要是要建立和维护基金运作的"诚信"目标，其实就是"公平"与"效率"目标。这里所指"公平"是指规则的公平，而非结果的公平。要实现规则的公平，关键在于规则制定者和执行者是否按平等的原则对待市场中的每一个参与主体，并坚持规则，执行一致性原则。

证券投资基金监管所要遵循的原则是：保护投资者合法权益原则；依法监管原则；公开、公平、公正原则；诚信原则；监管与自律并重原则。

证券基金监管对象其实就是基金的行为，而产生基金的行为主要有基金管理人、基金托管机构以及基金投资者，因此，基金监管部门主要对上述三方面的机构和个人进行监督管理。

　　行政监管和自律监管是证券投资基金监管的两种主要方式。基金监管的主要内容是对基金管理人、托管人的设立及其从业人员的资格要求进行监管和对证券投资基金的运行（代理人的行为）进行监管。

　　证券投资基金监管体系涉及监管的法律体系、基金监管的机构体系、基金监管的内容体系，基金监管的对象体系等多个方面内容。各国由于体制不同和经济及资本市场发展的阶段不同，其基金监管体系体现出不同的特点。

　　由于各国的国情及所处的具体条件和状况以及对投资基金市场发展的目标要求不同，基金市场监管主体的选择和监管手段的运用也表现出明显的差异，因而在实践中形成了各具特色的投资基金市场监管体制模式，概括起来可分为三种监管体制模式：一是以英国为代表的"基金行业自律"模式，是分散型监管体制的典型；二是以美国为代表的"法律约束下的企业自律管理"模式，是集中监管体制与分散监管体制相结合的中间型监管体制的典型；三是以日本为代表的"政府严格管制"模式，是集中监管体制的典型。由于中间型监管体制的优点较明显，现在许多国家的监管体制开始向中间型转化。

　　包括我国在内的各国的基金法律框架都是随着市场经济和基金市场发展而不断完善的，并呈现出法律与行政法规、部门规章两个层次。在基金市场高度发达的国家如美、英、日、德，对基金都在法律层面上作出了专门的规定，而不是融合在其他法律中，美国尤其明显。正是有了上述规范证券投资基金行为的法律约束，投资者的权益得到了较好的保护，从事证券投资基金业务的个人和机构都相当自律，所以，美国证券投资基金得到了长足发展，成为世界上证券投资基金最发达的国家，基金的市值超过了银行的资产，推动了经济的快速发展。

● **重要概念**

　　证券监管　基金监管　行政监管　自律监管　基金运行监管　基金监管体制　基金监管法律体系　分散型监管体制　中间型监管体制　集中监管体制

● **思考题**

　　1.试论述证券投资基金监管的目标与原则。

　　2.证券投资基金监管的主要方式有哪些？

　　3.请阐述我国证券投资基金监管的主要内容。

　　4.试论述证券投资基金行政监管和自律监管的关系。

　　5.试比较三种基金监管体制的优劣势。我国应如何完善基金监管体制？

　　6.我国目前对证券投资基金的监管体制如何？今后的发展方向是什么？

　　7.简述我国当前基金监管的法律体系。通过各国基金监管法律体系的比较，论述我国基金法律体系的建设框架。

第17章 国内外证券投资基金市场发展趋势

◇学习目标
- 了解美国证券投资基金的发展现状和趋势
- 了解欧洲证券投资基金的发展现状和趋势
- 了解日本证券投资基金的发展现状和趋势
- 了解我国香港地区证券投资基金的发展现状和趋势

世界不同国家和地区证券投资基金的发展水平和发展模式不尽相同，但是仍然体现了一定的发展规律，这对我国证券投资基金的发展具有重要的借鉴意义。本章，我们将对美国、欧洲以及东亚证券投资基金的发展历程进行简要介绍，并着重对比分析，期望给予如何选择我国证券投资基金的发展模式以有益的启示。

17.1 欧美证券投资基金的发展趋势

17.1.1 美国的证券投资基金

20世纪早期，美国就曾是世界上最大的债务国。但是，第一次世界大战为美国经济腾飞提供了良好的契机，美国的工业和农业生产能力显著提高，美国的国民经济飞速增长。1996年美国再次成为世界上最大的债务国，在收入提高之后，美国公众就面临着如何投资的问题。

从1917年起美国政府开始发行"自由公债"[1]，吸引了约2 000万投资者。投资者从中发现了证券投资的优越性，但当时最小的债券投资单位为500美元，限制了中小投资者对证券市场的投资，这反过来为美国证券投资基金业的发展打下了良好的投资者基础。

证券投资基金的投资方式在19世纪80年代从英国传入美国，当时美国的基金通常采取英国投资信托的形态。20世纪20年代，美国证券投资基金业的发展速度加快，这个时期的基金运作模式对美国现代证券投资基金业的发展产生了重大和深远的影响。例如，当时的亚利山大基金[2]允许投资者每年两次申购基金股份，它还随时接受投资者的赎回要求。此外，它还赋予投资者通过监事会对基金管理公司买进证券的决策施加影响的权利。随后的马萨诸塞投资者信托和政府大道投资公司向投资者提供了持续的申购和赎回机制，因此它们被认为是美国现代共同基金业的鼻祖。

当时美国基金业的运作并不完善，主要存在以下缺陷：首先，绝大多数基金向投资

1　Liberty Bonds。
2　亚利山大基金是一位名叫亚利山大的投资者为亲朋好友提供的投资工具，但后来向公众投资者开放。

者承诺固定的收益率；其次，基金的运作缺乏有效的外部监管，也缺乏有效的内部控制和治理，许多经纪商将基金作为不受欢迎股票的倾销市场；再次，许多基金特别是封闭式基金在投资中广泛使用保证金杠杆投资方法，加大了投资组合的风险；最后，基金的信息披露制度非常不完善，如基金管理公司并不公布单位资产净值，封闭式基金也没有在交易所上市[1]。

正是由于基金运作的不规范性，采用高杠杆投资手段的封闭式基金业在1929年的股市崩溃中遭受重创。但是数目不多的开放式投资信托在股市危机中生存下来，并在20世纪30年代改名为共同基金，进而统治了投资信托市场。

汲取1929年股市崩盘的教训以及基金业暴露出的问题，美国国会先后制定了《证券法》《证券交易法》《投资公司法》[2]，它们为美国证券投资基金业的发展勾画出了比较完善的法律框架。

从20世纪40年代开始，美国证券投资基金业呈现总体稳步发展和局部快速发展的特征。所谓总体稳步发展是指基金业的总体规模在持续稳步扩张，局部快速发展是指不同类型基金在不同阶段的发展速度有较大的差异。如60年代美国股市的波动幅度剧烈，因此积极成长型基金获得投资者的追捧；在经济滞胀的70年代，货币市场基金成为投资者的新宠；在利率上涨的80年代，债券市场基金则成为基金业新的亮点。这充分说明证券市场和经济形势状况决定了美国基金业的发展速度和基金类型的兴衰。见表17.1。

表17.1　　　　美国共同基金业数据：净资产、基金数目和股东账户数目

年份	共同基金行业净资产 （亿美元）	共同基金数目 （只）	基金股东账户数目 （万个）
1940	4.50	68	—
1945	12.80	73	—
1950	25.30	98	—
1955	78.40	125	—
1960	170.30	161	—
1965	352.20	170	—
1970	476.20	361	—
1975	458.70	426	—
1976	512.80	452	—

1　此时的封闭式基金只能在柜台市场交易，纽约交易所从1929年第三季度起允许封闭式基金在该交易所内上市交易。

2　这三部法律的颁布时间分别为1933年、1934年和1940年，其中当时《投资公司法》的出台背景主要是封闭式投资信托在股市危机中出现严重问题。

年份	共同基金行业净资产 （亿美元）	共同基金数目 （只）	基金股东账户数目 （万个）
1977	489.40	477	—
1978	558.40	505	—
1979	945.10	526	—
1980	1 347.60	564	—
1981	2 413.70	665	—
1982	2 966.80	857	—
1983	2 929.90	1 026	—
1984	3 706.80	1 243	1 243
1985	4 953.90	1 528	1 528
1986	7 156.70	1 835	1 835
1987	7 691.70	2 312	2 312
1988	8 093.70	2 737	2 737
1989	9 806.70	2 935	2 935
1990	10 651.90	3 079	3 177
1991	13 931.90	3 403	3 587
1992	16 425.40	3 824	4 208
1993	20 699.60	4 534	5 562
1994	21 553.20	5 325	7 697
1995	28 112.90	5 725	9 007
1996	35 258.00	6 248	10 352
1997	44 682.00	6 684	12 002
1998	55 252.10	7 314	13 720
1999	68 463.40	7 791	15 262
2000	69 646.30	8 155	16 738
2001	69 749.10	8 305	18 022

年份	共同基金行业净资产 （亿美元）	共同基金数目 （只）	基金股东账户数目 （万个）
2002	63 831.60	8 243	18 982
2003	74 021.20	8 127	19 320
2004	80 958.00	8 045	20 041
2005	88 913.80	7 977	20 554
2006	103 981.60	8 123	21 264
2007	120 001.70	8 041	21 638
2008	96 206.40	8 040	22 263
2009	111 126.20	7 666	21 651
2010	118 335.20	7 556	21 916
2011	116 325.90	7 590	22 294
2012	130 544.90	7 590	22 646
2013	150 489.80	7 715	23 399
2014	158 734.00	7 927	24 236
2015	156 504.50	8 115	25 049
2016	163 437.20	8 066	25 109

资料来源　Investment Company Fact Book 2017。

从证券投资基金发展史上看，美国的《投资公司法》和《投资顾问法》都有效避免了基金损害投资者利益，且其作为基金业发展的基石，强有力地推动了开放式基金成为基金业的主流。1992年，共同基金业的资产就已经超过了人寿保险公司的资产；1993年，共同基金业的资产又超过银行管理的信托资产；1999年，美国共同基金业的资产超过了商业银行体系的资产，一举成为美国金融体系中的龙头。2016年末，美国共同基金资产总量达到16.3万亿美元，较2010年增加了4.5万亿美元，占到全球共同基金资产比重的一半以上，在世界基金业中稳居第一。共同基金是美国市场上主要的金融投资工具、最大的机构投资者，美国近半数的家庭投资共同基金。此外，随着美国金融资产逐步向个人集中，个人金融资产结构变化显著，银行存款大幅减少，证券投资大幅增加，其中又以共同基金增幅最大。现在，共同基金已经成为美国家庭重要的金融资产持有形式，它较好地满足了投资者养老、子女教育、保值以及追求资本快速成长等的不同投资目标。参见图17.1。

图17.1　持有共同基金的美国家庭比例示意图

资料来源　Investment Company Fact Book 2017。

作为全球基金业的领军人物，美国证券投资基金业近十余年来不断发展壮大，截至2016年末，美国市场开放式基金总资产在全球开放式基金总资产中占比达52.3%，并显示出了新的特点和趋势。

首先，当前美国的证券投资基金业以公司型开放式基金为主，即我们通常所讲的共同基金，而封闭式基金的资产规模有下降的趋势。此外，美国最早期的共同基金以契约型基金为主，但随着股份制经济的发展，特别是《投资公司法》的颁布，公司型基金逐渐占据了主流，契约型基金的发展日渐势微。此外，虽然共同基金依然是美国最为主流的资产管理产品，但近十余年大量的资产管理产品作为共同基金的替代物涌现，它们在许多方面具有共同基金的特性，因而给共同基金的发展带来了严重威胁。这些产品包括：交易所交易基金（ETF）、管理账户、组合投资计划、综合性选择等。其中又以交易所交易基金发展尤为迅速。在过去的15年，交易所交易基金资产从2003年的1 510亿美元增长至2016年的25 240亿美元，成为投资类公司最热门的投资项目之一。目前ETF所包含的种类已有主动式管理基金、大宗商品投资、债券以及其他多种形式。

其次，基金销售方式的创新有效地吸引投资者。在美国，个人购买基金主要有四种渠道：直接向基金公司购买、通过投资顾问/证券公司购买、通过退休计划发起人购买、通过基金超市购买。根据ICI 2016年中的统计，81%的共同基金持有家庭通过雇主资助退休计划持有共同基金，不通过雇主资助退休计划持有基金的共同基金持有家庭中，80%通过专业投资机构（包括注册投资顾问、全服务经纪人、独立财务规划师、银行和储蓄机构代表、保险代理人以及会计师）购买基金。这些家庭中的38%仅仅通过专业投资机构的帮助购买基金，而另外42%同时通过专业投资机构或者基金公司、基金超市或者折扣经纪人购买基金。12%则是直接通过基金公司、基金超市或者折扣经纪人购买基金。

最后，共同基金不论是长期还是短期，在美国家庭的储蓄目标中都扮演着关键角色。尤其退休市场（或养老计划）占共同基金的份额大幅度增加，支撑起共同基金业的半壁江山。根据2016年年中统计，92%的共同基金持有家庭表示退休储蓄是他们的财务目标之一，74%的表示退休储蓄是他们的首要财务目标。在美国，养老计划主要为两种——IRAs和私人DC型养老计划。这两类持有的共同基金份额大致相当。截至2016年底，DC计划持有的共同基金资产为3.9万亿美元，占DC计划总规模的55%；IRA账户持有的共同基金资产为3.7万亿美元，占IRA总规模的47%；DC计划和IRA合计持有的7.6万亿美元共同基金，在25.3万亿美元的美国退休金市场占比达30%，退休市场资产持续增长，继续以万亿规模递增，近十年来，私人DC型计划和IRA年均净流入共同基金的资金规模极大，成为推动共同基金业持续成长的不竭动力。即使在2008年遭遇到百年不遇的金融危机时，养老金净流入共同基金的资金仍保持正值。1991年美国养老计划占共同基金总额的23%，而截至2016年底，来自于美国企业养老金和个人退休账户的投资占美国共同基金总资产的比重达到46%。养老计划大举进入共同基金市场，这与美国国民经济的发展、基金业的壮大以及20世纪70年代以来实行的一系列有关退休与税收制度的改革措施（主要有1974年的《雇员退休收入保障法案》（ERISA）和《国内税收法》（IRC）、1996年的《小企业工作保护法》、1997年《税收减免法案》、2001年《经济增长与税收减免法案》）是分不开的。

17.1.2　欧洲的证券投资基金

欧洲的证券投资基金，是全球证券投资基金的重要组成部分，其基金资产总值仅次于美国，居世界第二位。根据美国投资公司协会的统计，2011—2016年间，欧洲国家的开放式基金发展情况如表17.2所示。

表17.2　　　　　　　　2011—2016年欧洲各个国家开放式基金资产总值　　　　　　单位：亿美元

国别＼年代	2011	2012	2013	2014	2015	2016
欧洲合计	102 552	119 154	135 858	138 080	137 388	141 169
奥地利	1 628	1 869	1 949	1 651	1 512	1 509
比利时	815	827	931	1, 008	921	840
保加利亚	3	3	5	5	4	5
克罗地亚	N/A	N/A	N/A	21	20	26
塞浦路斯	N/A	N/A	N/A	N/A	N/A	2
捷克	44	51	53	57	78	89
丹麦	849	1 035	1 187	1 208	1 115	1 169
芬兰	622	875	1 036	864	884	938

国别＼年代	2011	2012	2013	2014	2015	2016
法国	17 868	19 867	21 033	19 405	18 321	18 803
德国	14 650	16 899	19 346	18 473	17 998	18 937
希腊	52	60	67	53	43	41
匈牙利	72	131	181	160	148	146
爱尔兰	13 615	16 132	18 450	20 040	20 524	21 975
意大利	1 808	1 934	2 230	2 174	2 079	2 034
列支敦士登	326	376	419	458	449	456
卢森堡	27 127	31 452	36 068	37 576	38 172	39 013
马耳他	21	45	45	44	38	27
荷兰	5 822	6 811	7 810	8 014	7 291	7 720
挪威	800	987	1 093	1 122	1 025	1 140
波兰	185	269	295	342	323	296
葡萄牙	73	289	282	158	223	201
罗马尼亚	24	26	40	49	50	51
俄罗斯	31	N/A	N/A	N/A	N/A	N/A
斯洛伐克	32	47	59	65	62	62
斯洛文尼亚	23	24	25	26	24	25
西班牙	1 952	2 027	2 684	2 741	2 747	2 808
瑞典	1 797	2 112	2 558	2 837	2 800	2 864
瑞士	2 731	3 274	4 257	4 364	4 572	4 758
土耳其	140	165	141	153	129	123
英国	9 443	11 565	13 612	15 013	15 836	15 110

资料来源 Investment Company Fact Book 2017。

结合表17.2中的数据，我们发现：

第一，1996—2016年间，在统计范围内的欧洲国家开放式基金的资产总值从1.7万亿美元增加到14.1万亿美元，增长了87.29倍，增长速度相当快。

第二，前五位开放式基金资产总值的国别排位为卢森堡、爱尔兰、德国、法国和英国，其中，卢森堡2016年基金总值是英国的2.58倍，呈现出经济大国的开放式基金资产总值小于一些经济小国的态势。

第三，一些东欧国家的开放式基金发展势头明显快于西欧国家。例如，与2000年相比，2016年捷克、匈牙利和波兰的开放式基金资产总值分别增长了3.45倍、6.30倍和18.73倍，明显高于绝大多数西欧国家。

第四，与美国相比，欧洲各国的开放式基金总规模仍然较小，但近年来差距有所减小，1996年欧洲各国的开放式基金资产总值仅为美国的50%，而2016年这个比例为74.8%。

在欧洲，开放式基金的证券发售有着不同于美国的特色。

欧洲的开放式基金主要通过商业银行系统进行发售（占53%），而美国的开放式基金主要通过证券承销商进行发售（占40%）。另外，欧洲基金大量通过保险公司等渠道进行发售（占27%），而美国基金大量通过直接销售渠道进行发售（占32%）。这种差别主要是由于在1999年以前，美国实行的是金融分业制度，在证券承销方面，商业银行的职能受到比较明显的制约；而欧洲绝大多数国家实行的是金融混业制度，商业银行一直是最主要的金融机构，承担着各类金融职能。

从基金发展的角度来看，1999年底美国出台了《金融现代化服务法》，揭开了从金融分业走向金融混业的新篇，通过商业银行渠道发售基金证券的比重在美国逐步提高。见表17.3。

表17.3　　　　　　　　　　　　　　欧洲和美国的基金发售渠道

发售渠道	欧洲（%）	美国（%）
银行	53	8
证券商	11	40
直接销售	9	32
其他（保险公司、独立销售渠道）	27	20

从基金管理费来看，欧洲的基金管理费用明显低于美国。欧洲的基金管理费与美国相比，平均相差0.2个百分点，最高的可相差14.7百分点，最低也相差0.1个百分点。这种情形的发生，与欧洲开放式基金主要由商业银行担任管理人，而美国较多由投资顾问公司等机构担任基金管理人直接相关。见表17.4。

表17.4　　　　　　　　　　　　　　欧洲和美国的基金管理费用

	平均（%）	最低（%）	最高（%）
美国	1.4	0.2	17.7
欧洲	1.2	0.1	3.0

从基金的投资方向来看，从20世纪末起，欧洲开放式基金投资方向已发生变化。20世纪90年代欧洲基金的主要投向是债券，因此20世纪末债券基金在欧洲开放式基金中占据较高比重。据欧洲基金及资产管理协会公布的数据分析，从1992年到2011年，欧洲债券基金比重有所下降，股票基金和混合基金逐渐占据主导地位。按资产额划分，债券基金的资产额由1992年的55%下降到2016年的27%；与此同时，货币市场基金的资产额由1992年的40%降至2016年的14%，股票基金的资产额由1992年的17.4%上升至37%。据此，欧洲开放式基金的投向结构已经发生变化，股票已取代债券成为占据第一位的投资品种。

欧洲国家众多，从证券投资基金角度看，最具特色的国家是英国。英国是证券投资基金的发源国，它大致代表了不同于美国基金模式的欧洲基金模式。

17.2　亚洲证券投资基金的发展趋势

亚洲证券投资基金重点介绍日本与我国香港地区的证券投资基金业的基本情况、主要特点及其产生的社会经济背景，并从而推断其未来发展的基本趋势。

17.2.1　日本的证券投资基金

从传统上看，日本证券投资基金业以契约型基金为主体，被称为"证券投资信托"，这与日本信托业的发达有莫大的关联。1922年，日本政府就制定了《信托法》和《信托业法》。1937年，票据经纪人藤本设立了"证券投资组合"，它是由证券公司作为发起人，吸收法人投资者进行参股，组成民法意义上的合作社。合作社的资产主要对有价证券进行投资，然后将经营收益分配给投资者。由于"证券投资组合"的组织、运作与信托公司非常相似，因此政府对该合作社的合法性提出质疑，并导致该合作社在1940年解散。

第二次世界大战期间，日本政府采取证券投资信托的模式筹集战争资金。1941年，野村证券在借鉴英国契约型基金结构特点的基础上，由野村证券公司作为委托人、野村信托公司作为受托人，开办了与现代证券投资基金相同的投资信托业务。1942年，日本监管当局在民法、信托法和信托事业法的框架下，允许山一、小池、川岛屋、共同、藤本等5家证券公司开办投资基金管理业务，初步构建起日本的证券投资基金体系。

战后[1]，日本经济处于崩溃的边缘，工农业生产大幅度下降、大财团解体、股价下跌，作为国民经济发展资金支柱的银行体系和证券市场都面临着资金缺乏的局面。政府和金融业人士在讨论基础上，决定以政策推动证券市场发展、吸引公众资金，以证券市场作为公司资金筹集的中介，并选择投资信托作为证券市场发展的催化剂。

在参考战前本国投资基金业发展经验的基础上，日本监管当局于1951年6月颁布《证券投资信托法》，建立了以契约型基金为主体的日本投资基金制度的基本架构。1951年底，日本共有山一、野村、大和、日兴等7家证券公司开办了投资信托

1　指第二次世界大战之后，下同。"战前"，则指第二次世界大战之前。

业务。

日本投资信托业在20世纪50年代初获得了快速发展，其推动因素有：首先，它可以吸引小额资金，适应中小投资者的需求，因此获得了投资者的青睐；其次，朝鲜战争爆发为日本经济腾飞创造了契机，日本公司效益明显改善，公众收入也大大增加，有力刺激了证券市场的供给和需求；最后，日本股票市场在1952—1953年上半年处于战后首个牛市，投资者对证券市场的热情空前高涨。

从1953年下半年至60年代末，证券投资信托业的发展与日本证券市场的周期性变化表现出息息相关的联系。当证券市场繁荣时，证券投资信托业的发展就非常顺利，反之，证券投资信托业的发展就非常缓慢甚至资产减少，这主要是投资者对证券投资信托的热情随证券市场行情的变化而变化并对证券投资信托业产生了影响。

此外，证券投资信托业运作的不规范也阻碍了其自身的发展，此时日本证券投资信托业普遍存在基金管理公司大股东滥用基金资产的现象。为了规范证券投资信托业的运作，业界人士和监管当局决定在投资信托的制度和运作方面采取应对措施。1966年，日本投资信托协会成员达成以下协议：

（1）减少母公司（证券公司）对子公司（投资信托管理公司）的干扰，实行投资信托管理公司自主管理制度。

（2）各投资信托管理公司加强内部建设和约束。

（3）大力发展单位型投资信托。

同时，大藏省对证券投资信托法进行检讨，将"委托公司对受益人忠实义务"等条款列入修订后的证券投资信托法。在上述政策的推动，以及日本经济重现繁荣、向外国投资者开放证券市场的背景下，日本投资信托业的资产规模从1969年下半年开始增长。

1970年，日本投资信托可以持有外国证券，出现专门对外国证券进行投资的国际基金；1972年，日本又出现了外国股票基金，基金品种和投资对象不断丰富。

20世纪80年代是日本债券基金迅速发展的时代。1980年出现的中期国债基金将长期投资与中期投资有机结合，并且在考虑不同投资者需求的基础上不断进行产品创新，受到投资者的广泛欢迎。90年代，泡沫经济破灭后，日本股票市场陷于低迷状态，基金业也陷入困境。1992年采用实际分配率方式的新型债券型基金——MMF（Money Management Fund）应运而生，有力地刺激了日本基金业的发展。同时，大藏省和投资信托协会于1994年12月提出《关于投资基金改革概要》的基金业改革方案。制度改革和产品创新使日本证券投资基金获得新的发展。2000年6月末，日本投资信托余额首次突破60万亿日元，超过1989年泡沫经济时期创下的最高纪录。见表17.5。

根据表17.5，进入21世纪后，日本股票型基金的发展远远超过债券基金和货币市场基金，其中，债券基金和货币市场基金的净资产呈现出明显降低趋势。见图17.2。

表 17.5　　　　　　　　　　　　日本投资信托业的净资产构成变化　　　　　　　　　单位：千亿日元

年份	契约型				公司型基金
	债券投资信托	股票投资信托	货币管理基金[1]	总计	
1989	131	455	0	586	0
1990	109	350	0	459	0
1995	212	146	120	478	0
2000	238	146	109	493	0
2002	141	163	55	359	0.06
2004	99	274	36	409	0.084
2006	105	556	27	687	0.076
2007	100	667	29	796	0.057
2008	113	408	26	548	0.041
2009	112	502	25	639	0.030
2010	113	525	22	659	0.027
2011	106	468	20	594	0.024
2012	111	529	18	659	0.024
2015	160	817	16	993	0
2016	136	830	1	967	0
2017	138	974	0	1 112	0

资料来源　日本证券投资信托协会网站。[1]

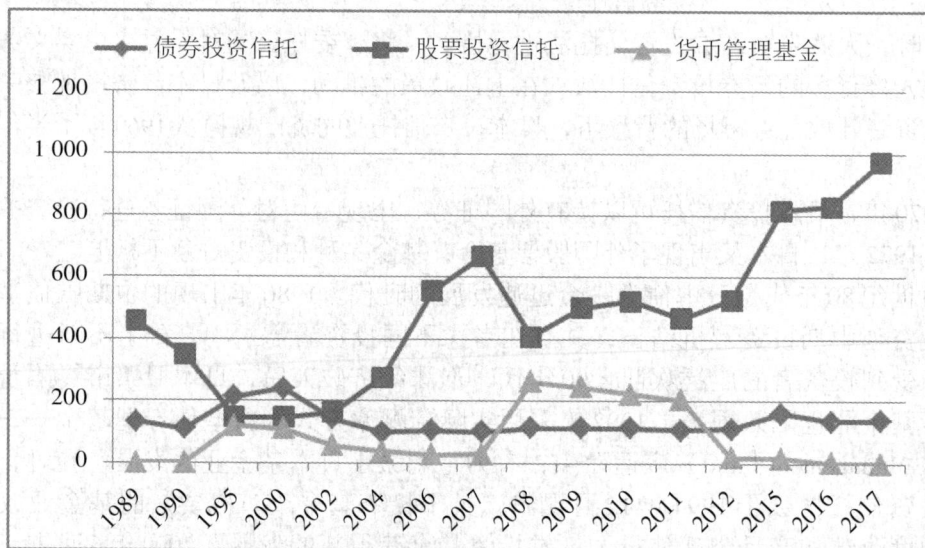

图 17.2　日本证券投资信托业的资产规模变化图（单位：千亿日元）

资料来源　日本证券投资信托协会网站。

　　如上所述，日本证券投资基金业在传统上就以契约型基金为主。从 1999 年开始，公司型基金获准在日本发展。但是，公司型基金在日本的发展并不如监管当局预想的那

1　货币管理基金是日本对货币市场基金的称谓，日本最早的货币管理基金于 1991 年中期出现。

样顺利，公司型基金在日本未来的发展前途尚不明朗。从基金单位申购、赎回的角度看，日本证券投资基金可分为两类：

第一类是单位式基金[1]。单位式基金的特点是在基金运行2至3年后允许投资者赎回基金单位，但在任何时刻都不允许投资者进行申购。它既不属国际上的开放式基金，也不属国际上的封闭式基金。在单位式基金发展初期，日本政府就赋予其定期储蓄的特征，它不允许投资者追加新的资金，因此它的运作特点充分体现了日本基金业发展的国情特点和日本国民重视储蓄的心态。

第二类是国际上流行的典型的开放式基金，如美国和我国的开放式基金，它提供持续性的申购、赎回机制。随着日本证券投资基金业向国际基金业运作特点看齐以及基金业国际化程度的增强，开放式基金已超过单位式基金并占据主流位置。

17.2.2 我国香港的证券投资基金

我国香港的证券投资基金起步于1960年。当时由汇丰银行推出了第一个期限为10年的单位信托，随后，其他证券投资基金相继成立推出。早期的基金发展并不理想，主要原因是最低投资额较高，而且当时港人不太接受"代人托管投资"的观念，所以，基金证券投资者基本是在港工作的外籍人士。20世纪80年代末90年代初以后，伴随全球基金业的蓬勃发展和香港经济的有力增长，以及内地经济的强劲增长等有利条件，香港投资基金的发展才走上了迅猛扩展的道路。到2016年，香港共有基金数目1 904只，基金资产总值达12 841.04亿美元。

我国香港的投资基金沿袭了英国的传统，统称为"集合投资计划"（或简称"计划"），主要包括单位信托和互惠基金两种。由于在市场上投资基金以单位信托形式为主，互惠基金只占极少数，因此，"单位信托"成为证券投资基金的代名词。

根据投资组合的不同，单位信托又可分为债券基金、股票基金、多元化基金、货币市场基金等品种。见表17.6。

表17.6显示，在单位信托及互惠基金中，股票基金的资产规模最大，占比达到46.66%。这类基金主要投资于股市，以求获取股价收益、股息或其他资本收益。若投资集中于一国，例如日本股市，则称日本股票基金，若投资集中于一个地区，如亚太地区，则称亚太股票基金。目前，我国香港市场上该类基金品种繁多，其中最有特色的是中国基金。所谓中国基金是指主要投资于中国内地公司股票的基金，如投资于B股、H股的信托投资基金，包括纯中国基金（B股和H股的投资比例在45%以上）、十大中华基金（投资组合包括我国香港地区、我国台湾地区甚至韩国）及直接投资基金（投资于中国非上市公司的封闭型基金）等。

除单位信托与互惠基金之外，我国香港的集合投资计划还包括：房地产投资信托基金、与投资有关的人寿保险计划、汇集退休基金、强积金集成信托计划、强积金汇集投资基金、纸黄金计划等，其具体数量规模见表17.7。

---

1 单位式基金在日本也被称为封闭式基金。在国际上，"封闭式"指的是固定资本的投资工具，即公司的资本总额保持不变。在日本，"封闭式基金"之"封闭"的意义是指在事先约定好的期限内投资者不能要求投资信托赎回。

表17.6　　　　　我国香港证监会认可的单位信托及互惠基金的数目及资产净值

基金类别	数目	比例（%）	资产净值（百万美元）	比例（%）
债券基金	430	21.93	438 219	34.13
股票基金	1 018	51.91	599 102	46.66
多元化基金	162	8.26	120 538	9.39
货币市场基金	44	2.24	20 076	1.56
基金中的基金	113	5.76	18 530	1.44
指数基金	182	9.28	86 165	6.71
保证基金	3	0.15	64	0.00
对冲基金	2	0.10	29	0.00
其他特别基金*	7	0.36	1380	0.11
合计	1 961	100.00	1 284 104	100.00
伞子结构	242	—	—	—
认可基金数目	2 203	—	—	—

*包括期货/期权基金及杠杆基金。

资料来源　香港证券及期货事务监察委员会（资产净值数据截至2016年12月31日，数目数据截至2017年3月31日）。

表17.7　　　　　　　　我国香港证监会认可的集体投资计划数目

基金类别	2016年末数目	比例（%）	2017年末数目	比例（%）
单位信托及互惠基金	2 196	79.02	2 205	79.06
房地产投资信托基金	11	0.40	11	0.39
与投资有关的人寿保险计划	300	10.80	299	10.72
汇集退休基金	34	1.22	34	1.22
强积金集成信托计划	35	1.26	31	1.11
强积金汇集投资基金	188	6.77	194	6.96
纸黄金计划	15	0.54	15	0.54
合计	2 779	100.00	2 789	100.00

资料来源　香港证券及期货事务监察委员会（截至2017年12月31日）。

我国香港的单位信托有着如下几个特点：

1.投资基金绝大部分是开放式契约型基金

开放式契约型基金是英国投资基金的典型特征，受此影响，在我国香港注册成立的投资基金几乎都是开放式契约型的。以封闭式基金存在的仅是中国基金中的直接投资基金。直接投资基金实际上是投资控股公司，一般选择私募方式募集资金，并非是经证监会根据证券条例认可的公司。这些基金如若要向公众出售基金证券，必须将其招募说明书交由香港证监会审查，并在香港公司登记处予以登记。

2.投资基金的国际化程度高，多为海外基金

从我国香港投资基金的资金来源看，根据香港投资基金公会于2016年12月公布的一项调查报告显示，香港基金业管理的资金中有66.3%（约为12万亿港币）来自香港以外的地区。

首先，从香港投资基金的管理来看，据香港投资基金公会公布的2016年基金管理活动调查报告，香港投资基金管理的资产有54.8%是由香港的投资基金管理公司自行管理的，而另外的45.2%则委托给海外的其他机构或第三方管理。

其次，2016年在香港管理的基金资产（18.29万亿港元）中，有49%的资金来自香港及内地，10%的资金来自包括亚太地区的其他地方，41%的资金来源于北美、欧洲及其他地区。

最后，从香港投资基金的投资对象来看，香港投资基金的投资对象遍布世界各地股票市场、债券市场、外汇市场、期货期权市场及贵金属市场。其中，约有47.5%资金（折合约3.34万亿港元）投资于内地及香港，6.3%投资于日本，16.7%投资于包括澳洲和新西兰在内的亚太区其他地方，14.3%投资于北美（美国及加拿大），7.8%投资于英国及欧洲，7.4%投资于其他地区（或未能识别）。

3.投资基金具有离岸性

我国香港的单位信托基金大多数是欧美（尤其是英、美两国）的基金管理公司在离岸金融中心注册成立的。

4.基金类型以股票基金为主

从不同基金类型拥有的基金数量来看，1998年股票基金数量829家占59%，2012年3月有995家占59%。从基金管理的资产规模看，1998年的股票基金净资产为1 005亿美元，占75.9%；2016年的净资产为38 150亿美元，占54.3%。

5.投资基金多为收费基金

在我国香港，投资者在申购股票型投资基金时，需按照基金单位面值计算缴纳5%~6%的首次认购费。各类基金的具体费用见表17.8。这些费用与美国的收费相比，就总体而言，应该说是比较低的。

1995年以后，在日本泡沫经济破灭、东南亚金融危机和韩国经济危机等的影响下，我国香港证券投资基金的发展非但没有回落，反而继续高速发展。1995—2016年间：第一，基金资产总值从823.61亿美元快速上升到12 637.5亿美元，增长了14.34倍，超

表17.8　　　　　　　　　　　我国香港各类投资基金费用表

基金类别	首次认购费	年管理费	赎回费/表现费
货币市场	0%~2%	0.25%~1%	部分基金公司收取此类费用，越是复杂的投资工
债券	3%~5%	0.5%~1.5%	
股票	5%~6%	1.0%~2.0%	
认股权证	5%~7%	1.5%~2.5%	

过了同期世界其他国家和地区的增长水平。第二，在基金资产总值高速增长的同时，基金只数只增长了1.8倍，明显小于基金资产总值，这意味着每只基金的资产规模明显增大，因此，每只基金的平均资产总值规模从1995年的不足0.7亿美元增加到2016年的5.92亿美元，增长了7.77倍。见表17.9。

表17.9　　　　　　　　我国香港基金业发展概况（1995—2016）

年份	基金资产（亿美元）	基金只数	年份	基金资产（亿美元）	基金只数
1995	823.61	1 219	2006	9 102.54	1 998
1996	975.94	1 356	2007	10 771.6	1 980
1997	1 323.83	1 526	2008	6 283.0	2 123
1998	1 830.92	1 608	2009	9 268.8	2 093
1999	2 988.79	1 613	2010	11 880.7	1 968
2000	3 114.49	1 870	2011	10 390.5	1 944
2001	2 852.1	1 890	2012	10 390.6	1 988
2002	3 421.34	1 965	2013	12 673.5	1 964
2003	5 342.88	1 872	2014	12 896.7	1 935
2004	5 512.19	1 942	2015	13 220.8	2 045
2005	6 675.85	1 998	2016	12 637.5	2 133

资料来源　香港证券及期货事务监察委员会。

值得注意的是，尽管在基金监管上奉行市场推动和政府有限干预政策，我国香港政府非常善于利用投资基金解决实际问题。1993年成立的香港外汇基金是香港官方外汇储备存放的唯一场所，不仅确保了金融和汇率稳定，同时实现了资本安全性与增值性的统一。1998年香港盈富基金成立，解决了1997年亚洲金融危机期间由于政府被迫入市干预所引发的港元"官股"的顺利退市问题，实现了政府和投资者的"双赢"，堪称基金史上的创举。

17.3 各国和地区证券投资基金业发展的比较

各国和地区基金业发展过程中表现出一定的共性，这说明证券投资基金业有一定的发展规律；但是由于各国和地区经济成熟度、经济特点、金融制度安排不同，基金业在发展过程中又表现出鲜明的自身特点。探析证券投资基金业发展的普遍规律以及各国和地区证券投资基金业发展中的差异产生的原因，对于我国证券投资基金业的未来发展具有重大的意义。

17.3.1 证券投资基金业发展的基础

欧洲、美国、日本以及我国香港等国家和地区证券投资基金业发展的实践表明，经济发展、居民财富增加是证券投资基金业发展的基础，证券投资基金业亦可作为经济落后或资本匮乏国家及政府筹集居民资金、实现国民经济增长的手段。而且，证券投资基金业进一步发展后会有效推动经济增长、投资收益的提高和居民财富的增加，并在更高程度上推动证券投资基金业的发展。由此可见，证券投资基金制度的运行和证券投资基金业的健康发展有力支持了经济的发展，经济发展又促进更完善的证券投资基金制度的形成和证券投资基金业的扩张，两者之间形成了良性循环的过程。见表17.10。

表17.10　　　　　　　　　　　**美、英、日人均国民收入表（1870—1970）**　　　　　单位：美元

资料来源　许占涛. 投资基金论［M］. 北京：经济科学出版社，1998.

不同的财富额会产生不同的投资需求。在居民的财富额较小时，居民会偏好风险较低的投资，因此传统的、安全性较高的银行储蓄产品可以满足居民的需求。当居民的财富额增加时，居民的投资需求会出现分化、出现多样化的特征，这也是证券市场和证券投资基金业发展的重要基础。证券投资基金与传统的银行存款产品、公司股票和债券、信托产品、保险产品等并举，供居民进行选择。

证券投资基金属于高级别的金融产品，它又可以细分为种类繁多的不同收益水平、不同风险水平的产品，具有多样化的产品和多种收益-风险特征。另外，证券投资基金还具有个人直接持有证券所不具有的多种优势，主要表现在：（1）专家管理、可获得较高的收益水平；（2）投资组合可分散风险；（3）具有规模经济优势；（4）具有较高的流

动性；（5）可以节省投资者的时间成本。

1.证券投资基金业发展的必要条件

美国证券投资基金业的早期历史告诉我们，如果基金业的发展没有任何法律准绳、处在自由的真空中发展，最终必然酿成恶果。美国是证券投资基金业发展的先驱，在基金业发展之初其证券投资基金法律体系是一片空白。从1907年的亚利山大基金开始至1933年《证券法》、1934年《证券交易法》、1940年的《投资公司法》，美国最终建立了较为完善的基金法律体系，其间经历了20多年的时间，可见摸索操作是需要付出一定的时间代价的。

此后，针对基金丑闻事件，美国立法当局及相关监管部门在基金治理和投资者保护方面出台了一系列改革措施，使基金业迅速走出基金丑闻的阴影，极大地增强了投资者的信心。20世纪60年代，日本证券投资基金业曾经陷入一次前所未有的低潮，除了证券市场陷入低谷是重要诱因外，基金管理公司大股东滥用基金资产以牟取私利也是重要原因。为此，日本投资信托协会和监管当局从法律角度严格控制基金管理公司的道德风险，为基金业的复苏创造了必要条件。

先发展、后规范，先发展、后立法，是基金业先驱国家的必经途径，但基金业后进国家完全可以借鉴先驱国家基金业发展暴露出的问题和立法经验，先行进行证券投资基金立法。例如，东亚尤其是日本在基金业发展之初即制定了较为完善的基金法律。

证券投资基金业是具有巨大创新能力的行业，它往往对现行金融体制的漏洞进行冲击。另外，基金业也是具有巨大投资风险的行业，基金管理公司的道德风险也是经常存在的，因此基金监管当局必须对基金法律进行及时的修订才能适应新的情况。例如，1983—1997年，我国台湾监管当局对基金方面的有关规定进行了七次较大规模的修订；美国证交会也经常就基金业的新问题、新动向提出应对措施。

此外，加强行业自律和自治是各国和地区证券投资基金监管的共同趋势。随着证券市场的扩大和金融产品的多样化与复杂化，仅仅依靠政府监管必然会感到力不从心，而且效率也不高，充分发挥行业协会的自律作用，是各发达市场国家和地区的经验。日本投资信托协会成立后，在行业自治和自律方面发挥了重要作用，政府也顺应趋势，在法律中赋予协会自律组织地位并赋予一定的监管权。2004年我国台湾所谓"证券投资信托及顾问法"也吸收了这一经验，赋予行业协会较大的监管权力。

2.证券投资基金助力养老计划

根据美国金融市场的长期收益统计，股票是最佳的长期投资工具，而对于普通投资者而言，借助证券投资基金对证券市场进行长期投资是绝佳的途径。因此，属于长期投资的养老计划与证券投资基金业以及整个证券市场的发展是息息相关的，证券投资基金业有利于养老资产的保值和增值，养老计划是推动基金资产规模扩张的重要动力。养老计划包括个人退休账户（IRAs）和雇主参与的固定缴款计划。如英国基金业的总资产从1992年的600亿英镑上升至1999年的2 400亿英镑，其养老（DC）计划重要的组成部分——个人股票计划（Personal Equity Plan）在基金业中的资产比例由5%上升至

26%。

表17.11是美国的个人退休账户和雇主发起的养老计划持有的共同基金资产的增长情况。1990年至2016年间美国IRAs持有的共同基金资产额增长了26.88倍，而DC计划持有共同基金资产额增长了110倍，并且这两者占共同基金资产的比重也大幅提高。

表17.11　　　　美国IRAs和雇主发起的养老计划[1]持有的共同基金资产　　　单位：十亿美元

年份	IRAs	DC计划	合计	共同基金	前两者占共同基金总资产的比例（%）
1990	138	35	207	1 065	19.45
1995	464	266	916	2 811	32.59
2000	1 231	1 285	2 516	6 965	36.12
2001	1 661	1 227	2 888	6 975	41.41
2002	1 043	1 102	2 145	6 390	33.57
2004	1 491	1 657	3 148	8 107	38.83
2006	1 975	2 223	4 198	10 412	40.32
2007	2 241	2 493	4 734	12 021	39.38
2008	1 610	1 712	3 322	9 603	34.59
2009	1 979	2 197	4 176	11 113	37.58
2010	2 230	2 511	4 741	11 831	40.07
2011	2 199	2 476	4 675	11 627	40.21
2012	2 473	2 850	5 323	13 045	40.80
2013	3 335	3 480	6 815	15 049	45.29
2014	3 534	3 709	7 243	15 873	45.63
2015	3 498	3 641	7 139	15 650	45.62
2016	3 710	3 854	7 564	16 343	46.28

资料来源　Investment Company Fact Book 2017。

3. 创新是证券投资基金业发展的内在要求

纵观美国基金业发展的历史，基金的发展历程就是创新的历程。无论是在基金运作制度还是基金品种上，美国证券投资基金业都显示了强大的创新能力，成为推动美国证券投资基金业发展的重要动力。近年来，基金业的新品种——交易所交易基金在美国又

1　雇主发起的养老计划包括私人确定缴款型计划，如401(k)、403(b)、457及其他州和地方政府雇员退休基金以及私人确定受益型计划等。

获得了迅猛发展，同时，基金超市和退休计划等创新型美国共同基金销售渠道使得投资者能以更低的成本更容易地购买基金。

基金产品的创新和销售方式的变革是促进基金业发展的重要动力，是基金业发展的内在要求，也是基金管理公司扩大市场份额、追逐利润、便利投资者的结果。创新可以帮助证券投资基金业走出泥潭，如货币市场基金与指数基金在20世纪70年代和80年代挽救了不断萎缩的基金业。在日本，基金业在经济泡沫破灭后曾一度陷入低谷，日本基金业遇到了基金产品单一和销售渠道狭窄等问题。日本基金行业通过发行"即期基金""大额专用基金"，推出债券基金、货币市场基金、海外基金等创新产品，较好地满足了投资者的需求。在销售渠道方面，推出基金批发制度、定期定额计划、"单独基金"和"共同基金"等新的销售方式，将基金产品与销售渠道有机结合，极大促进了基金业的发展，把日本证券投资基金从困境中拯救了出来。

17.3.2　证券投资基金业发展的形态演进

在基金业形态的发展过程中，各国普遍出现了封闭式基金向开放式基金演进的趋势。在证券投资基金的初始发展阶段，基金运作的条件并不是十分成熟，为保证基金运作的稳定性，封闭式基金是合乎逻辑的首选。

我们知道，在19世纪20年代的美国，封闭式基金是主流，而它被历史淘汰的催化剂却是其采用杠杆工具的高风险投资策略和1929年股市崩盘的历史事件。尽管从这点看封闭式基金在美国的失败有其自身运作不规范和历史偶然性的原因，但我们仍然要承认开放式基金的制度安排比封闭式基金有更大的优越性，如为投资者提供更高的流动性，也可为销售商、各类服务商带来持续性的销售收入和服务收入等。此外，开放式基金赋予投资者更高的流动性，这也意味着基金管理公司必须以高度的职业精神为投资者的利益服务，否则将遭受大规模的赎回。从表17.12中我们可以看出，美国基金业由封闭式基金向开放式基金转换的趋势，封闭式基金占基金总资产的比例从1929年的高达96.67%降至2016年的1.58%，这充分说明开放式基金在美国基金市场中的地位不断增强，规模上已远远超过封闭式基金。

表17.12　　　　　　　**美国开放式基金和封闭式基金的资产变化状况**　　　　　　单位：十亿美元

年份	开放式基金		封闭式基金	
	绝对额	所占比例（%）	绝对额	所占比例（%）
1929	0.1	3.33	2.9	96.67
1940	0.45	42.86	0.6	57.14
1950	2.5	73.53	0.9	26.47
1960	17	89.01	2.1	10.99
1970	47.6	92.25	4	7.75

年份	开放式基金		封闭式基金	
	绝对额	所占比例（%）	绝对额	所占比例（%）
1980	134.8	94.46	7.9	5.54
1987	769.9	97.41	20.5	2.59
1995	2 811.2	95.17	142.6	4.80
2000	6 964.6	97.99	143.1	2.01
2004	8 095.4	96.96	253.4	3.04
2006	10 398.2	97.22	297.2	2.78
2007	12 000.2	97.46	312.4	2.54
2008	9 620.6	98.12	184.2	1.88
2010	11 833.5	98.03	238.4	1.97
2011	11 632.6	97.95	243.4	2.05
2012	13 054.5	98.01	264.9	1.99
2013	15 049.0	98.18	279.3	1.82
2014	15 873.4	98.21	289.3	1.79
2015	15 650.5	98.36	260.9	1.64
2016	16 343.7	98.42	261.9	1.58

资料来源　Investment Company Fact Book 2017。

　　开放式基金是基金业发展到比较成熟阶段的必然结果。如我国台湾一度只允许新设证券投资信托管理公司发行封闭式基金，后来才允许其发行开放式基金。这说明开放式基金要求的运作环境较为完善，对基金管理公司的管理水平也提出了更高的要求。如果不顾市场现实条件过快发展开放式基金，可能为经济发展带来不利影响。

　　在成熟的证券投资基金业中，开放式基金取代封闭式基金是必然趋势，但公司型基金和契约型基金优越性的竞争结果尚没有定论。美国以公司型基金为主体，日本以契约型基金为主体，尽管这些国家在近年来允许发展公司型基金，但公司型基金的发展态势并不如预想的火爆。

17.3.3　证券投资基金业的发展模式

　　比较各国证券投资基金业的发展历史，我们可以发现证券投资基金业的发展模式大致可分为市场推动模式和政府推动模式。美国属典型的市场推动模式，亚洲的日本则属典型的政府推动模式。

1.美国的市场推动模式

美国的证券投资基金业是经济和金融发展到一定程度的必然产物，具有明显的自发性和市场推动特征。美国证券投资基金起源于美国经济腾飞的20世纪20年代，政府在证券投资基金业发展的初期并没有试图介入到其中，而是任由证券投资基金发展。但是，在证券投资基金的发展过程中，随着证券投资基金在金融体系中作用和影响的加强以及证券投资基金业在运行中暴露出不规范的问题，政府意识到缺乏有效管理的证券投资基金业将对社会公众利益和基金投资者利益产生重大不良影响，因此有必要通过法律对证券投资基金业的运作进行规范。值得注意的是，美国政府对证券投资基金并不是直接的行政管制，而是法律框架内的自我完善和自我发展，因此美国证券投资基金业仍然保留了高度的市场创新精神，如货币市场基金、指数基金等产品以及各种数量化投资技术的广泛应用。同时，美国证交会也针对证券投资基金业出现的新问题、新产品进行了研究，出台新的管理办法，如20世纪80年代初关于12b-1费用的规定。

2.日本的政府推动模式

日本投资基金的起源具有鲜明的政府推动色彩，在日本投资基金业的发展过程中，行业内主动性的创新活动较少。例如，战前日本证券投资基金业的发展服务于政府稳定证券市场和筹集战争资金的目的，战后日本证券投资基金业的发展服从于政府筹集资金、扩大国内投资、发展国民经济的目的。

无论是市场推动模式还是政府或当局推动模式，在证券投资基金业经历了初期的不成熟后，基金业的自我创新、自我调整和自我完善在证券投资基金业的发展中的作用逐渐增大，证券投资基金业自身的能量与政府对证券投资基金业的规范融合到一起，共同推动了证券投资基金业的发展。因此，当证券投资基金业进入高度规范的发展阶段后，市场因素和政府因素在基金业发展中交织在一起，作用孰大孰小难以估计。

● **本章小结**

当前美国的证券投资基金业以公司型开放式基金为主，即我们通常所讲的共同基金。近年来封闭式基金的资产规模有下降的趋势。事实上，美国最早期的基金以契约型基金为主，但随着股份制经济的发展，特别是《投资公司法》的颁布，使得公司型基金逐渐占据了主流，契约型基金的发展日渐式微。

日本证券投资基金业在传统上就以契约型基金为主。从1999年开始，公司型基金获准在日本发展。但是，公司型基金在日本的发展并不如监管当局预想的那样顺利，公司型基金在日本未来的发展前途尚不明朗。

比较各国证券投资基金业的发展历史，我们可以发现证券投资基金业的发展模式大致可分为市场推动和政府推动两种模式。美国属典型的市场推动模式，日本则属典型的政府推动模式。

欧洲和美国证券投资基金业发展的过程告诉我们，证券投资基金业是在股份制经济和融资证券化的基础上产生的，在股份制经济和融资证券化基础上产生了证券市场，证券投资基金是证券市场发展的直接结果。

欧美日、我国香港等国家和地区的证券投资基金业发展的实践表明，经济发展、居民财富增加可作为证券投资基金业发展的基础，证券投资基金业也可作为落后国家和资本匮乏国家政府筹集居民资金、实现国民经济增长的手段。

美国证券投资基金业的早期历史告诉我们，如果基金业的发展没有任何法律准绳、处在自由的真空中发展，必然最终酿成恶果。只有有效保护了投资者的利益，才能坚定投资者选择基金的信心，证券投资基金业才能有灿烂的未来。

养老计划与证券投资基金业以及整个证券市场的发展是息息相关的，证券投资基金业有利于养老资产的保值和增值，养老计划是推动基金资产规模扩张的重要动力。

创新是基金业发展的内在要求，是基金管理公司扩大市场份额、追逐利润、便利投资者的结果。

● **重要概念**

美国共同基金市场　单位信托　投资信托　集合投资计划　市场推动模式　政府推动模式　养老计划股份制经济

● **思考题**

1.为什么美国共同基金在全球基金市场占主导地位？

2.简述美国的证券投资基金市场在未来的发展趋势和特点。

3.简述欧洲及英国的证券投资基金市场近年来发展的新特点以及未来的发展趋势。

4.我国香港的单位信托发展特点是什么？

5.为什么说创新是基金业发展的内在要求？

第18章　我国证券投资基金发展历程与展望

◇**学习目标**

- 了解我国证券投资基金的发展历程
- 了解我国证券投资基金的资金来源市场
- 了解我国证券投资基金的资产投资市场
- 了解我国证券投资基金运行模式的发展趋势

随着我国经济总量的不断上升以及市场化程度的不断提高，资本市场尤其是证券市场必将迎来快速发展的新时期。与此同时，证券投资基金业也将迈入新的历史阶段。2012年12月，《基金法》的修订版顺势推出，给我国证券投资基金业的发展提供了法律保证；2015年4月最新修订的《基金法》则为我国证券投资基金业提供更加合理的规范。本章在回顾我国证券投资基金业发展的同时，对其发展趋势作了全景式的展望。

18.1　我国证券投资基金的发展历程

从我国证券投资基金业发展时间序列、规范程度及品种创新和法律法规健全角度看，我国基金发展轨迹可分为封闭式证券投资基金试点阶段、开放式证券投资基金试点阶段和基金法制化、市场化、国际化发展阶段。

1991年至2001年9月期间为封闭式证券投资基金的试点阶段，其中以1997年10月《证券投资基金管理暂行办法》（简称《暂行办法》，现已失效）出台为界线，封闭式证券投资基金的试点阶段又可分为两个大的阶段，即《暂行办法》颁布前的不规范封闭式基金试点阶段（通常称作老基金）和颁布后至2001年9月首只开放式基金"华安创新"设立前的规范封闭式基金的试点阶段（通常称作新基金）。而以《开放式证券投资基金试点办法》（2000）颁布为契机，以2001年9月20日首只开放式基金"华安创新"正式宣告成立为标志，证券投资基金进入了开放式证券投资基金试点阶段。2004年6月我国《基金法》正式施行，宣告证券投资基金试点阶段的结束，进入法制化、市场化、国际化发展阶段。2013年6月，修订后的新《基金法》正式实施，基金行业发展的空间被大大拓宽，证券投资基金的发展进入了一个新时代。2015年《基金法》再一次修订，标志着我国基金发展的法制环境更加向好。

18.1.1　不规范封闭式证券投资基金的试点阶段

1991年我国相继诞生了两家证券交易所，这标志着我国证券市场试点工作的全面启动。以此为契机，我国证券投资基金也进入了试点阶段，其标志是1991年10月"武汉证券投资基金"和"深圳南山风险投资基金"的设立。但此时，由于对证券市场到底是姓"资"还是姓"社"问题争论不休，证券市场和基金发展都还比较缓慢。直到1992年春邓小平南方谈话，明确指出股份制和股票市场并不只是姓"资"，也可以姓"社"。此后，我国证券市场和基金业才进入快速发展阶段。其中1992年就有57只基金设立，大部分基金在1993年上市。因此，我们又把1992年称为基金发行年，把1993年称为基金上市年。

基金业的大规模上市是1993年基金发展中的亮点，但自1993年下半年起，基金的发展遭遇了前所未有的寒冬。鉴于基金的投资行为极其混乱，特别是对当时经济生活中普遍存在的房地产热起到了推波助澜的不良作用，基金的整顿势在必行。1993年5月19日，中国人民银行总行发出紧急通知，要求省（市）级分行负责审查我国基金的发行和上市、基金管理公司的设立、中国金融机构在境外设立的基金和基金管理公司，然后报总行批准；未经总行批准，任何部门一律不得越权审批。紧急通知发布后，除了人民银行总行批准的金龙、宝鼎和建业三只基金外，在相当长的时间内国内再没有新的基金发行。《暂行办法》出台前，我国共发行契约型封闭式基金72只，募集资金66亿元。

由于是试点阶段，政府相关职能部门对基金的作用和地位及运作模式等的认识还不清楚，我国基金和基金市场在此阶段都体现出了明显的试点特征。

18.1.2 规范的封闭式证券投资基金的试点阶段

1997年10月，我国颁布了《证券投资基金管理暂行办法》；1998年3月5日经中国证监会批准，第一批两家基金管理公司——国泰和南方基金管理有限公司分别在上海和深圳成立；1998年3月23日，第一批两只规范的封闭式证券投资基金——基金金泰、基金开元获准发行，从而标志着我国规范的证券投资基金试点阶段的到来。

规范的封闭式证券投资基金试点阶段实际上包含两方面内容，一方面是规范的新封闭式证券投资基金的发行上市（以下简称新基金）；另一方面是"老基金"的规范、扩募和重新上市。

1.新基金的发行上市

我国经济经过1992年和1993年发展后，出现了因房地产"泡沫"化严重而导致的经济过热现象，因此在1994年，为了抑制这种经济过热现象，全国开展了金融市场秩序整顿活动，并于1995年实行了银信、银证严格分业的金融管制措施，关闭了一大批各地方政府或人民银行擅自批准设立的证券交易中心和融资市场（除上海、深圳两大交易所保留外，其他交易中心如武汉、天津、北京、STAQ、NET等都被宣布为非法并予以关闭），重点整顿信托机构和证券经营机构。所以，从1994年直到1998年3月，我国基金业与信托业、证券业一起进入了长期的治理整顿过程中，这段时期，我国基金也就没有任何发展。经过三年的治理整顿，1997年，我国经济基本实现了软着陆，通货膨胀率逐渐回落到可接受的范围。但与此同时，我国一些中、小国有企业在市场经济竞争中，由于体制和历史的问题，逐渐败下阵来，亏损面不断扩大，下岗职工不断增多，银行坏账率不断提高，而此时社会保障体系又未曾建立起来，给国家的社会稳定和经济发展蒙上了一层阴影。为了化解这一主要矛盾，中央对国有企业的改革提出了新的任务，即在三年内完成国企脱困目标，并从这一视角出发，重新审视了证券市场的功能，提出要充分发挥证券市场的融资功能，为国企脱困、改制上市服务（后来被指存在国企"圈钱"的嫌疑）。虽然，对证券市场的这一历史定位明显不正确，但以此为契机，迎来了证券市场的大发展时期。

证券市场的发展需要资金的支持，但又不能让银行和三类企业的资金进入股市，这也就是说要尽可能地让个人投资者的资金成为股市资金的主要来源，即将储蓄资金导向直接投资，转化为产业资金，而证券投资基金最大的一个功能就是将社会闲散资金集聚起来，转化成产业投资基金。所以，中央认为发展证券投资基金是我国证券市场和经济发展的需要，是为国企解困的需要。正是在这样一种背景下，我国出台了《暂行办法》，从上至下推动证券投资基金业的发展。

2.老基金的规范、扩募和重新上市

老基金的规范是这个阶段中国证券投资基金业发展的重点之一，规范老基金既是出于保护投资者利益的考虑，也是出于规范发展我国基金业的需要。

1999年3月，证监会宣布逐渐对老基金进行清理规范的方案，各证券交易中心交易的基金逐步摘牌，在两大交易所上市的基金也将进行清理与规范。这既标志着老基金的发展到了尽头，又预示了老基金将获得凤凰涅槃的机会。

应当说，证监会对老基金的清理、规范是比较成功的，这主要得力于以下指导思想：

首先，在基金清理活动中，投资者的利益被摆在最高位置，基金管理公司和基金发起人的利益则居其次，在基金清理之前要召开基金持有人大会，由投资者决定基金未来的命运。

其次，证监会在基金清理的整个过程中，对基金的投资和交易活动进行严格的控制，确保基金管理公司在清理和规范期间不再使用基金资产继续为关联方输送利益。

在清理期间，未经证监会批准，老基金一律不得扩募、不得续期、不得改变交易方式和变更交易场所；如果老基金想要在清理后重新获得上市资格，基金资产必须保持高流动性。证监会要求基金管理公司和发起人在清理基金时用现金、上市公司流通股、国债等高流动性资产置换原有流动性差的资产。

经过各方面将近两年的努力，老基金的清理、规范终于顺利完成。老基金清理结果分为三种：封闭期满清盘、转为金融债券和转换为新基金。净资产超过2亿元或净资产不超过2亿元但经过合并规范的老基金均交由新设的基金管理公司管理，基金经过扩募后可继续存在并在上海或深圳交易所上市交易。清理规范后仍无法纳入正常监管范围并且不能按规定转为金融债券的老基金，应在一年内清盘。从最终结果来看，大部分老基金经过清理、合并、上市和扩募等程序后被改造成与《暂行办法》要求一致的基金，仅有少数基金被清盘。

18.1.3　开放式证券投资基金的试点阶段

以2000年10月《开放式证券投资基金试点办法》出台为契机，以2001年9月首只开放式证券投资基金——"华安创新"基金设立为标志，拉开了中国开放式证券投资基金试点的序幕，并得到了快速发展。至2003年3月25日，我国共成立了开放式基金18只，基金规模532.69亿份，截至2003年6月时，已发展到36只。

由于开放式基金具有按净值交易、可随时赎回等特性，对基金管理人的约束力较大，运作起来比较规范，深受投资者特别是机构投资者的喜爱，因此开放式基金成为各发达国家基金的主要形态。1940年，美国的开放式基金资产为44.7亿美元，封闭式基金的资产为61.3亿美元，两者之比为0.73∶1。到1999年底，开放式基金与封闭式基金的资产规模相差更为悬殊，前者达到6.8万亿美元，后者不到1 600亿美元，两者差距达到了42.5倍，由此可见，开放式基金是世界基金业发展的趋势。

我国经过多年封闭式证券投资基金的试点和实践，已经认识到封闭式证券投资基金对基金管理人约束力差、容易引发道德风险的劣势。尤其是在"基金黑幕"事件曝光后，我国管理层更坚定了进行开放式证券投资基金试点的决心。

随着经济的快速发展，我国居民储蓄存款每年以近万亿元的速度增长，至2002年底，储蓄存款已达到10万亿元，而我国上市公司的市值才1万多亿元，通过资本市场直接融资的资金年均只有1 000多亿元，说明我国金融资产中直接融资与间接融资比例始终过小。企业资本通过生产经营积累的速度是很慢的，而企业扩张需求又很强烈，也即对资金的需求很旺盛。但我国银行商业化改革后，贷款条件的要求比以前严格多了，其中直接限制其贷款的一个指标就是企业的资产负债率。这就导致了银行想贷又不敢贷（"惜贷"），企业想借又借不到的局面。在这种情况下，一些企业为了得到贷款就只能通过做虚假报表来"骗贷"，这就加大了银行贷款的坏账风险，给银行的经营造成了很大的压力。银行为减轻自己的债务负担，就将大量的存款投资国债，将这种债务负担转嫁给国家，而这不是个根本的解决办法。解决上述问题的一个有效办法是进一步加快股份制改革，让更多需要资金的企业到不同层次的资本市场进行直接融资，让银行储蓄转为产业投资资金，充实企业的资本金，降低企业的资产负债率，从而化解企业和银行之间累积的风险。显然，证券投资基金在这过程中具有重要的桥梁作用。封闭式基金是通过证券交易所发行和上市的，基金持有人主要是证券市场中的投资人，因此对储蓄转化产业投资资金的推动作用不是很直接。而开放式基金主要是通过银行发行和办理持续申购与赎回手续的，主要针对银行的储蓄存款，所以开放式基金可以说是银行储蓄存款与产业投资资金的一个转换器。至2000年底，我国证券投资基金占储蓄存款的比例只有1.3%，而美国家庭证券投资基金投资占美国家庭金融投资的比例已达到49%。可见，我国证券投资基金的发展潜力巨大。

1996年以来，我国寿险资金增长势头很猛，保险业发展很快，但寿险公司却为此陷入了经营危机。这是由于随着我国经济的软着陆，我国的通胀率不断降低，并出现了通货紧缩的现象。为了刺激经济增长，鼓励民间资本投资，我国连续调低利率，一年期存款利率已从10.98%调到目前的1.98%。寿险是人们为了保障未来有足够退休金而分期交付保费的一种险种，是人们的一种长期投资工具，其费率与利率是直接挂钩的，利率低时费率就低。但保险公司早期卖出的寿险单的费率则是固定的，这样就要求寿险公司要为早期卖出的寿险单取得的资金寻找较高投资回报的投资工具，否则就会亏损。所以，随着投资工具收益率的不断降低，保险公司也只好寻找具有一定投资风险的投资工具来投资。1999年10月，国务院批准保险公司通过购买证券投资基金间接进入证券市场，并成为基金市场上最重要的力量，其行为对基金市场影响巨大。

基于上述背景，2000年5月23日，当时的中国证监会主席周小川提出，将采用超常规、创造性的思路加快发展证券投资基金，由此掀起了一轮证券投资基金的理论探索和模式创新的新热潮，开放式基金的试点工作也就提上了议事日程。

18.1.4 证券投资基金规范化发展阶段

《中华人民共和国证券投资基金法》于2003年10月获得通过，并于2004年6月1日正式施行。该法在总结我国这几年证券投资基金的试点经验基础上，根据我国基金发展的趋势和方向，前瞻性地对证券投资基金的发展作出了法律性的规范。2013年《基金法》经修订实施后，我国证券投资基金业进入了法制化、市场化、国际化的规范发展阶段。截至2008年11月，我国共有60家基金管理公司，全部基金总数达到433只，其中开放式基金就有400只，占总数的92.38%，而2004年底我国仅有45家基金公司，基金总数为168只。从基金规模来看，至2007年底，我国全部基金和开放式基金规模均突破了3万亿人民币，约为2004年的10倍。

截至2017年9月，我国共有113家基金管理公司，全部基金总数达到4663只，其中开放式基金就有4236只，占总数的90.84%，而2004年底我国仅有45家基金公司，基金总数为168只。

值得注意的是，为促进基金管理公司代客境外理财业务的境外运作，2006年8月，国家外汇管理局发布了《关于基金管理公司境外证券投资外汇管理有关问题的通知》（现已失效），启动了基金管理公司代客境外理财试点。截至2008年5月，共有21家基金管理公司获得了代客境外理财业务资格，有8只代客境外理财基金产品获批，其中5只代客境外理财基金完成募集，募资额达1225亿元人民币，投资范围包括了我国香港、美国、英国、法国、日本、印度等35个国家和地区。

自2007年我国首批推出4只QDII基金后，截至2017年12月QDII基金数量达到了137只。

18.1.5 证券投资基金创新发展新阶段

《基金法》于2012年12月获得修订通过，并于2013年6月1日施行，随后，又根据2015年4月24日第十二届全国人民代表大会常务委员会第十四次会议《全国人民代表大会常务委员会关于修改〈中华人民共和国港口法〉等七部法律的决定》进行了修正。该法在总结我国这几年证券投资基金的试点经验基础上，根据我国基金发展的趋势和方向，在对《基金法》（2003）进行完善的同时，前瞻性地对基金的发展作出法律性的规范。修订版的《基金法》（2012）出台后，我国证券投资基金进入了法制化、市场化、国际化的规范发展阶段。2012年修订版《基金法》的创新之处主要体现在：放松对了基金公司的管制，基金从业人员投资证券资格被放开，将私募基金纳入监管，基金持有人权利提升等。

2015年最新修正的《基金法》在维持原《基金法》（2012）的精神内涵的基础上，做了更加合理的调整，删去了原法中的第十七条。

1.确认了私募证券投资基金的合法地位

《基金法》在第三条第三款中明确了私募基金（非公开募集基金）的法律地位，同时在第十章用10个条款详细规定了合格投资者制度、基金托管制度、基金管理人资格的协会登记制度、基金募集的宣传推介禁令、基金合同范本制度与资金募集的事后协会备案制度等内容。修订的《基金法》实施后，私募基金不仅首次得到法律的确认，而且还将正式纳入监管部门的监管范围。监管部门将从理清私募基金监管理念、完善私募基金监管规则、健全私募基金监管框架三方面入手，积极稳妥地做好相关工作，促进私募基金发展。在私募基金的监管理念上，明显区别于公募基金，既要规范行业行为，避免风险发生，又要给行业发展留下足够的自由度和发展空间。在监管规则方面，将把大部分现有的私募基金管理人纳入监管，明确其法律地位，掌握其基本情况，同时以不改变现有私募基金行业运营现状、不增加其监管成本为原则。在监管框架方面，充分发挥基金业协会行业自律管理的作用，实施适度行政监管，同时发挥派出机构的一线监管优势。

与此同时，《基金法》一百三十六条规定："违反本法规定，擅自从事公开募集基金的基金服务业务的，责令改正，没收违法所得，并处违法所得一倍以上五倍以下罚款；没有违法所得或者违法所得不足三十万元的，并处十万元以上三十万元以下罚款。对直接负责的主管人员和其他直接责任人员给予警告，并处三万元以上十万元以下罚款。"《基金法》首次明确了私募基金的法律责任。这使得私募基金面对市场失灵时，监管机构和司法机构可以有法可依，迅速恢复市场机制和市场秩序。

2.大幅完善了基金管理人制度

《基金法》第十二条放宽了基金管理人的组织形式，允许管理人由依法设立的公司或者合伙企业担任。《基金法》第十二条第二款规定，"公开募集基金的基金管理人，由基金管理公司或者经国务院证券监督管理机构按照规定核准的其他机构担任"；《基金法》第三十二条授权国务院金融监督管理机构依照该法第二章的原则对非公开募集基金的基金管理人制定监管办法。其第十三条第三项虽然重点关注基金管理公司自身的注册资本，但删除了旧法有关主要股东"注册资本不低于三亿元人民币"的僵化要求，并代之以"资产规模达到国务院规定的标准"。《基金法》降低了基金管理人的市场准入门槛，鼓励不同所有制和不同资本规模的企业参股或者控股基金管理公司，目的在于完善基金管理人市场的竞争机制。

与此同时，《基金法》大力推动基金管理人诚信建设。为预防和打击基金经理的老鼠仓行为，《基金法》第十八条禁止公开募集基金的基金管理人及其董事、监事、高级管理人员和其他从业人员泄露因职务便利获取的未公开信息、利用该信息从事或者明示、暗示他人从事相关的交易活动。《基金法》第二十三条要求公开募集基金的基金管理人的股东、实际控制人按照中国证监会的规定及时履行重大事项报告义务，并不得实施以下失信行为：虚假出资或者抽逃出资；未依法经股东会或者董事会决议擅自干预基金管理人的基金经营活动；要求基金管理人利用基金财产为自己或者他人牟取利益，损害基金份额持有人利益；中国证监会规定禁止的其他行为。

3.加大了对基金持有人的权益保护力度

《基金法》于第九章规定的"公开募集基金的基金份额持有人权利行使"之外，还体现了对投资者权除了益的尊重与保护。例如，《基金法》第二十一条第三款要求公开募集基金的基金管理人的股东、董事、监事和高级管理人员在行使权利或者履行职责时，应当遵循基金份额持有人利益优先的原则。为保护投资者权益，该法在第七十四条第二款要求运用基金财产买卖基金管理人、基金托管人及其控股股东、实际控制人或者与其有其他重大利害关系的公司发行的证券或承销期内承销的证券，或者从事其他重大关联交易的，应当遵循基金份额持有人利益优先的原则，防范利益冲突，符合中国证监会的规定，并履行信息披露义务。该条规定有望从根本上遏制违规的关联交易对投资者权益的不法蚕食。

此外，对于首次纳入法律体系的私募基金，为遏制私募基金管理人的道德风险，《基金法》第九十三条引入了无限责任投资者兼任私募基金管理人的制度，允许和鼓励部分基金份额持有人作为基金管理人负责私募基金的投资管理活动，并在基金财产不足以清偿其债务时对基金财产的债务承担无限连带责任，以保护基金投资者的合法权益。

4.夯实了行业自律机制

《基金法》在"总则"第十条明确要求基金管理人、基金托管人和基金服务机构成立基金行业协会进行行业自律，协调行业关系，提供行业服务，促进行业发展。还在第十二章专门明确了基金行业协会的法律地位、治理结构和自律职责等内容。《基金法》第一百零八条将基金行业协会界定为证券投资基金行业的自律性组织，是社会团体法人；基金管理人、基金托管人应当加入基金行业协会，基金服务机构可以加入基金行业协会。可见，基金管理人与托管人是强制性的法定会员，而基金服务机构是倡导性的自愿会员。基金行业协会的权力机构为全体会员组成的会员大会。此外，《基金法》第一百一十一条规定了基金行业协会职责：教育和组织会员遵守有关证券投资的法律、行政法规，维护投资人合法权益；依法维护会员的合法权益，反映会员的建议和要求；制定和实施行业自律规则，监督、检查会员及其从业人员的执业行为，对违反自律规则和协会章程的，按照规定给予纪律处分；制定行业执业标准和业务规范，组织基金从业人员的从业考试、资质管理和业务培训；提供会员服务，组织行业交流，推动行业创新，开展行业宣传和投资人教育活动；对会员之间、会员与客户之间发生的基金业务纠纷进行调解；依法办理非公开募集基金的登记、备案；协会章程规定的其他职责。

18.2　我国证券投资基金运作环境展望

证券投资基金运行的外部环境主要指基金资金的来源市场，基金资产的投资市场、基金交易市场和基金的外部监管环境。

18.2.1　我国证券投资基金的资金来源展望

对投资者来说，证券投资基金是一种投资工具，因此，基金管理公司在设计证券投资基金品种时，主要分析潜在投资者的收益和风险偏好，并分析不同类型投资者持有可供投资资本的多少。

党的十八大报告中首次提出国民收入增长的量化目标，即"实现城乡居民人均收入比2010年翻一番"。所谓"国民收入倍增计划"，是指在一个相对确定、较短的时期内，通过提高国民经济各部门生产效率和效益、显著提升居民实际收入水平、建立健全政府收入分配和社会保障机制等方式，实现居民收入翻番目标的一种经济社会发展方案。此处的"国民收入"，并非指统计学意义上的GDP和GNP，而实指"居民收入"。按当前的增长趋势，我国居民储蓄存款每年仍会以万亿元的速度增长。

党的十九大报告指出，当下中国人民生活不断改善。城乡居民收入增速超过经济增速，中等收入群体持续扩大。覆盖城乡居民的社会保障体系基本建立，人民健康和医疗卫生水平大幅提高，保障性住房建设稳步推进。这意味着人们的人均可支配收入大量增加，当下以及未来居民的投资水平相比于过去几年会有相当大的提升幅度。然而，尽管居民的投资状况相比于过去有所改善，但是个人职业市场化、住房货币化、福利社会化、教育产业化等改革措施的推进，增加了居民未来收入的不确定性和支出的不可预见性，因此，从总体上看，居民投资仍然趋于保守状态，对风险的承受能力有待进一步提高。

随着居民收入的增加，居民的养老保险意识越来越强，寿险资金也就不断增长，这部分资金因有内在增值的要求，对具有一定风险的投资工具的需求较大。1999年10月，国务院批准保险公司可通过购买证券投资基金间接进入证券市场，目前已经成为基金市场上最重要的力量，其行为对基金市场产生了巨大影响。相信保险公司在证券投资基金法制化、规范化、市场化的运行阶段，仍将是证券投资基金最大的机构投资者。

随着社会保障体系的不断完善，社保基金也呈快速增长态势，这部分资金也有较强烈的保值增值要求，也是资本市场的重要资金来源。2001年12月13日，财政部、劳动和社会保障部第12号令发布《全国社会保障基金投资管理暂行办法》。2002年12月18日，南方、博时、华夏、鹏华、长盛、嘉实6家基金管理公司被选为首批社保基金管理人，从而为基金管理公司开展定向募集理财业务开辟了渠道。2006年3月14日，财政部、劳动和社会保障部、人民银行发布《全国社会保障基金境外投资管理暂行规定》。该规定自2006年5月1日起开始实施，旨在规范社保基金境外投资运作，这标志着全国社保基金境外投资工作正式启动。社保基金委托基金管理公司对其入市资金进行投资组合，但它与一般证券投资基金不同的是，它没有特定的投资范围，既可以投资股票、债券，也可以投资证券投资基金，甚至进入货币市场操作，所以，它也可能是证券投资基金的重要资金来源。从海外的基金发展实践情况来看，养老资金、保险资金等机构资产占据基金资产非常重要的位置，如美国的养老基金投资计划资产即占整个共同基金资产的46%左右。

根据全国社会保障基金理事会2016年的年报数据，截至2016年底，我国社会保障基金资产总额达到20 423.28亿元，约是2001年的25倍。其中社保基金直接投资资产9 393.56亿元，占45.99%；委托投资资产11 029.72亿元，占54.01%。

基金市场的另一重要投资者就是QFII（Qualified Foreign Institutional Investors合格境外机构投资者）。2002年11月5日，中国证监会、中国人民银行联合发布了《合格境外机构投资者境内证券投资管理暂行办法》（以下简称《暂行办法》，现已废止），于2002年12月1日起开始施行，从而启动了中国证券市场对外国机构投资者开放的进程。2006年8月25日，中国证监会、中国人民银行和国家外管局再次联合发布了《合格境外机构投资者境内证券投资管理办法》，自2006年9月1日起施行，该办法对2002年颁布施行的《暂行办法》进行了补充和完善。2003年5月27日，瑞士银行成为首家获批的QFII。《2010年国际金融市场报告》数据显示：2010年，我国国家外汇管理局共批准22家QFII机构投资额度合30.5亿美元。其中，新批12家QFII机构投资额度18.50亿美元，追加9家QFII机构投资额度13亿美元，收回1家QFII机构投资额度1亿美元。截至2010年末，累计批准97家QFII机构共计197.2亿美元额度。2010年，中国证监会批准13家境外机构的QFII资格，其中11家为资产管理机构，1家为政府投资机构，1家为其他机构投资者，长期资金管理机构在全部QFII中所占比例已达到69%。到2010年12月底，我国QFII总数已达106家，其中91家QFII开展投资运作。2010年，中国证监会加强了对QFII业务模式和投资运作的持续监管，积极研究QFII参与股指期货问题，起草了《合格境外机构投资者参与股指期货交易指引》，该《指引》已于2011年5月4日发布并实施。根据国家外汇管理局公布的QFII投资额度审批情况表，截至2018年1月末，我国已累计批准288家QFII，总额度达971.59亿美元。

除了上述四类主要的基金投资者，股权分置改革后，2006—2007年我国股票市场投资收益率随着股指的上涨而增加，许多上市公司或者非上市企业也成为了基金资金来源的构成之一。这种企业投资基金的行为尽管由来已久，但是由于目前我国股票市场还不稳定，企业对于基金的投资实际上也必须承担较大的系统风险，故此类投资行为引发的争议较大。

根据上述分析，随着证券市场的不断成熟和基金管理水平的提高，我国证券投资基金的潜在投资者将继续大幅度增长，此为证券投资基金的发展壮大提供了广阔的空间，但部分投资者的风险承受能力相对较差，因而对证券投资基金的收益期望也不是很高，它们更关注的是证券投资基金对风险的管理，由此，债券基金、货币市场基金、指数基金、价值型基金和平衡型基金将是上述资金的主要选择，换句话说，我国上述类型的基金将会得到较快的发展。

18.2.2 我国证券投资基金的资产投资展望

我国证券投资基金资产运作市场主要包括股票市场、债券市场和货币市场。

1.我国股票市场展望

我国股票市场是我国证券投资基金资产最主要的运作场所,尽管股权分置改革从法律形式上使市场的全流通和国有股一股独大等历史问题有了彻底的改变,但并没有完全弥补我国股票市场的制度性缺陷。

(1)市场定位偏差,监管还需加强

经过三年多的股权分置改革,我国的股票市场跌宕起伏,受到全球金融危机的影响以及国内自身经济发展问题的困扰,2008年和2015年发生了两次大幅下跌,成为全球市场中波动最大的市场。这一现象不能不引起学术界和实务界的深刻反思,从表面上来看是全流通问题的后遗症,而从本质上来分析,则在于我国一直以来偏重股票市场的融资功能,而由此产生的监管思路必然导致对投资者保护的不足。欧美成熟的股票市场,不仅仅是发挥融资功能,更为重要的是作为国民财富在税收之外的另一个分配渠道,中小投资者从中获得了长期的收益增长,从而引发财富效应,使国内需求扩大。因此,我国若不能彻底转变对股票市场的定位,同时在监管上以保护中小投资者利益为基本出发点,那么不仅无法发挥股票市场的财富效应,还会严重影响到其融资功能。

(2)多层次资本市场建设不断完善

我国证券市场除了上海、深圳两个等级一样的交易所之外,2008年初天津获批成立了全国性非上市公众公司股权交易市场(OTC,Over-the-Counter Market),但目前该市场仍然尚未成熟。2009年10月30日,创业板在深交所开市,令多层次资本市场体系建设稳步向前迈进。近年来,新三板业务也如火如荼地开展着。至此,我国已经初步形成由主板、中小板、创业板、新三板、区域性股权市场组成的多层次市场体系,交易制度逐步完善,产品品种不断丰富,居民、企业投资渠道大幅拓宽,资本市场服务实体经济、防控金融风险、深化金融改革的能力得到有效提升。截至2018年2月初,主板市场上市公司共1 881家,占比降至53.70%,中小板公司共905家,占比为25.83%,创业板公司共717家,占比升至20.47%。板块市值占比方面,主板市值占比为74.57%,中小板和创业板占比分别为17.17%和8.25%。

与此同时,股票市场退市制度加快推出。2011年11月28日,深交所发布《关于完善创业板退市制度的方案》(征求意见稿),推进股市退市制度建设。2012年6月28日,沪深交易所正式公布退市制度方案:连续三年净资产为负,或者连续三年营业收入低于1 000万元,或连续20个交易日收盘价低于股票面值的公司应终止上市。2012年2月24日,深圳交易所在《关于完善创业板退市制度的方案》征求意见和修改情况的说明中对该退市制度方案进行了修改完善。2014年2月7日,中国证监会第24次主席办公会议审议通过了《关于改革完善并严格实施上市公司退市制度的若干意见》(以下简称《退市意见》),自2014年11月16日起施行。《退市意见》在改善资本市场环境、维护市场秩序上发挥了一定作用,如创业板的欣泰电气(300372.SZ)和博元投资(600656.SH)分别因欺诈发行、重大信息披露违法被强制退市。2018年3月9日，为贯彻落实中国证监会《关于修改〈关于改革完善并严格实施上市公司退市制度的若干意见〉的决定》，健全资本市场功能，上交所、深交所分别发布了各自的《上市公司重大违法强制退市实施办法（征求意见稿）》，并向社会公开征求意见。完善重大违法强制退市相关制度有利于增强金融服务实体的经济能力，防控金融风险，促进资本市场长远健康发展。只有对应当退市的公司坚决做到"出现一家、退市一家"，才能净化市场环境、维护市场秩序，形成"有序进退"的市场格局。

（3）股票市场做空机制进一步完善

长期以来，由于我国股票市场只有"做多"机制，没有"做空"机制，投资者想在我国股票市场中取得资本利得，只能通过先低位购买股票，然后高位卖出股票来获得，不能反向操作，也就无法进行风险"对冲"。因此，大资金如投资基金即使知道股市即将下跌，也无法适当规避系统风险，从而无法在跌市中获利，使得基金在股票市场低迷或调整中表现不佳。针对上述情况，一方面，2010年4月6日我国股指期货开始上市交易，标志着我国股票市场做空机制的形成；另一方面，2012年11月初6家券商获批转融通业务试点资格，总授信额度超过百亿元，股票市场做空机制进一步完善。转融通业务是指证券金融公司借入证券、筹得资金后，再转借给证券公司，为证券公司开展融资融券业务提供资金和证券来源，包括转融券业务和转融资业务两部分。在欧美成熟市场，转融通制度非常普遍。

（4）上市公司整体素质有待改进，信息披露也需加强

股改后，上市公司的质量有了明显的改进，但与发达国家市场相比，我国虽然在准入方面有较为严格的审批，但对于公司上市后续的监管却显得不足，集中的一个体现就是对信息披露的监管不足。披露虚假信息虽然各国都存在，如美国的安然等，但它们是个别现象，而且被发现后就要承受倾家荡产的法律后果。而我国上市公司造假以及部分投资者内幕交易是市场的普遍现象，目的是圈投资者的钱，一是通过上市发行新股圈钱，二是通过二级市场炒作圈钱。这种现象的存在严重损害了市场的信心，由此而产生的问题危害至深。

现在，我国相关管理部门已经意识到上市公司良好的质地是证券市场健康有序运行的基础，因此比以往任何时候都重视新发行上市公司质量的把关，尤其是上市公司在治理结构和信息披露等方面的规范性。但由于历史的原因，我国证券市场中上市公司的整体质量还有待提高，而市场定位偏差和监管思路未能转变成为制约我国证券市场发展的最根本问题。股票市场的上述现状，限制了证券投资基金的资产组合空间，因此也就限制了股票类证券投资基金的进一步发展。

2.我国债券市场前瞻

我国债券交易市场由沪、深证券交易所债券市场（为债券场内交易市场）和全国银行间债券交易市场、银行柜台市场（均为债券场外交易市场）组成，目前在银行间债券交易市场上交易的债券品种为政府债券、中央银行债券、金融债券、短期融资券、中期

票据、资产支持证券、企业债、国际机构债券等，根据《上海证券交易所债券交易实施细则》（2014）的规定，在其市场上交易的品种为国债、公司债券、企业债券、分离交易的可转换公司债券中的公司债券。

2007年中国人民银行发布了《信贷市场和银行间债券市场信用评级规范》，并且于2008年初再次发布了《中国人民银行关于加强银行间债券市场信用评级作业管理的通知》，标志着我国的债券市场评级制度正在逐步地走向成熟。评级制度的建立将极大地促进企业债、公司债以及其他信用种类债券的发行和交易，为债券市场的品种和规模扩大奠定了良好的制度基础。到2008年11月，在全国银行间债券交易市场发行的企业债券共计2 286亿元，接近2004年发行量的10倍，同时新增的投资品种——短期融资券的发行量已经达到了3 499亿元，约为2005年发行量的3倍。尽管如此，以政府债券以及政府主导的政策性金融债券还是债券市场中比重最高的部分，其发行总量达到58 000亿元，远远超过了其他品种。

截至2017年底，托管债券8 674只，债券市场债券托管量为74万亿元，其中银行间债券市场债券托管量为65.4万亿元，占债券市场债券托管量的88.4%。

丰富的投资品种、稳定的收益和较低的风险，使得债券市场在金融市场中的地位日益凸显，在2007年末至2008年上证指数下跌逾70%的行情中，债券市场的避风港作用再度显现。2008年1—9月新基金的发行数据显示，新成立债券基金的发行份额占该时段新成立基金总发行份额的八成以上，也就是说，在这一时期，债券市场已经成为基金最重要的投资场所。2008年上半年基金的收入构成中，债券利息收入与债券价差收入合计已达到65.79亿元。其中，债券利息收入约为65.12亿元，成为除股息收入之外的基金的最大利润来源。2008年上半年，59家基金管理公司基金债券利息收入为65.12亿元，债券价差收入为0.67亿元，而同期的股票价差收入为–1 014.24亿元。开放式基金整体净收益之所以为正值，最主要的利润来源就是债券利息收入与股息收入。

近十年来，我国处在大力发展企业债、公司债以及其他新型债券品种的大好时期，尽快建立个人和企业的公用数据库，将个人和企业的经济行为、纳税行为等输入公用数据库，在此基础上继续加强信用评级市场的发展和监管成为市场发展的助力之举。事实上，不论是什么样的企业，在市场经济环境下，只要经过评级，都可以申请对外发行债券，只是获得不同信用级别的公司，其发行的债券利率不同而已，这正是美国的垃圾债券存在的基础。就目前情况来看，我国初步建立的评信制度尚需进一步成熟完善，根据发改委2008年初发布的《关于推进企业债券市场发展、简化发行核准程序有关事项的通知》，对企业债券发行核准程序进行改革，将先核定规模、后核准发行两个环节简化为直接核准发行一个环节。但该通知已于2018年初被废止。

此外，随着我国债券市场规模的不断扩大，债券市场的扩容也为债券衍生品的发展提供了广阔的空间。首先便是国债期货的推出。国债期货属于金融期货的一种，指通过有组织的交易场所预先确定买卖价格并于未来特定时间内进行交割的国债派生交易方式，具有价格发现、风险转移、提高资金运用效率等功能。我国的国债期货交易试点开始于1992年，但由于当时国债总量少，市场投机和操纵盛行等原因最终酿成"327国债事件"，直接导致我国首次国债期货交易试点于1995年5月以失败告终。2012年2月13日，中国金融期货交易所国债期货仿真交易正式启动，标志着国债期货交易准备已经基本就绪。国债期货的推出，一方面将能够为债券市场提供有效的定价基准和风险管理工具，对促进债券发行、提高市场流动性、推动债券市场的统一互联和长远发展等具有深远的意义；另一方面由于国债期货是金融创新的重要方面，作为对冲利率风险的重要工具，有助于提升金融创新主体的风险管理水平。

3.我国货币市场前瞻

货币市场主要是指银行同业拆借市场、国债回购市场、票据市场、可转让大额存单市场等。2003年，我国第一只货币市场基金成立。到2010年6月，我国货币市场基金已达64只，但是基金净值只占全部基金资产净值的4.58%。当时，我国货币市场基金规模较小，主要原因是，货币市场虽然有了一定程度的发展，但可供投资的工具不多，规模不大，运作空间小，货币市场清算机构的清算水平不高。其时，我国货币市场主要由银行同业拆借市场、国债回购市场、票据市场三个大的市场组成，其现状如下：

（1）同业拆借市场

同业拆借市场是我国货币市场中规模最大、市场机制最完全的子货币市场。从1996年起，全国统一的同业拆借市场建成，市场交易通过中国外汇交易中心的电子网络进行。现在，同业拆借市场的交易主体包括了商业银行、外资银行、各城市商业银行、证券公司和基金管理公司等。交易品种有1天、7天、20天、30天、60天、90天和120天等七个，交易量也逐渐扩大。基金管理公司在同业拆借市场主要作为资金的拆入方，它是基金重要的短期资金来源。

据《2013年第一季度中国货币政策执行报告》显示，我国银行同业拆借市场交易活跃，2013年第一季度，同业拆借累计成交10.29万亿元，日均成交1 714亿元，同比增长3%。拆借市场交易主要集中于隔夜品种，其交易份额占85.2%。

（2）国债回购交易市场

目前我国主要有两个国债回购交易市场：第一个是银行间国债回购交易市场，它进行7天、14天、21天、1个月、2个月、3个月、4个月、6个月、9个月和1年等十个品种的回购交易，商业银行、保险公司、证券公司和基金管理公司是该市场的交易主体；第二个是交易所国债回购交易市场，它的投资品种包括1天、3天、4天、7天、14天、28天、91天和182天等八个。

据《2013年第一季度中国货币政策执行报告》统计，我国银行间回购市场交易十分活跃。2012年，银行间市场债券回购累计成交37.8万亿元，日均成交6 306亿元，同比增长25.5%。回购市场交易主要集中于隔夜品种，其交易份额为82.1%。交易所市场国债回购累计成交10.1万亿元，同比增长46.4%，成交规模与增速均呈快速冲高态势。

（3）票据市场

近年来，我国商业票据市场的发展速度较快，但由于我国经济运行过程的信用体系尚未建立，以信用为基础的商业票据使用面还不广，其总规模占社会金融资产的规模比例还是偏小。2008年上半年累计发行央行票据2.94万亿元，开展正回购2.35万亿元。

近年来，我国货币基金规模高歌猛进，一再创历史新高，这在一定程度上得益于互联网尤其是互联网金融的发展，以及我国金融自由化程度的提高。截至2017年9月末，货币市场基金共347只，基金净值达6.3万亿元，占比高达56.76%，单季规模增长1.25万亿元。

18.2.3 我国证券投资基金的交易销售展望

我国证券投资基金的交易市场是指基金单位进行转让的市场，封闭式基金的交易市场就是证券交易所，它是个有形市场；开放式证券投资基金的交易市场是个无形市场，它可以通过银行、券商的柜台，基金销售公司、基金管理公司的直销人员进行交易，还可以通过电话、互联网进行交易。

我国封闭式证券投资基金交易市场是个比较成熟的市场，各证券营业部都可接受投资者的委托代理交易，并通过卫星传输行情和交易指令，交易速度非常快，完全可以满足封闭式交易的需要。封闭式证券投资基金和股票的交易、过户规则基本是一致的，只是封闭式基金的交易手续费和印花税比较低，封闭式基金价格的最小申报单位比较小（于2003年3月3日起由0.01元人民币调整为0.001元人民币）。因此，封闭式基金交易市场的运行环境是非常好的，只是封闭式基金因其封闭特性，而渐渐从主流地位转为从属地位。

我国开放式证券投资基金先由银行代理发售和办理赎回业务，各家银行为此投入了大量的资金建立电子销售系统，并根据2001年12月10日颁布实施的《关于代理证券投资基金销售业务的商业银行完善内部合规控制制度和员工行为规范的指导意见》进行内部机构的设置和培训员工。但由于开放式基金试点时机不是很好，遇到了"发行难"问题，基金管理公司为此不断拓展发售渠道，商业银行、证券公司、电话、互联网、交易所交易系统平台等都已成为开放式证券投资基金持有人递交申购和赎回申请、确认交易的重要渠道，已初步形成了开放式基金交易的无形市场。中国证监会2007年10月12日发布了《证券投资基金销售适用性指导意见》和《证券投资基金销售机构内部控制指导意见》，在制度层面上对基金的销售行为进行了系统性的规范。2011年6月9日中国证监会令第72号公布了修订后的《证券投资基金销售管理办法》，并由2011年10月1日起施行，该法调整了基金销售机构的准入资格条件，降低了"非专业"条件，提高了"专业"条件；增加了基金销售"增值服务费"内容；对基金销售支付结算作了规范，《关于代理证券投资基金销售业务的商业银行完善内部合规控制制度和员工行为规范的指导意见》自此废止。2013年06月01日起，于2013年3月15日修订发布的《证券投资基金销售管理办法》又取代前者正式施行。

借鉴国外基金销售的经验，除了上述机构代理基金销售外，还有专门为基金销售服务的基金销售公司，基金子公司的发展也在很大程度上承担了这方面的职能。改善基金服务的一个有效手段是建立统一的基金登记系统，就如金卡系统或股票账户管理系统一样，将各销售机构和基金管理公司的交易系统进行联网，使基金持有人一卡在手就能完成所有已发行基金的交易业务。同时要建立基金评价体系，培养专业的基金分析师，为投资者进行基金投资提供分析建议亦是发展重点之一。

18.2.4　我国证券投资基金的监管环境展望

未来我国证券投资基金监管主要应解决好如下三个方面的问题：

1.基金市场多头监管的协调问题

基金的整个运作流程涵盖了基金管理公司、证券公司、银行、保险、信托投资公司、证券交易所、证券登记公司等金融机构以及股票市场、债券市场、银行间同业拆借市场、国债回购市场、票据市场等。2018年3月之前，我国执行的是分业经营、分业监管的金融体制，所以基金的运行过程就要接受证监会、银监会和保监会三家机构的监管。

银行间同业拆借市场和银行间国债回购市场已经成为基金短期融资的主要来源，而基金还可能从银行获得短期融资，显然，基金短期融资问题，如融资规模、融资比例和融资期限等问题都需要证监会和银监会共同规定和监管。而开放式基金的销售主要通过银行代理，基金托管人又基本由银行担任，所以开放式基金销售市场，基金托管人资格、行为等问题也要由证监会和银监会监管。随着金融混业经营趋势的发展，商业银行、信托投资公司、证券公司之间的业务交叉会越来越多，因此，证监会与银监会之间基金监管中需要协调的事务也会越来越多。

证监会与保监会在基金监管方面的协调相对来说容易得多，它们主要协调的是保险资金如何通过证券投资基金对证券市场进行投资，以及保险公司是否可成为基金管理公司的发起人，保险公司如何代销开放式基金等问题。

2018年3月13日，国务院机构改革方案提请十三届全国人大一次会议审议，此方案于3月17日全国人民代表大会第五次全体会议时表决并获得通过，中国金融监管体制延续了多年的"一行三会"结构出现重大调整，中国银行业监督管理委员会和中国保险监督管理委员会合并，组建了中国银行保险监督管理委员会，作为国务院直属事业单位；原银监会、保监会的重要立法权及审慎规制权划入中国人民银行，原中国银监会主席郭树清出任新成立的中国银行保险监督管理委员会首任主席。中国金融监管体制自此变成了"一行两会"，即：中国人民银行、中国证监会、中国银保监会。

2.监管与自律问题

法律法规在国家经济事务中一般用于调整经济运行中的基本行为和利益关系，不可能将所有特殊关系和行为都涵盖进来。而且，事物是在连续不断发展变化的，而法律法规则具有相对稳定性，因此，对新出现的关系和行为，现有的法律法规一般无法事先作出规定，也就是说法律法规具有滞后性。基金运行过程中的许多行为就无法用监管来解决，这就要求加强基金市场主体的自律性。

3.基金治理的外部约束机制问题

基金治理主要包括基金运行的内部治理结构和外部对基金运行的约束。基金治理的实质就是要做好基金的约束与激励，其好坏与否决定于基金运行的机制是否合理和有效。关于基金运行的内部治理机制已在本书第12章进行了阐述，这里主要对基金治理的外部约束机制进行前瞻。基金治理的外部约束机制主要指的是基金市场的竞争约束机制。

有序的市场竞争是对基金市场主体最大的约束。任何主体参与市场竞争的目的都是获得利润。市场主体要在市场竞争中长期发展，获得持续的收益，就要构建自己的核心竞争力，对于金融机构而言，其中很重要一点就是诚信和声誉。因此，我们就要构建一个让各市场主体主动自律的市场竞争约束机制。具体从以下几个方面构建：

（1）建立宽松的基金设立准入机制

目前我国在基金和基金管理公司设立方面，实行的是严格的审批制，这使得基金设立市场的竞争性不足，基金的创新性、多样性及个性化受到了压制，因此，在法律法规完善的情况下，要逐步放宽基金设立的准入条件，向注册制过渡。美国实行的就是注册制。

（2）建立巨额违规机会成本机制

市场主体为了追求利润最大化，总会想尽一切可能的办法来获取利润，因此任何国家都不可能完全避免市场主体的不道德行为，只是对这种行为的处理力度存在差异而已。如美国政府对市场主体不讲诚信的不道德行为的惩处力度是非常大的，不管多大的公司，如果被发现有上述行为，其面临的命运就是倒闭。安然造假案就是个很有代表性的例子。因此，我国要从立法上对违背市场竞争规则，特别是不讲诚信的违规行为设立严厉的惩罚性条款，建立巨大的违规机会成本机制来约束市场主体的不道德行为，其中很重要的一点是要建立市场退出机制。

（3）建立严格的行业禁入机制

对一些法律法规不能约束到的不道德行为，则通过行业协会的自律机制来处理，其中很重要的一点就是建立严格的行业禁入机制。具体来说就是要对基金从业人员的从业经历和基金管理公司发起人、基金管理公司的从业行为建立动态的档案，对那些有过不道德行为的从业人员和基金管理公司的发起人、基金管理公司建立"黑名单"制度，发挥协会的会员制来禁止上述市场主体再次进入基金业。

如果我国能从上述三个方面加强基金市场的建设，就能建立一个较为有序的基金竞争市场，这个市场必然会对基金的运行产生强大的约束力。

总之，经过规范的证券投资基金的多年试点，不管是从理论上还是从实践中，社会各界都已充分认识到，证券投资基金的健康、有序、规范、快速发展必须依托于一个有序、充分竞争的市场环境，这就要求切实加强基金运行的外部监管环境建设。

综上所述，我国证券投资基金资金来源充足，发展潜力巨大，但基金资产的运作空间有限，一定程度上限制了基金的发展。因此，当前要加快股票市场规范化建设，债券市场和货币市场规模化发展，同时，要加强证券投资基金市场竞争机制和法制化建设，以机制促进证券投资基金的规范化、市场化和国际化发展。

18.3　我国证券投资基金运行模式展望

证券投资基金对投资者来说是一种投资工具，但对证券市场来说是一种投资组织，是规模庞大的机构投资者，是一个新兴的行业。根据经办基金业务的性质不同，基金业又可细分为基金管理业、基金托管业、基金营销业三个子行业。因此，证券投资基金的运行模式又可分为基金管理模式、基金托管模式和基金营销模式。

18.3.1　我国证券投资基金管理模式展望

证券投资基金的管理模式是指证券投资基金由谁来管理，如何进行管理。证券投资基金的管理又包含两层含义：一是证券投资基金的宏观管理，主要是基金市场和市场主体的监督管理，这在上文中已经进行了表述；二是证券投资基金的内部管理。基金内部管理的主要内容有基金治理结构、基金投资管理和基金运营管理三个方面。本节主要对基金治理结构和基金投资管理进行一些探讨。

1.基金治理结构模式展望

公司型基金治理结构的优点之一是，有自己的董事会，基金管理公司和托管人由董事会选择，从而保障了基金持有人权利的行使，同时使基金管理公司与托管人的地位对等起来，摆正了托管人的位置，使其敢于监督基金管理人的行为。由此可见，公司型基金的治理模式在一定程度上要优于契约型基金的治理模式。在前文中，我们在分析封闭式基金向开放式基金转变的过程时指出开放式基金治理结构的优点是其具有持续申购与赎回机制，这种机制实际是一种优胜劣汰的市场竞争机制，由市场来自动淘汰不合格的基金管理人。在这一层面上，开放式基金的治理模式要优于封闭式基金的治理模式。因此，根据上述分析，从优化基金治理结构角度出发，我国未来的基金将以开放式基金为主。我国的基金都是契约型的，存在着结构性缺陷，其治理的关键和薄弱之处在于基金持有人和托管人的双重软约束作用，未来随着整个市场的逐步成熟和立法的健全，我国基金的治理结构也将逐步参照美国的公司型基金的模式。

2.基金投资管理模式展望

基金投资管理模式主要是指基金进行资产配置的模式，如集中持股模式、分散投资模式、行业投资模式、债券专项投资模式等，不同的资产配置模式对应于不同投资风格的基金品种。随着基金品种的不断丰富，收益目标已经不再是基金运作的单一目标，满足投资者的其他需求已成为部分基金设计的重要方向。具体而言，从资产配置角度出发，可以将基金分为三类：第一类就是为投资者熟悉的传统型基金，特征是基金管理人具有充分的组合管理权利，通过积极的投资策略（包括资产配置策略和品种选择策略）以获取超额收益，因而也可称为理财型基金；第二类主要包括系列基金和指数基金，其特征是基金管理人具有受限制的组合管理权利（如资产配置权利或品种选择权利受到制约），其运作目标除了收益目标外，还包括为投资者提供良好资产配置工具，如指数基金、行业基金，可称之为配置型基金；第三类基金，则受到非常严格的组合管理技术的制约，实现事先严格制定的收益和风险目标，如保本基金，可称之为结构型基金。

　　不同类型的基金，所要实现的投资目标是有所区别的。理财型基金追求的是超额投资收益，其目标实现主要取决于基金管理公司管理能力的高低；配置型基金是为投资者提供一种资产配置的工具，其投资目标的实现主要取决于配置工具的有效性；结构型基金追求的是事先设定好的收益风险目标。其中配置型基金作为流动性良好的配置工具，对于机构投资者，特别是有直接入市限制的保险公司，意义较大。在配置型基金中，作为配置工具的稳定性非常重要。

　　目前市场中，比较突出的是两类基金：一类是指数基金。指数基金管理费率低，申购赎回费率低，冲击成本低，而且完全跟踪指数操作，仓位稳定，不受人为因素干扰（基金管理人道德风险、管理风险、人员变动风险低），因而体现出低成本、高稳定性的优势。另一类是投资范围较为固定的基金，如行业基金、债券基金，配置效果直接，在特定的市场阶段中可能有突出的业绩表现。

　　随着基金市场竞争的加剧，基金管理人将会根据投资者的风险收益偏好程度，不断细分投资者，从而设计出不同资产配置模式的基金种类。上节中，我们对我国基金的潜在投资者进行了分类，并指出这些投资者心理偏重于风险低、收益适中的投资工具，因此价值投资型、指数型、行业投资型、债券投资型、避险增值型基金比较受欢迎。也就是说，配置型基金和结构型基金将是我国今后一段时间内发展的主流基金。

18.3.2　我国证券投资基金托管模式展望

　　证券投资基金的托管分为基金资产的托管和投资者基金单位的托管两方面内容。

　　1. 基金资产托管模式展望

　　证券投资基金实际上是一个实力庞大的机构投资者，它的资产由两部分组成，一部分是证券，一部分是现金。证券资产一般由证券登记公司负责保管，因此基金托管人只是负责基金的现金保管和证券账户的保管及业务信息的记录。由此可见，基金托管人实际上是基金的出纳和会计。基金管理公司只是负责基金的资产运作，其账面可以理解为业务台账。这与证券公司的自营部门和会计部门的关系是差不多的，自营部门负责资产运作，会计部门负责对自营业务单独核算、分账管理，并监督自营运作是否符合公司和国家的规定，两部门分别对公司和股东负责。因此，设立基金托管人的目的是保证基金资产的独立性和监督基金资产运作的合理性与合规性。基金管理人和基金托管人都对基金持有人大会或基金董事会（公司型基金）负责。从这个意义上说，证券投资基金的托管机构其实不一定要由银行来担任。但为了防止托管机构出现道德风险，挪用基金资金，将基金资金委托银行保管是最合适的。原因在于，无论由任何机构或者个人担任基金资产的保管人，该项资金仍然存储在银行，并且银行不具备挪用该项资金的可能性和必要性。如果交给其他机构去保管，则意味着需要再增加一层监管措施，基金的运行成本也就相应提高了。因此，从基金的运行成本考虑，基金资产托管人由银行担任是最合适的。截至2017年12月，我国具有托管资格的证券投资基金托管人有43家，以商业银行为主，其中包括了主要的城市商业银行。

基金托管人除了保管基金资产外，更重要的一个职能应是会计监督。现在的做法是，基金会计由基金管理公司负责，对外披露会计信息时，要经托管人复核。作者认为，这种做法使得基金托管人的监督很被动，加上基金托管人由基金管理人选聘，基本上是基金管理人说谁就是谁。因此，作者提议，基金托管人的选择要有一个公正的程序，取消基金管理人全权决定的权利。若实在没有足够完善的办法，抽签制亦不失为一种好的解决措施。同时，基金的会计应由托管人负责，会计信息披露的责任人应为基金托管人，这样可增强基金托管人监管的主动性，同时加大托管人的监督责任，加大对托管人的约束性。

2.基金单位托管展望

基金资产托管的相对人是证券投资基金，而基金单位托管的相对人是基金持有人。封闭式基金单位的托管与股票的托管一样，都由证券登记公司统一托管。但开放式基金单位的托管就比较复杂，目前基本是由各基金管理公司负责。开放式基金单位各自独立的托管模式降低了基金市场的运行效率，提高了基金的运行成本，因此需要加快改革的步伐。要尽可能地利用现代网络信息技术和已有的集中托管经验，成立专门的开放式基金单位托管机构，或者也可以选择委托现在的证券登记公司托管，从而建立一个统一的基金单位登记系统，为基金单位的登记过户提供快捷的网络平台服务。这个网络平台建成后，银行、券商就都可以成为"基金百货店"，提升投资者进行开放式基金的认购和赎回的方便程度。

18.3.3 我国证券投资基金营销模式展望

证券投资基金营销主要是指如何吸引投资者认购基金。我国目前的基金品种基本上是由基金管理公司设计并推出的，因此，基金管理公司的品牌好坏，对基金的营销效果影响甚大。基金管理公司的品牌可细分为人才品牌、股东背景品牌、绩效品牌、创新品牌、个性化服务品牌等。各基金管理公司在营销基金时，都会将自己的优势加以推销，以获取市场的认同。

在各种营销模式中，作者认为最有效的就是绩效营销、投资理念营销和服务营销的"三合一"营销模式。因为这种模式是以客户为中心的营销模式，而且是经过也经得住历史考验的。投资理念反映的是客户的投资目标需求，绩效反映的是基金管理公司历史的资产管理能力，服务则是满足投资者个性化、人性化的需求，因而这种营销模式具有很强的说服力。2007年证监会发布了《证券投资基金销售机构内部控制指导意见》，旨在促进基金销售机构诚信、合法、有效开展基金销售业务，维护基金投资人权益。2013年6月实施的《基金法》对此也作了很多限定条款。2015年4月最新修正的《基金法》在此方面也相应地作出了部分限制性的规定。当下监管机构对基金销售的监管力度不断提升，相关机构在开展基金业务的时候应当遵守相关规定，不得以伪造或者虚假的信息引诱投资者投入资金、损害投资者的利益。

而基金营销的另一关键问题是如何构建营销体系和营销网络。就当前而言，开放式基金基本上采取的是代销模式，主要的代销商为银行、券商。银行、券商的网络遍布全国各地，是较好的代销机构。券商的优势是对证券市场和基金市场比较了解，客户服务工作的质量相对较高；而银行的优势是其网点比券商多得多，具有客户优势，但银行职员的资本市场知识较欠缺，客户服务工作的质量有较大的提升空间。在此方面，证监会于2007年就发布了《证券投资基金销售业务信息管理平台管理规定》，其中对基金管理公司与银行和券商的共建交易、服务网络作出了相关的规定，这一方面让具有上网知识的投资者通过互联网实现网上交易和理财；另一方面，将基金的知识和动态及时传递给银行和券商职员，提高柜台服务水平。

● **本章小结**

从我国证券投资基金业发展时间序列、规范程度及品种创新和法律法规健全角度看，我国基金的发展轨迹可分为封闭式证券投资基金试点阶段、开放式证券投资基金试点阶段和基金法制化、市场化、国际化发展阶段。

我国证券投资基金的潜在投资者主要包括居民、寿险基金、社保基金、QFII以及部分企业，这些投资者将继续大幅度增长，为证券投资基金的发展壮大提供广阔的空间。但这些投资者的风险承受能力相对较差，因而对证券投资基金的收益期望也不是很高，他们更关注的是证券投资基金对风险的管理，由此，债券基金、货币市场基金、指数基金、价值型基金、平衡型基金将是上述投资者的主要选择。

我国应该为投资者提供多层次、多品种的投资渠道，构建多层次的投资市场，建立证券市场的做空机制，并尽快推出指数期货市场。应该让不同的投资者和证券投资基金都能找到进行直接投资的市场，同时能为一些企业提供创业资本与发展资本，促进经济的活跃程度与良性循环，降低间接融资比例，促进金融市场的平稳、安全运行。

目前我国已经建立了评信制度，企业债的发行已经从审批制向直接核准制转换。未来我国债券市场将朝着多层次、多级别的方向发展，也为证券投资基金，尤其是债券投资基金提供广阔的运作空间。

我国证券投资基金资金来源充足，发展潜力巨大，但基金资产的运作空间有限，一定程度上限制了基金的发展。因此，当前要加快股票市场规范化建设，在保证债券市场和货币市场规模化发展的同时，也要加强证券投资基金市场竞争机制和法制化建设，以机制促进证券投资基金的规范化、市场化和国际化发展。

● **重要概念**

发展轨迹　基金试点　法制化　股指期货　融资融券　多层次市场　评信制度　货

币市场 同业拆借市场 国债回购市场 公司债 企业债 票据市场

● 思考题

1.我国证券投资基金业的发展一般而言可以分为哪几个阶段？

2.《基金法》实施以后，我国证券投资基金业的发展将会有什么新变化？

3.通过对我国证券投资基金的资金来源市场的分析，你认为我国证券投资基金未来的发展趋势如何？什么类型的基金将会获得更多投资者的青睐？

4.对我国股票、债券和货币市场未来的发展，你有何建议和看法？

5.你对我国证券投资基金的管理模式、托管模式和营销模式未来的发展有何看法？